中国佛学源流略讲

吕　澂著

中　华　书　局

图书在版编目（CIP）数据

中国佛学源流略讲/吕澂著. —北京：中华书局，
1979.8(2024.7重印)
ISBN 978-7-101-00411-3

Ⅰ.中… Ⅱ.吕… Ⅲ.佛教史-研究-中国
Ⅳ.B949.2

中国版本图书馆 CIP 数据核字（2002）第 006622 号

责任编辑：高　天
责任印制：管　斌

中国佛学源流略讲

吕　澂著

*
中 华 书 局 出 版 发 行
（北京市丰台区太平桥西里 38 号　100073）
http://www.zhbc.com.cn
E-mail:zhbc@zhbc.com.cn

三河市宏盛印务有限公司印刷
*

850×1168 毫米 1/32 · 12¾印张 · 277 千字
1979 年 8 月第 1 版　2024 年 7 月第 18 次印刷
印数:61901-63900 册　定价:58.00 元

ISBN 978-7-101-00411-3

出 版 说 明

一九六一年,吕澂先生受原中国科学院哲学社会科学部的委托,举办了一个为期五年的佛学研究班。本书就是根据学员笔记整理并经作者修改的讲稿之一。

佛教是世界三大宗教之一,至今影响着世界广大人口。它对许多国家的哲学、文学和艺术等,都产生过广泛影响;不研究佛学就不能写好哲学史,也不可能写好文学史或世界史。因此,研究佛学是我们的一项重要任务。

佛学传入中国后,同中国本土文化相交融,经不断发展蔓延,形成为独具特色的中国佛学体系。它宗派林立,内容繁富,卷帙浩瀚,论述烦琐,令人难以识其底蕴。加之早期佛典并不是从印度直接传来,而是经由当时的西域辗转传译的,译人、译地、译时不一,前后说法矛盾,学说源流不明,这就更加令人感到眼花缭乱。吕澂先生的《中国佛学源流略讲》将会为佛学研究者提供一部概要性的参考书。

作者专力于佛学研究近半个世纪。在本书中,他根据长期研究的心得,对中国佛学的传译、典籍、师说、宗派、传播区域及思想渊源等,穷源竟委,条分缕析,做了比较全面、系统的介绍,为我们了解中国佛学思想发展的来龙去脉,指出了一条线索。在本书中,作者还对中国佛学史史料和学术源流上的一些疑难问题,如某些典籍和史实的真伪、佛学初传的时间、佛学与中国思想的关系、研究各宗派应采用哪些资料等，均提出了自己的见解，这对我们进一步研究佛学都是有重要参考价值的。

书后《附录》文章，大部分发表在《现代佛学》上，一部分是《佛教百科全书》稿，现收录于此，以便读者。

书稿的整理和抄录工作都是由谈壮飞同志担任的。

中华书局编辑部

目　　录

附　录

序　论

一　内容

中国佛学是随着由印度传来的佛教而产生的一种宗教哲学。佛教传入中国后和中国原有的思想相接触,不断变化,不断发展,最后形成了自己的特殊的新学说。在其发展变化过程中,一方面,印度发展着的佛教思想仍在不断传来,给予了它持续的影响;另方面,已经形成的中国佛学思想也逐步成熟,构成了如天台、贤首、禅宗等各种体系。因此,所谓中国佛学,既不同于中国的传统思想,也不同于印度的思想,而是吸取了印度学说所构成的一种新说。我们所要讲的中国佛学,就以此为主。

中国佛学有它自己的特点。要了解它,须从它的如何发生、成长以及如何形成自己的结构等许多方面去考察。中国佛学的发生和发展,有它内外的主客观条件,与中国的传统思想和印度思想都有区别。这可以从两个方面来看:

第一,属于传译和讲习方面。中国佛学学说的来源,基本上是依靠传译和讲习为媒介。这是一个很特殊的条件。印度佛学产生于公元前五世纪,其宗教部分传来我国的时间要比学说早一些,约在公元前后。佛教哲学,因其内容复杂,需要一个相当时期的酝酿才能得到传播,所以要迟一些,据现有史料看,约在公元二世纪左右。这样,佛学从产生到传入中国,前后相去有七百年。在七百年的过程中,它本身曾有很大的变化:大乘的产生,相对小

1

乘而言,当然是个重大变化;单就小乘说,变化也不小,其中部派繁多,有分有合,后来说一切有部将小乘佛学发展到登峰造极。非但学派不同,引起内容差异,即同一学派,由于传播地区不同,也带有严重的地方色彩。如同是说一切有部,流行于东方迦湿弥罗和流行于西方健陀罗的就很不一样。自然,传入中国,决不会按照它学说发展次第来介绍,而是混杂一起传播的。又由于译人的水平和传承关系,对于这些复杂情况也不可能全部了解,因而也不可能就学说发展的次第作介绍,只能是就各自所尊所懂的来传译。因此,在翻译上就看不出佛学思想的发展顺序了。

翻译的经籍本来就难理解,加上当时又不可能明了它的发展线索,更增加了理解上的困难。所以在翻译之外还必须辅之以讲习。讲的人当然又是按照自己所学所知的来讲,听的人就不能不借助于自己原有的中国思想底子去理解和接受。换句话说,是将自己本土的学说与印度学说作比较,即所谓"格量"(以中国学说尺度来衡量)的方法。这是规定中国佛学特点的一个基本条件。

第二,与上一条件有密切联系的是属于研究和融通的方面。随着资料增多,所传的义理也逐渐明确了,就有可能进行研究,加以融会贯通。但如上所述,由于受了传译和讲习的限制,翻译与理解都不可能如实反映印度佛学的全貌,因而这一步工作,也只不过把以前传习的范围比较扩大一些而已。

佛典的翻译有许多模糊和不正确的地方。这首先是由翻译本身的困难造成的。例如,把梵文译成汉文,要找到与原文概念范畴相同的语言来表达,有时就很困难,因此不得不借用某些大体相当的语言,这就有可能走样了。其次,文字的表达还往往受到思想方法的影响。印度人的思想方法与中国人的不完全相同,例如,印度逻辑同我国古代墨辩、名家的逻辑就不一样。思想方法不同,会影响文字的表达;文字的表达也会影响思想方法的接受。这样,学说的传播就形成了种种的变化。再次,时代和社会条件也能影响传译与研习的风尚。中国和印度的佛学思想,各有自己的历史的社会的基础。就社会条件看,印度和中国都处在封建社会时期,但具体情况则不同,中国是处在封建社会较发达的阶段,而印度则处在封建社会形成时期。因此,要把印度思想原封不动地搬到中国来,就不完全适用。

由此看来,佛经在中国的传译和讲习,必然会有不正确之处,这是可以理解的。例如,关于"如性"这一概念,当初译为"本无"。现在考究起来,这是经过一番斟酌的。"如性"这个概念来自《奥义书》,并非佛家所独创,表示"就是那样",只能用直观来体认。印度人已习惯地使用了这一概念,可是从中国的词汇中根本找不到与此相应的词。因为我国古代的思想家比较看重实在,要求概念都含有具体的内容,所以没有这类抽象含义的词。所谓"如性"即"如实在那样",而现实的事物常是以"不如实在那样"地被理解,因而这一概念就有否定的意思:否定不如实在的那一部分。所以"如性"也就是"空性",空掉不如实在的那一部分。印度人的思想方法要求,并不必否定了不实在的那部分以表示否定,只要概念具有否定的可能性时就表示出来了。所以佛家进一步把这一概念叫作"自性空","当体空"。从这个意义上说,译成"本无"原不算错。而且"无"字也是中国道家现成的用语。要是了解"本无"的来历,本来不会产生误解。但这种用意只有译者本人了解,译出以后,读者望文生义,就产生了很大的错误。最初把这一概念同老子说的"无"混为一谈,以后联系到宇宙发生论,把

"本"字理解为"本末"的"本"，认为万物是从无而产生。这一误解并未因它的译名重新订正而有所改变。例如，以后"本无"改译成"如如"、"真如"等，反而错上加错，以至于认为是真如生一切。这种不正确的看法，代代相传，直到现在。总之，我们不能把中国佛学看成是印度佛学的单纯"移植"，恰当地说，乃是"嫁接"。两者是有一定的距离的。这就是说，中国佛学的根子在中国而不在印度。试以玄奘的传译为例来说吧，他是继罗什以后在中国传布正统印度佛学的第一人，理应与印度本土的佛学思想相接近的了，事实不然。不但他的传译带有中国风味，而且还把中国风味带到了印度。例如，他在那烂陀寺同师子光辩论，写了《会宗论》，会通中观学派与瑜伽行学派的观点，这种会通的办法在印度当时是少见的。再如，他回国以后，本人无暇顾及成立自宗的体系，全靠他的门人窥基创设规模。窥基在中国思想史上是有影响的人物，经他整理的得意之作《成唯识论》在谈到四重胜义时，对最后一重"胜义胜义谛"，就用了"一真法界"这个具有中国风味的概念来表达，这也不是印度的说法。所以尽管玄奘把中国以前的佛学作了清算，又亲身到印度留学，学习得很有成绩，但也并没有缩小中国佛学与印度佛学的距离。

我们讲中国佛学，主要讲与印度佛学距离较大的几家学说。这个可以天台、贤首、禅宗三家为代表。这三家的共同特点，就是他们所理解的佛学与印度的根本不同。如关于心性说，印度讲心性本寂，他们则讲心性本觉，分歧很大。我们讲中国佛学的源流，主要就是讲他们的体系之产生、发展和衰落的各阶段。中国佛学源流也即以此作为分期的根据。我们的分期方法，是从学说的前后成长、开展而区分阶段。这样，可以把学说成立前作为一个阶段，把学说成立后另作一个阶段，从中贯穿时代、代表人物、师说、宗派等各方面的联系。我们不采用单是以时代或人物或师说或宗派这样的分期方法。同时还要和中国当时有关的学说以及印度的学说联系起来，说明它们的关系，这样才能看出它的真正源流。

二　资料

佛家哲学同佛教联系着。它的源流常与佛教的发展有相应的关系。所以研究的资料，大部分要从佛教史籍里面将有关学说的部分区别出来，并加以刊定。这部分资料主要是有文字记载的僧传和史传，其次是灯录、经录等等。

在佛教史籍中，僧传是比较完备的。佛教刚一传播，就曾有个别的译家和名僧的传记出现，以后逐渐发展到分类的专书。因为与其他传记相区别，名之曰僧传。著名的有梁慧皎的《高僧传》。继此之后，唐宋明各代都续编了《续高僧传》。其中有不少学者和学说传承方面的资料，不过并不是现成可用的，还需要花些工夫从里面钩稽出来。后来还有尼传、居士传等，都不甚重要。

其次是教史与宗史。到了宋代出现了一种不以人为主而只记述一般事实的史著，称为宗史。其时宗派势力已相当巩固，彼此之间有不少争论。各宗为了提高自己的地位，常以自宗的传承为中心从历史上加以叙述。开始写宗史的是禅宗。早在唐代就有了好些著作，如神会的《南宗定是非论》（收在神会语录中），就辩论到禅宗的世系问题；以后发展到智炬的《宝林传》，包括了印、中两方的世系。单讲中国世系的，有敦煌发现的《楞伽师资记》和《历代法宝记》。此外讲派别的有宗密的《禅门师资承袭图》。到了北宋，更发展到规模巨大，模仿一般通史体裁的著作，如契嵩

（公元 1007—1072 年）的《传法正宗记》，把禅宗的传承一直推到印度祖师释迦，而且全是按照禅宗自己的传承来写的。其中有与天台宗交涉之处，在天台宗看来，不但中国的世系与他们有出入，就是印度的传承也不一致。这就随之而有天台一系的著述出现。如元颖的《天台宗元录》（写于北宋政和年间，公元 1111—1118 年）即叙述天台宗的传承（此书已佚）。一直到了南宋，天台的这类著述尚络绎不绝。如南宋末咸淳五年（公元 1269 年），志磐还著有《佛祖统纪》。到了元代，禅宗也还有这方面的著作，如念常的《佛祖历代通载》，它以本宗传承做中心，以编年体的形式叙述的，其中包括朝代、甲子、年号、佛教事实等；此外还有关于佛教的著名学者、祖师、学说等的记载。上述这些史籍并不包括佛教全体的历史，而是带有以各宗为经纬的宗史性质。

灯录。这是禅宗独创的体裁。因为禅宗主张"以心传心"，谓之心印（只是默许）。对这种心印也有记载，但以记言为主，而说明传承的关系，叫作传灯录。传灯，是比喻他们的传承像燃灯一样，代代相传。灯录的种类很多，五代时有《祖堂集》，宋有《景德传灯录》，此后还陆续地有所出现。从这一类著作中，可以看出他们学说的前后关系。

经录。中国佛教是以翻译的经典为主，所以历代的翻译情况都有记录，记载译家、译籍、译时等。这一类的著作称为经录。它不同于一般的目录，其中除载有目录外，还对译人的生平，译事的进行情况都有记录。并依时代顺序，为之分类编定。经录一类资料，可以当作翻译史读，也是很重要的。

另有一类，是属于宏扬佛教的著作。中国佛学是接受外来思想而又参酌传统思想消化融会的产物。但这两种思想，又往往发生冲突而有争论,于是产生了一类专门宏扬佛教的著作。南朝(齐梁之间)有僧祐编集的《弘明集》,唐代道宣又续编有《广弘明集》。其中收集的多是从佛教立场所作的正面文章,同时也保存了一些反面文章。这也是一种资料。

此外,还有游记,笔记之类的资料。中国有不少僧人、学者抱着求法的热忱到印度去游历,留下了一些游记。其中著名的有东晋法显的《历游天竺记》,唐玄奘的《大唐西域记》,唐义净的《南海寄归传》等。其中对佛学的源流和史实,有许多极可珍贵的材料。

笔记(随笔)的体裁早在南北朝时期就有了,例如南朝刘义庆的《世说新语》(并刘孝标注),记载了魏晋清谈人物的一些事实。由于佛教人物如支遁等也与他们有过往,所以其中也记录了一些有关僧人的逸事和隽语。这一资料在讲到佛学与玄学关系的时候,很有参考价值。到了宋代,佛教方面所出现的笔记就更多了,如惠洪的《林间录》,记载了当时禅宗有关的史实。以后还有晓莹的《罗湖野录》等,都留下了可供参考的资料。

总之,举凡与佛教有关的资料都可采用。这里只列举了主要的几种做例子。陈垣著《中国佛教史籍概论》,讲述得较详,可以参看。

以上是佛教本身的。此外,一般诗文集、笔记、小说等,也保存了一部分佛教的资料。历代的所谓"正史"中,资料比较少,除《魏书·释老志》外,列传记载佛教人物的,不过如玄奘等十人。这是由于佛教思想和中国正统思想有矛盾,同时统治阶级又要利用佛教,所以"正史"上也不能不有所记录。此外,我国历代文人与佛徒常有交往,他们的诗文中就留下了一些记载,散见于《全唐文》、《全唐诗》等。又历代的各种笔记以及宋代理学家的语录,都有部分资料。从这些方面讲,资料的范围还是相当广泛的。

除了文献资料外,还有考古的资料。中国遗留下来的佛教胜迹、遗物等很多,其中有些是可以做资料用的,因为这些与佛教直接有关,从而与学说也有联系。例如,日本学者在辨贤首宗的世系时,就用了这方面的材料。最初,人们把杜顺推为贤首宗的初祖,他们从史料中看不出杜顺与贤首宗有若何关系,因而许多学者怀疑初祖不是杜顺而是智正。但也有人认为就是杜顺,如常盘大定就这样主张。他曾来过中国五次,踏查佛迹,发现陕西华严寺的历代祖塔的头一代就是杜顺,从而结束了这场争论。这是用佛教遗迹作为学说源流旁证的例子,说明考古资料也是必须注意的。

特别需要注意的是,近六十年来,在佛学源流研究方面发现了一种特殊的文献资料,即敦煌写经。这里面有许多从来为人们所不知道的属于手写本的佛经。

敦煌原系中国与外国在陆地上的交通要道,既是经济文化交流的枢纽,又是边防重地。北宋仁宗时,西北的西夏族入犯中原,先占领了莫高窟一带,一时酿成兵荒马乱。在莫高窟,原有上中下三寺,下寺中,历代都藏了一些经像,僧人为了避乱,便将经卷、佛像、杂书等封闭在下寺旁石窟主群相近的一个大洞的北边复洞中。当时,僧人大概一去未返,后人也不知道这一复洞,所以这些文物一直未被发现。过了八百年左右,即一八九九年,乃为一个姓王的道士所发现。腐败的清政府并不知道这些文物的宝贵,未加重视,事为英、法、日等帝国主义分子所知,就曾不止一次地来这里进行骗劫,先后盗走了不少的珍贵资料。先有英人斯坦因,盗去七千余卷;继之,法人伯希和盗去一千五百卷;日人橘瑞超等盗去几百卷。日本人以大谷光瑞为代表，曾发起了三次西行探险，第一次，他亲自参加；后二次，他派人来的。在最后一次路经敦煌时，他们发现了这批资料，由橘瑞超、吉川小一郎带交给大谷光瑞处理。

英人盗去的七千余卷，已经整理，出版了目录，并照了显微影片，北京也买到了两份。法国的还未全部整理出来。法国盗去的虽然数量较少，但质量高，因为伯希和是汉学专家，挑选的都是有价值的。斯坦因就不然，他是考古学家，专挑完整的。后来，清政府去清检残余，运回北京，路上又遭到多次偷窃，最后仅剩八千余卷。这部分已由陈垣先生编了目录，名《敦煌劫余录》。总计敦煌原藏连同零星被窃部分，约在二万卷以上。

日人大谷光瑞收集到的历史文物，以敦煌为主，加以编纂，于一九五八年出版了《西域文化研究》两卷。其第一卷就是专门研究敦煌写经的，藏在龙谷大学。在它的附表上，可以看出我国最初的写经是在西晋咸宁年间。此外，虽然还有甘露元年三月的写经，但并不是最早的。因为：第一，甘露的年号不但曹魏有，孙吴末年，苻秦，辽代都有；第二，月份也不合，甘露改元，魏、秦都在六月，孙吴则在四月，都非三月；第三，这个写本是在酒泉写的，远处边疆，改元也需要一个时期才会知道，它的写出不会早于改元的时间。所以，最早的写经还是应推西晋。除此以外，所有写本大都是唐代的。

敦煌写本的学术价值很大。一方面，因为它保存了较古的经典，未经转抄，脱落错误较少。另一方面，其中有一些是人们从来所不知道的，学术上许多问题可以借它刊定。所以无论从校勘学上或学说思想上，这些写经都是十分宝贵的材料。例如，禅宗一系的变化，本来很大，初是北宗得势，尔后逐渐转向南宗；南宗最初是神会一系得势，其后又逐渐转到南岳、青原二系；在这些转变过程中，失势各系的资料，由于不受重视，多数丧失，而在敦煌卷子里保存下来的却不少，这对研究初期禅宗的历史，极有用处。

敦煌文物中，还有梵文、藏文、西域文的写本。藏文本中，有部分关于西藏的史料，因为西藏吐蕃王朝的势力，在唐代曾经伸展到了河西一带，就把这些资料带了过来。这部分资料，有些在西藏本土已经散失。西藏也仿照汉族设置史官，专门记载贵族的宫廷历史；这些资料就保存在敦煌，所以可被用来订正后世关于吐蕃王朝世系的错误说法。法人曾经整理了一部分印出。

此外，敦煌石窟中还保存了大量的塑像、壁画等艺术作品，从中也可以看出历代艺术发展的面貌。其他涉及到民族、历史各方面的文物也不少。以后人们把依据敦煌资料进行各方面研究的学问，称之为"敦煌学"。

研究中国佛学，当然要用到敦煌的资料。但是必须说明一下，敦煌文物的发现，确实是震动学术界的大事，但一些西方资产阶级的学者，曾想独占它为猎取名利的资本，因此把它说得高于一切，认为不懂敦煌学，就不能进行佛学研究，而且唯有他们这批人，才能懂得敦煌学，这是应该驳斥的。敦煌学，虽有其一定的适用范围和使用价值，它可以补充研究资料的某些不足等。但也不能予以过高的估价。从学说源流上讲，固然有史实而无记载的，需要加以补充，这对于佛学研究自然有好处，例如，我们上面讲的禅宗历史的情况；但决不能说，整个禅宗史全部要靠敦煌资料来决定。另外，有些资料本来就没有发生过什么影响，从而被历史淘汰了，现在被发现，作用也不大。总之，我们对敦煌的资料，应该有一个实事求是的恰如其分的估价。

最后,关于西域方面的资料。中国佛学一开始就与西域发生关系,因为内地的佛学,最初并不是直接来自印度,而是通过西域传来的,有的甚至是西域的佛学。因此,对于西域佛学,应该有所了解。可惜,直到现在,有关这方面的研究,尚少完整的系统的著述。早年,日人羽溪了谛著有《西域之佛教》,中国曾有翻译;以后他还在继续研究,但仍未能对西域佛教做出完整的介绍。他的研究方法,是采用"逆转"法,即从中国内地的资料去研究西域,而不是从西域本身的资料进行研究,未免有所不足。现在从西域写本和敦煌的卷子里发现了西域古文写本。西域古文有四种:窣利、于阗和两种吐火罗(乌耆、龟兹)。这些都是西域古代的文字,后来才有回鹘文。现在很多西域古文写本已整理出版,只有拿这些资料进行研究,才能弄清西域佛教的本来面目。但是这方面的工作,做得还很零碎。并且西域的文化,一开始是从西往东流的,尔后内地文化又向西流,其间错综复杂,所以保存下来的资料也不纯粹。因此,在中国佛学开始传来的时候,西域的情况究竟如何,一时还难明白。

到了宋元时代,西藏佛学占了优势,那时期,西藏资料也多了,但对内地的影响不大。元、明、清三代西藏喇嘛教传入内地,也翻译了他们的一些著作,如八思巴的《彰所知论》等,但毕竟不多,所以,整个西藏佛学为人们知道的也就有限。我们以前编辑过一些汉藏佛学关系方面的资料,但未完成。至于说到纯粹的西藏佛学,资料极多,这里不能详举。

另外,还有些对佛教史个别问题作的研究论文,像法国的汉学家沙畹、伯希和等,他们是自命"东方学在巴黎"的。近人冯承钧是很关心这方面的学者,他毕生从事翻译法人东方学的著作和论文,总计百余种,题为《西域南海史地考证译丛汇编》,分集出版。在他生前,曾印出过四编,死后到一九五八年止,共印出了九编,都与佛教史的研究有关。同时,冯承钧个人的论文,在他死后也汇集一册出版(1957年),其中也有关于佛教方面的材料,如目录等。另外,他编有《历代求法翻经录》,寻检极便,可作手头书用。《西域地名》是对各种译名的对照索引,也是一种方便的工具书。他还以"尚志学会丛书"名义出版过一些其他的译著,其中有他的《法住记及所记阿罗汉考》等译文,都可参考。

日本方面,龙谷大学图书馆编有《佛教学关系杂志论文分类目录》,把日本有关佛教研究的论文作了索引。第一本到一九四一年为止,搜集杂志二百余种,论文万余篇。一九六二年续出第二本,编至一九五五年止。又有花山信胜,本人是研究日本佛教的,但外文很好(锡兰发起的"佛教大百科全书"的日本总编辑开始就是他),东京大学教授。他在一九三四年,曾收集一九三二年以前欧美关于佛教的文献、著作五千余种,论文万余篇,准备编欧美佛教学文献目录,作为《佛书解说大辞典》的第十卷出版,后来没有实现。今年日人为纪念他的六十一岁生日,由纪念会为之印行了(想来1932年以后的材料已经补充进去了)。有关欧美研究佛教的状况,可以从这一著作中得到了解。此外,法人拉露女士,编印了《佛教文献(目录)》,作为法国佛教丛书的一种出版。从一九二八年编起,每年出版一册,至一九三六年,出了八册就停止了。第二次世界大战后,继续出版从第九册到第二十册合卷印出,材料收集到一九四七年以前。日人山口益编的《法兰西佛教学五十年》中,有专文介绍它的内容,说它的合卷本中共收论文一千五百八十余篇,其中法人的居多,日人百篇,苏联四篇。并说这一文献还在继续出版，一九五二年又出了一九四七——五〇年的合册一本。这些书籍都可以作为研究用的工具书。

三　研究方法

研究中国佛学，也须采用一般哲学史和一般佛教史的研究方法，基本原则是实事求是、分析批判。具体的说，就是运用哲学史一般的研究方法，同时注意到佛学本身的特殊范畴和特殊规律等方面。中国佛学来源于印度，而又不同于印度，这一特点，也就规定了它的特殊研究方法。其基本点是，在理解中国佛学时，首先要注意到中国佛学同印度佛学的关系。印度佛学在不断变化，我们就要注意到这些变化给中国佛学以怎样的影响；注意中国佛学在这个过程中，与印度佛学保持了多大的距离。总之，要以印度佛学的发展为尺子，用来衡量中国佛学发展的各阶段，并借以看出两者之间的异同以及中国佛学的实质。

其次，还要注意下述四点：

第一，译著的辨伪。我们所运用的资料，正确或不正确，直接影响到研究成果的正确与否，佛学的研究如此，其他学说的研究也如此。因此，研究所用的资料，对它的来源、真伪等，应该首先加以考察。过去，有伪托古人著述以为自己立说依据的风气。例如，道家的书《庄子》、《列子》里面就有许多伪托的篇目。佛典是翻译的，不但原书有伪托，就是译本也大成问题。隋代以前，魏晋南北朝的政治局面很紊乱，翻译不集中，译文不统一，翻译的记录不完备，因而就更便于弄虚作假，有真伪混杂的情况出现。辨伪的对象，则多是翻译的经典，这一点在经录家早就注意到了。他们对著录的书，发觉有问题的，一般采用这样的办法来处理：一、疑惑：对于译家、译时、译地三者需要进行核实，如果这些方面不能加以断定，则予以存疑。二、伪妄：如果有确实根据证明哪些书是假的，即评为伪妄。经录家就是以这种办法来确定经籍的正确程度。佛教在中国的发展，不仅受到原文译本的影响，而且也受到伪书的影响，像《大乘起信论》的影响就比原文译本还大。以前人们不知它是伪书，误认它的思想即是印度的思想，以致混淆了中印佛学的界限。如果辨别出经典的真伪，对中国佛学的实质就可以得到更为正确的判断。

义学家和学者们，也曾经对佛典的真伪做过一些审核工作，把一些有问题的书都提出来讨论。近代日本学者对此也相当注意，较早的如境野哲（黄洋），他研究中国佛教史就是以翻译史为重点，同时讲述中国佛教思想的发展，在研究过程中，做了许多辨伪的工作。后来望月信亨，更是比较专门地注意这方面的问题，他对佛教史的研究是从经典史着手的，在他的《大乘佛教经典史论》中，有一部分是疑伪经论考，举出了十几种重要的疑伪书，并作了考证。此外，松本文三郎从佛经经典的研究中，也开出十几种疑伪书来。松本的书名《佛典之研究》、《佛典批评论》。研究结果与望月相近，有问题的也就是那十几种书。中国方面，李翊灼早年著有《佛学伪书辨略》，指出主要的有七种，《大乘起信论》就在其内。

第二，叙事的论世（时代错误的订正）。遇到叙事性的材料，要注意阐述的内容与所叙述的时代是否一致。比如拿到一份材料，首先要弄清楚材料中陈述的事实及学说等是指的什么时代，这个时代与该事实、学说的发展阶段是否相应。只有把这一点先肯定了，才能进行第二步研究。有些材料经常拿作者当时所知道的或当时才会有的说法附会到更前的时期去（像我们分析过去的

14

问题,往往运用今天的口吻来叙说一样),对此,必须严加考订、辨别,否则就会因为时代错误,影响对学说的正确了解。例如,有的著作引用了东晋袁宏(公元328—376年)的《后汉纪·孝明皇帝纪》和刘宋范晔(公元398—445年)的《后汉书·西域传论》中的几段话,来说明佛教在中国初传时的情况;这两个材料,常被人引用,似乎不成问题,就不被人注意到它的论世的错误。其实,一加考察,两项材料所叙述的,都不是佛教在中国初传时的情况。如《后汉纪》说:"……有经数千万,以虚无为宗,苞罗精粗,无所不统。"首先,这里的"有经数千万",清王鸣盛在《十七史商榷》中,就认为可能是"有经数千万言"之误。初传时,怎能有此规模?其次"无所不统""以虚无为宗",也不是初传时能有的,而是后来形成了以般若为主流时的情况。佛教初传,怎能一下子就形成"以虚无为宗"呢?牟子的《理惑论》也引用了这一材料,同样犯了时代的错误。又如《西域传论》说:"详其清心释累之训,空有兼遣之宗,道书之流也。"引者还说这是指的"汉魏之际安世高系统的禅学",是否禅学系统固然可以商量,但说"汉魏之际",即佛教初传中国时,显然是错了。佛教初传时,译籍零乱,又是汉土刚刚接触佛学,怎能谈得上空有兼遣之说呢?范晔撰《后汉书》时,佛教在中国的传播已广,像罗什这样的大译师已来中国,中国人对佛学也有了相当的理解,这才有空有并遣的说法;所以,范晔那段话,明明说的是他自己所处的时代情况。从上面举的两个例子,说明资料的时代勘定是十分重要的。特别是佛学典籍,印度人的时间观念就很淡薄,这对中国佛学的影响很不小;如佛籍中一些概念、术语、命题常是后世出现的,但撰者偏说是古人的,这就非得加以辨别不可。

第三,理论的证义(原来意义的寻究)。上述两项工作之后,接

15

着就需要对资料本身的意思有正确的了解。中国佛学所依据的经典，主要是从梵文译过来的，如能了解到梵文原意当然更好，但限于条件，做到这点比较难；那么，最起码应对译文有正确的了解，这叫证义。唐代译经，为了翻译的谨严，译场设有专职的"证义"，以审查译出的佛典，是否表达清楚，在道理上是否通得过。我们说的理论的证义，就是借用了这种方法。这对中国佛学的研究，颇为重要。因为译过来的佛典，往往容易使人望文生义。例如，《中国思想通史》第四卷135—136页中，就有一个突出的例子：唐代玄奘译了《因明正理门论》和《因明入正理论》两本因明的著作，第一次把印度的因明介绍到中国来。当时唯物主义思想家吕才，也很喜欢，但他却产生了许多误解，并写文章同玄奘门下辩论。辩论留下的材料不多，只有日本秋篠善珠所著《因明论疏明灯钞》中保存了有关"生因""了因"的部分。《通史》谈到吕才的逻辑思想时，引用了上述材料中如下的话："居士吕才云，谓立论言，既为了因，如何复说作生因也？"这是吕才对玄奘一系的反驳。说话的人要确立自己的思想就叫"立论"；所谓"言"，就是论式中的判断，如三段论式中的三个判断，因明中的三支、五支等。立论的目的在使人信服，以达到预期的效果，所以"言"相对于效果来说，就是一种"因"。因有两类："了因"与"生因"。这种划分是指因果联系的性质说的：原无而被启发出来的叫作"生"，已有不明显而使之明显的叫作"了"。这里争论的是："立论"对于"言"所达到的效果，其性质是属于"生"呢还只是"了"？玄奘认为，"言"的结果既是"了"，也是"生"。"了"是了境，"生"是生智，二者均有。吕才认为，只能说"了"，不能说"生"。他的理由是："论文既云由宗等多言开示诸有问者未了义故说名能立。""宗等多言"即指宗因喻三支；"能立"是指建立自己的论点，亦即指"多言"讲的。这句话的意思是:"论"(指《入正理论》)文中说,由论式三支阐明了人们所不了解的义理,所以把"多言"所阐明的称为"能立"。因之吕才得出结论说:"果既以了为名,因亦不宜别称。"由果推因,可知因亦是"了"。对于这段文字就应该做这样实在的理解。但是,《通史》的作者没有理解这句话的原意,甚至连句读也断错了:"……说名能立果。既以了为名……"把"果"字误断到上句,因而跟着解释也就错了。

第四,人物的疑年(年代异说的决定)。学说思想与社会政治、经济有联系,一种学说思想与前后时代及同时代的学说思想也有联系,因此,搞清楚学说代表人物的年代(生卒及活动年代),对研究学说源流,很有关系。中国的历史资料,可说是相当完备的了,不仅记载了个别人物的卒年,而且还有生年。但也不能说这方面就不存在问题了。偏偏在几个著名人物上发生了问题,如玄奘的生年,现在还弄不清楚,汤用彤先生提出过道安卒年的疑年,塚本善隆提出罗什的卒年也有问题,这些都有待进一步的研究。如果还没有一般公认的年代,自己应该确定一个,否则议论就没有基础。

此外,还应该充分运用各种工具书,例如学术年表(像刘汝霖的《汉晋学术编年》《东晋南北朝学术编年》,望月信亨的《佛教大年表》),个人年历、年谱等。陈垣的《释氏疑年录》,虽然有些论断尚可研究,但资料很多。同时还要运用辞书(特别是那些专门分类的,如日人的《禅宗辞典》)以及目录(刊定性和勘同性的)、索引等。

四 有关著述

对中国佛教史的研究,日本人走在了中国的前面,自明治末年以来,他们对佛教研究之风颇盛。在中国佛教史研究方面,最早的是境野黄洋,他陆续发表有"讲话""研究""精史"等一些专著。稍后有常盘大定,他著有关于中国佛教史的论文集。后来宇井伯寿,也著有《支那佛教史》等。第二次世界大战到现在,也还不断地发表了一些研究成果。在一九五三年以前,据他们自己介绍,佛教史方面有这些著作:塚本的《支那佛教史北魏篇》,小笠原的《中国佛教简史》等;集体编写的有《中国佛教史概说》。一九五三年以后,大部头的著作不多,倒是出了不少论文集,如横超(写古代的)、道端(写唐代的)、牧田(写近代的)等人都出版了论文集;还有集体出版的论文集。西洋人对中国佛教的研究,还谈不上,最近美国莱脱著有《中国史籍上的佛教》一书,只是把历史上关于佛教的记载加以整理而已。

中国方面,过去的形式比较陈腐,如《释氏稽古略》、《佛祖通载》,都太简单。民国以后,曾取材并模仿日本人,一九一二年,上海《佛学丛报》登载过日本人写的《三国佛教史》;后来蒋维乔著的《中国佛教史》,主要取材于境野的《支那佛教史讲话》(宋前部分);黄忏华著的《中国佛教史》,则大体仿照宇井的著书;都是以日本人的著作为蓝本的。汤用彤先生在《中国无十宗》的论文中,说中国本来没有成实宗、俱舍宗,这些都是跟随日本人(日本有)说的,这也证明早期中国佛学研究跟随日本人的事实。汤用彤先生的《汉魏两晋南北朝佛教史》,受日本人的影响就少,所用资料比较丰富。不过,这也是早年的著作了,到现在,还没有一本新的佛学史。《中国思想通史》,采用新的观点方法讲到一些佛学方面的内容,如对汉、魏、晋、隋、唐的佛教都谈到了,作者们是下过一番功夫的,尽管有些议论还可商酌,但总算是开荒了。这两部书,作为我们的主要参考书。

第一讲　佛学的初传

讲 授 提 纲

传说最初翻译的佛典《四十二章经》——相关的《牟子理惑论》——可考的初期译家：安世高与支娄迦谶——两家译典的分野——禅数与般若——两系的传习——它与西域侨民信教的关系——在汉人接受方面的局限——学说思想的萌芽

佛学的传入中国与佛教有关，所以先谈佛教的初传。

佛教初传的具体年代，很难确定。后世关于这个问题，曾有种种的说法，一般采用的，就是见诸记载而事实上也有可能的，乃是西汉哀帝元寿元年（公元前2年），大月氏使者伊存口授博士弟子景卢以佛经的材料。认为这就是佛教传入的开始。这一材料出自《三国志》裴注引人鱼豢《魏略·西戎传》的记载，而《魏略》一书已佚。据现代研究西域历史的学者，如日人白鸟库吉认为，贵霜王朝前二代是不信佛教的，而大月氏又在贵霜朝之前，当时是否已有佛教流传，还值得研究；尤其是授经者是国家的大使身份，说明佛教已成为当时统治阶级所崇信才有可能，这就更需要研究了。

以后，又有"明帝求法"说，得到人们的普遍相信，对伊存授经之事倒不重视了，但有文献记载，也不便否定，所以《魏书·释老志》只好说："中土闻之，未之信也。"就是说，中国人听到了伊存的说法,并未发生什么影响。这样,"明帝求法"说就被公认是佛教传入的开始。东汉明帝遣使去月氏求佛法的事,原出于范晔著的《后汉书》。书中叙述明帝永平八年(公元65年)诏亡者奉缣帛若干赎罪时,明帝兄弟楚王英(封于彭城,未在宫内,自己也有亡者之感)即奉缣纨三十匹赎罪。明帝认为他的情况不同,所以降诏说,你既然相信黄老、浮屠,一定是很好的人了,并把缣纨退回给他做为布施之用。此事有文献记载,诏文也保存至今,原意就是这样。后人因明帝做过这样一件事,于是就编造出他派人求法取经等一系列故事,内容就复杂起来,说明帝永平七年,由于夜梦金人而派人去西域求法,楚王英就是第一个信奉佛的人等等。事实上,这纯属后人的附会。如《牟子理惑论》中即有一段:"昔孝明皇帝梦见神人(《后汉书》作金人),身有日光,飞在殿前……于是……遣使者张骞……等十二人,于大月氏写佛经四十二章。"云云。求法之事虽属虚构,但是从这一传说中,我们可以推想,首先传来中国的不是佛经,而是佛像,所谓"金人",指的就是佛像。传说去西域月氏求法,也有关佛像,这与历史事实相吻合。永平八年正当贵霜王朝,其时受到希腊人画像的影响,开始创制佛像了;在此之前,印度只有象征性的脚印、法轮等图案,并无佛像。其所以当时会重视佛像,则与信仰有关。

其后,由于佛教的传播,它的学说也推广了,才有了佛经的传译。开始有从经中摘抄个别段落的经籍,这就是《四十二章经》。由此人们又把这一部经与明帝求法联系起来,产生了各种传说。

《四十二章经》的内容尽管简单,但有条理,自成体系。如果它是最初传入的经,那么它的内容应与当时传入时的学说状况相适应。此经在抄出时即有一篇经序,说明它是明帝所求。后人对于明帝求法一事是有怀疑的，但对于此经是最初译传的则多深信不疑，从而推断出佛教传入的时间如何如何，这是不正确的。汤用彤先生就主张此经是初传经典。但也有人不相信，因为从经录的记载、译文的体裁、学说的内容等，都引起人们的疑惑。到了近世，东西方学者对此经是否由原文译出，也未得到最后的定论。

我们认为《四十二章经》不是最初传来的经，更不是直接的译本，而是一种经抄（详见附录《四十二章经抄出的年代》一文）。就内容看，是抄自《法句经》，我们对出来的有二十八章，占全经的三分之二。这还只是此经相当于《法句经》的偈颂部分，《法句经》还有缘起，是长行，此经也抄了几段。所以它是抄录的，但做了一些修辞功夫。现存的《法句经》是三国时支谦译的，据支谦本序文看，在他之前还有一个译本，所以在汉末时《法句经》就有了。《四十二章经》应该是抄的那个旧本而加以润色的。因此，它抄出的时代还相当的迟。

我们认定此经是东晋初抄出的。其理由：一、此经最初见于东晋成帝时的《支敏度录》，所以它应出在此录之前。二、在惠帝时，道佛争论，王浮著有《老子化胡经》，说佛教是假造诸经，但未提到《四十二章》的名字，可见当时尚无此经，否则王浮决不会目睹这一所谓初传佛典而不加以攻击。因此，此经抄出的年限，最早不能超过《化胡经》，最晚不能晚于《支敏度录》。惠帝末年是公元三〇六年，成帝末年为公元三四二年，大约就产生于此三十年之间。

此外，《法句经》现在已有梵文、巴利文等各种本子，研究的著作也很多。这些本子基本上可以分为两个系统：一、巴利文本，二十六品，其特点是《双要品》为首；二、梵文本，这是经过法救改订过的，有三十三品或三十九品，以《无常品》为首，《梵志品》为终，在《双要品》之前加了六品。法救本不仅把原本次序打乱另行编定，并且增加了很多的内容，所以梵文本不叫《法句经》，别名为《嗢陀南集》(嗢陀南是不问自说的意思)。这就是说，开头的《法句经》每一颂本是有缘起的，但法救以这材料为主，吸收了很多无缘起的自说颂的材料，所以不仅品名不同，内容也不同了。从《四十二章经》和《法句经》对照看来，它不是抄自原本，而是抄的法救改订本。据现代人考证，法救、世友与贵霜王朝的迦腻色迦王同时，尽管迦王的年代还不能最后确定，一般认为不会早于公元二世纪，他的活动年代，大体在公元二世纪，所以经法救改订的《法句》也决不会比二世纪早。因此，一世纪的汉明帝决不会得到此经的抄本。这就是我们对《四十二章经》所作的断定。

把抄集的《四十二章经》说成是印度佛经传入中国的第一部，并与汉明帝求法联系起来，其根据可能是来自支谦的《法句经序》。此序载在《出三藏记集》中，原无作者的名字，但它纯属《法句经》译者的口吻，所以无妨说是支谦所作。序中讲到《法句经》在西方的地位时说："其在天竺，始进业者，不学《法句》，谓之越序。"抄经者或即由此得到启发，认为此经既在天竺为初学者的读本，也可抄出它的重要部分，作为中国初学者的读本，尔后就被说成了传入中国的最初之经。这是有可能的。

为什么单单抄成四十二章？这也可能是无意。不过"四十二"这个数字，与某些记载传说不无关系。例如，旧有"帝释问佛四十二事，每问刻石为记，犹存帝释石窟中"的传说。这一故事出在《长阿含经》卷十，法显在《历游天竺记》中进一步证实在王舍城东南的小孤山的帝释石窟，留有四十二线的遗迹，这使传说更加深入人心。又如，帝释问佛前，先"使乐神般遮翼奏琉璃琴以颂赞佛"，此事见支谦译《佛说太子瑞应本起经》中，支谦并据此作了"梵呗"（唱偈颂赞佛）；后来传说曹植在鱼山听到空中梵乐，也作了"鱼山梵呗"，从此，就流传了"般遮瑞应四十二契"的梵呗。"四十二"这个数字，通过上述的记载和传说，必然会引起人们的注意，抄经者，可能就受到了影响。此外，帝释问佛是从贪欲说起的，《四十二章经》中也有多条谈到同样性质的问题，这也可以作为一个旁证。

《四十二章经》被公认为初传的经籍，还有另外一个原因，如此经抄出之后，就受到很多人的重视和宣扬。头一个推崇它的是伪托汉末人牟子著的《理惑论》。论中第二十一则讲到佛教传通缘起时，引了《四十二章经序》里关于汉明帝求法之说，并作了引申，增加了建寺中的壁画情节，说"千乘万骑，绕塔三匝"等等（这就是白马寺的传说）。接着，刘宋陆澄（宋齐间人）又加以宣扬，宋明帝令陆澄编《法集》（法论）以宏扬佛教，《法集》共百零三卷，分为十六集，每集一类。他特意把《理惑论》的上述记载，编在讲佛教缘起的第十四集（缘序）的头一卷，其实，《理惑论》重在讲教理，不是专讲佛教传通之事的，陆澄怕人对牟子的说法重视不够，有意做了这样的安排。他在目录的序言里，对把《牟子》摆在缘序而不摆在教门曾作了说明："牟子不入教门而入缘序，以特载汉明之时像法初传故也。"据作者想，由汉末人讲明帝时事，当然可信，就把它作为最可靠的材料了。陆澄的书已佚，其目录保存在《出三藏记集》卷十二中，他的说法，当然会影响到一些人。

此后，齐梁间人僧祐在编《出三藏记集》时，看到《理惑论》和《法集》这样的吹嘘，不仅对《四十二章经》深信不疑，他也大加宣扬。该《集》共分四部分，第二部分是目录，即把《四十二章经》冠其首，并把经的序文联系起来，说什么"汉孝明皇帝梦见金人，诏遣使者张骞羽林中郎将秦景到西域,始于月氏国遇沙门竺摩腾译写此经还洛阳"。《四十二章经序》本来没有谈到是翻译,僧祐在这里加上竺摩腾作为译者。另外,他在目录部分的短序里说"孝明感梦,张骞远使,而于月支写经四十二章,……东流初法,于斯有征。……古经现在,莫先于四十二章,传译所始,靡逾张骞之使"。张骞出使是武帝时事,显系误传,而上面这些说法,可以看出僧祐对《四十二章经》的推崇程度。僧祐的目录部分,原是据道安录而加以扩大的,道安录就没有著录此经,可见道安是并不重视它的。

经过上述诸人的宣传,《四十二章经》就成了真正的佛教初传的经典了。直到近代,才有人对它研究,发生怀疑。我们断定它不是翻译,也不是初传的经,这里还得解决一个《理惑论》的问题,大家认为《理惑论》出于汉末,如果属实,则说《四十二章经》抄出于东晋就难以成立了,因此,需得进一步把《理惑论》的真伪弄明白。

《牟子理惑论》通称《牟子》,"理惑"之名见于书的自序。唐神清《北山录》说:"理惑"原名"治惑",是为避唐高宗李治的讳而改的。这仅是神清个人的说法,不一定可靠,因为书内用到"治"字的地方并未改动,而且我们也未从以前的著录中看到过"治惑"的字样。

这部书原收在陆澄《法论》中,只知作者姓牟,无名字,书名下有一副题:"一云苍梧太守牟子博传"。似乎作者姓牟名子博,书是被看成为纪传体。此后,《隋书·经籍志》将此书收在儒家著录中,说《牟子》两卷,牟融著。牟融,是汉章帝时的太尉。但《隋书》只有这样一个目录,且归为儒家撰,是否就是这里所说的《牟子》,很难肯定。由于《隋书》出现了这一条,新旧《唐书》也跟着作了同样的记录。到了明末刻《方册藏》,遂把《理惑论》归入牟融名下。由于这刻本把牟子定为牟融后,从而引起了人们的注意。第一个发表意见的是明末胡应麟,他在《四部正讹》里指出《理惑论》的牟子不是牟融。据他说,牟融是明帝以前的人(这是胡应麟记错了),那时尚无佛教传入,怎会在书中大谈佛教问题呢?因此,此书是伪。据他推测,这是佛教徒根据《隋书》"因儒家有《牟子》而伪撰此论以左右浮屠"。但又说:"读其文虽猥浅,而词颇近东京"。东京指洛阳,也即后汉的国都。所以他还相信《牟子》是后汉人作,怀疑得并不彻底。

从明末开始对此书进行考究后,到清代嘉、道年间,讲汉学的人逐渐多起来了,孙星衍编《平津馆丛书》把《牟子》也收了进去。他的学生洪颐煊为之作序,说牟子即牟融是不可信的,牟子博为何许人也,又不可考,所以未题作者名字。其所以收入丛书,是因为它文"近于汉魏"云。

到了近代,梁启超作《牟子理惑论辨伪》,否定牟子真有其人,并认此书为后世伪造,批评它内容既伪,文字也坏,"为晋六朝乡曲人不善属文者所作"。这就走向极端,引起了别人的反对。最初反对的是周叔迦,后来是胡适之、余嘉锡等。汤用彤先生也认为此书是真的。

在日本,也有许多不同的议论。开头,山内晋卿认为是真的,他根据的是明清人的说法;继之,常盘大定认为是假的;福井康顺反驳了常盘而加以肯定;之后,松本文三郎又驳了福井仍予以否定。在西方,例如法国人也有争论,马司帛洛讲汉明求法一事,曾议论过《牟子》而认为是假的,伯希和则以为是真的(见冯承钧译《西域南海史地考证译丛》第四编)。

总之,《牟子》的真伪至今尚无定论。据我们看来,应该属于伪书。从各家的辩论综合来看,有这样一些现象:第一,肯定为真的人,认为"自序"中举出的历史事实非但与其他史书记载相符,而且有补充史书漏载之处(如说"牧弟豫章太守为中郎将笮融所杀"等),如不是当时确有其人,是无法记叙的。又作者自云居交州,并记载了交州的学术情况,这也是可能的,因交州原在河内以北,属交州治,本是当时内地避乱的场所,由于他们提倡文教,遂成为内地避难人士集中之区,学者们在那里进行儒释道的辩论,也是有条件的。具体说来,作者讲述的口吻,也不像后世人的,例如,只讲黄老而不讲老庄,这就是后汉以前的语气。只有到了魏晋玄学的兴起,庄子才因为内容丰富而被推崇起来。又道家与道教也不一样,最初道家与神仙家也是有区别的,尔后才合而为一,本书中的这种分别就很严格。再就更细小的事情说,那就更多了,如避讳,改鲁庄公为鲁严公,即是避明帝刘庄的讳。另外,《牟子》三十七篇与《道德经》三十七篇似乎也不是偶合。因此,凡论证《牟子》为真的资料,多半与道家有关。第二,否定它的人,其论证多半与佛家有关,因为它使用的佛家材料都有可疑。例如,开头讲佛传时,说佛十九岁出家,这就与当时一般讲二十九岁出家的说法不一样,十九岁之说,只见于《太子瑞应本起经》,而此经在吴支谦时才有译本,作者岂不是在吴代之后。又所记太子须大拿的故事,原出《六度集经》,经为吴康僧会译,也是以后的事了。作者自称为汉献帝时人,即二世纪末,而这些书的翻译都在三世纪中,相差五六十年;说《理惑论》是作者晚年所写,牟子长寿,尽管可疑,还勉强说得过去。可是书内又记载了佛于二月十五日涅槃,也与一般的二月八日、四月八日的说法有异。此外,还讲到"僧人以酒肉为上戒",在大乘修断肉时才戒肉,小乘并不断肉。这些说法只

26

是在《大涅槃经》译出后才有的，而此经的译出就更晚了，是在五世纪初。根据以上两方面的证据，也有人疑惑《牟子》原属道家的书，如"自序"中说："于是锐志于佛道，兼研老子五千言"，这句话与上下文是不连贯的，只有删去其中的"佛"、"兼"二字才通顺。换句话说，作者到了交州就专门研究老子，此书就是以道家立场进行争辩的著作。如果说它是为佛家辩论的书，内容很不相称。恐怕是偷梁换柱，被后人把佛教的材料加了进去，成为替佛教辩论的著作了。总之，作者决非汉末时人，当时佛家的学说不会有书内记载的情况。此书应该出于《四十二章经》之后，陆澄集《法论》之前，约当晋宋之间（松本文认为可能在宋齐之间，今不取其说）。

《四十二章经》与《牟子》既非早期著作，故不能凭借它们来考察佛学最初传入的情况，而佛学初传只能从翻译家和他们的译籍中去寻找线索。最初的翻译没有记载，传到后来才有经录家的著录——经录。目前看来，经录要以道安所编的《综理众经目录》为较早而可信。道安原在湖北襄阳，经录是他入秦以后（约公元380年）编的。此外，以早期译籍的传习事实为旁证，同目录相对照，中国最早的译家有两人，一是安世高，一是支娄迦谶。

安世高是西域安息人，相传是安息国的王子。支娄迦谶是西域月氏人。两人在后汉桓帝年间先后来到内地（安于桓帝建和初年公元147年至洛阳，支于桓帝末年公元167年至洛阳），翻译也有先后。据道安录载，安世高译籍三十五部，四十一卷；支谶较少，可确定的有三部，十四卷，有疑问的九部，十二卷。这是最可靠的著录。后来的目录对两人的译籍又增编了多种，都不可信。再从佛学的全体看，两家的翻译，各有局限，只是全体佛学的一部分。安译限于小乘上座一系，支译则专属大乘经类（当时大乘兴起不久)。

支译的原本都是由竺佛朔先行带来的。竺佛朔可能是印度人,通过西域而进入内地(当时习惯在外国人名前冠以所属国名,竺即天竺)。支谶虽然用了竺佛朔带来的原本,但翻译是从他自己熟悉的部分着手。当时安、支两家为什么从这样两个系统进行翻译,可能是由下述两种情况造成的:第一,桓帝时代相当于贵霜王朝的迦腻色迦王在位时期,他很推崇小乘有部,所以在他支持下说一切有部在印度就占了统治的地位,西域月氏一带自然也受到影响。说一切有部是相当保守的,如他们传说由五百罗汉结集编纂的《大毗婆沙论》,即刻在柱上,严禁外传。他们不仅对大乘要排斥,即是对本宗外的各派小乘也不能容忍等等,因而迫使其他各派不得不外寻出路。安、支二人之来中国传译上座系和大乘思想,与当时的这种形势是相应的。第二,当时的西域不断有来华侨民入籍汉朝的事,特别是在桓帝末年,月氏曾有数百人来入籍(大多数是经营商业的),而这些人原是佛教信徒,崇拜佛教自然是他们信仰上的需要。因此,两家的翻译与满足这部分人的宗教信仰要求也有关系。

另外,从学说方面看,安世高所译小乘上座部的经,重点是放在"禅数"上;支谶所译大乘经虽是多方面的,但重点在"般若"。小乘,特别是上座系最讲究"禅数",他们认为戒定慧三学中,戒是根本,实践就是定与慧,定指"禅",慧即是了解"数"。所谓"数",即"数法",指毗昙而言。毗昙即阿毗达磨,有种种译法,一般译为"对法",也可以译为"数法"。叫它"数法"是因为它:一、释经的名数分别:经中的法相繁多,名目不一,要将它整理分类,一般就以数为分类的标准,把相关联的法分成一类,然后依序数的次第排列为一法、二法、三法等等,这种分类办法叫作"增一";在毗昙中占着极为重要的位置。二、对于法的诸门分别:即对某一法,既归于这一类,又可归于另一类,如地水火风,既在四大中讲,也在六界中讲;对于某一法在此处讲,在彼处亦讲,这就叫"数数分别",也与数相关。总之,凡阿毗达磨都与数有关系,所以叫数法。安世高所译,除"数"之外就是"禅"。禅法也有种种,其中一种叫"安般守意",后来也译作"持息念"——"安"指入息(吸),"般"指出息(呼),"持息"就是控制呼吸,"念"就是说专注一心。"守意"既指"念"而言,也即当作"持"解。总之,这种禅既要求有意识地控制呼吸,同时又要求专注一心,思想集中,此即上座系的十念之一。安世高为什么特别注意这一念(念息)呢?一方面因为它简单,在印度就极为流行;另方面,中国的道家也讲究吐纳、食气等养生之术,它很适合中国人的口味,所以他在翻译时就突出地予以介绍。所谓"禅数",就是把禅与对法结合起来说的。

支译着重在大乘"般若",既包括理论,也注意实践。般若的"缘起性空"理论,是指法的自性空,这原是反对小乘有部执名相为实有说的,因此,与名相发生关系的"自性空",是般若的特点之一。般若的实践也是针对小乘讲的,小乘讲禅为十念,大乘则讲般舟(念佛)三昧与首楞严(健行)三昧;前者是借助于智慧,专心念佛,可以使佛现前,小乘则不承认有佛的形象呈现。后者是健步如飞之意,得到这种禅定,可以给成佛的行动增加力量,使追求的目标,更易于实现。支谶译的三部书:《般若道行品经》《般舟三昧经》《首楞严三昧经》,就是既包括性空的理论,也包括了三昧的实践。

这两家的译籍重点不同,随着人们的传习,都在中国发生了影响。继承安世高禅数学的,有下列数家:南阳韩林、颍川皮业、会稽陈慧。前两人都是河南人，与安世高译场相近，后一家是浙江人，据后人所作的安世高传记说，他晚年到过江南，陈慧可能即是那时随他学习的。此后，吴康僧会曾向陈慧问学，直至东晋的道安，仍是远承其学。因此，江南一系，人数虽然不多，可是连绵未绝，并且由于陆续出了新译，还使道安对安世高之学认识得更深刻了。道安直到晚年，还为安译作序，注释不辍（参考《出三藏记集经序》卷上）。

支谶的学说，向另一个方面发展，与西域侨民的关系密切一些。最先跟他就学的是支亮（纪明），此后有支谦。支谦原也是侨民，在中国出生，他的祖父就已入了汉籍，都受过汉人的教育，因此，他在传习支谶学说时，能够多所发扬。他尽量收集侨民中带来的以及陆续由西域传来的佛经原本，一方面用来订正旧译不清楚的地方，所谓"订旧"，一方面进行新的翻译，所谓"译新"。这为中国后来大乘学说的发展，打下了充实的基础。但是，当时一般人对于佛教译籍很难通读，而且佛教又被人当作方术来看待，像把黄老道家看成是道术一样，从而把佛视为神，尊重他而称赞他的神通变化，加上禅法也有神通的作用，这就使人们在探讨大乘理论方面受到了一些限制。

这两家学说在以后的发展中，如果说安世高一系只在一定的范围内活动的话，那么大乘般若的思想就有更大的群众基础。因为西域侨民有相当多的人数（桓帝时大约有三百余人），他们又有信仰、习惯等作为接受这一思想的基础。所以支谦等所发展的学说，对后来大乘在内地的传播做了最好的准备工作。也可以说，这才是真正佛学学说的萌芽。

本讲参考资料

〔一〕 汤用彤:《汉魏两晋南北朝佛教史》上册,第二章至第六章。

〔二〕 《中国思想通史》第三卷,第十章,第一节。

〔三〕 吕澂:《四十二章经抄出的年代》(见附录)。

〔四〕 吕澂:《安世高》、《支娄迦谶》、《支谦》(略传,见附录)。

〔五〕 《高僧传》卷一。

〔六〕 《开元释教录》卷一。

第二讲　西域传本佛典的广译

讲授提纲

　　般若讲习最初受到玄学思想的影响——由此引起朱士行之西域求经——所得于阗本般若的译传——竺法护继起西行问学——对于大乘佛典的搜罗与翻译——译籍范围的扩大与质量的提高——对于后来佛学发展的意义——从当时译籍上见到的西域佛学——其区域性——于阗佛学与大乘的关系

　　初期传入的佛学中,般若引起了人们很大的研究兴趣。因为般若学说与道家学说有类似之处,如般若的基本原理"性空",就是以道家所说的"无"来表述;般若讲的无相、无生,与道家的无名、无为等概念也相似。后来般若学更与魏晋玄学发生了交涉,由此就推动了它的传播。

　　汉魏之交,由于汉末农民大起义,社会经济制度起了很大的变化,相应地,作为上层建筑的社会意识形态也随之发生了变化。表现在学说理论上,就是从前经学的统治地位渐渐地削弱,玄学开始抬头。玄学为何晏、王弼所首创,他们用道家的思想去诠释儒家的《易经》《论语》,从而提出许多"新"义。足以代表他们思想的有名命题是王弼的所谓"得象在忘言","得意在忘象"(《周易略例·明象》)。这是取自《庄子·外物篇》的一句话"得意忘言"，对《周易》的"言不尽意""立象尽意"加以引申的。看起来，般若理论的所谓"无相"（无名相）"善权"（方便）与忘象、忘言之说是会有交涉的，这一交涉，尤其是与支谦改译的《大明度经》有关系。《经》的第一卷说："得法意以为证"，支谦在注中说："由言证已，当还本无。"这就很像"得象在忘言""得意在忘象"的说法。

另外，王弼受般若思想的影响也是有可能的。支谦在汉末时原居洛阳，随支谶弟子支亮受学，以后即避乱江南。《大明度经》的翻译，就是在他去江南以后。一般认为，他这个译本是在吴孙权黄武至建兴（公元222—252年）年间译出的，实际上他在赤乌四年（公元241年）已经隐居山中，他的活动以及改译《大明度经》都应该在他隐居之前，因此，译出的时间应在公元二二二至二四一年之间。也就是在这个时期稍后一点，正是王、何新义倡导的时期。王、何二人均死于正始十年，正始为曹魏年号，当公元二四〇—二四九年间，他们的学风一般就称为"正始之风"。支谦的译籍虽然在江南，但洛阳一带也有人讲习。两种思想发生交流，玄学受般若的影响，并不是不可能的。这一点，我们从玄学思想本身也能看得出一些。

玄学思想的产生，当然有其历史的社会的根源，同时也继承和接受了过去的思想资料。即以"得意忘象"来说，《易经》原就讨论过言与意的关系，既说"言不尽意"，又说"立象尽意"，王弼注《易》时，则取《庄子·外物篇》里"得意忘言"的说法加以引申，进一步提出了"得意忘象"，"得象忘言"的命题（具体形象是为了帮助理解道理的，道理得到了，形象就没有必要了；语言是说明形象的，形象得到了，语言也可以舍弃。贤首《大乘起信论义记》中所谓"绝言象于筌蹄"，也是这个意思。筌蹄的比喻，出自《庄子》)。但是,王弼的这种思想与《易经》《庄子》都有所不同,他特别提出了"忘象"来,这就是一种新的说法,很有可能是受到了般若"无相"的启发。不过,这一点在王、何的著作中没有明文说到,因为当时一般对外来学说是抱着拒绝的态度,很注意所谓严夷夏之防,当然他们决不会说出自己是受到佛家的影响的。

以上是个人的一种看法。一般的看法,认为佛学与玄学的发展,最初是各不相干,以后发生交涉,也是佛学受了玄学的影响。但是,影响总是相互的,在这个交涉过程中,玄学也会受到佛学一定的影响,这从两者的流传年代看,可以得到证明。

支谦到江南以后,北方仍有宣扬佛学的人才。北方讲般若,是受玄学影响而发展起来的,由于玄学与般若的理论有关系,从而激起了人们对般若的研究。但是,与玄学相形之下,就感到佛家的般若理论讲得不完整,这一方面是因为当时般若一类的经典翻译得不完备(只有《道行般若》),另方面,也因翻译的经典,是按照印度的思想习惯,人们不容易接受它。这样,为了与玄学思想接得上头,就产生了西去求法的要求,适应这种要求的,首先就是朱士行的西域之行。

朱士行,洛阳人,可能是中国第一个正式出家受戒的和尚。在他之前,关于出家受戒的律典还没有传译,到了这时,才有律典和受戒仪式的翻译,所以汉人出家应该是从他开始的。因此他对于佛家的理论,自然要求有彻底的了解,而认真不苟。他当时讲般若,觉得触处难通,讲不下去,所以发愿去西域寻找原本。曹魏甘露五年(公元 260 年),他出发去西域,后来到了于阗(今新疆和阗)。经过二十多年的时间,才找到了般若的原本;又经过几年,在晋太康三年(公元 282 年),命他弟子弗如檀送回洛阳。又经过十年,于元康元年(公元291年)始于陈留界内由无罗叉和竺叔兰翻译出来,名《放光般若》,共九十品(以《放光品》为首,区别于以《道行品》为首的本子)。

《放光》与《道行》,是两个完全不同的本子。不仅是详略上,结构上有出入,性质上也是两回事。不过,当时的人并不了解这些,只认为《放光》是一个更广的译本,因而更注意传习,后来也就以它为主了。

在朱士行西行到《放光》译出的这个过程中,另有一家竺法护继起西行问学。他西行的动机,也是感到当时讲习佛学的困难。在他看来,人们所以会对般若发生异解,不仅由于般若典籍的不完备,而且还由于不了解佛学的全体。般若只是佛学的一部分,如果不将它放在佛学全体中去看,是难以理解的。竺法护原是月氏侨民,住在当时与西域交通要道的敦煌,接触西域人很多,对西域的佛学传播情况很了解,所以他有这种看法是很自然的。

竺法护的老师是竺高座(即印度的大德)。但老师的教导也不能满足他的要求,老师就带了他去西域问学。当时西域一带,分成许多小国,仅在从玉门关以西的通道上,就有大小部落三十六国,它们的语言,也不尽同。竺法护为了求学,首先学习了三十六国的语言,同时求师问道,注意搜集大乘经典。他回国翻译是从泰始二年(公元266年)开始,到永嘉二年(公元308年)七十八岁死去,四十多年的时间,都是全力用在翻译经典上。他的翻译,是在流动中进行的,从敦煌回来,他去过长安、洛阳,后来又回到敦煌酒泉,最后死于河南。他的译经不仅时间长,而且内容广泛,译文也较忠实。他能做到这些的原因很多,如当时已经积累了过去几位译家的翻译经验,组织完备,助译的人较多等等。在助译人员中,最得力的是聂承远、聂道真父子。他们还为竺法护的译籍作了经录,记载了所译何书,译于何时等等,成为一种最早的经录。此录一般称为《聂道真录》(大概即是《竺法护录》,包括他本人的译籍在内)。所以竺法护的译籍比较可靠,不像支谶那样。

据僧祐《出三藏记集》的记录,竺法护的译籍,共有一百五十九部,三百零九卷。但这些书,当时已散失了很多,在僧祐时,仅存九十五部,二百零六卷,即三分之二。以后又续有散失,到了《开元录》,虽说还有九十一部,但是其中把别人的译本混进去的不少,其实只有七十四部,一百七十七卷。据近人研究,在此之外还可以从放在别人名字下的找回十部,十一卷来,所以总计是八十四部。在这些译籍中,有不少是很重要的。竺法护翻译所据的原本,不一定都是他本人找到的,也有些是由别人传入的。例如,般若是当时人们追求的主要经典,一再找人翻译,他也翻译了,他所据的原本就是于阗沙门祇多罗(后译祇多蜜,意译歌友)带来并为他助译的。另外,他译的《修行道地经》,原本也是罽宾(迦湿弥罗)的竺侯征若带来的。当然,大部分还是他自己带回的。

竺法护的译籍种类很多,而以般若类为主。他所译的般若叫《光赞》,与朱士行译出的《放光》是一个本子。此外,还有"华严"、"宝积"、"大集"、"涅槃"、"法华"等经类;还有一般不分类的大乘经集,以及"律"、"本生"、"本事"之类。从这些译籍看,范围广阔,那时在西域流行的经典,大都译了过来,这比以前的几位译家范围已大大地扩展了。

再从译的质量看,比以前也大有提高。支谶、安世高虽通汉语,但翻译上还做不到得心应手,加上对义理的不能透彻了解,所以内容很难完全表达出来。以后,通过支谦一家,逐渐地有所改

36

进，竺法护在此基础上，就有可能后来居上了。总的说来，安、支的翻译，偏于"质"（朴质），支谦的翻译，偏于"文"（修饰）；偏于质，文义就有所不尽，所以朱士行说旧译《道行》有不通之处，偏于文，为了力求简洁，也不能完全表达出原文的结构。竺法护虽是侨民，对汉文很有修养，又通西域三十六国的语文（当时译本所据，常常不是梵文原本，而是转译的西域文本。转译有两种：一是转写，用西域文字写梵本；一是转译，即将梵文译成西域文。这些本子通称为"胡本"。当时从事翻译，非通西域文不可），助译的人又多，所以译的质量比较高。从其译文看，虽仍偏重于质朴，所谓"辞质胜文"，但与以前"朴拙"的"质"完全不同，他是在理解原文，融会贯通的基础上，尽量让译文接近于原本，换句话说，就是"存真"的"质"。所谓"言准天竺，事不加饰"。特别是把前人随意删略的地方，都被保存下来，所谓"不厌其详，事事周密"。

应该指出，竺法护的这种译风，很有好处。因为印度文字本身就是繁复而严密，一加删节，就把原来的结构打乱了。般若一类的思想是很阔大的，但思想总要通过具体的事例来说明，因此，"逐事而明之"，就是它结构上的一个特点。比方说，他们讲般若是因，而其结果则为"一切智"。一切智，就是什么都知道，非列举诸事不可。过去的翻译，把"一切智"所包含的具体内容删掉了，因而使人很难理解般若是什么。竺法护则忠于原本，把这些保留了下来。后来道安很欣赏他这种翻译，并由此得到启发，看出般若与数学（毗昙）的关系（其实般若就是毗昙的进一步的发展）。

由于竺法护翻译的范围扩大了，翻译的质量提高了，对后来中国佛学的发展，有着十分重大的意义。

在他的译籍中，有一小部分是过去有译而重新订译的，如《首楞严三昧经》、《维摩诘经》等。此外,还有一部分,由于当时政治局势不安定,译地时有变动,译出后未得到及时传播的,如《光赞般若》本来在朱士行的《放光般若》之前,他已经译出,可是直到九十一年以后才被道安读到,且已残缺不全(朱本《放光》九十品,竺本《光赞》仅剩二十七品)。再如《渐备经》也有同样的情形,只是在以后才逐渐流行起来的。尽管有这些个别情况,从他译籍的全体看,还是得到流通的,对于后来大乘学说的发展,产生了极大的影响。

再从他译籍的内容看,包括了大乘佛学的主要部分,可说已经画出了一个方等(即方广、大乘)经类的轮廓。后世的道安说:"方等无生诸三昧经类,多此公所出。"僧祐也说,竺法护鉴于方等深经蕴在西域,"乃慨然发愤,志宏大道",并对他评价说:"经法所以广流中华者,护之力也。"这些赞誉,反映出他的翻译所取得的成绩,也反映出他的译籍对后世确实发生了很大的影响。

竺法护译的方等经类究竟有多大范围呢?大体上说,"般若"、"宝积"、"华严"、"法华"、"大集"等都有了,特别是这些经类的中心部分。例如,《渐备经》本是《华严经·十地品》的异译,以它为中心,前后加以扩充,从而就组成了大部的《华严经》。《华严经》的思想,后来又有所开展,所谓"十地"本是由之达到成佛的理想;所以接着就有《如来性起品》,叙述达到佛位以后所应作的事情,即怎样进行教化,这是《华严经》中心思想的重要补充,竺法护也译了,名《如来兴显经》。再向前开展,又构成《入法界品》,即善财的五十三参。这后一部分,在竺法护的当时还没有,但他译出的《如来兴显经》,就已为这一思想奠定了基础。再如,"大集"一类,它是"宝积"以外的一部丛书,性质与"宝积"相同(由各种大乘经籍编纂而成,"大集"与"宝积"所收经典不同,是"宝积"的别裁）。"大集"经典以后继续有扩充,但主要部分,在法护的翻译中都已有了,如《阿差末经》(后译名《无尽意经》)、《大哀经》、《宝女经》、《无言童子经》等。可以说,以这些经籍为根据的大乘思想都由法护介绍过来了。由于他对各方面都做了介绍,就使后人更容易接受同类的思想。

竺法护自己特别注意和大力宣传的,乃是《法华经》类。他译的二十七品是《法华》最初的全译本,现存的《法华经》已另有补充。他译出此经之后,亲自"口校古训,讲出深意",还在斋日中读诵,足见他对此经的重视。此外,他还译了《方等泥洹经》(《大涅槃经》的别支)、《不退转法轮经》,都与《法华经》有类似之处。《法华经》的核心,就是以大摄小而以一乘为究竟的思想。这一思想的产生,是因为印度当时的小乘势力相当大,不能简单地加以排斥,所以就有此以大融小的说法。认为二乘只是方便,大乘才是究竟;大乘不在二乘之外,而是包摄了二乘。所谓究竟,是在方便中包含着的究竟,即以一乘为究竟。这些思想与《摄大乘论》把大乘与小乘对立起来的说法,完全不同,竺法护很重视这一思想,作了许多宣传解释,他的宣传,对中国的大乘学说发生了实际影响:中国佛学如天台、贤首等讲大乘就是按一乘来讲的。

竺法护的译本,道安曾评之为"详尽",说明是在很大的程度上传达了原本真意的。这些就为相继而来的鸠摩罗什的翻译铺平了道路。什译相对于以前的翻译,称之为"新译"。其中有些是重译竺法护译过的书,但都尽可能地保存了法护的原译,例如,《法华经》是罗什译得最好的一部书,其中有些地方就借用了法护的译文。因此,竺法护的翻译,对于"新译"也起了推动和启发的作用。

中国初期传译的佛经,大都是通过西域得来的。佛教传入西域,时间要比内地早,但早到什么程度,现在还不能确定。所谓西域,一般是泛指玉门关以西的地区,其范围的大小,因时代而不同。在汉、魏、晋时的西域,是指天山之南、昆仑山之北的塔里木盆地。由西域通向西方(一般指大秦,即罗马)的交通有两路,分别沿沙漠的南、北而行。西域的西南就是印度,所以很早就有佛教的传入。传说阿育王时代,佛教就已传入西域,这是不足信的,因为阿育王派遣大德到各地宏扬,并未提到有西域;不过最迟也不会晚于一世纪,因为佛学传入中国是在二世纪中叶,传入内地之前,还应当有个时期在西域流通。西域各国都有自己通行的语言文字。佛经经过西域文的翻译而成为"胡本",传入内地的佛经,就是用这种"胡本"翻译的,在文字的转换中,自然会有些改动,再经过译者因学说师承不同作些变改,西域佛学,不能说与印度的完全一样。

当时西域地处诸大国之间,东有中国,西有波斯(伊朗),南有印度,北有匈奴,因此,没有固定的政治区域,政治局势,很不稳定。当时佛教在那里流传的情况留存下来的资料很零碎,已不能依据它来说明问题,今天要了解西域佛学,还得依赖汉文的资料和翻译史去加以推测。现在即从竺法护的翻译,可以看出当时西域流行的经籍是以大乘为主。这些经籍在西域各地流布,并不平衡,有一定的区域性。法护在西域所搜集的佛经,就不是一个地方得到的,如《光赞般若》是于阗人带来的,《修行道地经》是罽宾人带来的,《不退转法轮经》是从龟兹带来的,说明这些经,除非本地人都是不能轻易得到的。

西域佛学虽然分散在各地,但也有集中的地方。从资料中可以看出流行大乘经特多的是于阗。据法显的游记,他去印经过于阗时,所见到的几乎都是大乘佛徒,只有个别的小乘。后来玄奘的《大唐西域记》里也有同样的记载。另外，从于阗传入的经本或由于阗来人所作的翻译，也都是大乘经类。前者如《光赞》、《放光》，后者如译家实叉难陀，法护的助译祇多罗等，都是来自于阗（现在约计原本出于于阗的大乘经在五十部以上）。因此，说于阗是当时西域大乘的中心，殆无可疑。

大乘经以于阗为中心向各地流通，其时在公元一世纪左右。于阗流行的经，似乎还进行过修订和补充。例如上说的般若，最初支谶所译的《道行》，原本就是印人通过西域带来的，其次，朱士行译的《放光》，竺法护译的《光赞》，也是来自西域，这些与后来印度流行的梵本就不同。经末多了《常啼菩萨品》与《法上品》，这两品梵本都没有。内容记载常啼因求般若不得，甚是苦恼，后来空中有人告诉他，东行二万里遇到法上就能得到般若波罗蜜，云云。这一故事可能就是在般若流通到于阗之后加上去的。因为般若经本身有流传地区的记载：先在东方，其后向南，再转西北而至于东北。可能在般若流传于西北时，由迦湿弥罗——犍陀罗到达月氏的吐火罗都城兰氏城（今喀布尔），再向东走很长一段路到达于阗，所以说是二万里。般若流入于阗后，为了标榜此经是其地所特有，信徒必须经过上述的道路来取，所以补充了后两品。另外，如《大集经》的编纂也是在西域进行的，因而其中有许多与西域地理有关的部分。原本出于西域的《华严经》，里面还有中国内地的地名，如清凉山，就指的五台山，自然是在西域流行中编上去的了。隋代的阇那崛多和唐代的玄奘，都把于阗看成是大乘的中心，前者是口传，后者是亲身的经历。他们说在于阗之西有斫句迦，此地山中藏有大乘经十万颂以上者有十二部，还传说有《楞伽经》十万颂，这个数字太大了些，恐不可信。不过，这一传说反映了于阗藏的大乘经,相当完备,且为时较早,所以日积月累有那么多种类。

于阗流行的大乘思想,还有独特的地方,如鸠摩罗什之学,得自西域,他所传的说法有一些就是印度佛学中没有的。他译的《大智度论》中一些内容和地名,即不同于印度;他对《大品般若》的分析方法也与印度所传的不同。这都是受了西域佛学的影响。

本讲参考材料

〔一〕 汤用彤:《汉魏两晋南北朝佛教史》上册,第六章末至第七章前半(1—5节)。

〔二〕 《中国思想通史》第三卷,第二、三章。

〔三〕 吕澂:《朱士行》、《竺法护》(见附录)。

〔四〕 《出三藏记集》卷一、卷八、卷十五。

〔五〕 《开元释教录》卷二。

〔六〕 羽溪了谛著、贺昌群译:《西域之佛教》第四章。

第三讲 般若理论的研究

讲 授 提 纲

由于般若经的一再翻译，特别是在《放光》译出以后，很受人们的重视，以致对朱士行求经一事产生了许多神话和传说。如说他求经过程异常艰难，求得经后，要送回内地，于阗的小乘，求王制止，士行气愤，以经投火，火即为灭，不坏一字，才准许他拿出来的，等等。原本由其弟子弗如檀带到洛阳，并未及时翻译，传到仓垣才译了出来。还说《放光》译出后，中山（今河北定县）支和尚遣人到仓垣断绢写之。持还中山时，"中山王及众僧城南四十里幢幡迎经"（道安：《合放光光赞随略解序》），由这些传说可以看出当时人们重视此经的情况。

般若学说的流行与受人重视，是因为它与玄学有类似之处，当时我国玄学方面也有所发展。先是王弼、何晏的玄学重老，用《老子》解儒家的《易经》、《论语》，学说的中心是主张从无生有。

其后裴頠在此基础上发展一步,提出了"崇有"。到向(秀)、郭(象)时,注重解庄的途径(《庄子》,在此之前已经流行,但多局于文句的解释,此时则着重它的意趣所在,解释自由),从而主张"自然"之说,认为既非从无生,也非从有生,而是自生。不承认创造者,视万物为一体,宣扬以顺化为归的思想。玄学的这种变化,与当时的时代背景有关。在魏晋之交,晋之代魏,与魏之代汉一样,手段诡诈,斗争激烈,当时从政的人很难判断谁胜谁负而决定其依附,这种政治上的动荡与倾向的不明,在意识形态上必然有所反映。及至晋朝建立,统治内部矛盾重重,先是有"八王之乱",后来又引起了北方少数民族(所谓五胡)的崛起,以致晋王朝在中原无法立足,不得不移居江南。但江南的形势并不稳定,统治集团内部的争权夺势,有增无已。一大批豪门贵族流亡南方,他们又不能不依赖政权,确保自己的经济利益,同时,又深感时局的动荡不安。因此,经济政治上的游离闲懒,就形成了他们特殊的阶级性格:浮华任诞。这就是向、郭所以推崇《庄子》而得以广泛流行的社会背景。

就佛教学者说,他们中一小部分人原与玄学者出身相同,又由于佛学当时还不能独立,必须资取玄学家的议论,因而般若学说必然与玄学学说接近。当时几位名僧都与名士有往来,清谈学问,名僧、名士,往往并称。这样,一方面影响了佛学的研究,使它把重点放在与玄学类同的般若上,以致佛学玄学化;另方面,不仅用老、庄解佛,同时还以佛发展了老、庄。般若学说这种理论上的不纯粹,直到罗什来华,大量译出佛典,传播龙树之学以后,才逐渐扭转过来,走上佛学自身的独立途径。

罗什以前的佛学研究情况,据僧叡《毗摩罗诘提经义疏序》记载,大概有两个方面:"格义"和"六家"。《序》说:"自慧风东扇,法言流咏已来,虽曰讲肆,格义违而乖本,六家偏而不即。"意思是说,向来对于佛学的研习,可分为两派,一派属于"格义",用这种方法的人,往往与本来的义理相违。——这一论断,是因为罗什译本出来后,比较而知的。另一派属于"六家"之说,采取自由讨论的方式,只求意趣而不拘拘于文字;这样就容易产生偏颇,不能契合本意。这是汉魏到晋初时期研究佛学的两种基本情况。下面稍为详细的讲一下。

一、"格义"。它的产生是有历史原因的。原来般若学对于"性空"讲得比较空泛,要揭示其内容,必须把"事数"(即名相)弄清楚,《放光》译出后,"事数"比较完备了,如用五蕴、十二处、十八界等来说明。为了解释"事数",起初有康法朗(与道安同时)、竺法雅(道安同学),后来有毗浮、昙相等,创造了"格义"的方法:"以经中事数,拟配外书,为生解之例。"即把佛书的名相同中国书籍内的概念进行比较,把相同的固定下来,以后就作为理解佛学名相的规范。换句话说,就是把佛学的概念规定成为中国固有的类似的概念。因此,这一方法不同于以前对于名相所作的说明,而是经过刊定的统一格式。这一派专在文字上着眼,目的在于贯通文义,作为研究佛学的初步还是有必要的。但是,发展下去就不免流于章句是务了。现在由于材料的散失,这一方法的具体情况已难详细说明。

对于"格义"的方法,早在僧叡之前的道安就已表示不满,他在《道行经序》中说过:"然凡谕之者,考文以征其理者,昏其趣者也;察句以验其义者,迷其旨者也。何则?考文则异同每为辞,寻句则触类每为旨。为辞则丧其卒成之致,为旨则忽其始拟之义矣。"这是说,由于文句经常不同,执着它就会造成迷乱,因此,必须放在它的旨趣上，"若率初以要其终，或忘文以全其质者，则大智玄通，居可知也"。

二、六家。六家的主要特征是自由发挥思想，其学说共同之点，是把主观与客观两方面联系起来（此中所谓主观客观，只是就能所对立面说的，与唯物主义的心、物对立的主观与客观完全异趣）。般若，就其客观方面说是性空，就其主观方面说是大智（能洞照性空之理的智慧），把主观客观两方面联系起来构成一种看法，谓之"空观"（当时译为"本无"）。空观的过程，就是用大智洞照性空的实践过程，空观实践的关键在于修智。这种说法，与向、郭的玄学观点很相似，他们主张万物一体，其中也包括主观客观两方面，客观即自然（天道），主观即名教（实践活动），名教的实践活动即体现天道，因而它们是一体的。

僧叡序中只提出了六家，到底是哪六家呢？后来的说法很不一致。一般认为，就是刘宋庄严寺僧昙济《六家七宗论》中的六家。此论不存，梁宝唱《续法论》中曾经引用，并列出宗名为：本无、本无异、即色、识含、幻化、心无、缘会。但是《肇论》只提及心无、即色、本无三宗。以后陈慧达作《肇论序》也讲了六家七宗，唐元康作《肇论疏》连同解释了慧达的序，继续讲了六家七宗，由于《肇论》主要批判的是三宗，因此，元康疏对这三宗说的也比较具体。

此外，日本保存有《肇论》旧疏，相传为慧达作（因为疏中提到"招提意"云云，慧达所在之庙即为小招提寺，故被尊为招提）；以后日人安澄作《中论疏记》也都谈及六家七宗。但这些说法，有很大的出入，究竟哪一种说法可靠呢？

我们认为元康的说法比较可靠。说日本保存的《肇论疏》为慧达作，这不可信，因为慧达在《序》中明白地表示："聊寄一序，托悟在中",并没说自己作过疏;再说,元康也只看到此序,并未看到疏,可见疏是后出的;又疏文中自称招提意云云,也不似作者本人的口吻。而且元康的"三宗"之说,与三论宗首创人吉藏《中论疏》中讲的一致,所以一般都采用元康的说法。《肇论》主要批判的三宗代表人物是:心无宗为支敏度,即色宗为支遁,本无宗为竺法汰。

六家之说,都发生在当时的政治中心地带江南,后来传播到北方。在罗什来华以前,关河一带,还很盛行;以致成为罗什门下批判的重要对象。当时僧肇就批判了其中的三宗。下面对三宗,分别地予以说明。

一、心无宗。从文献的记载看,主心无说的有好几家,支敏度是最早的创导者。《世说新语·假谲类》说,东晋成帝时,支敏度来江东之前,曾与伧道人商量到江东后怎样讲般若的问题(当时讲般若也属清谈,可以自由发挥),伧道人讲,"用旧义往江东,恐不办得食"。所以"便共立心无义"。以后支敏度单独到了南方,大讲其心无说。数年之后,伧道人寄信给他说:"治此计权救饥尔,无为遂负如来也。"——这一记载是故事性的,真实性的程度如何,姑且不说,但是它反映了一些情况:第一,当时讲般若是相当自由的;第二,讲般若的目的只是为了取得生活资料,为了博得名士们的欣赏,可以不惜随意主张。

关于"心无"说的内容,因为它是《肇论》批判的对象之一,所以在论里保存了一些资料。其次,《世说新语》刘孝标注也保存了一些原始资料,因为作注的不是佛学家,它的资料也更可靠些。把这两方的资料合拢来,可以得到一个大概的轮廓。

《不真空论》说:"心无者,无心于万物,万物未尝无。"般若所要解决的中心问题是怎样掌握般若以达到空观。"心无宗"认为我们观察万物(代表为"色")为空,只要使心中无物就行了;至于万物本身是空或非空,可以不去管它。换句话说,他们讲空,只是从"无心"的角度讲,不是从万物本身去理解。《元康疏》和《吉藏论疏》,把这句话归结为两点:一、不空境色,二、空心(不起执心)。

《世说新语》刘孝标注说:"旧义者曰:[一切]种智是有,而能圆照。然则万累斯尽,谓之空无,常住不变,谓之妙有。而无义者曰:种智之体,豁如太虚。虚而能知,无而能应,居宗至极,其唯无乎。"从这一资料看,讲述般若有新义、旧义的不同,旧义把般若看成一切种智,是无所不知的,因而是有。支敏度已弃旧说,提出了心体的问题,认为心体是无,如太虚,虚而能知,无而能应。

以支敏度为代表的心无宗,以为具有这种看法就是般若性空的空观。其实这也并不是什么新说,他只是把般若智慧(佛智)与玄学搞在一起,运用了玄学的"至人之心"的说法。

这种说法,自然是对般若的片面理解。在罗什来华之前,对般若一般都是不大清楚的,只有在他传来了龙树中观之学后,才算得到真意。龙树以"中"解空,对"中"的扼要叙述,则是《中论》的"三是偈",即"因缘所生法,我说即是空,亦为是假名,亦是中道义"。此即一方面是"非有"(即"空",一般作"无"讲),同时也是"非无"(即"假",一般所谓"有"),把这两方面合起来才构成空义。这两个方面的同时并存,则是从二谛的角度说的,从世俗谛说是非无(有),从胜义谛说是非有(空),总之,龙树之学是空与假有的统一。

僧肇据此批评了"心无宗",说它"此得在于神静,失在于物虚"。在主观智慧方面是空寂了,这当然是正确的;但是由此而认为物仅是虚无,没有看到它假有的一面,这就错误了。为此,就必须既把握"真谛",同时以"不真"与"空"结合起来才行。僧叡说:

"六家偏而不即"，就是指他们这种看不到"假有"的片面性说的。

支敏度学说上的这些缺陷，一方面，是他的研究方法，没有完全脱离"格义"的影响，另一方面，是他受到玄学的约束。他拘泥于"格义"，在文字上下功夫，这从他的《合维摩诘经序》、《合首楞严经序》可以看得出来。这类会译性质的合本，是把各种译本进行比较，求得对义理更好地了解，是无可奈何的办法，但不可避免地会与"格义"相通，因而借用玄学的概念来理解。另外，他为了和名士们搞在一起，想得到他们的赞赏，所以在学说上不能不跟在玄学的后边。"心无"说表面上似乎无人讲过，事实上，它正是从玄学的至人无己，"无己故顺物"（郭象《庄子注》）脱胎出来的。就是"无心"一词，也是郭象《逍遥游》注中讲过的。郭象的无心是无成见，即是无我，当然也是空。

除支敏度外，以后讲"心无"的还有竺法蕴、道恒等人，虽然提法上与支敏度有小异，但据推想，也不会有什么特殊讲法。

二、即色宗。这一宗的代表人物是支遁（道林），也是各家中最出色的一家，在当时名士们中间他的声誉最隆，孙绰把他比做"竹林七贤"中的向子期。他深通《庄子》的学说，讲《逍遥》义，《世说新语》说他超过向、郭，时人很赞赏他的解释，称之为"支理"。他对般若性空的解释，也有特殊的说法，称为"即色"说。他著有《即色游玄论》、《释即色本无义》等，可惜都已不存了。在《出三藏记集》里，有他的一篇《大小品对比要钞序》，保存了他本人的一些说法，但序中并未提到"即色"这一词。从全文的内容看，似乎是用即色来解释性空的，与《即色游玄论》以即色掌握和运用空观的说法，不完全一致。因此，他的"即色本无"与"即色游玄"不是一回事。这一差别，有些讲"即色宗"的人，并没有把它弄清楚。

我们讲"即色宗",也只能根据《肇论》对它的批判以及《世说新语》保存的有关材料加以推测。《肇论·不真空论》说:"即色者,明色不自色,故虽色而非色也。"就是说,在认识论上所谓万物,并非万物之本身;所以认识上虽然有色,客观上并不一定存在着那样的色。这种说法,就叫做"即色本空"。《世说新语·文学》注也用了这一材料,说是出自支道林的《妙观章》,其文曰"夫色之性也,不自有色。色不自有,虽色而空;故曰色即为空,色复异空"。认识上的色,是名想(概念)的色,不是色自己构成的,所以本身并非色;非色,也就是空。因此,认识到的色,也就肯定它为非色。非色与空,是一样的。所谓"色复异空",就是反过来再强调色之有异于空:认识上的色既是非色、假象、空,也就这样来说空之外还有色(由色的概念而成其为色)。这些说法是否就是支道林自己的看法,还值得研究。因为《妙观章》是道林集的,其中包括着别人的说法,不一定就是他本人的意见。

僧肇批判"即色宗"是从两个方面着眼的:

第一,对它的"明色不自色,故虽色而非色也"这一命题,指出它是"此直语色不自色,未领色之非色也"。就是说,肯定了他对名想(概念)的色并非色自我构成的,这一点是理解得对的;但是,他不了解色正是因为它的假有性质才成其为不实在的,即成其为非色的。换句话说,僧肇着重批判它的是,只是把色空理解为"非有"的一边,而不理解还有其"非无"的一边。第二,继续批判它的这一命题又指出:"但当色即色,岂待色色而后为色哉。"就是说,色本身就是色,并不是由于我们的认识才成其为色的;事物间的差别是事物本身造成的,并非由于有了各种概念才出现各种东西的。因此,色与非色是不同的,色本身是与非色有区别的。它们有自己的自相，认识了这种自相，也就是认识了事物，不必要另外找一种相加到某一物上而再去称它为色。由此，所谓"色即是空"，就是指色本身是空，不要在"色即非色"上去空。

总之，僧肇批评"即色宗"有两个错误：一个是把色看成是概念化的结果，单纯从认识论上来理解空性；另一个是不了解所谓非色、色空，也就是假有之意；没有假有，也无所谓空。这是由于当时的般若理论有了全面的介绍，认识到缘生为空的道理：诸法既是缘起，是假有，同时也就是空，不实在；决不可以在缘起、假有之外，概念化之后，才有所谓空。

但是，这个问题比较复杂。僧肇批评支道林的片面，仅仅是因为他从认识论上论证空性，没有配合缘起法来理解吗？事实上，支道林是否只有这样表面上的缺点，还是值得研究的。当时，有一个问题大家还不大清楚的：就是印度人认识事物，都从现量、比量等方面去看，亦即从假说与离言两方面去看，这是中国人不习惯的。他们的认识论是与逻辑的自相、共相等结合一起的。支道所说的色，是指"共相"的认识，是指与非色相区别的"共相"，而不是指色的"自相"。用概念来表达的，都可称为"共相"；而"自相"则是指缘起法而言。因此，从概念上看是"共相"，从缘起上看则是"自相"。缘起法的构成部分各不相同，是离开概念的，所以是不空。反之，如果由概念上看，则是空的，因之可以不称之为色，或称之为非色。支道林的所谓"当色名色"，就是由"共相"而言；僧肇则是从"自相"的角度来批评他的片面性，认为缘起法即使不与概念相联系也是空的，因为它是假有。这些说法，直到罗什传来中观学说以后，才会得到这样全面的解决。因为罗什解般若，已涉及到五法："分别"、"相"、"名"等内容的。"分别"是指主观的能的方面,"相"(自相)、"名"(共相)是指客观的所的方面,讲空性,不能仅从"名"上讲,而且也要从"相"上讲。假名(名)是空,缘起(相)也是空,所以在《中论》里空与假是合起来讲的。——再作进一层的理解,就是把"非有"与"非无"联系起来看待。支道林的缺点就在于既未把"相"(自相)、"名"(共相)统一起来理解空性,也没有把"非有"、"非无"统一起来理解空性。

此外,支道林还有"即色游玄"的思想。在他的《大小品对比要钞序》中看出这一思想的中心内容是:"夫至人也,览通群妙,凝神玄冥,灵虚响应,感通无方。"至人的精神是无所不知,无微不通,而且不需要任何的格式,就可以感通一切,无所不当,无所不适。这是适应玄学的说法。玄学家,一方面想干预世事,一方面又摆出清高的架势,什么也不想干预;支道林也学到了这一点,从理论上,提出"即色游玄",认为把心摆在最神秘的地方("凝神玄冥"),就可以应付一切。要做到这点,必须把外界看成空,同时把"心""神"保留下来。支道林的"即色游玄"思想,大致如此,因原作已佚,无法详细了解其内容。

支道林对于般若的解释,大致如上所述,但是他对般若的研究并非尽都如此空洞。例如,他的《大小品对比要钞序》把大小般若作了比较研究,得出了相当正确的见解:以前一般认为小品《道行》出自大品《放光》,认为小本是大本的略本;他研究的结果,认为两个本子不是一回事,应是同出一个本品;本品约六十万言,因为两者不仅详略不同,而且说法也不一样。这种看法,与现代人研究的结果相对照,是有他独到的见解。

三、本无宗。"本无"是"真如"的最初译语,表示性空的意思。因此,凡讲般若性空的,都要涉及到"本无"。但是作为"本无宗"的"本无",就不是一般的泛泛之谈,而有其特殊的意义。特别是这时期的玄学,已经由"贵无"、"崇有"而发展到"自然"说,佛学的"本无"也与"自然"说结合起来,以"自然"解"本无",更不是一般所说的"本无"了。

据昙济的《六家七宗论》,认为"本无宗"以道安为主。但是,道安弟子僧叡却另有解释,他以为六家之说都不能正确地理解般若的思想,而在六家之外的道安,所说的性空才最为正确。他在《毗摩罗诘经义疏序》中说:"性空之宗,以今验之,最得其实(指罗什学说传来后与道安"性空之宗"相互比较而言)。然炉冶之功,微恨不尽,当是无法可寻,非寻之不得也。"道安的说法尽管还有所不足,但这并非是有更正确的说法而未寻得,确实是因为当时还根本没有传译过来。这样,僧叡是把道安划在六家之外了。同时他在《大品经序》中还说:"亡师安和上凿荒途以开辙,标玄旨于性空,落(离也)乖踪而直达,殆不以谬文为阂也。亹亹(辛勤貌)之功,思过其半(谓所得已多),迈之远矣。"这些赞美的话,不完全是出于私情,反映道安对性空的理解,确有较当时一般人有高明之处。因此,六家之中,不应有道安。

据此,这里所说"本无宗"的代表人,恐系竺法汰(公元320—387年)。他与道安同师佛图澄,却对道安很尊重。据说,他到江南以后,很受名士们欢迎。他也讲般若,著有《本无论》,今已不存。据《法论》中的材料看,他对其余二宗均有批评:曾和宗支遁"即色本无"义的郄超反复辩难;又派他弟子昙壹去难道恒的"心无"义。因此,他既不主张"心无"说,也反对"色无"说,应是在这两者之间的本无宗。他在《中论疏记》中说:"诸法本无,壑[豁]然无形,为第一义谛;所生万物,名为世谛。"这时玄学已由从无生有说发展到从自然而生说,"无生一切"之说,已经过时;讲般若的,也不能用"无生一切"的说法了。所以竺法汰说的"诸法本无……所生万物"云云,并非说万物由另外的"无"所生,而是万物本身就是无,就是性空,这是第一义谛。由此而生的万物,乃属世谛。这种议论,若以有无言,则是将"非有""非无"合起来讲的,但不能说它已符合般若的精神,因为它基本上以无为本,即以无为本的非有非无,或者说,用意是偏于无的。由于原文不存,全面观点已不可知,只能大致看出他有上述的一些思想而已。

以后又有人认为此等议论是竺法深的。竺法深即是竺道潜(公元287—374年),时代与法汰相近,也是在江南讲般若的。不管是谁的议论,内容大致就是这些。

僧肇对这一宗的批评是:"情尚于无多,触言以宾无。故'非有'有即无;'非无'无亦无。""即色宗"把色等于空,"心无宗"把心看成空,"本无宗"提到了非有非无,但基本精神还是偏重于无。因此,凡是所碰到的说法,都以为解无,"非有"是无,"非无"也成为无了。说真有、真无,当然不对。因为,所谓"真",是从执着而来。但是,却不能因此连假有、假无也抹杀了。最后的结论是:"此直好无之谈,岂谓顺通事实,即物之情哉。""顺通"指根据事物的实际情况理解,不依主观妄自加减。"即",是等如、相等。"情",情状,事物变化本身的情况。要真正理解事物的实在,明了事物的情状,并不是一般智慧能做到的,必须以般若来了解性空才行。"即色""心无"各偏于一面,"本无"比前二宗稍胜一筹,但是,由于仍不了解虽无真有、真无却有假有、假无的道理,故还是偏于"无"。

除了上述的三宗以外,还有理解般若比较完整的,这就是道安的"性空宗"。

道安(公元 312—385 年),在宗教上是一个虔诚的信徒;在研究学问上也很笃实;他的知识面广,对玄学也有相当的造诣。但是他不像支道林那样,与名士们混在一起,走清谈的路子;也不像竺法汰那样,逢迎权臣贵族,奔走于权贵之门;更不像支敏度那样,把学问当成儿戏,随便立宗。道安是作风踏实,为着寻求他心目中的真理而孜孜不倦的学者。出家以后,师事佛图澄,与他同学的有法汰、法雅等知名之士十余人。佛图澄,属于神异一类的人物。《高僧传》说他本姓帛,可能是西域人。他来中国,就以他的法术得到后赵以野蛮著称的石勒及其后代石虎的信仰,很受尊敬。同时又以他的佛学知识吸引了当时的一些佛学家。道安对他是"服膺终身"的,跟随他可能是确有所收获。

　　道安的学术活动,大致可分这样几个阶段:

　　一、石赵迁都于河南的邺,佛图澄随之到邺。道安不久也入邺师事佛图澄,直至澄死(公元 348 年)。

　　二、佛图澄死后的十五年内(公元 349—364 年),道安在河北、山西等地山居,研究禅观之学。所用的本子,是安世高传来的译本,如《大十二门经》、《修行道地经》、《阴持入经》,并为这些经写了序和注。这也可能是受到佛图澄的"法术出于禅定"的影响。这时般若正在流行,他也很留心般若,就在这时他找到了竺法护译的《光赞》的残本一品。

　　三、公元三六四年以后,石赵王朝覆灭,道安离开北方,南下到襄阳,在这里住了十五年(公元 365—379 年),专门讲习般若。他在写的经序中说,每年要讲《放光》两次。想来每讲一次都是有所提高的。

　　四、此后,苻坚南下,他被劫入关中。这个时期,他仍然继续讲述般若诸经。

　　道安对般若学的研究,相当踏实。他不仅精通《道行》,而且还以《放光》解释《道行》,对两者作了对比的研究,著有《集异注》(此注已不存)。《道行经序》就是为《集异注》而作的。由于他辗转找到《光赞》的残本,后来在襄阳又拿它与《放光》作了比较的研究,著有《合放光光赞随略解》,此书已佚,今只存序文。他到关中以后,仍继续研究《放光》。在其晚年,还找到了《放光》的梵本,请关中当时的译师昙摩蜱和传语者佛护作了校译。原译与梵本吻合者不再重出,有遗漏、误译之处,则重译补充订正。这属于摘译的性质,共计得出有关的材料四卷,加上篇幅较长的附卷,共有五卷,书名《摩诃钵罗若波罗密经钞》,书已散失,仅存其序。大藏经里有同名的著作,卷数与译者皆同,但内容不是,看来是小品《道行》的不全的异译。经录上对此无说明,来源不详。总的说来,道安的后半生专心于般若,力求得其实在。他之所以很早就反对"格义"一类的做法,不是没有原因的。

　　他对般若的看法,还有一个宗旨,即所谓"性空宗"。道安治学很扎实,根基比较深,内容也相当丰富。但他的观点见于他所著的诸序中,比较散漫,不容易找出他学说的主要线索来。他的弟子僧叡在《大品经序》里,对道安的主张,作了扼要的叙述。僧叡在罗什门下,是实际参与罗什翻译《大品经》工作的,特别在参订译文上出过很大的力。他理解般若的思想比较全面,因而他对道安的评价也应该是切合实际的。在这篇序文中,他称道其师是:"标玄旨于性空","亹亹之功,思过其半",即是说,大致是符合新译的般若思想的。后人传说道安作过《性空论》,可能是叙述自己的宗旨的;又说他作过《实相义》,可能是解释性空的;但这两种书都失传了。因此，从僧叡的序中来理解，就更觉得有必要。

僧叡在《大品经序》中概括般若的基本内容说："功托有无，度名所以立，照本静末，慧目以之生。"（原名"般若波罗蜜"，意译"智度"）僧叡这句话的意思是："度"这一名字所以成立，是把作用寄托在"有无"上；"慧"这个名字所以产生，是因为照"本"而使"末"寂静。这些说法，还是沿用"本无"这一概念以"本末"、"有无"来说。"本无"也就是"自性空"（自性是"本"，空是"无"），现在对它的理解，不是片面的看成是绝对的无，而是合本末而为"性"，托有无而为"空"，统一"照本静末"与"功托有无"，这就是"本无"，"性空"。——僧叡所理解的般若性空实质就是如此。道安的性空说和这差不多。由此，昙济《六家七宗论》中说道安是"本无宗"的代表。后来吉藏《中观论疏》，更清楚地解释道安的"本无宗"说，"夫人之所滞，滞在末有，若宅心本无，则异想便息"。这是说，人之所以有执，在于执着"末有"，若把心放在"本无"上，那么，执着"末有"的"异想"就平息了。这也是"照本静末"的意思。

僧叡又进一步明确指出道安"本无宗"的出发点和归宿点在于"以不住为始，以无得为终，假号照其真，应行显其明"。就是从不住着假名开始，以自性无所得为终，借用名言来理解真实，而在各种行中显示出智慧，即到处把般若体现出来。这是肯定了：必须承认假名，甚至各种"行"的作用，并且在实际中加以运用。接着，僧叡又进一步阐明要把目的与达到目的的方法结合起来说："无生冲其用，功德旌其深，大明要终以验始，沤和即始以悟终。"意思是说，缘起（无生）涵蓄着般若的运用，成就（功德）表示般若的深度。根本智（大明）是要得到的最后结果，但必须一开始就得提出来实行；方便（沤和）从一开头就要用，但它是为了达到最后的目的。

从以上僧叡的几段话中，他已将般若性空的基本精神，做了完整地、扼要地叙述。

现在，我们根据僧叡对般若学说的叙述，再看道安在几篇序中所表现的思想，就可以看出他们的基本精神是一致的。道安在《合放光光赞随略解序》中说："诸五阴至萨云若（即"一切智"），则是菩萨来往所现法慧，可道之道也；诸一相无相，则是菩萨来往所现真慧，明乎常道也。""可道之道"与"常道"，二者同谓之智。法慧（可道之道）是观照，从"五蕴"起到"萨云若"（共一百八法，这是"事数"上的分法），都是"可道之道"所现；其观照"一相""无相"（常道）则是菩萨的真慧，此二者不可相离，同谓之般若。因此，道安的性空说是全面的，符合般若的实际的。

此外，道安的思想，在前一段是与禅数之学有相通之处的。所以他在《道行经序》中说："千行万定，莫不以成。"千行万定不出乎止观二行（禅、智），这都借助般若而成就。以止观贯通诸行，又以诸行联系般若，这也就是僧叡所说的"应行显明"的意思。

道安在经序中表现的思想内容相当丰富，这里只能主要的介绍一点。

另外，他对佛经的翻译和经录方面也是有贡献的。

道安对翻译的研究与他对般若的研究有关。当时的译文拙劣，常有费解之处，他反对用"格义"的机械办法，本人又不懂梵文，只好用异译来对照（即"合本"，亦即后来的"会译"），以不同的译本异文，互相参照补充。做对照工作，必然会碰到"文质"的问题。"文"是修饰，在翻译时修辞力求与汉文接近，如采用《老》、《庄》、《论语》等中的术语来表示佛学的概念，使其易于被人接受。"质"就是朴质，在翻译上忠于原本，采取直译的方法，与汉文就有一些距离,比较艰涩难读。其次,与文质有关的另一问题,就是详略问题。有时要保持原文的面貌,叫做"具";有时为了使文字简洁有所删削,叫做"缺"。——当时在翻译上所碰到的这些问题,道安都加以评比,指出译法上的得失。

道安对翻译的研究也有一个发展过程,前后看法并不完全一致。当他用《放光》对照《道行》(当时认为是同本异译)时,看到《放光》有删略之处,感觉删略得好,所以说,"斥重省删,务令婉便","善出无生,论空特巧,传译如是,难为继矣"(《道行经序》)。这是认为删略之后,文字流畅,更加达意了。及至他用《光赞》与《放光》比较,又觉得《放光》的删略不一定合适,乃说:"言少事约,删削复重,事事显炳,焕然易观也;而从约必有所遗,于天竺辞及腾,每大简焉。"(《合放光光赞随略解序》)"及腾"可能是"反腾"之误,指文章说到后面又翻过来对前面已说的重复一遍(见道安《经钞序》)。他以为《放光》的翻译"言少事约"固有易观的好处,但同时对于"事"(即法相)就必有讲得不完全之处,特别在"反腾"的地方删削得厉害了一些。又对于《光赞》的翻译,他说:"言准天竺,事不加饰,悉则悉矣,辞质胜文也。"——这样,他把当时翻译中的繁或简,文或质两种倾向提了出来,似乎各有优劣,还不能作出决定。

后来道安到达关中,参与译事,对翻译的研究有了进一步的提高。原来苻秦在北方的统治相当强大,势力伸展到甘肃、西域,打通了从西域通往关中的道路,原先在关中译经的有竺佛念,相继而来的有昙摩持,鸠摩罗佛提,僧伽跋澄,僧伽提婆,昙摩难提,昙摩蜱等人。当时还有一位官僚叫赵政(字文业,出家后名道整),充当施主。因此,翻译事业相当活跃。道安一向关心翻译,所以也积极参与,亲任校定。这样,他原来只是从理论上发现的一些翻译问题,现在得到实践的机会,就有可能更进一步地去研究。特别是当时参与译事的人提出了不少新的见解,更可以丰富他的认识。例如,在道贤译出《比丘大戒》时,道安觉得以前的戒本翻译"其言烦直,意常恨之",现在新译仍然如此,便叫笔受慧常"斥重去复"。慧常不同意,说:"戒,犹礼也,礼执而不诵,重先制也。"并说这是"师师相付,一言乖本,有逐无赦",决不可以改动。所以"与其巧便,宁守雅正"。道安也就赞同了这一意见,"于是按梵文书,唯有言倒时从顺耳"(《比丘大戒序》)。又如,当时鸠摩罗佛提、昙摩持等人,原是小乘上座系的,所译均属小乘上座部的著作,性质是阿含、毗昙一类,对这些经典的翻译应本着什么原则呢?道安采取了赵政的意见:"昔来出经者,多嫌胡言方质,而改适今俗,此政所不取也。何者?传胡为秦,以不闲方言求识辞趣耳,何嫌文质。文质是时,幸勿易之。经之巧质有自来矣,唯传事不尽乃译人之咎耳。"(《鞞婆沙序》)这是说,从前译经的人,多嫌胡言呆板质朴,而把它改来适合现在的语言习惯,这是不对的。因为翻胡言为秦文,乃是为了不懂它的语言而想理解它,只要意思弄清楚了,文字质朴一点有什么关系。而且"文"和"质"是与时代相关的,以前并不一定算"质"的,而现在感到它"质"了,现在可能不"质",将来也还会觉得"质"而要加以改正。并且经文的"巧"或"质",乃是由它本身性质决定的:大乘经可以"文"一些,而戒律则非"质"不可。毗昙有一定的格式,也不能够删略。译者的责任在于是否把原文的思想表达齐全了,至于文辞的修饰,无关重要。因此,《鞞婆沙》"遂案本而传,不令有损言游字,时改倒句,余尽实录也"。

最后,由于他要完成对般若的研究,叫昙摩蜱集译了《摩诃钵罗若波罗蜜经钞》,同时在钞的序文中,他对翻译工作提出了著名的"五失本,三不易"的总结性的说法:"译胡为秦有五失本也:一者,胡语尽倒而使从秦,一失本也;二者,胡经尚质(这是就一般而言),秦人好文,传可(适合)众心,非文不合,斯二失本也;三者,胡经委悉(原原本本,十分详细),至于叹咏(指颂文)叮咛反复,或三或四,不嫌其烦,而今裁斥,三失本也;四者,胡有义说(梵本在长行之后另有重颂复述长行,叫做义说),正似乱辞(中国韵文最后总结的韵语),寻说(彦悰《辨正论》引文作"寻检")向语,文无以异,或千、百,刈而不存,四失本也;五者,事已全成,将更傍及,反腾前辞,已乃后说,而悉除此,五失本也。"——简单地说来,有五种情况是不能与原本一致的:第一,语法上应该适应中文的结构;第二,为了适合中国人好文的习惯,文字上必须作一定的修饰;第三,对于颂文的重复句子,要加以删略;第四,删掉连篇累牍的重颂;第五,已经说过了,到另说一问题时却又重复前文的部分,这也要删除。三不易是:"然般若经(这里只举它为例),三达之心(佛之三明),覆面(指佛"舌出覆面")所演,圣必因时,时俗有易,而删雅古以适今时,一不易也;愚智天隔,圣人叵阶,乃欲以千岁之上微言,传使合百王之下末俗,二不易也;阿难出经(指第一次结集),去佛未久,尊者大迦叶令五百六通(指五百罗汉)迭察迭书(互相审察,互相校写),今离千年而以近意量裁,彼阿罗汉乃兢兢若此,此生死人而平平若此,岂将不知法者勇乎(彦悰引文作"岂将不以知法者猛乎")?斯三不易也。"——三种不易于翻译的情况是:第一,经籍本是佛因时而说的,古今时俗不同,要使古俗适合今时,很不容易;第二,要把圣智所说的微言深义传给凡愚的人理解,时间距离又这么远,这也不容易;第三,当时编经的人都是大智有神通的,现在却要一般平常人来传译,这更是一件不容易的事。因此,在道安看来"涉此五失,经三不易,译胡为秦,讵可不慎乎! 正当以不闻异言传令知会通耳,何复嫌大匠之得失乎?"(《摩诃钵罗若波罗蜜经钞序》)道安的这些说法,对以后的翻译工作是有影响的。例如,在鸠摩罗什译经时,参加执笔写定的僧叡,就对他老师道安的"五失本""三不易"之说非常推崇地说:"予既知命,遇此真化,敢竭微诚,属当译任,执笔之际,三惟亡师五失及三不易之诲,则忧惧交怀,惕焉若厉……"(《大品经序》)他的参译就是以此作为指针的。以后经过南北朝许多译家的翻译,到隋代彦悰,在《辨正论》中对翻译工作又作了总结,还是赞叹道安的说法,并评论其为人说:"余观道安法师,独禀神慧,高振天才,领袖先贤,开通后学。修经录,则法藏逾阐,理众仪(律仪),则僧宝弥盛。"把五失三不易仍然看成是了不起的发现:"……详梵典之难易(三不易),论译人之得失(五失本),可谓洞入幽微,能究深隐。"

以上所说,是道安在翻译上的贡献及其影响。

道安另一个贡献,是在经录方面。他在襄阳期间,就注意搜求当时流行的译典,即使出自很远的凉土一带(甘肃河西走廊)的《光赞》、《渐备经》(华严《十地经》旧译),也辗转找到了。至于流行在江东一带的更不用说了。大约在宁康二年(公元374年),他就着手整理和编纂经籍目录。当时他所见到的经籍相当杂乱:其中有"有译"的,即有明确的译人、译时的;也有"失源"的,即没有译人、译时可考的;其中有的是整部,有的则是零碎的抄出,并且还夹杂一些可疑的东西;因此,需要加以整理编出目录来。道安在所编的经录说明中曾说:"此土众经,出不一时,自孝灵(后汉)光和以来,迄今晋宁康二年,近二百载,值残出残,值全出全,非是一人,难卒综理,为之录一卷。"由此可知他着手这一工作,是从宁康二年开始,但完成它却是更晚的事了。例如,《光赞》在太元元年(公元 376 年)才搜集来襄阳,其他如关中(陕西)、凉土等所出的经籍,则是他被苻秦掳去以后才见到,而都载入了他的经录,可见其录完成之时是很晚的了。

他的经录通称为《综理众经目录》。这是后人依其说明中提到的"难卒综理,为之录一卷"的说法而给它取的名字。原来的题名如何,不详。目录原本,也早已佚失。但梁僧祐作《出三藏记集》时是见到这一目录的。《出三藏记集》,为现存最古的经录,它分四部分,第二部分经录本文,即在道安录的基础上补充扩大而成,道安的内容全部吸收在内。由此推断,道安的经录原本由七部分构成:

第一部分,经律论录。这是全录的主要部分,以人为主,所有译本都属于"有译"的。其中共举出译家十七人,从孝灵时开始,汉末有:安世高、支谶、支曜、安玄、佛调、康孟祥。三国时有:支谦、康僧会、朱士行。由西晋到宁康时有:竺法护、聂承远、达摩罗刹、安文惠、帛元信、竺叔兰、法炬、法立。共译出二百四十四部经。但是这里边有些错误,朱士行虽然找到了《放光》,但不是由他译出,不能把他算在译家之内。达摩罗刹的意译就是竺法护,所以名字重复了。又安文惠、帛元信只是竺法护的助译(当时翻译,以执本者为"主译"也即是译家,其外"传语"、"笔受"等皆为助译,有时也记名于译本上)不能算为译家。这样,所列十七家中,至少有此四家成问题。但是,这些并不影响道安整个著述的谨严态度。他的整理、编订,均以眼见的为据,不像后来目录,只据前人的旧录辗转抄写。因此,道安录十分可靠。凡是他见到有译家记载的书,当然好处理,如果找不出直接线索的,他就对比各译家的译文风格,列入相类似的一家译著中,并注明是"似出"。例如,安世高和支谶两家所译,年代较早,其中不少是从译文风格上比较出来的,这些都注明"似出",不稍含糊。此外,他的判别能力也十分卓越,与他同时的支敏度所编经录,就很粗滥,无甚鉴别,远不及他。例如,当时《四十二章经》十分流行,并传说为汉明帝时竺摩腾所译,支敏度信以为真,记载于录,但道安目录里就未收这样的书。并且,以为译经是从安世高开始,可见他是很有独到之见的。

第二至第五部分,都是属于失源的。此四部分又根据不同情况而分为:一、一般失译的,一百三十四部。二、"凉土异经"五十九部。三、"关中异经"二十四部。四、"古异"九十二部。这些也是失译经典,但文字奇古,时代可能很久了,为了区别于一般失译,称为"古异"。

第六部分,"疑经",二十六部。并有一个小序,说明这些经典可疑之故。

第七部分,"注经",二十五部。即道安所作经注的目录,属于附录性质,约共二十五种,也有一个小序。

最后,还补充了"杂经",十一部。可能是在第六部分写好后加上的。

因为道安录保存在《出三藏记集》之内,所以近人想据此做一种辑佚工作,来恢复道安录的本来面目,如梁启超和日本人常盘大定、林屋友次郎等,都曾试做过,但始终未得一致的看法。事实上,这本是不可能的。因为安录本身存有缺点,如僧祐所指出:"安录诚佳,颇恨太简,注目经名,提题两字(即不书全名,而只简写两字代之,如《放光》《光赞》等),且不列卷数,行间相接,后人传写,名部混糅。且朱题为标,朱灭则乱;故循空追求,困于难了。斯亦玙璠之一玷也。"可见僧祐吸收安录内容虽经过加工,但由于安录原来简略和书写上的缺点,已经很难了解,后世想从祐录基础上再去做复原工作,自然更谈不到了。

尽管安录有些缺点,但后人对它的评价很高,认为是名符其实的第一部经录。僧祐就说:"寻夫大法运流,世移六代(汉、魏、秦、凉、晋、宋),撰注群录,独见安公。"(《出三藏记集》卷四)又说:"爰自安公,始述名录,铨(鉴别)品(评定)译才,标列岁月,妙典可征,实赖伊人。"(同书卷二)而越到后世,安录的地位也越高,因为过去的许多经录都逐渐地散佚了,只有依据安录才知道当时的情况。

本讲参考材料

〔一〕 汤用彤:《汉魏两晋南北朝佛教史》第七章后半至第九章。

〔二〕 《中国思想通史》第三卷,第十章,第二节。

〔三〕 《出三藏记集》卷一至十,有关部分,又卷十五。

〔四〕 《高僧传》卷四、卷五。

第四讲　禅数学的重兴

讲授提纲

小乘诸部毗昙的译传——毗昙纲要书《心论》的讲习——犊子系统"有我"思想的影响——大小乘禅法的融贯——禅与空观——当时慧远从法性论出发的学说

苻秦后期,于公元三七六年灭了前凉(地在甘肃一带)后,势力远及于西域,其地的小乘学者一时纷至沓来。三七九年,道安到了关中,由于他热心搜求佛典,又有赵政作施主,遂与西域来的学者们一起,组织了译事。从公元三八二到三八五年,仅仅三四年时间,就译出了很多经典。其中有《阿鋡暮(阿含)钞解》,是车师前部(今吐鲁番西)王师鸠摩罗跋提所译;有《鞞婆沙》(大毗婆沙的一部分,十四卷),是僧伽跋澄所译;有《阿毗昙》(即《发智论》,又名《八犍度论》)、《阿毗昙心论》,是僧伽提婆所译;有《婆须蜜(世友)经》、《僧伽罗刹(众护)集经》,是僧伽跋澄所译;有《中阿含》、《增一阿含》,是昙摩难提所译。总计达百余万言(详见《开元释教录》)。

　　参与这次翻译的,还有道安的同学法和。他们都很留意译文的正确性;以当时的水平看,他们对这次翻译还是相当满意的。各种译典,都有道安的序。他在《增一阿含序》里就说,二《阿含》、《鞞婆沙》、《婆须蜜经》、《僧伽罗刹集经》等,"此五大经,自法东流,出经之优者也"。事实上,他们对这次翻译也确实是认真的。例如,对《阿毗昙八犍度论》的初译觉得不好,又重新校译了一次。但是,当时已经发生了苻秦与慕容氏之间的战争,战乱一起,译事受到影响,许多经在匆促间都没有来得及对译文做详细的订正。不久,道安病死,订正的工作就此搁置了。因此,后人对这次翻译的质量很有批评,并且多数的书都作了重译。例如,参加重译工作的道慈,就在他重译的《中阿含》本序文中引《经记》说,道安在长安译的二经六论及部分戒律,"凡百余万言,并违本失旨,名不当实,依稀属辞,句味亦差。良由译人造次,未善晋言,故使尔耳"。参加当时翻译的译家本人也有同感。如僧伽提婆与法和在入洛阳以后,发现了原译的不确切,费了四五年的时间,把《阿毗昙》、《鞞婆沙》又重新加以译订。到建业(南京)后,又把《中阿含》重新译订。《增一阿含》则只作了一些订正。公元三九一年,僧伽提婆到庐山,会见了慧远,慧远又请他重译《阿毗昙心论》和《阿鋡暮钞解》,并把后者改名为《三法度论》。这样,原来的八种书里就有六种都重译过。这自然要比以前译的质量高些。如《阿毗昙心论》和《三法度论》,在慧远的序中就认为文字上更加谨慎,胜于旧译。

与此差不多同时,鸠摩罗什译师于公元四〇一年进入当时姚秦统治的关中。当地原有许多小乘学者,其中昙摩耶舍精通《舍利弗毗昙》,他没有原本,曾经专凭记诵,用文字把原文记录下来。因为内容复杂,较难理解,所以还未能及时译出,不过书中的某些内容,却已逐渐地为人们所谈论了。所以当时僧肇写给庐山刘遗民的信里,提到此事说,关中法事甚盛,除罗什外还讲毗昙等。《舍利弗毗昙》也已经写定,虽未及译,但"时问中事,发言新奇"云云。这部书是到公元四一四年才译出的。

总之，从道安到关中发起译经(公元382年)到四一四年的数十年间，是有一批译家把传译的重点放在毗昙上的。在这方面，过去的安世高虽也译过几本小册子，但像这样整部、整类的翻译，还没有过。这也算当时的一种新风气吧。

所谓毗昙，看起来是经、律、论中的论类，性质好像很平常，实际上，它的内容非常丰富。因为此时所译的，牵涉到了各部各派而显得复杂了。小乘的部派，一般讲是分为二十部，实则不出乎四系：上座、大众、说一切有、犊子。每一系都有自系所传的经律论，内容各不相同。特别是毗昙一类，究竟有哪些书？属于哪一系？内容如何区别？当时的人都是不甚了了的。据《大智度论》卷二中说，各部毗昙有三大类：一、《八犍度》及其附属的六分(六足)；二、《舍利弗毗昙》；三、《蜫勒》。现在掌握的资料更多了，研究的也有进步，从毗昙发展的源流看，应该是分类为：一、九分毗昙，这类最早，相当于《大智度论》所说的《蜫勒》；二、五分毗昙，相当于《大智度论》所说的《舍利弗毗昙》；三、《八犍度》，这更晚出，即八分毗昙。《九分毗昙》的原本已经没有了，不过由它分散出来的零星本子还不少，如"六部论"(包括北方有部的六分和锡兰的南方上座六分)，都和它有关。另外，《阿毗昙心论》，则是它的一种辑要著作。从现在的资料看，小乘毗昙的范围大致就是如此。而在当时二十多年中陆续译出的，如《阿毗昙心》、《舍利弗毗昙》、《八犍度》等，大都有了，所以内容十分丰富，涉及到了小乘全体的论书。这些书的原本，现在都已不存，而由汉译一一保留下来，实在是很可珍贵的。

这些译籍对中国佛学后来的发展也很有影响，特别是通过慧远在庐山主持翻译并加以阐扬的《阿毗昙心论》和《三法度论》。

先讲《阿毗昙心论》。当时人们并不知道它就是九分毗昙的提要,但是已经看出它对毗昙的法相,解释得很有条理,能抓得住小乘这一方面学说的纲要。当时在庐山的人,对其翻译经过也有序文记载说:"释和尚昔在关中,令鸠摩罗跋提出此经,其人不闲晋语,以偈本难译,遂隐而不传,至于断章(释文提到颂本处),直云修妒路(此译"略诠",是一种文体,即短短的经本)。及见提婆,乃知有此偈,以偈检前所出,又多首尾隐没,互相涉入,译人所不能传者彬彬然,是以劝令更出。以晋泰元十六年,岁在单阏(卯)贞于重光(辛),其年冬,于浔阳南山精舍,提婆自执胡经,先诵本文,然后乃译为晋语,比丘道慈笔受。至来年秋,复重与提婆校正,以为定本。"这就是说,鸠摩罗跋提的初译是有缺点的,原书有颂,有长行,他因为不懂汉语,感到颂文难译,只把长行注释译了出来,注中提到颂文处,就说成是"修妒路"。后来僧伽提婆在庐山重译,十分精细,四卷书译了大半年,后又作了校正,可见认真之至。僧伽提婆在翻译过程中,还进行讲解,大家更有所领会,特别是慧远。

因此,慧远也写了一篇《阿毗昙心论序》,说此论"凡二百五十偈,以为要解,号之曰心。其颂声也,拟象天乐,若云籥自发,仪形群品,触物有寄"。又说,"穷音声之妙会,极自然之众趣"。他对于颂文,可谓赞扬备至。原本虽然不存在了,但它后来经过订正、补充,形成了世亲的《俱舍论》,所以在《俱舍论》中还保存了它的原颂。现在从《俱舍论》看,原颂作得的确巧妙。因为阿毗昙是讲法相名数的,干燥无味,要求以韵律的体裁表达出来,本不容易,但是原颂却以相当高的技巧完成了这一结构,因而从它发展而成的《俱舍论》也得了"聪明论"的称号。不过慧远将《心论》原颂比之"天乐",穷尽了美妙的声韵,并说它的内容"仪形群品",达到了模拟万象的最高程度,则未免有些夸张了。

关于《心论》的内容,慧远序文中也有扼要地介绍。他说:"又其为经,标偈以立本,述本以广义;先弘内以明外,譬由根而寻条,可谓美发于中,畅于四肢者也。发中之道,要有三焉:一谓显法相以明本,二谓定己性于自然,三谓心法之生必俱游而同感。俱游必同于感,则照数会之相因;己性定于自然,则达至当之有极;法相显于真境,则知迷情之可反;心本明于三观,则睹玄路之可游。"这里首先说到《心论》的组织。本书以偈颂为本,据以广述。全论共计十品,前八品为一组织,是全书的根本思想所在,所以也叫做"内";后二品为一组织,是附属性质,称之为"外";由内而外的阐述,好比由根到枝条,正同人身内部活泼泼的生气畅达于四肢。其次,这从内发生的中心思想是什么呢? 撮要有三,就是《心论》开头《界品》《行品》所说的内容。第一,"显法相以明本",详说于《界品》。此品说的是一切法相,而用蕴处界来组织解释,其中第二颂说,"若知诸法相,正觉开慧眼"。如知道了法相,就能发生智慧。这正是《心论》的根本精神。第二,"定己性于自然"。这里说的"自然",根据译者在同书所译六因中"同类因"为"自然因",可见其意同于"自类"、"自性"。这是依据《界品》所讲法相的结论而说:"诸法离他性,各自住己性,故说一切法,自性之所摄。"一切法分析到最后,不能再分,这样去掉他性,剩下来的就是自性。各种法都有自己的性质,截然各别。而说到一切法的时候,只有自性相同的才能摄为一类。换言之,自性就是在类上相同的,如色法是与色这一类相同的法,所以有其自性,而不能说成心法。一切法莫不如此。第三,"心法之生,必俱游而同感"。在一切法(五类法)中,心法的特点是:"心不孤起,有'数'(心数,即心所法)相应。"是怎样相应的呢?"俱游所缘"。心与心数同一所缘,

70

同一境界,这就是相应。另外又是"同感",即同一行相。换言之,心与心数的对象同一,因而二者也必然相应的发生同感。慧远这种说法的根据在本论的《行品》,品中颂说:"若心有所起,是心必有俱,心数法等聚",就是这个意思。最后,他说到三种要点间的关系以及在实践上的意义是:法相之显现,借助于"真境"。"真境"之"真",指四谛而言,五类法即是以四谛来加以分别的。从四谛看,一切法分别属于苦集灭道中的某一谛,因而有其实际的意义。此即知道了何者为迷,何者为悟,如何由迷返悟,由苦集返灭道,这样懂得了流转还灭的道理。做到这一点,就是"显法相以明本"了。本即是心,所以谓之心本。由迷返悟,关键在于心;迷是心之无明,悟则必须心明。心明就是"三观"所要达到的。《心论》说:"智慧性能了,明观一切有。"(《智品》第六)这说明"三观"即三种智慧。又说:"三智佛所说,最上第一义,法智未知智,及世俗等智。"以此三智明观一切法为有,就能"睹玄路(灭谛)之可游"了。

由此可见,"显法相以明本"乃是《心论》的根本思想。

由于慧远的大力宣扬,《心论》曾经流行一时。如僧伽提婆到建邺以后,曾为卫军东亭侯王珣讲说《心论》。珣弟珉对它尤感兴趣:"听之及半,便能自讲。"那时毗昙之所以盛行,是与当时的社会情况有关。因为那时的佛教与政治密切结合,出家人参与政局,发生了许多腐败的事情,引起人们不满,从而对佛学也进行广泛的攻击,如袁、何商略治道,讽刺时政,发出五横之论,即以沙门居其一(见《弘明集》道恒《释驳论》)。这样,带有玄学性质的佛学再也立足不住了。沙门的名声虽然不好,但统治阶级并未放松对它的利用,不过,必须采用一种新的理论;看到烦琐的毗昙倒是一种可以替代玄学的新工具。特别是由身处山林标榜清流的慧远来提倡,表面上疏远了政治,更可以迷惑人;所以适应了当时的潮流,繁琐的毗昙,便代替清谈顿然流行起来。以致稍后译出更为繁琐的《杂心论》,还出现了一批专门研究的毗昙师。

另外一种对后来佛学发生影响的著作是《三法度论》。道安在关中组织翻译时,曾译过此书,名为《四阿鋡暮钞解》。译本前有序文(似为道安自作)说,小乘经初出为十二部经,后来撮要总结为四阿含(即阿鋡暮)。四阿含的分量很大,约合汉文二百卷,揭举四阿含纲要,予以系统的组织,使人一目了然的,就是此书。所以说,"有阿罗汉名婆素跋陀(世贤),钞其膏腴,以为一部,九品四十六叶,斥重去复,文约义丰,真可谓经之璎鬘也。百行美妙,辨是与非,莫不悉载也。幽奥深富,行之能事毕矣"。看来作者是深知此书的重要性的。他认为它的精华在着重践行,辨别是非,阐述到很完美的地步,因此在外国也视此书为珍宝:"有外国沙门字因提丽,先赍诣前部国,秘之佩身,不以示人,其王弥第求得讽之,遂得布此。"还说到由道安请鸠摩罗佛提译出时,由于有许多名相是前所未见的,需要创造,不清楚处还要加注,所以译时很费了些功夫。尽管如此,译本还是不容易阅读。

等到僧伽提婆去庐山后,也常常提及此书的重要,慧远便请他作了重译,改名《三法度论》。由于借鉴了旧译的短长优劣,所以译得比较好。慧远在序文中称道说:"虽音不曲尽,而文不害义,依实去华,务存其本。"同时序文还介绍了此书的主要内容:"……以三法为统,以觉法为道,开而当名,变而弥广,法虽三焉,而类无不尽,觉虽一焉,而智无不周。观诸法而会其要,辨众流而同其源,斯乃始涉之鸿渐,旧学之华苑也。"这是说,本书以三分法统摄一切相类的法,在三分的大类中,再逐层三分,这样就概括了全体法数,而与以四谛、六度、十二处等一般的分类都不同。在此三分法中,又以觉法作为主导,指明其目的在于使人生觉(智)。序文如上的解释,其依据即在本论开宗明义的总标一颂:"德、恶、依、觉,善胜法门。"一切法分为德(功德,善)、恶、依(根据)三类,对此三类的理解(觉),即是到达解脱(善胜)的道路(法门)。从三大类逐次三分(如"德"再三分为"福、根、无恶"等),如此等等,故说"开而当名(细分出来的都有相当的法相),变而弥广",以至于无所不包。但所有这些法都是讲觉的,尽管分得层次多,源头还是一个。所以它是初学者的阶梯,而其内容也是很丰富的。

慧远说的这些话,看出他对此论的十分重视,而且解释得也很明了。但是这部书对以后所发生的影响,还不限于慧远的这些解释,而是在它与部派关系的方面。

《三法度论》应该是属于犊子系贤胄部的著作。可以从三个方面来刊定:第一,作者。婆素跋陀,意译为"世贤"(刻本误作"山贤"),即是犊子系贤胄部的祖师。第二,从书的组织看。本论采用三分法,与后来真谛所译《部异执论》介绍犊子部的主张相符。真谛译本中犊子部主张,比《异部宗轮论》增加了几条,其中有一条:"如来说经(指四阿含)有三义:一显生死过失(相当《三法度论》的"恶"),二显解脱功德(相当《三法度论》的"德"),三无所显(相当《三法度论》的"依")。"正与本论的说法相同。第三,从学说思想来看。犊子系有三点主张与《三法度论》所说的一致。一是犊子主张有"中有"("生有"与"死有"之间的状态),此论也有"中间涅槃"即在中有中入灭的说法。二是犊子主张"十三心见道"(即现观),此论也有其说。三是犊子主张有"胜义我",在十八部中,只有犊子部如此主张。他们认为有"我"与佛说无我并无冲突;因为他们主张的"胜义我"属于不可说法一类。通常说我,皆从人我与五蕴的关系着眼,故有我与五蕴是一是异的问题:是五蕴之外另有我呢,还是五蕴即我?但犊子认为不可作决定说,分别观察五蕴都不是"我",但"我"也离不开五蕴,彼此关系是不可定说的。《三法度论》也承认有人我,它把佛说加以总结,认为"不可说者(人我),受过及灭施设"。就是说,在"受"、"过"、"灭"三种施设的情况下,必须承认有人我。一、受(取)施设。五蕴组织成有情,它区别于木石的特点在于有"受",即有知觉;既然有知觉,就不能光用五蕴来代表,必须假设有人我,才能够有执受者,有"受"(取)的作用,此即有情的个体。例如,经上常说的"如是我闻"、"佛说法"等等,都以此假说"我"为前提。二、过去施设。为了把假设的主体在时间先后即过去、现在、未来三世连续起来,也定要有"我"才行。如佛就说自己有过去种种"本生"。三、灭施设。最后达到涅槃,也总得有一个个体来体现。因此,《三法度论》认为,根据佛在上述三种情况下的假设来分析,虽然所谓人我与五蕴的关系是不可说的,但是对于应该有个人我这一点,必须有正确的理解(智慧),否则,就是无知(对"不可说"的无知)。这就是犊子部对于有胜义我的主张。此外,在犊子系另一部派正量部的《三弥底部论》,也可用来旁证,它对人我有更详细的解释(《三弥底部论》为苻秦时失译本)。

《三法度论》中胜义人我的主张传译过来之后,即对当时的学说产生了巨大的影响。从佛学初期传入中国以来,对于人我问题本来说得不大清楚,正如僧叡说的:"此土先出诸经,于识神性空,明言处少,存神之文,其处甚多。"因此有我论,占着优势,使轮回、报应等的宗教麻醉剂,大为散播。甚至像接受了般若学性空之说的慧远,而于大乘是否说我尚存疑问;及至《三法度论》译出,他还把大乘也说成是讲有人我的了。他在序文中说,此书为"应真大人"(阿罗汉)所撰,"后有大乘居士"为之"训传"云云,足为例证。

慧远原来受过鸠摩罗什的影响,与罗什既有书信往还,又为罗什所译《大智度论》写过序文,对龙树的中观和毕竟空的思想还是有过研究的,他直到晚年,还是坚信有我的。当时有人反对轮回之说,他即依据有我说著《明报应论》、《三报论》,大加提倡,因而更为宗教加强了麻醉的作用,他的根据,就是《三法度论》。通过道安及慧远的宣扬此书,其时记述佛教的有关撰述如《牟子理惑论》、《后汉书》,也都以为佛教主张有人我,可见此书影响之大了。

在毗昙学复兴的同时,禅法也得到了相应的发展。小乘禅法传来中国为时较早,从安世高翻译佛典就开始了。到了道安,对于禅法还很费了一番功夫研究,最后并把禅法融贯于般若之内。

但是,禅法的传承,从安世高到康僧会是明确的,到了道安时就中断了。所以他的弟子僧叡在《关中出禅经序》中曾有过这样的感叹:"禅法者,向道之初门,泥洹之津径也。此土先出《修行》、《大小十二门》、《大小安般》,虽是其事(指禅法),既不根悉(不明究竟),又无受法(无有传授),学者之戒(约制),盖阙如也。"姚秦弘始三年(公元401年),鸠摩罗什入长安,僧叡立即登门求教,"既蒙启授,乃知学有成准,法有成条……无师道终不成"。后来罗什便综合了各家禅法为他编译了三卷《禅要》,主要是以五门组织。禅讲究对治,各种对治,视学者的具体情况而有所偏重。如:一、"贪"重的人,应修习"不净"观;二、"瞋"重的人,应修"慈悲"观;三、"痴"重的人,应修习"十二因缘";四、"寻思"重的人,应修习"安般"(念息);五、"平等"(一般)的人,应修习"念佛"(余处也说修习"界分别观"即对地水火风空识六界的分别）；由此分为五门。僧叡又说："寻蒙抄撰众家禅要,得此三卷。初四十三偈,是鸠摩罗罗陀（童受）法师所造,后二十偈,是马鸣菩萨之所造也。其中五门是婆须蜜（世友）、僧伽罗叉（众护）、沤波崛（近护）、僧伽斯那（众军）、勒比丘（胁尊者）、马鸣、罗陀禅要之中,钞集之所出也。"这说明五门所用的材料是从七家之书抄集而成,包括了大小乘的禅法。后来罗什还特意编译了一部菩萨的禅法,里面依《持世经》加进了十二因缘,此书已不存。此外,还编译了《禅法要解》二卷,此书现存。到弘始九年（公元 407 年）,僧叡对《禅要》又"重求检校,惧初受之不审,差之一毫,将有千里之降,详而定之,辄复多有所正,既正既备,无间然矣"。

以上说明罗什到关中之后,重新传授禅法,所编之经,十分慎重,这是公元四〇一到四〇七年之间的事。四一〇年,罽宾禅师觉贤（佛陀跋陀罗）也来到长安。他是禅学专家,亲受教于佛陀斯那（一作佛大先,即觉军）,佛陀斯那则是达磨多罗（法救）的门人,所以他也间接得了达磨多罗的传承。他在长安,大弘禅法,跟从他学的人很多,其中就有慧观。他们对罗什所传,感觉不满,认为他没有师承,不讲源流,不得宗旨。如慧观在《修行地不净观经序》里,就一再表现出了这种不满的情绪："禅典要密,宜对之有宗,若漏失根源,则枝寻不全;群盲失旨,则上慢幽昏,可不惧乎。""禅典要密"是说关于禅法的典籍,要义深隐,必须有人指点教授,才能得到所宗,否则就会失去根源宗旨,产生增上慢（自以为是）。这些显然是指罗什说的,因为罗什综合七家之说来编写的禅法,无所专宗,也无传授。又说："……乃有五部之异。是化运有方,开彻有期,五部既举,则深浅殊风,遂有支派之别;既有其别,可不究本详而后学耶?"依禅家说(实际是小乘上座系之说),分了五部,各部各有自家的禅法,比较起来各有深浅,就学的人应该清楚这些关系,了解其本原,不能乱来。这也是针对罗什而说的。

慧远在听到觉贤的禅法以后,于《庐山出修行方便禅经统序》中更明白地指出:"每慨大教东流,禅数尤寡,三业无统,斯道(禅)殆废。顷鸠摩耆婆(即鸠摩罗什)宣马鸣所述(慧远认为罗什所传主要是马鸣的著述),乃有此业。虽其道未融(说禅未透),盖是为山于一篑。"这直接表示了他对罗什的不满,认为所传的只是不完全的知识。由此可见,凡是随觉贤学禅的人,都不以罗什所传为然。

觉贤之禅既与罗什异途,所以他在长安住了不久,就受到罗什门下的排挤,并藉故说他犯戒摈之离开长安。觉贤南下到了庐山,慧远就请他译出《修行方便禅经》(又名《修行道地禅经》),详细地介绍了他自己的禅学。此经虽也是以五门组织,它主要是佛陀斯那的禅法,也连带有达磨多罗的禅法,但不像罗什那样的杂凑,而是宗于一家之说。由于经中也介绍了达磨多罗的禅要,所以后人又称它为《达磨多罗禅经》。事实上,达磨多罗的禅法部分,未能保存下来,现存经文中已看不到了。经译出后,慧远就为之做了《统序》(即总序)。又因为其中的五门可以各各独立,故慧观特对《不净观》部分作了序。这两家的序,都指出了此经要点。

先看慧远的序。他说:"其为要也,图大成于末象,开微言而崇体。悟惑色之悖德,杜六门以寝患;达忿竞之伤性,齐彼我以宅心;于是异族同气,幻形告疏;入深缘起,见生死际。尔乃辟九关于龙津,超三忍以登位,垢习凝于无生,形累毕于神化,故曰,无所从生,靡所不生,于诸所生,而无不生。"在慧远看来,禅法的五种法门都是就末象(形迹)上讲对治的,完成根本的转变,即由此下手。但对禅法要秘,微言大旨,也须有所悟解,此是崇尚根本。然后他分述了五门中四门(没有数息门)的主要内容:一、了解迷惑于女色是违背道德的,应该杜塞六根以平息祸患;这指修"不净观"而言。二、明白忿怒竞争等情绪有伤于本性,应该忘怀人我,一视同仁;这指修"慈悲观"而言。三、人身原是由水火风土空识六界同一气化而成,加以分析,只是幻形而已,因而不必执于我见;这指修"界分别观"而言。四、深知十二缘起的道理,即可理解生死际的本质;这指修"因缘观"而言。做到了这一些,就可以逐步地开辟幽深的道路(九关,即"九次第定"),超越三种法忍("耐怨害忍""安受苦忍""无生法忍"),达到罗汉的果位。这样,因循恶习在"无生"的认识中就可以止息,通过"神化"而结束形累(精神受肉体所累,而流转轮回,靠"神化"的力量,达到无余涅槃,即可彻底摆脱)。这就叫作不从什么地方而生,但无所不生;处于诸所生之中,而无不生。序文后段还指出佛大先禅法的特点:"佛大先以为,澄源引流,固宜有渐,是以始自二道,开甘露门,释四义以返迷,启归途以领会,分别阴界,导以正观,畅散缘起,使优劣自辨,然后令原始反终,妙寻其报。"这是说,要使人们得以悟解,应该循序渐进。开始时讲方便、胜进二道,开不净观、念息二甘露门,通达退、住、升进、决定四义(每道都有此四义,应离前二义而行后二义),这样就可以从迷误中启示归途,领会要旨。在这里,还要分别阴界,导以正观,彻底分析十二缘起,使其自辨优劣,最后得到究竟。

慧观的序对不净观的特点做了介绍。他说:"故传此法本,流至东州,亦欲使了其真伪,途无乱辙,成无虚构(不落空),必加厚益。斯经所云,开四色为分界,一色无量缘,宗归部津,则发趣果然。其犹朝阳晖首,万类影旋……"不净观主要是观察尸体。印度人旧俗，死了人就将尸体丢在树林中任其腐烂，于是鸟兽虫蚁，相继唼蛀，最后剩下了白骨。不净观就是顺序观察这些过程，得着"不净"的认识。然后再由不净转净，从白骨上产生幻觉，出现青、黄、赤、白四种光彩，使人的心地清净，所以说，"开四色为分界"。在每观其中一色的时候，都是内外遍缘，到处见着同一类色，所以叫做"一色无量缘"。这样，他们把禅法之所宗，着重地归于五门中的"不净观"门，以之为中心，所以说"宗归部津"，从而最初所要理解的事物也就得到真实了。其他以清净为归趣的事都视不净观为转移，故比之为朝阳。

在此期间，大乘学说也从般若的一再翻译到罗什的大弘龙树学，有了相当的发展。因此，禅学虽出于小乘系统，却已贯串着大乘思想而是大小乘融贯的禅了。这与安世高所传是不同的。鸠摩罗什如此，佛陀跋陀罗也是如此。

大小乘禅法融贯的关键，在于把禅观与空观联系起来，罗什所传就是同实相一起讲的。《禅法要解》卷上说，"定有二种，一观诸法实相，二观诸法利用"。此即在禅观中不仅应该看到空性，也要看到诸法的作用，两者不可偏废。佛陀跋陀罗所传，在现存本子中已经看不到这种深入的说法，但慧远序文之推崇佛陀跋陀罗仍在于能贯通大小乘的一点，所以说："非夫道冠三乘，智通十地，孰能洞玄根于法身，归宗于无相，静无遗照，动不离寂者哉。"至于达磨多罗的主张，原文已经不存，只可从慧远序文所作的简单介绍，加以推测。序说"达磨多罗阖众篇于同道，开一色为恒沙。其为观也，明起不以生，灭不以尽，虽往复无际，而未始出于如，故曰，色不离如，如不离色，色则是如，如则是色"。这些话的大意是说，小乘上座系五部之禅法，大分两类，一以五门组织，如前所说。

一由十遍处而入。十遍处,是地水火风青黄赤白空识。其中每一种都可以幻想它周遍于一切对象,构成清一色的形象。如观地则到处都见其为地的形象,观青则一切都见为青色。小乘化地部就是宣扬这种禅法,而以地遍处为中心,由此得名化地。《瑜伽真实品》讲"散他"比丘也是从十遍处入。南方(锡兰)上座系所传《清净道论》禅法都与此相同。达磨所谓"阇众篇于同道",就是合五门为一,统由遍处而入。"开一色为恒沙",就是以一色为遍处,通观一切。因此不同于五门组织。另外在禅观时,应该理解这些色的如性(法性),遍处虽然往复无际,但始终与如性相联系着。"明起不以生,灭不以尽",是指法的生灭而言,但生即不生,灭即不灭,两方面统一起来理解,故说不以生而谓之起,不以尽而谓之灭,虽见有生灭,而法性(如性)湛然不变。所以观色不能离开如性,观如性不能离开色,二者是统一的。像这种看法,就不是小乘的,而是属于大乘空观性质的了。

贯通大小乘禅法的思想,对于后来中国佛学的影响很大,如禅宗慧可传达磨的禅法,就是用了这种说法。虽然慧可所说的达磨究竟指的何人还可研究,但原先是指法救说的(见道宣《续高僧传》卷十六),所以道宣为慧可作传,直称之为"虚宗"。在中国佛学思想中实际发生影响的正是空观与禅观的融贯。

当时毗昙学与禅法的新发展,同慧远的努力是分不开的,他本人的学说如何,也值得一谈。

慧远(公元334—416年),少年时代对于儒玄即有很深的研究,传记中说他"博综六经,尤善庄老"。二十一岁,依道安出家,在道安门下称为上首。公元三七七年,道安在襄阳被劫往北方,他就离开道安往江东了。约从三八六年左右,他定居于庐山,一直到死。

慧远之学得自道安的究竟如何，这很难具体地说了。公元三九一年，僧伽提婆到庐山，受请译出了《阿毗昙心论》和《三法度论》。因此，慧远受到了新译的影响，写了《法性论》阐述自己的思想。论旨针对旧说泥洹只谈"长久"，未明"不变"，所以特为阐发"不变"之义。论文已佚，有些著作引用它的主要论点是："至极以不变为性，得性以体极为宗"（见《高僧传》），"至极"和"极"，指的泥洹，"体"说证会，"性"即法性。泥洹以不变为其法性，要得到这种不变之性，就应以体会泥洹为其宗旨。当时慧远尚未接触罗什所传大乘之学，而在研究中就有此与大乘暗合的见解，实为难得。所以后来很得罗什的称赞。

细究起来，慧远这一思想还是从僧伽提婆介绍的毗昙获得的。他在《阿毗昙心论序》里说："己性定于自然，则达至当之有极。"一切法的自性决定于它自身的"类"，从同类法看到的自性就是"不变之性"；也只有在这个前提下，才能说有"至当之极"（即涅槃）。《心论》是依四谛组织的，何等法归于苦集，何等法归于灭道，都由其法"不变之性"而定。明白了法性不变，从而有所比较分析，然后才能通达至当之极。了解无上之法乃是灭谛。后面还说，"推至当之极，动而入微矣"。顺着至极这条路前进，即可与道相应。《心论》讲到道谛，以"见著而知微"来形容，即是从道谛与涅槃处处相应而说。看到至当之极，顺着道走，即愈走愈近，"动而入微"。由此看来，《法性论》的思想还是出于《心论》。认定一切法实有，所谓泥洹以不变为性，并不是大乘所理解的不变，而是小乘的诸法自性不变，也是实有，此为小乘共同的说法。

另外，元康的《肇论疏》还引到《法性论》这样几句话："问云：

性空是法性乎？答曰：非。性空者，即所空而为名，法性是法真性。"这说明性空与法性不是一回事。性空是由空得名，把"性"空掉；法性则认"性"为有，而且是法真性。这里所说的"性空"，显然是他老师道安的说法，所谓"照本静末，慧目以之生"的思想；而所谓法性不变，则是受了《心论》的影响。慧远把性空与法性看成两个东西，与道安把两者看同一义的不同。

慧远从承认法性实有这一基本思想出发，对涅槃实际内容的看法，也贯彻了这一精神，他用形神的关系来说明涅槃，主张"形尽神存"。具体的说，就是"不以情累生，不以生累神"。在人的生死流转中，他承认了有一个主体"人我"；"人我"所以有生死之累，乃由情等所引起，故须除烦恼，断生死，才能入涅槃。所以他说"生绝化尽，神脱然无累"。"化尽"即指自然的超化（超出流转）。只能断绝生死，超出流转，"神"（人我）才不受物累。最后他还是承认"神"的永恒存在（此即泥洹不变）。这一思想和《三法度论》里的承认有胜义人我完全相通。

以上是慧远在公元三九一年以后的思想，过了十年，即四〇一年，鸠摩罗什到了关中，不久，慧远就"致书通好"，罗什也回了信。罗什最初译的《大品般若经》和《大智度论》，都送给慧远看过，并请他为《大智度论》作序。他对《智论》用心研究，遇到论内思想与他原先理解不一致的都提出来向罗什请教。罗什也一一作了答复。这些问答，后人辑成《慧远问大乘中深义十八科并罗什答》三卷，后又改名《大乘大义章》，保存至今。从这里面看出慧远的疑问都是在他把法性理解得实在有关系。罗什解答中很不客气地指出了他的错误，辨明"法无定相"。以为对于佛说之法不能死执，而应理解为"无定相"。慧远却恰恰相反，承认法我，认为佛说法有定性,把佛说法执死,所以罗什批评他是"近于戏论"(见《大乘大义章》卷中问答四大造色)。

经过罗什的解答,慧远的思想看来并没有发生很大变化。当时桓玄专政,限制佛教,"沙汰"沙门,并要沙门"礼敬王者",慧远曾对之力争,写了《沙门不敬王者论》。其中提到沙门"不顺化以求宗,冥神绝境,谓之涅槃"。他以为出家人的宗旨,是与世俗处于生死流转(即"化")的情况相反的。"绝境"是"涅槃",无境可对,"冥神"就是使"神"达到一种不可知的超然的情景,并不是说"神"没有了。这实际仍然是《法性论》的思想,根本没有转变。

姚秦本来相当郑重地请慧远为《大智度论》作序,但慧远认为论的译文"繁秽",特加以删削,成为《大智论钞》才写了序文。这是他的最后著作,可以从中看出他思想的总结。

他序明《智论》的要点是:"其为要也,发轸中衢,启惑智门,以无当为实,无照为宗。无当则神凝于所趣,无照则智寂于所行。寂以行智,则群邪革虑,是非息焉;神以凝趣,则二谛同轨,玄辙一焉。"由般若的思想来理解性空,就是中道。他"以无当为实,无照为宗",即有对象而不执着,有所理解而无成见。不执着对象,则般若的主体"神"即可专注于洞察;不抱有成见,则"智"于所行的境界安静不乱。由此去掉各种邪妄思想,消灭了是非,又还统一于二谛,各得其所。

接着他对做到"无当""无照"的方法作了介绍:"请略而言:生途兆于无始之境,变化构于依伏之场,咸生于未有而有,灭于既有而无。推而尽之,则知有无回谢于一法,相待而非原;生灭两行于一化,映空而无主。于是乃即之以成观,反鉴以求宗。鉴明则尘累不止而仪象可睹,观深则悟彻入微而名实俱玄。将寻其要,必先于此,然后非有非无之谈方可得而言。"般若的智慧与一般智慧不同,扼要地说是这样的:"生途"(生灭这一边的现象)是没有起点的,生灭变化之构成,在于它们之互相依待,互为条件。所谓生,即是从无而有;所谓灭,就是从有而无。由此推论,可知有与无在一法上的交替乃相互相待而言,并非于此一法之外另有什么有无。生灭也是如此,同属于统一的变化,这就是空,就是无所主宰。这样形成自己的观点,自我反省,使之无尘可染,即可得到真正的旨趣。——这些看法虽然也讲到了"空""无主",但骨子里仍承认法为实有,且有生住异灭的作用,并没有超出小乘理解的范围。继之说到"主观"(鉴)方面,只要能"明",即可不沾染污而了解事物之动静仪态,深刻地理解诸法名实的关系。这些说法,也不完全是大乘的。

他又说:"尝试论之,有而在有者,有于有者也,无而在无者,无于无者也。有有则非有,无无则非无。何以知其然?无性之性,谓之法性,法性无性,因缘以之生;生缘无自相,虽有而常无,常无非绝有,犹火传而不息。夫然,则法无异趣,始末沦虚,毕竟同争,有无交归矣。故游其樊者,心不待虑,智无所缘;不灭相而寂,不修定而闲,不神遇以期通焉,识空空之为玄;斯其至也,斯其极也,过此以往,莫之或知。"他认为有就是有,这是执着于有;认为无就是无,这是执着于无。以有为有,实际是非有,以无为无,实际是非无,这类有无执着都应该去掉。为什么呢?无性之性,就叫做法性;法性无性,只是有了因缘才有所谓"生"。因缘所生本自无相,所以虽然是有而实际上是"常无"。因此,这种"常无"也并非是绝对的没有。譬如以木取火,因缘所生,相传不熄,火的现象是有的,但不能说其为实有。这样看来,法性没有差异分别,始终都是空的,有无虽然看起来相反,事实上仍可在一法上并存。由此,他得出了一系列的结论,以为认识到这些道理,心思既不会再有什么思虑,智慧也无所攀缘。这种以无性为性的说法,显然是受道安的影响,也接近于中观的思想。但他却仍然把无性看成是实在的法性,那就还是他原来《法性论》的主张了。

慧远这种思想,既与其本人的学历有关,也与当时一般思想潮流相应,因为当时所能理解的大乘佛学,到此水平也就算是究竟了。

本讲参考材料

〔一〕 汤用彤:《汉魏两晋南北朝佛教史》第十一章。

〔二〕 《出三藏记集》卷九、卷十、卷十五。

〔三〕 《高僧传》卷六。

〔四〕 《弘明集》卷五。

〔五〕 《三法度论》(藏要本)。

〔六〕 《大乘大义章》(续藏本)。

〔七〕 吕澂:《毗昙文献源流》(见附录)。

第五讲　关河所传大乘龙树学

讲 授 提 纲

鸠摩罗什的译经——详订旧经及创宏新论——所传龙树宗四论之学——中道实相与言教二谛——什门诸子及僧肇——贯穿于肇作诸论的主要思想：无常、性空及任运后得智——关河学说的传承

在罗什来华以前，中国佛学家对于大小乘的区别一般是不很清楚的，特别是对大乘的性质和主要内容，更缺乏认识。罗什来华后，在姚秦时代译出了许多经论，又介绍了印度当时盛行的龙树系的大乘学说，才改变了这种情况。从而推动了后来中国佛学的发展。罗什的翻译和讲习都限在关中地区，所以后来在讲到他的学说传承时常称之为关河所传。

鸠摩罗什是印度籍，生于龟兹（今新疆库车）。他母亲后来出家，他也随母出家。初学小乘，其后去罽宾，并经历月氏、沙勒等地，得到莎车；在莎车时，遇见该国王子须利耶苏摩，得到启发，改学大乘。由于他的天资聪慧，学习很有所得，因而在这一带的声誉很高。道安晚年，听到罗什的名声，曾写信给苻坚，建议迎接罗什来华。公元三八五年，苻坚命吕光率兵灭了龟兹，劫罗什到了凉州。其时苻坚被杀，吕光遂于凉州立国，号称后凉。罗什也就留居其地达十五六年之久。在此期间，他还被逼同龟兹王的女儿

结了婚。直到姚秦第二代姚兴时的弘始三年(公元 401 年,其时吕光已死),罗什才被请来长安。留住凉州时,他已逐渐学会了中国的语言文字,并且还从去凉州跟他学习的僧肇介绍中,对内地佛学流传情况,存在的问题有所了解,罗什还对中国过去的译经,进行研究,特别注意了竺法护的译籍,这一切给他后来进行翻译和讲学,打下了很好的基础。

关于罗什的卒年,各种传记所说很不一致。齐梁时僧祐在《出三藏记集》罗什的小传中说,死于义熙中(公元 405—418 年),未确定在何年。稍后,梁慧皎的《高僧传》举出了好几种说法,如弘始七年、八年、十一年等,没有肯定为何年,但倾向弘始十一年(公元 409 年)。这一说法,沿用到唐代智升著《开元释教录》。其后发现了僧肇所作诔词,说罗什死于弘始十五年(公元 413 年),并说卒时七十岁。这样,一般人又改定罗什的生卒年为公元三四四——四一三年。近年日本学者塚本善隆否定了这一说法,认为还是《高僧传》所说的弘始十一年正确,实际年龄不是七十岁而是六十岁,确定其生卒年代为公元三五○——四○九年。这一考证的理由很充分,因而是可信的。

罗什于公元四○一年入长安,到四○九年病死,时间并不算长,但完成的工作却不少。这一方面由于姚兴对佛学的兴趣很浓,受到他的大力赞助;另一方面当时关中集中了不少内地学者,都被组织到他的翻译工作中来,由数百人扩大到三千人(不一定都直接参译),著名的人物就有十几个;因此翻译工作做得很快,质量也相当好。就译本的数量讲,虽有很多异说,但经《开元录》刊定,共有七十四部,三百八十四卷。当时存在的为五十二部,三百零二卷(此中有因分卷不同而增加卷数的),这一数字,据我们刊定，还有问题；现存只有三十九部，三一三卷。这与僧祐、慧皎最初的记录（三十多部）比较接近。从翻译的质量言，不论技巧和内容的正确程度方面，都是中国翻译史上前所未有的，可以说开辟了中国译经史上的一个新纪元。

僧祐在《出三藏记集》的第一卷（此卷是讲传译缘起的），对罗什的翻译作了很高的评价，他说："逮乎罗什法师，俊神金照，秦僧融肇，慧机水镜，故能表发挥翰，克明经奥，大乘微言，于斯炳焕。"他把罗什的翻译称为新译，其前的翻译，统名旧译，并将新旧译不同之点，特别是在事数名相方面的，都列举了出来，写成《前后出经异记》。但此段文字经后人抄写中改动过，有许多错误，应以僧叡《大品经序》为准。例如，"阴入持"是旧译，玄奘时才译为"蕴处界"，罗什时只译为"众处性"，而《异记》现行本中都弄颠倒了（实际在罗什译本中也未能完全更正）。僧祐的评价，并非过誉，罗什的翻译确实是十分慎重的，从他门下对译本所作的序文中也可以看出一些。如僧肇在《维摩经序》中说："……义学沙门千二百人于常安大寺请罗什法师重译正本。什以高世之量，冥心真境，既尽环中（空义），又善方言，时手执胡文，口自宣译，道俗虔虔，一言三复，陶冶精求，务存圣意，其文约而诣（畅达），其旨婉而彰，微远之言，于兹显然。"这种评价，可以代表他的一般翻译。他对于自己不太熟悉的经典，翻译时尤为持重，如晚年译出之《十住经》（即《华严经·十地品》）就是一例。此经原本，大概是慧远门人支法领带回来的，经过关中就留给了罗什。罗什因对它不太熟悉，得到本子以后一个多月都未敢动笔，直到把他老师佛陀耶舍请来商量过了，弄清楚了义理，方才翻译（见《高僧传·耶舍传》）。可见其认真持重的态度。又他所译的经典中，有一部分原是有译的，现在重新订正,就更要细心弄清楚旧译的短长才有所取舍,这可以《大品经》为例。僧叡在此经序中说:"法师手执胡本,口宣秦言,两释异音,交辨文旨(原文与汉文不同,双方都作了解释)。秦王躬览旧经,验其得失,谘其通途,坦其宗致,与诸宿旧义业沙门释慧恭、僧䂮、僧迁、宝度、慧精、法钦、道流、僧叡、道恢、道标、道恒、道悰等五百余人,详其义旨,审其文中(检查文字正确了),然后书之。以其年(弘始五年)十二月十五日出尽,校正检括,明年四月二十三日乃讫。文虽粗定,以释论(《大智度论》)检之,犹多不尽,是以随出其论随而正之。释论既讫,尔乃文定……"由于大品的重译,从而使人们对小品有重译的要求,僧叡也作了序,说"……准悟大品,深知译者之失,会闻鸠摩罗法师,神授其文,真本犹存,以弘始十年二月六日请令出之,至四月卅日校正都讫。考之旧译,真若荒田之稼,芸过其半,未诣多也"。这就是说,罗什的重译改正旧译几乎是大半部了。

以上是就罗什译本总的倾向来看的,如果一一考究起来,也有许多不足的地方。例如,僧叡在《大智释论序》里就曾直率地指出:"法师于秦语大格(通式),唯译[识]一往(一般的),方言殊好犹隔而未通(语言含蕴处不甚了解)。苟言不相喻则情无由比,不比之情则不可托悟怀于文表,不喻之言,亦何得委殊途(双方)于一致,理固然矣。进欲停笔争是,则校竞终日卒无所成;退欲简而便之,则负伤手穿凿之讥,以二三唯案译而书(此文字疑有脱落,意指有少数地方只好依着翻译的写了下来),都不备饰……"僧叡在《思益经序》中,还对这种缺点举出了具体例子来说明:"此经天竺正音名毗絍沙真谛(Viśesacinta),是他方梵天'殊特妙意'菩萨之号也。详听什公传译其名,翻覆展转,意似未尽,良由未备秦言名实之变故也。察其语意,会其名旨,当是'持(特)意',非'思益'也。直以未喻'持'（特）义，遂用'益'耳。其言益者，超绝殊异妙拔之称也；思者，进业高胜自强不息之名也，旧名'持（特）心'最得其实（按北魏时译为"胜思惟"）。"（《思益经》是对般若作补充的，十分重要）我们从其翻译中还可看出类似的缺点来，如原译"五蕴"为"五阴"，这固然不好（因为阴是幽微的意思，对识说还可以，对色就不合。甚至后人对此还产生了许多牵强的解释，说阴者，蔽也。等等），罗什改译为"五众"，有些进步，但却未能把这字的原义充分地表达出来。"蕴"原同于"聚"（集体的），是指一类法略为一聚的意思，如色一类包括过去、现在、未来的色，都可略归色蕴。罗什译为"众"就不能体现。这都是由于罗什只了解汉文的一般意义，而对它所蕴含的"殊好"无法理解的缘故。

僧叡对于罗什的这种批评，也反映了当时的良好学风。像罗什这样有地位有声望的学者，一般是不能对他有什么闲话好说了，但僧叡还是作了如此坦率的批评。

另外，僧肇在《百论序》中，对罗什翻译所作的分析，也可以看作是对什译的总评，他说："……考校正本，陶练复疏（论文译过两遍），务存论旨，使质而不野，简而必诣，宗致划尔（清楚），无间然矣。"僧肇所指出什译的特点，是针对旧译的得失说的，如支谦偏于"丽"，罗什则正之以"质"；竺法护失之枝节，罗什则纠之以"简"。这就是取其所长，补其所短了。罗什的翻译之所以取得这样成就，还在于他对待翻译的严肃认真。例如，关于一些名相的翻译，就曾经费过不少斟酌。僧叡在《大品经序》中记载："胡音失者，正之以天竺，秦言谬者，定之以字义，不可变者，即而书之，是以异名斌然，胡音殆半，斯实匠者之公谨，笔受之重慎也。"——西域本音译不正确的，用天竺语加以订正；汉译有错误的，另找恰当的语言加以厘定。有许多术语不能用意译的，则大半采取音译。这些说法，也是针对旧译说的，像支谦，就少用音译而多用意译，很多地方译得就不恰当。而罗什则多采用音译来作纠正，从这些可以看出他对翻译是相当慎重的。

罗什翻译质量的优越，还可以从其内容方面来看，他现存的译籍中，多半属于大乘的经（二十一种），其中又多半（十三种）是重译的。当时所以要重译，是为了适应姚兴等人的请求。重译经中，主要的且可以作为代表的，是大、小品般若。这两部书，从中国有翻译开始就陆续地翻译了，而且还经过几次的重译。自支谶首译以来，历经二百余年，两书成了一般研究者的主要著作。但是人们对于般若的思想，始终不得彻底理解。后来发现这是与译文不十分正确有关，所以罗什一到关中，姚兴就请他重译《大品般若》。此经重译过程，僧叡《大品经序》里有所反映。首先对旧译用原文作了订正，以后又据《大智度论》再次改订，由于旧译不正确引起的疑难之处，都一一得到解决。这一重译还突出地体现了龙树对经所作解释的精神。例如，他对经文品目的整理，并对品目名称的确定，就是以龙树释论精神作依据的。如序文说："胡本唯序品、阿鞞跋致（不退）品、魔事品有名，余者直第其品数而已。法师以名非佛制，唯有序品，略其二目。"原本只有序品等三品的名目，其余仅有次第，并无品名，但《光赞》《放光》都译有品名，可见不是原有的。重译则把序品之外的各品都改动了，一方面对旧本略有开合，另一方面改定了一些品名。在改定中，还可以看出罗什贯彻龙树释论的精神之处，最明显的要算第七品，罗什定这品为《三假品》，而《放光》名为《行品》，《光赞》名为《分别空品》，后来玄奘译《大般若波罗蜜多经·二分》又将它标为《善现（须菩提）品》，都不能像罗什用《三假品》一名那样能表现出这一品的主要内容来。"三假"不仅是这一品的中心,也是全经的中心。在龙树看来,般若的整个精神就在以假成空,由假显空。因此,他主要以"三假"贯彻于般若的全体,从而构成空观。在这一品里,须菩提一上来就提出了"三假"的问题。"三假"是说"法假"、"受假"、"名假"。一般人的认识以为一切事物都实在,其实他们是把假名认成实在,为了使他们了解空,这里指出,一切事物的认识都是假名的(即概念的)。为什么是假名?可以从假的三个阶段,即概念发展的三个阶段来看。首先是法假,这是构成一类事物的基本因素,例如五蕴,它也是假,因为它的每一蕴,如色,都是和合而成。其次受假,受就是对法有所取(结构),以取为因之假,说名受假。这是发展到以五蕴和合构成为集体形象的"人"的概念阶段。第三名假。这个阶段是概念的更高一步,在形成的个别事物上,再加抽象,得到集合的概念,如人的概念集合而为有军队、群众等的概念。人们不理解这些假有的实际是空,反把三假执为实有了。如果能了解这种道理,即知道一切法的认识都是依据假名,并无如假名之实在自性,就可以了解空。所以了解"三假"的过程,也正是认识空性的般若的过程。

《大品》改译得很成功,又是适应当时需要才改译的,理应发生较大的实际影响,可是事实并不然。这是由于当时有更多的大乘经典得到流通,先是有《法华》,继之有《涅槃》;又由于罗什随后又译出《中论》、《百论》等,于是人们对于般若的兴趣就不很大了。不过《大品》重译,对保存这部经的原始面貌这一点上,还有它的价值。此经到玄奘时,内容与意义都走了样,玄奘所以立名《善现品》,原因也在这里。

罗什重译的《法华》、《维摩》、《思益》和《首楞严》,在改订方面也都各有特色,这从有关的各序文中可以看出。例如,慧观《法华宗要序》认为,此经之重译乃"曲从方言而趣不乖本",用中国的语文很好地表达出了它本来的思想。僧肇《维摩诘经序》认为经的重译使"微远之言,于兹显然",很能深入浅出地表达了原著的思想。僧叡《思益经序》说罗什的重译为"正文言于竹帛",纠正了旧译的错误。弘充《新出首楞严经序》说,此经重译后,"宣传之盛,日月弥懋",因为它译得好,所以宣传得越来越盛。事实也真是如此,后来《法华》有一部分再译,《维摩》、《思益》也都有重译,但流行得最广泛,始终没有断绝的,还是鸠摩罗什的译本。

除经而外,罗什还译了一些论著,都和他所传的学说有关。

首先,最突出的是龙树一系的大乘学说。其代表作品为龙树的《大智度论》、《中论》、《十二门论》和提婆的《百论》。这些译本除在文字上力求正确外,还对其卷帙斟酌选择,不是原封不动地译过来的。例如《智论》,原来的分量很大,罗什只将它对《大品》经文初品的解释全部译出,其余就只略译。因为经文初品主要阐述名相事数,恰是二百多年以来中国佛学家一直搞不清楚的问题。罗什详译了这一部分,将所有事数原原本本地加以解释,这就适用了学者研究的要求,再不用走"格义""合本"等弯路了。至于其余阐明义理部分,简化一些也无妨,因此删节得不少:"三分去一"。又如《中论》的翻译,也有这种情形。此论是与注释一起译出的。当时传说西方注释《中论》的有七十家之多,罗什选取了青目一家。此释当然较好,但也有不足之处,据僧叡《中论序》说:"今所出者,是天竺梵志名宾伽罗,秦言青目之所释也。其人虽信解深法而辞不雅中(不全合),其中乖阙烦重者,法师皆裁而裨(增订)之,于通经(经指本文)之理尽矣,文或左右未尽善也。"

总之，僧叡认为青目释在文字上是有毛病的。这些毛病，在昙影的注中曾经指出过，凡有四点，吉藏的《中论疏》里曾加以简单的说明。由此可知，罗什在译《中论》释文时，也是费了一番剪裁功夫的。另外，《百论》的翻译也有改订，不是全译的，据僧肇《百论序》说："论凡二十品，品各有五偈，后十品，其人以为无益此土，故缺而不传。"（此说有些误会，缺的不是后十品，似乎倒是前十品。对照《百论》的广本《四百论》看，《百论》中第一品，只概括了《四百论》前八品的内容，而后九品相当于《四百论》的后八品，并无所缺。）

其次，罗什还译出一些与小乘譬喻师有关的论著，这也是他翻译上的一个特点。例如马鸣的《大庄严论经》就是譬喻师的重要论著，近代发现了此经的梵文残本，卷末题鸠摩罗罗陀（童受）所作。到底是马鸣还是童受作的，法人莱维等对此有过争论，没有结果。不管是童受还是马鸣作的，但此书可以肯定是譬喻师的著作。另外，还译了童受弟子师子铠（诃梨跋摩）的《成实论》。又介绍了马鸣、童受两家的禅法。特别是马鸣，被认为与龙树并驾齐驱的人物，他不但译了龙树、提婆的传记，而且还译了《马鸣传》。这种看法，也就影响了他的门下，如僧叡作《大智释论序》就曾反复地说过这一点："是以马鸣起于正法（即佛在世及佛灭后的五百年中）之余，龙树生于像法（佛灭后第二个五百年间）之末"，这样将马鸣、龙树各别作为一个时代的代表人物。又说："……故天竺传云，像正之末，微马鸣、龙树，道学之门，其沦胥溺丧矣！"认为在佛法的末世时，如果没有他们两人，佛学就要丧失了。所以称扬他们说："非二匠，其孰与正之？是以天竺诸国为之立庙，宗之若佛，又称而咏之曰：智慧日已颓，斯人令再曜。世昏寝已久，斯人悟令觉。若然者，真可谓功格十地，道侔补处（指即将成佛的菩萨）者矣！"

94

正由于罗什及其门下把马鸣和龙树并列为挽回佛学颓风的人物,后人也就夸大了他们两家的关系。像伪书《付法藏因缘传》认为马鸣传毗罗,毗罗传龙树,马鸣竟成了龙树的师祖,这种说法纯属杜撰,却为后人所深信不疑。事实上,毗罗就是圣勇,原系马鸣的一个笔名,并非另有其人。这样传说下去,甚至《起信论》也伪托为马鸣的著作了。

提高譬喻师特别是马鸣的地位,并非罗什有意识这样做,可能他的家乡在当时就有这一类的说法。传说童受是由劫盘陀国(靠近莎车)的国王带兵从北印度强迫请来的,马鸣又是迦腻色迦王带兵从中印度强迫请来的。这两个人的故事流传于北方一带,龙树、提婆也是活动在这些地方。龙树学说虽然是从南方受到启发,但组织成体系是在北方,他求道的所谓雪山、龙宫,都在北方。提婆先是在南方从龙树学,后来去北方破外道并写出《百论》,他的活动也在北方。因此,北印一带就有"四日并出"的传说(见《大唐西域记》卷十二)。罗什把马鸣看得同龙树一样重要,可能即根据这些传说而来。

罗什所译传的大乘龙树学,是大乘最初组织起来的理论。大乘经从公元一世纪末开始逐渐流行,但各经的思想不统一,龙树第一次把它们加以整理,组织成为有系统的学说。这里自然也有提婆的功绩,据罗什译的《马鸣龙树提婆传》记载,从龙树死后到罗什译他的传记,为时一百年,提婆与龙树同时,被人暗杀早死,因此二人都是离罗什百年的人。龙树学说成就于北印度,其主要著作《大智度论》中有大量北印流传的民间故事,可能就是在北印写的。提婆学成以后的活动也在北印,由此,不论在时代上地域上,罗什都很接近龙树和提婆,他所传的龙树、提婆学说,自然也就更为真切了。

又据《高僧传·鸠摩罗什传》记载，罗什先学小乘，后来得到莎车王子传授《中论》、《百论》，才改宗大乘。这两部论是龙树、提婆的主要著作，可见他对大乘的理解即从龙树、提婆之学开始的。他在关中，单就翻译龙树、提婆的著作而言，除上述二论外，还译有解释般若的《大智度论》和《中论》的提要之作《十二门论》。这四部论，构成了一个完整的体系，各论之间有着内在的联系。罗什就是照这样翻译，这样讲授，他的门下也都是照这样记载的。如僧叡在《中论序》说，"《百论》治外以闲邪，斯文袪内以流滞，《大智释论》之渊博，《十二门》观之精诣，寻斯四者，真若日月入怀，无不朗然鉴彻矣！"《百论》是折伏佛家以外各派学说的，其目的在于排除邪见（这里的《百论》是指译本说的，原文范围要更广一些，不仅是对外），《中论》是对治佛家内部各派学说的，用以沟通其歧异之处，《智论》在论述方面的特点是"渊博"，《十二门》在观法的方面达到了"精诣"。对这四者若加以研究，就可以洞察一切。在《大智释论序》里，僧叡更详细地说到了这一组织的内在关系："其为论也，初辞拟之，必标众异以尽美，卒成之终，则举无执以尽善。释所不尽，则立论以明之，论其未辨，则寄折中以定之，使灵篇无难喻之章，千载悟作者之旨，信若人之功矣！"《智论》的结构是，先举出对法相的各种不同解释，以此为尽美；最后归结为无相、实相，以此为尽善。这种方法，在论的初分尤为明显。其第二十四卷中，还特别提到："佛说诸法，皆先分别，后出实相。"但是释是依经而作的，解释不能完全穷尽义理，因而"立论以明之"。"论"指《中论》、《十二门论》。《智论》所没有完全讲清楚的，《中论》等则以"折中"（即中道）的思想予以决定。换句话说，三论全部归宿于中道。《百论》由此三论发展,也未能超出其范围。后来传承此系学说的人,都懂得这些意思,如三论宗的开创人吉藏,弘扬关河三论,曾著《三论玄义》,反复解释三论之间的关系,就与僧叡以上两篇序文中所说的一致。

总的看来,罗什所传的龙树学就是四论之学。当然,龙树学的理论体系,从四论中可以看得出来,但是四论并不能概括全部的龙树学,四论之外,龙树还有其他著作,如罗什译的《十住毗婆沙论》(原是解释《华严十地经》颂文的,现存译本只解释了前二地)以及《龙树传》中所提到的《助道品》(隋译为《菩提资粮论》)、《七十空性论》(只有藏译)。因此,要全面地研究龙树学,这些著作也应兼及;如果只想了解其精要,四论也就够了。

贯彻于四论中的主要思想,乃是实相的学说。所谓实相,相当于后来一般组织大乘学说为境、行、果中的“境”。境是行果之所依,是行果的理论基础。龙树宗对境的论述,即是中道实相。实相是佛家的宇宙真理观。用中道来解释实相,也就以二谛相即来解释实相,从真谛来看是空,从俗谛来看是有。换言之,这种中道实相论是既看到空,也看到非空;同时又不着两边,于是便成为非有(空)非非有(非空)。罗什对姚兴解释佛学时,曾明白地说,佛学“以实相命宗”。他自己也写过《实相论》二卷。所以后人称罗什之学为“实相宗”。《实相论》已经不存,只从后人的著述中看到所引的一些片断。此外,罗什对《维摩经》所作的解释以及答慧远和王稚远等人的问难中,都谈到了实相问题。依据这些著作,大致可以明白他对实相的看法。

梁宝唱作《续法论》,曾搜集了刘宋下定林寺僧镜(约公元408—475年)所作的《实相六家论》(镜曾到关中求学,那时罗什已死,他就以实相问题问什门下的慧仪,慧仪给他作了详细答复,后来编辑为本论),论文举出当时有关实相说法的为六家。因为此论已佚,现在只知六家的名称和简要的介绍。他以六家中最后一家为正,其主张是:"以色色所依之物实空为空,世流布中假名为有。"六家对实相都是依"二谛一体"讲的。这就是说,什么是空? 执着的色之所依是实空(即实执的客体是空);什么是有? 约定俗成的假名是有。这里既承认空,也承认有。七宗中的"即色宗"也有与此类似的提法。但这里不但只认为真谛实空,还认为有约定俗成的假名——俗谛是有。二谛一体,就是结合空有于一体,色空相即,是为实相。僧镜认为这一家的看法最正确,而又出自罗什门下的慧仪,可以设想,罗什的说法是与此相近的。

罗什的译籍中,曾简单扼要地谈到了这个问题,如《中论》的《观法品》颂文,就是解释实相的。《观四谛品》中,第八至第十颂讲二谛,第十八颂也讲到中道论。从这些译文看,罗什之所谓实相,可能就是慧仪所说的六家中最后一家的说法,以"二谛相即"的中道来解释。罗什自己所写的文章,如答慧远、王稚远等问中,对此问题说得不太完全,只有在《维摩》的注释中保存了一些零星说法可供参考。《维摩经·弟子品》中,叙说佛令他的十大弟子去看望维摩诘的病,维摩对目连向诸居士说法一事作了批评,认为他未能从实相上来说。罗什在这里,对"实相"作了解释。经的原文是:"法同法性,法随于如,法住实际。"罗什注释说:"此三同一实也,因观有浅深,故有三名,始见其实谓之'如',转深谓之'性',尽其边谓之'实际'。"这就是说,如、性、实际所讲的都是法的实相,不过是由于研究有深浅程度的不同区别为三而已。这种说法,来自《般若经》。他在答慧远问中,也说过类似的话,实相虽

98

一,有次第之不同。他在注释中又继续说:"……故有无非'中',于实为'边'也。……诸边不动……[谓之实际]。"就是说,有了有、无等二边分别,就谈不上"中"。从"实际"看来,有与无的分别,都是一种"边",如果不为诸边之所动,才能得到"中",叫作"实际"。由此可见,罗什的"实相"论,不外以"中道"来讲,这与他所译的《中论》思想是一致的。

中道联系到二谛,即空是真谛,有是俗谛,二者统一起来而成中道。这在《中论》中是说得很清楚的。因此,罗什所传之学可说是龙树一系的重点所在。这一思想,对以后中国佛学各方面的发展都有相当的影响,其最显然可见的是"三论宗"。三论宗以二谛学说立宗,特别强调言教二谛。认为佛的说法,都有所为而发,因此,二谛不外乎言教,不能随所说而有所执着。其次又影响到后来的天台宗,它们也是以中道来解释实相的。

罗什在关中时,法集甚盛,去到那里的四方义学沙门,最多时期达到三千人。当中有不少著名人物和前辈硕学,如僧叡在《大品经序》中记载,当时著名人物有慧恭、僧䂮、僧迁、宝度、慧精、法钦、道流、僧叡、道恢、道标、道恒、道悰等十二人。此外,继续去的还有道生、慧叡、慧严、慧观(此四人原在庐山慧远处求学)以及道融、昙影、僧导、僧嵩等。后来有传记可考的,不下三十余人。有些人对罗什的翻译帮助很大。《高僧传》卷三"译经总论"中说:"时有生、融、影、叡、严、观、恒、肇,皆领意言前,词润珠玉,执笔承旨,任在伊人。"这八个人能够体会深意,并且很好地用文字表达出来,所以被看成是最能理解罗什学说的人,称为入室弟子。如吉藏《中论疏》开头所说,"门徒三千,入室唯八,叡为首领"。八人中还特别举出:"老则融叡,少则生肇。"这四个人后来被称为"关中四子"。从现在保存的译经诸序看,这些说法是与事实相近的。

罗什门下诸人原来就是学有根基的,随罗什学成之后,往往不拘守一家一宗,而以"务博为归",向渊博的方面发展。其中比较"专精",称得上罗什正传的,要推僧肇。

僧肇在诸人中年事较轻,僧叡在《大品经序》中没有提到他,可能是把他看成后辈的缘故。他的生卒年代,一般认为是公元三八四——四一四年,只活了三十一岁。近年日人塚本善隆对此有所订正,说他的年龄应是四十一岁,因为从他的学问根基和随罗什求学的时间看,都应该大于三十一岁才说得通。从前抄写四十为"卌"与"卅"字形相似,辗转传写,可能弄错。他的卒年是确定的,生年提前十年,应该是公元三七四——四一四年。僧肇出身贫苦,佣书为生。少年时即通经史,喜欢老庄。出家后,对当时所有的大乘方等经典以及其他佛教经籍,都很通达,有相当深厚的底子。当罗什在凉州的时候,他就远道赶去从学,后又随什至关中一直到什死都未曾离开过。因此,他在罗什门下的时间最久,自然对罗什之学更有心得了。

据说罗什译完《大品经》(公元 406 年)以后,僧肇就把在译时听讲过程中的体会,写成《般若无知论》给罗什看,罗什十分称赏地说:"吾解不谢子,辞当相挹。"承认他对般若理解的正确。此后,《维摩经》译出来,他又作了注。还写了另外一些文章,如《物不迁论》、《不真空论》等,也都能阐扬罗什之学。后两篇,也许是在罗什生前写的,所以其中引到《中论》都只取其大意,似乎尚未见到译本(《中论》是罗什临死一年所译),但也受到称许。据《名僧传》说,罗什称"秦人解空第一者,僧肇其人也"。这样,后世讲到关河传承的,都是什、肇并称。吉藏在所著《大乘玄论》(卷三)

中还说:"若肇公名肇,可谓玄宗之始。"简直把他提高到了三论宗实际创始人的地位。这种认识,自隋唐以来成为定论。明末藕益著《阅藏知津》,在《中土论》中的"宗经论"部分,列《肇论》为第一,并于该书"凡例"内作了说明,说中国之宗经论,应该以僧肇、南岳、天台三家的学说最为契合原经精神,可以称之为"醇乎其醇"。可见对于僧肇的推崇,历代不衰。

僧肇的成篇著作,就是上列的三论。罗什死后,他还写过一篇《涅槃无名论》。这些文章,从刘宋陆澄的《法论》起,就开始分别地记录了(肇文散见于《法论》的十六门中),后更各别单行。到了南朝陈代,这些论文被编成一部,其次第为:《物不迁论》、《不真空论》、《般若无知论》、《涅槃无名论》,在四论之前又加上了《宗本义》,总名《肇论》。这种结构的形成以及其内在的联系,在招提寺慧达写的《肇论疏序》里有所说明,可以参阅。这一部论,对于当时佛学里的重要问题,如般若、涅槃等,都涉及到了。

其中《涅槃无名论》一篇的体裁、文笔,都和前几篇不大相同,现代的人对它发生了怀疑,以为非僧肇作。首先由汤用彤先生的《汉魏两晋南北朝佛教史》(1944年版,第二册)提出此说,他的学生石峻写文又加以补充论证。以后,奥人李华德英译《肇论》(发表于燕京哈佛研究所的刊物),也基本上赞同,但认为是后人对原著有所改动、增加,并非全属伪托。汤先生怀疑的根据,除在内容上涉及后世发生的顿悟、渐悟问题外,还有文献上的证明,如道宣的《大唐内典录》中说:"涅槃无名九折十演论。无名子,今有其论,云是肇作,然词力浮薄,寄名乌有。"但是《内典录》原文"无名子"以下一段,是批评另外名为《无名子》的一书,与《涅槃无名论》无关,旧刻本(宋本)就一直把前后两书分列的。因而此论是否僧肇所作，还可以研究。

《肇论》的思想以般若为中心，比较以前各家，理解深刻，而且能从认识论角度去阐述。这可以说，是得着罗什所传龙树学的精神的。他的说法也有局限之处，一方面他未能完全摆脱所受玄学的影响，不仅运用了玄学的词句，思想上也与玄学划不清界限。如在《不真空论》里有这样一些句子："审一气以观化"，"物我同根，是非一气"，这就大同于玄学思想了。刘遗民看到这段话以后就有疑问，慧远也解释不了，于是致书僧肇，肇虽复信作答，现在看还是说得不清楚。另一方面，当时罗什所传大乘学说中，有些问题还难彻底解决，所以罗什在答慧远问大乘要义时，一再表示，他没有得到大乘毗昙，有些疑问一时还解说不清。这大概是指的宇宙论方面，印度大乘佛学对认识论很注意，但对宇宙论就不大注意，罗什本人也不理解，因此僧肇一碰到关于宇宙论问题，就会不知不觉地走进了玄学的圈子。这可说是由于罗什学说本身带给僧肇的缺点。这一缺陷也影响到以后中国佛学的发展，使得不纯粹的思想渗杂其间，从而更倾向于神秘化。

总的说来，僧肇已认识到，理解般若应该带着辩证的意味，对名相、说法，都不能片面的看待。所谓"诸法无定相"，语言文字所表白的法相，只能是片面的，决不能偏执它，看成是决定相。因此，怎样从文字上完全理解真实意义，是有困难的。刘遗民的见解算是高明的了，可是他对僧肇的理论就有不懂的地方，所以僧肇答信说："夫言迹之兴，异途之所由生也。而言有所不言，迹有所不迹，是以善言言者求言所不能言，善迹迹者寻迹所不能迹。至理虚玄，拟心已差，况乃有言？恐所示转远，庶通心君子有以相期于文外耳。"他认为，不管是用语言或其他的形象，要想把某种理论的深奥处完全表达出来,那是不可能的,所以理解上不应该受言迹的局限。这种说法,正是要人们辩证地去看待问题。现在我们分析《肇论》时,也要注意到这种具有辩证法因素的立论是贯穿于他的所有著作中的。

《物不迁论》,从题名看,似乎是反对佛家主张"无常"的说法,但事实上并非如此。他之所谓"不迁",乃是针对小乘执着"无常"的人而说的。相传是慧达所作的《肇论疏》,对这一层讲得很好:"今不言迁,反言不迁者,立教(指肇论)本意,只为中根执无常教者说。故云中人未分于存亡云云。"依佛家无常说,应该讲迁,现在反讲不迁,正是针对声闻缘觉执着无常不懂得真正的意义者而言。论中引疑难者说:"圣人有言曰,人命逝速,速如川流(见《法句经》),是以声闻悟非常以成道,缘觉觉缘离以即真,苟万动而非化(指迁流),岂寻化以阶道?"作者答:"复寻圣言,微隐难测,若动而静,似去而留,可以神会,难以事求。是以言去不必去,闲人之常想;称住不必住,释人之所谓住耳。"防止人们执着"常"所以说"去";防止人们执着"无常"所以说"住"。因此,说去不必就是去,称住不必就是住。这就说明,僧肇之所谓不迁,并非主张常来反对无常,而是"动静未尝异"的意思,决不能片面地去理解。

《物不迁论》的实际意义还在于反对小乘,特别是反对主张三世有的有部的说法。有部之说,法体恒有,三世恒有。说现在法有还容易懂;说过去、未来法有,就不是大家能接受的了。有部的论证是:"未来来现在,现在流过去"。三世法有的关键还是"现在"。"未来"法之有,是因为现在法由未来而来;"过去"法之有,是因为现在法流入过去。诸法之有三世的区别,并非其体有异,仅是相用不同。换言之,他们只认为现象在变,法体并不变。因此,本论根据龙树学"不来亦不去"的理论,反对这种三世有的主张。所以论中一再提到"不从今以至昔"（现在不会成为过去）的话，都是针对有部讲的相用有异法体则一而作的破斥。

《物不迁论》中解释无常用了"物不迁"这样一个新命题，《不真空论》解释性空也用了另一个新命题："不真空"。

什么是"不真"？"不真"指"假名"。论内一再提到："诸法假号不真"，"故知万物非真，假号久矣"。什么是"空"？万物从假名看来是不真，执着假名构画出来的诸法自性当然是空。所谓"不真空"就是"不真"即"空"。

僧肇用这样一个新命题来讲空，是纠正以前各家对性空的种种误解。论中举出当时关河流行的具有代表性的三家，并作了批判，他说："故顷尔谈论，至于虚空，每有不同。夫以不同而适同，有何物而可同哉！故众论竞作，而性莫同焉。何则？心无者，无心于万物，万物未尝无。——此得在于神静，失在于物虚。即色者，明色不自色，故虽色而非色也。——夫言色者，但当色即色，岂待色色而后为色哉？此直语色不自色，未领色之非色也。本无者，情尚于无多，触言以宾无，故非有，有即无；非无，无亦无。——寻夫立文之本旨者，直以非有非真有，非无非真无耳。何必非有无此有，非无无彼无？此直好无之谈，岂谓顺通事实，即物之情哉！"当时三家讲般若都以无解空，而对于"无"和现象之"有"的关系，各有不同的解释。"心无宗"对"有"作绝对的看法，认为无心于万物即是空，至于万物本身是否为空，可以不管。"即色宗"认为以色为色之色是空，换言之，即认识上的色为空，而色法本身还是存在的。这是相对的讲空，同时也相对的讲有。"本无宗"以无为本，主张绝对的空。不但心是绝对的空，色也是绝对的空。

《不真空论》则把有与无两个方面统一起来，对三家的说法一

104

一予以批评。它说:"欲言其有,有非真生(因缘所生);欲言其无,事象既形(显示现象)。象形不即无,非真非实有。然则不真空义,显于兹矣。"就是说,有是有其事象,无是无其自性。——自性不是事物本身固有的,而是假名所具有的。因此,假象之象非无,但所执自性为空,这就叫做不真空:"言有是为假有以明非无,借无以辨非有,此事一称二其文。"也可说是同一体的两个不同方面。

《不真空论》关于性空就讲到这种程度。僧肇在答刘遗民的信中,还有互相发明之处:论是从境的方面讲的,信是就观照(般若)方面讲的,可以相互补充。刘遗民的来信提到了三个问题,谈到:"又云宜先定圣心所以应会之道,为当唯照无相耶? 为当咸睹其变耶?"——这是问般若是仅观到无相还是并看到事物的变化? 换言之,般若是否既观空又观不真? 僧肇答:"谈者(指刘)似谓无相与变,其旨不一,睹变则异乎无相,照无相则失于抚会。然则,即真之义或有滞也。经(《大品经》)云,色不异空(即是以空为本之色),空不异色(即是以色为本之空),色即是空,空即是色。若如来旨观色空时,应一心见色,一心见空。若一心见色,则唯色非空;若一心见空,则唯空非色。然则空色两陈,莫定其本也(即引经处所说之本)。"刘遗民所问,好像无相与不真是不统一的两件事,观到不真即看不到空,看到空就不与现象发生联系。这种困惑,出于不理解"即真"(即"不真即空")的道理。由般若观照的境,乃是"色不异空,空不异色",二者是统一的。而刘遗民认为,在同一时间内,见色不能见空,见空不能即色,从而无法正确地理解二者的关系。事实上,二者互相为本,是同一体上的两个方面,在"本"上统一起来的。

僧肇进一步指出,万物本空,原来如此,并非人们主观上给予的。他说:"即万物之自虚,岂待宰割以求通哉?"宰割,指小乘的分析而言。小乘讲空,是"析色明空",以为事物由极微积成,经过分析,才见其为空无,这就是"待宰割"以求空。说不真即空,就是讲万物原本是空,不待分析。所以他还说,"所以圣人乘千化而不变,履万惑而常通者,以其即万物之自虚,不假虚而虚也"。又说,"故经云:……不动真际,为诸法立处,非离真而立处,立处即真也"。不需要变动实际,即诸法建立之处为真,这就是法性空。这种万物自虚的思想对后来中国佛学的发展有巨大的影响,特别是禅宗,它们主张的立处即真(空)就彻底发挥了这一精神。

《般若无知论》,是僧肇在《大品经》译出后写作的,反映他初期对般若的理解。论文要点在解释般若之作为无相与其无知的性质。论首先引经说:"《放光》云,般若无所有相,无生灭相。《道行》云,般若无所知,无所见。"般若有照物之用,似乎照即有所知,应有其相。现从两方面分析般若的性质,说明其无知、无相的道理。

般若之能照,即在于无知;般若之所照,即在于无相。无知、无相,即"虚其心,实其照"。因为心有所取着,就会有不全之处,若无所取着("不取")构成的知即是"无知"、"虚"。诸法看起来有种种形象,但都是建立在自性空上的,所以究竟还是"无相"。照到"无相",就与实际相契合而成为"无知"。《般若无知论》的要义不外于此。

以上是论一开始对无知、无相所作的分析。接着,它又分别设立了九层疑难,一一作了解答。文末总结说:"内有独鉴之明(指能照),外有万法之实(指所照)。万法虽实,然非照不得,内外相与以成其照功,此则圣所不能同,用也;内虽照而无知,外虽实而无相,内外寂然,相与俱无,此则圣所不能异,寂也。"般若照的功能,必须以能照所照互为条件才能实现。因而功能不同的,不能强使之同。这就照的"用"一方面而说,但是,万法无相,虽有所照而无执无知。故能照所照"寂然"相同,不能强使之不同。这就照的"寂"一方面而说。至于"用"和"寂"的关系,则是"用即寂,寂即用,用寂体一,同出而异名,更无无用之寂而主于用也"。

这种虚心实照的思想,到了僧肇作《不真空论》时,还有补充:"诚以即物顺通,故物莫之逆……"就是说,照事物那样去认识事物:事物原来无知、无相,所以也应以无知、无相来观察它。

僧肇当时原有不少的典据可以用来作解释,但是,他在文字上并没有能彻底发挥,所以刘遗民、慧远等对论文还是发生了疑问。僧肇答他们的信,也感到用语言不易完全表达,只能说"相期于文外"。后来学者对于般若体用关系的解释继续有所发展,将般若自照的性质说成"无分别",而又不同于木石之无知和执心之无记等等,这样,就比单纯以"无知"作解释清楚得多了。

再后对般若还区分出"根本智"和"后得智",前者观事物之"共相",后者照事物之"自相";先有根本无分别,后有后得无分别。换句话说,"自相"依据于"共相"。"共相"是空性,"自相"则以空性为基础。这样用"根本""后得"来解释般若的"寂""照"关系,就更加好懂了。

最后,还在"根本""后得"中分了若干层次。其初对无分别智的运用是着意的,即有功能作用的;到了成熟的阶段,就不用着意,可以任运自在。这个阶段,相当于十地修习中的第八地。僧肇在《般若无知论》中讲到的般若,就是在八地以上能够任运后得智的阶段。所以他说:"以圣心无知,故无所不知;不知之知,乃曰一切知。"不过,由于当时典据不明,要在文字上完全表达出来感觉困难,至于意义还是很明白的。

僧肇的《涅槃无名论》本来是据姚兴和姚嵩问答涅槃所说的话加以发挥而成,论前《奏秦王表》即交代清楚。论文中也有纠正姚兴所说的地方,不过因为是对待帝王,措辞委婉些罢了。

姚兴对涅槃的看法有三点:一、涅槃不应分为有余、无余二种,因为涅槃无神思,达到究竟,自不能再有区别。如有区别,就有名言,而涅槃则是离名言的。僧肇认为这只是问题的一方面,另方面应该看到得涅槃的人还有三乘的差异,因此所得涅槃也应该有区别。二、得涅槃理应有一过程,比方断惑,要逐渐地断,这就牵涉到了顿悟和渐悟的问题。一下子断尽是顿,逐渐断尽是渐。僧肇认为应该是先渐后顿。在八地以前是有阶次的,到八地以上得无生法忍即可任运自在;因此,虽然般若本身是要达到无余(无名),但就能得的方面说,还是有层次、有区别的。三、涅槃应该有得者,如果一切都空,那么能得之人是谁呢?僧肇认为,这种看法也是人之常情,但实际上,如果理解了涅槃真义,就不会再产生这些分别。

僧肇学说的要点,见于《肇论》的大概如此。另外在《维摩诘经》的注释中还有一些零星说法,与此论无甚出入。

罗什门下能传其学的有多方面,有的传《法华》,有的传《涅槃》,有的传《成实》等等。但以传"四论"或"三论"来说,最纯粹的当然还推僧肇。僧肇之后,传承即无可考。此外,昙影曾注解《中论》,当时很有名,道融讲《中论》也很受时人推崇,但他们的传承,都无可考。

将"三论"合拢来讲,是从僧导开始的。导曾作《三论义疏》。他的门下有昙济(著《六家七宗论》),对"三论"很有研究。还有僧钟,善讲《百论》,连僧导自己也感到不及他。但僧导一系,因为同时讲《成实》,后来便被看成是《成实》的传承了。此外,僧嵩也讲"三论",后传僧渊,再传昙度,都因兼宏《成实》而算入《成实》的系统。僧导、僧嵩两家之后,弘扬《成实》的风气大盛,并传到了南方,"三论"一时便冷落了下去,甚至《肇论》也被看作是和《成实》的讲空、假一类。这种情况,一直继续到后来摄岭(栖霞山)重倡"三论"之时,才出现了三论师说,而有吉藏一大家。

摄岭的传承,一般都说开始于僧朗,认他为复兴三论的人。他生于辽东,后来摄岭。当时已有了栖霞寺,住持僧为法度,僧朗即继其法席。但他所学三论,出自关河什、肇所传旧说,受之北方,与法度无涉。具体的传授关系,现已难确定,一说他得自敦煌的昙庆,但庆又从何而得,那就不清楚了。总之,关河三论的传承是有过中断的。关于这一情况,唐代天台宗的湛然所作《法华玄义释签》卷十九中曾提及:"自宋朝以来,三论相承,其师非一,并宗罗什。但年代淹久,文疏零落,至齐朝以来,玄纲殆绝。江南咸弘成实,河北偏尚毗昙。于是高丽(即辽东)朗公,至齐建武来至江南,难成实师,结舌无对,因兹朗公自弘三论。至梁武帝,敕十人止观诠等,令学三论……"这一段记载,很清楚地指出了三论传承一度中断,尔后才是由朗公相续下来的。

本讲参考材料

〔一〕 汤用彤:《汉魏两晋南北朝佛教史》第十章。

〔二〕 《中国思想通史》第三卷,第十章,第四节。

〔三〕 《出三藏记集》卷二、卷八、卷十、卷十一、卷十二、卷十四。

〔四〕 《高僧传》卷二、卷六、卷七。

〔五〕 《开元释教录》卷四。

〔六〕 《大乘大义章》(续藏本)。

〔七〕 《肇论》。

第六讲　南北各家师说（上）

讲授提纲

道生的佛学新解——涅槃师及其关于佛性的异说——成实、毗昙研究的发展——成论大乘师、梁代三大家——三论学的重兴与摄岭诸师

罗什门下诸英才中，除僧肇外应推道生。

道生（？—公元434年）原系竺法汰的弟子，年轻时即表现出有非凡的才能。公元三九七年他到庐山向慧远问学，当时慧远已接受了僧伽提婆所介绍的小乘学说，所以他也间接地受到了影响。他在庐山住了七年，于四〇四年与同学慧叡、慧观、慧严等又到了罗什门下。不久（公元407年），即经庐山还建业（《肇论》所载致刘遗民书中提及此事，《般若无知论》就是由他带去庐山的）。

道生与僧肇是罗什门下两个最年轻的学生，治学态度各有特点，一般认为，道生、僧叡能观其大（通情），慧观、僧肇深入细微（精难）。道生的那种治学态度，使他不拘于旧说常有自己的见解。因此，他回到南京后，将他历年求学之所得，如在庐山学的小乘，关中学的龙树系大乘以及在从前学的有关经典，融会贯通，写出一系列的著作。如《二谛论》、《法身无色论》、《佛无净土论》、《应有缘论》，另外，还有一部关于善不受报义的著作（原名不详）等等。这些著作，都不存在了。从著作的名称看，他的学说都是

围绕着"法身"这一中心思想组织起来的。

本来在小乘的毗昙学中已有了关于"法身"的说法。在他们看来,"法身"是相对于"生身"而言。八相成道(由生到死的经过)乃是佛的"生身";佛死了以后(即入无余涅槃),"生身"没有了,但不能说就没有佛了,佛所证得的真理,所说的言教,即理与教通称之为"法"的,仍然存在。有"法"在即有佛在,因此,说佛以法为身,谓之"法身"。大乘对于"法身"又有了进一步的看法,在龙树学的《大智度论》中,就有种种的解释。因为这些解释随经而作,没有组织,不够系统,前后对照起来,就会发生疑问。——大乘主张,佛既与众生发生交涉,同时又与各地(共十地)菩萨发生交涉,在这些交涉中佛以什么身出现,就有问题了。一般认为,佛身分"法身"与"变化身"两种,前者是实在的,后者是方便应化的。佛在与各种不同的人发生交涉时,根据对象的不同,是以"化身"出现的。但这里又发生了问题,这种"化身"有形质还是无形质呢?"法身"是十分抽象的,"化身"应该很具体,这两者又怎样联系起来呢?正因为有这些问题,慧远就一一提出来向罗什请教,罗什作了解释(均收在《大乘大义章》中),但仍然不够详尽。因此,道生根据自己学习得到的理解,写了一系列的著作阐明其义。

上述道生的著作,都不存在了。只可从别人引用里看到一些。道生之说比之罗什已有所发展,因此大家感到很新奇。如僧祐在《出三藏记集》中,对他的评价是,"笼罩旧说,妙有渊旨"。旧说有解释不到处,他都作了补充,而且很深入。除了法身这个问题外,他还研究了与此问题有联系并且是从前有过辩论的问题,如断惑成佛(悟道)的顿渐,道生也有自己的新看法。顿渐之说是与菩萨修行的十住阶次相关联的。道生认为,在十住内无悟道的可能,必须到十住之后最后一念"金刚道心",有一种像金刚坚固和锋利的能力,一次将一切惑(根本和习气)断得干干净净,由此得到正觉,这就是所谓顿悟。按照旧说对十住的解释则是讲渐悟的,在七住以前全是渐悟过程(即一地一地的悟),第七住证得了无生法忍(即对无生法有了坚定不移的认识)才能彻悟。到第八位,达到不退。支道林、僧肇、道安、慧远等,都坚持这种旧的看法。因此,道生所说的顿悟是一种新的主张。

道生的新说提出后,引起了争执,有很多人表示不同意,如法勖、僧维、慧驎、法纲等。但也有人支持其说,主要是谢灵运。

谢灵运与反对者有许多问答、辨难,后来收入了《辩宗论》(见《广弘明集》卷二十)。他认为道生之说不应完全从佛家的道理去看,它还包含着儒家的学说,是会通了儒释两家才提出的,所以顿悟的主张是正确的。这是谢灵运的体会。道生写的《顿悟成佛论》已经不存,现在我们也只能从谢的介绍中见到一个大概。谢文是这样的:"[道生认为]寂鉴微妙,不容阶级,积学无限,何为自绝?"——能照到寂(实相、空寂)就是悟,这是很微妙的,不能允许有阶梯,要悟即悟,不悟即不悟。但是,这由积学就可以达到,而其过程则是无限的。因此,不要自暴自弃,倒应该勉励才对。这是道生的正面主张。在他看来:"[释氏之论是]圣道虽远,积学能至,累尽鉴生,方应渐悟。"——佛家说悟(鉴生)之所以能成,在于将烦恼断尽(累尽),这必须积学,即是渐的过程。这样说还不够,应看一看儒家的说法:"圣道既妙,虽颜殆庶,体无鉴周,理归一极。"儒家不讲圣道有无,而只认为它玄妙。颜回算是孔门的高才了,但也不过是"殆庶"(接近于究竟的意思)而已。因此,应该是一下子体会到"无"(借玄学的说法来表示究竟的空理),认识完全(周遍)，才能达到"一极"(最究竟的道理)。所以没有达到完全的认识以前，只能是接近，犹如十住菩萨，最后才一下子"顿"得。这样，在道生的主张里，就是取佛学的"能至"，而不要"渐悟"；取儒家的"一极"，而不要"殆庶"。因此，调和了儒释两家，就不仅仅是依着佛家的旧说了。

　　谢的这种说法是有根据的，因为他在南京曾与道生有过往来，对道生的主张可能理解得比较实在。同时，现在见到的道生关于渐顿问题的零星说法，也与谢的介绍契合，如慧达的《肇论疏》引用道生的话说："夫称顿者，明理不可分，悟语极照，以不二之悟，符不分之理，理智恚释。"道生的顿悟说，建立在理不可分的原则上。断惑要悟，悟即是证得道理，理既不可分，所以悟也不能二。故理与智必须契合，也就是说，必须顿悟。由此看来，这不可能全是佛家的说法，而是有儒家之说在内的。谢灵运以这种观点替道生辩护，道生并没有提出异议，可能是得到他的承认的。

　　法显(约公元335—420年)尝到印度去求法，公元四一六年回到建业，带来了《大涅槃经》的基本部分(全部二万五千颂中的初分四千颂)，四一八年同觉贤合作译出，共六卷，名《大般泥洹经》。经中说："佛身是常，佛性是我，一切众生(除去一阐提外)皆有佛性。"这种说法是以前大乘经中没有说过的。最早的大乘经类是《般若》，进一步发展乃有《法华》。《法华如来寿量品》中只讲到成佛以后，寿量非常长远(人们所看到的佛陀活了八十岁，这只是示现灭度而已)，并未提到佛身是常。到了《涅槃》类，不但开始讲到"佛身是常"，并且认为"佛性即我"，这个"我"不是相对化人来说的自我或神我，而是自在之我。因此，又超过了《法华》的讲法。其次，《法华》也讲到三乘方便应该归于一乘，而为声闻，缘觉授记,但不像《涅槃》那样,认定"一切众生皆可成佛"。所以,《大涅槃经》又是大乘思想更进一步的发展。同时它还提出了"如来藏"的概念,把佛以法为身的"法身"思想联系到"心识"方面;就是说,法身的本质不在法上,而是以"心识"为其本原。这就为瑜伽行一派开辟了道路,是继龙树、提婆之后,大乘学又一次重大的变化。这一点,也是罗什在西域尚未及知的。因此,一经法显传来,一般学者都感到珍奇,特别是像道生及其同辈慧叡、慧严、慧观等曾亲炙罗什的学者们,反应尤为明显。道生原来对《涅槃》就特别有兴趣,这时又有了新的体会,从而提出了《佛性当有论》的说法。

"当有",是从将来一定有成佛的结果说的,从当果讲佛性应该是有。《涅槃经》就如来藏方面立说,本有此义,但因翻译时,对"如来藏"这个新概念认识模糊,译语前后不统一,意义就隐晦了。道生却能够从中体会到说"如来藏"的用意,从而提出当果是佛,佛性当有的主张来。此外,在译出的部分经文虽明说到"一阐提"不能成佛,但道生根据全经的基本精神来推论,"一阐提"既是有情,就终究有成佛的可能,不过由于经文传来得不完全,所以未能见其究竟。对于道生的一些议论,一般人原来已有异议,当他提出"一阐提"也可成佛的看法后,就更加激起人们的不满,群加抨击,以至于采取了戒律上的处分,将他逐出建业。

公元四二八年,道生由南京到了虎丘(相传他在虎丘仍坚持自己的看法,对石头说法,使石头也为之点头)。四三○年,他重返庐山,就死于其地。

当道生在庐山期间,北凉昙无忏于四二一年译出的大本《涅槃经》(四十卷)传到了南京,经慧观、谢灵运等用法显的译本作对照,润文改卷,成为《南本涅槃经》(分卷减为三十六卷,但品目加多了)。在这一译本中,果然讲到了"一阐提"可以成佛。这证明了道生的预见是正确的,于是大家顿时钦佩起来,认为他是"孤明先发"。关于"一阐提"能否成佛的问题也就算是解决了。

道生在得到大本《涅槃》之后,在庐山专门开讲。因经文对于佛性、见性(见佛性)等问题有了进一步的发挥,而且很彻底,这使得他以前主张顿悟的看法又有所变化。他曾作过《法华经注》,此时受到了新的启发,便对旧注作了修订、补充,其中就发展了顿悟的看法。

道生的主张,在当时发生了一定的影响,而顿悟之说对后世的影响尤深,特别是禅宗。禅宗讲顿悟,尽管其来源和内容不全与道生之说相符,但有不少相通之处。所以有人认为道生顿悟之说为禅宗的先驱,并非毫无根据。

关于渐顿的问题,道生之后还继续有争论,始终未能定于一是。如道生的同学慧观即坚持渐悟说,著有《渐悟论》(现已不存),慧叡则支持道生之说,著有《喻疑论》。道生弟子辈能继承师说的有:道攸、法瑗以及南京龙光寺(道生曾住此寺)的宝林、法宝,还有后来的慧生(被认为与道生并列,称"大小生")。直到齐代刘虬,作《无量义经序》,还是主张顿悟说(见《出三藏记集》卷九)。

刘宋时(公元431年)将《涅槃经》的两种译本合起来改订成"南本"之际,在元嘉年间(公元424—452年),还陆续地有和《涅槃》性质相类的经籍译出,较早一些的是《如来藏经》(420年译),其次为《胜鬘经》、《楞伽经》、《央掘魔罗经》、《大法鼓经》等,这些经典的译出对于《大涅槃经》的研究更为便利了,因之《涅槃》的讲习一时甚为风行,出现了各种说法和各有不同师承的一群涅槃师说。

当时讲习《涅槃》的，还兼讲《大品经》、《维摩经》、《成实论》等等。这样，就使佛学家认识到大乘经的种类繁多，范围广阔。同时在《大涅槃经·圣行品》中，讲到佛说有各种经类，并依它们发展的次第作了安排："譬如从牛出乳，从乳出酪，从酪出生酥，从生酥出熟酥，从熟酥出醍醐。"佛说的经也是如此，"从佛出十二部经，从十二部经出修多罗，从修多罗出方等，从方等出般若，从般若出涅槃"。这里把《涅槃》与"醍醐"相比，看成是最精华、最究竟之说。由于有这些说法，佛学家遂产生了佛经的全体应有一个组织的看法。尽管佛经的种类众多，但应有其内在的体系，理当得到相应的次第安排。这样，自然而然地出现了所谓"判教"（对佛说经教的判释）的说法。

第一个作判教的，是参加改订《涅槃》的慧观。他把全体佛说的经教总分为两大类："顿教"、"渐教"。"顿教"是指《华严经》（此经于420年与《如来藏经》同时译出。译者为觉贤）。"渐教"则由发展次第，应用了《涅槃经》里面的议论，分为五时：一、"三乘别教"，指最初的经教，重点是小乘的《阿含》。二、"三乘通教"，指对三乘一齐讲的经教，重点是《般若》。三、"抑扬教"，由于有由小到大和大小同讲的《般若》过程，所以也就有了对大小乘分别高下的经教，这指《维摩》、《思益》等。四、"同归教"，事实上，大乘并不排斥小乘，而是三乘殊途同归，这指的会三归一的《法华经》。五、"常住教"，最后说如来法身是常，为最究竟的经教，即《涅槃经》。以上是"渐教五时"。慧观这样的判教，发生的影响很大，特别是在江南一带，后来虽有另外一些判教的说法，基本上都没有超出它的范围。

道生晚年在庐山改订《法华经注》时，也有与"渐教五时"相同的看法。他在《经注》的开头说,佛家所说之教,不出四种法轮,并有其次第,即"善净"、"方便"、"真实"、"无余"。与这个顺序相应的,乃是《阿含》、《般若》、《法华》、《涅槃》各经。他也把《涅槃》看成是佛说的最高阶段。

由于各家判教对《涅槃》地位的提高,讲习《涅槃》的风气便盛极一时。不仅建业成为讲习的中心,庐山也在大力提倡,主要人物是慧远的门下。他们形成了一个系统,如道汪、道庆以及后来的慧静。慧静又传法瑶。其在建业,主要人物是慧观和他的门下。后来还有由北方青州南来的宝亮。亮传法云、僧旻、智藏等达到了高峰,三人通称为梁代的三大法师。在梁代集成的《涅槃经集解》(此书尚存,七十一卷,似乎不是原本)中,采取了当时流行的各家说法,除了已经提到的道生、法瑶、宝亮等人外,还有僧亮、昙济、僧宗、智秀、法智、法安、昙准等许多家。这也反映了梁代讲习《涅槃》之盛。到了陈代,由于三论天台两家兼讲《涅槃》,影响日大,涅槃师说就此逐渐地衰微。

以上是南方的情况。其在北方,《涅槃》的讲习也很盛行。大本的译出原是由昙无谶在北凉完成,当时参加翻译的道朗,据自己在参译时对经文的体会,写了《义疏》,很受北方学者们的推崇,讲习《涅槃》的都以它为准则。罗什门下的僧渊,僧渊门下昙度、道登等,在讲《三论》、《成实》的同时,也兼讲《涅槃》。后来讲经的,还有从南方回去的昙准也自成一派。到北周时,僧妙讲《涅槃经》,传授于昙延,成为一大家,影响直到隋唐。以外,北方还有"地论师"(讲《十地经论》),也兼讲《涅槃》,他们和南方的三论、天台兼讲《涅槃》一样,是别有宗旨的。他们是推崇《华严》的,在判教时,将《涅槃》判为渐教而位于《华严》之下。这与南方视《涅槃》为究竟之说的大不相同。后来由于"地论师"势力逐渐扩大，北方讲《涅槃》的相形见绌，也就日趋零落了。

以上说的是南北涅槃师说的概况。因为当时传习《涅槃》的各有师承，不像三论宗、天台宗、华严宗等定于一尊，所以称他们为师说，而不称宗派。

在这些师说中，共同议论到的"宗致"——即经的主要意义，集中在"佛性"这一范畴内。《涅槃》讲"佛性"是常，讲众生皆能成佛，都是以"佛性"作为立论的枢纽。经文的分量很大，像这样一种大部结构自然不会是一时完成的。这从翻译的过程中也可以看得出来：法显最初的译本只是经的初分；后来昙无忏译的大本（四十卷），也是分两次翻译的，先译出前一半，后来又回去取得后半部再行续译。可见它的全书构成是经过了一个相当的过程的，其中所讲的义理，前后就不可能完全一致，特别表现在一阐提能否成佛的问题上。

经的初分认为，除一阐提外一切众生皆可成佛；但在经的后分则认为一阐提也有佛性。这正是在中国引起了道生一场公案的典据。经文前后有如此两种不同的说法，实际上是反映了印度社会情况前后的变化。传来中国以后，这种社会背景不明了，人们无从理解其实际，因而只看成经文本身存在矛盾而已。一阐提能否成佛这个问题，必定牵涉到"佛性"这一范畴的意义，即"佛性"的法体究竟指什么？对此，经文中也有好几种说法。

首先，从佛学思想发展的历史来看，"佛性"起源于"心性本净"的思想。"心性本净"反转来说即是"性净之心"。众生都具有这个"性净之心"也就都有成佛的可能，所以叫作"佛性"。——这里所说的"性"，并非性质，原文为"界"，有"因"的意思。以后有了种姓（族类）的说法，就把佛这一族类称之为"佛姓"，但在《涅槃》经内，还是作为"佛界（因）"来译的。这是"佛性"指心的原始意义。其次，心之能够发生作用，需要一定的条件，即"待缘而起"。诸缘中最重要的是"境界缘"（所缘）。换言之，单有心而无境界（缘）也还不能发生作用。既然要有境为条件才能构成"佛性"，所以又把佛性的重点放在境界上，即放在法的实相、法性上。这是"佛性"指境的派生意义。《涅槃经》无疑是反映出这一情况的，但它对这些意义讲得不够明确，一忽儿指心，一忽儿指境，因此使得当时各家对"佛性"的研究，自然产生种种的不同说法，有的从心的方面理解，有的从法的方面理解，而且都能从经中找到各自的依据，终究得不到统一。

到了隋代，吉藏（公元549—623年）写《大乘玄论》谈到"佛性"的意义，把过去各家涅槃师的说法作了总结，加上他自己赞同的一家共有十二家。另外，他的同门慧均（他当过"僧正"简称"均正"）著《四论玄义》（现存残本），也讲到各家对佛性不同的主张，认为根本之说三家，枝末之说十家，共计十三家，与吉藏的说法大同小异。吉藏所举的十二家是：

一、以众生为正因佛性。在《涅槃经》内，佛性的因义是多方面的，就作为决定因的意义来说，名为正因。吉藏于此说只举出所宗，并未提到它的代表人物。今由其他材料确定主此说的为梁代僧旻。

二、以六法为佛性。五阴及其假名之人，《涅槃》说为六法。实际就是指的众生，不过分析之为六法罢了。此说代表人是梁代智藏。

三、以心（识）为佛性。这也属于智藏的说法，因为众生扩大而为六法,缩小则为心。

四、以冥传不朽为佛性。这指识神而言。因为识神冥传不朽,构成轮回的主体,所以应以此为佛性。主此说的以法安为代表。

五、以避苦求乐为佛性。这也是由识神思想而来,识神在流转过程中,有避苦求乐的作用。此说的代表是法云。

六、以真神为佛性。上一家指识神的作用言,这一家则是指识神的本体。主此说者为梁武帝萧衍。

七、以阿梨耶识自性清净心为佛性。这种说法并非涅槃师说,而是后来的地论师和更后一些的摄论师提出的。

八、从当果上讲佛性。就是从将来可以成佛这一点上说众生具有佛性。这是道生的主张。

九、从得佛之理上讲佛性。就是说,一切众生本有得佛之理,为正因佛性。这是慧令之说。

十、以真如为佛性。此说以宝亮为代表。

十一、从第一义空来讲佛性。这是北方涅槃师的共同看法。

十二、以中道为佛性。这是道朗的说法,吉藏认为前面十一种说法都有缺陷,只有此说最好。

吉藏分上述诸说为三类:第一类是一、二两家,他们所主张的佛性都是指人而言,但因为有假(人)有实(五蕴)而分为二。第二类是三至七的五家,都是由心上讲佛性的。第三类是八以下各家,都是指理而言的,换言之,都是由境上成立佛性的。"假实"、"心"、"理"这三类,本质上有主观和客观两方面的区别,这些在经文中都可找到根据。吉藏是三论宗的大家,由于他们根据般若强调无我、空等,所以把以"理"为佛性看得最为合理,特别赞成中道为佛性之说。以为凡是能体会到中道的正智(般若)的都有成佛之可能。事实上，吉藏以后佛性说随着瑜伽行大乘的发展，其意义却转而侧重于心识方面去了。这种由外境讲佛性之转向由心识上讲佛性，正是适应印度佛学思想的必然发展。不过在中国，这些说法一直没有得到统一。

此外，在佛性问题上由于道生以当果为佛性的主张，引起了学者们对佛性究竟是"始有"还是"本有"的探讨。因为所谓当果佛性，只是以将来可能成佛而推定，至于就佛性本身言，是"始有"，还是"本有"，仍然是一个问题。道生的主张归结于"始有"，其后别家出现了"本有"的说法。这样，"始有""本有"的对立，又成为佛性议论中的一个突出矛盾。这两种不同的说法，《涅槃经》内虽无明文提及，却有暗示之处。例如经说：众生之有佛性，犹如"力士额珠，雪山妙药"，只是不自知或不易寻找而已。这就暗示佛性是"本有"的(见《如来性品》)。经文有处反对"因中有果"的主张，以为"卖骅值，不卖驹值"——卖马的价钱不得把将来可能下驹的价钱也算在内。这就又暗示佛性不是本有，而应为后有。经文本身既有不同的说法，这就使"本有""始有"两种意见更加对立起来。以后有人企图调解这一争论，认为二说并不冲突，其实际是"本有于当"。"本有"，是对其未来当果而言，但是，正由于有当果乃推知其为本有。这是从果追溯上去说的。但是争论，一直继续到了隋唐迄无定说，并且被看成是一个非常重要的问题。例如玄奘，在国内到处参学，发现了许多疑难，这个问题就是其中最重要的一个。他之去印度，与希望能彻底地解决这个问题有关。在高昌逗留的时期，高昌王想不放他走，他曾有一篇《谢高昌王表》，说明他所以要坚决去印的原因是："遗教东流，六百余祀……但远人来译，音训不同。去圣时遥，义类差舛，遂使双林一味之旨（佛在双林树间临涅槃时的说法原来是一整体的），分成当现二常（却被分为始有与本有两种看法），大乘不二之宗，析为南北二道（指地论师），纷纭争论，凡数百年。率土怀疑，莫有匠决。"可见"始有""本有"的问题没有解决，是促使玄奘去印求学的重要原因之一。以后对这一问题还有争论，甚至玄奘回国以后，虽有所主张，仍不能完全把人家说服。

从南北朝初期，随着《涅槃》研究的发展，同时出现了《成实》与《毗昙》的两家师说。

《成实论》，是罗什在翻译大乘经论中间译出的一部小乘论书。他为什么要译这部论呢？原来《大智度论》在解释佛说时，往往是先分别法相，而后再归结于法性空理。《智论》用来分别法相的有好几种小乘毗昙，如《发智论》、《毗婆沙论》、《六足论》、《舍利弗毗昙》等，这些毗昙多属于有部，《智论》对它随引用，随批评。当时还没有大乘毗昙，所以在解释法相时，尽管对这些材料已经有所取舍，但总感到还有不足之处。到了罗什的时期，即龙树、提婆之后，小乘毗昙继续有了发展，例如，源出于上座系的譬喻师，就不拘守一家，对有部提出很多批评，因而出现了新的毗昙，其中的代表作就是《成实论》。这是罗什当时所接触到了的。因为此论批评有部，对理解《智论》很有启发和参考的价值，罗什就翻译了它。据《长房录》（《历代三宝记》）中引二秦（苻、姚）旧录的记载，《成实论》译于弘始八年（公元406年），即在译完《智论》之后译出的。后来对于这一译年有不同的说法，如《论后记》说，此论出于"大秦弘始十三年"，"至来年九月十五日讫"。如果承认罗什死于弘始十一年，那么，这一记载就有问题，所以还是《长房录》的说法比较可信。

此论译出以后，罗什门下的昙影鉴于论的结构散漫（计二百零二品，不分篇），就按照文义区分为五篇，即"五聚"——发聚、苦聚、集聚、灭聚、道聚。罗什门下另一大家僧叡，对这部论很有体会，如论中在破除有部处，文字有说不清的，他都能够辨别出来，并为当时的人讲述。但是昙影、僧叡两人似乎没有给论作过注解。对论有详细的注疏并加以弘扬的，乃是罗什门下的僧导与僧嵩。

僧导曾著有《三论义疏》和《成实义疏》，并且还把两者结合起来讲述。他后来从关中到了寿春（今安徽寿县），门下很盛，参加听讲的过千人。其中著名的有僧钟、昙济、道猛等。再传有道慧、法宠等。这就形成了成实师说的寿春系，流行于南方。此外，道亮与弟子智林也是《成实》的名家，其说与寿春接近，可能是属于一系的。

僧嵩则从关中到了彭城（今徐州），其门人有僧渊，再传有昙度、道登、惠纪、惠球等人，既讲《三论》，也讲《成实》，以后就被看作《成实》大家而称为彭城系。从当时的地域上看，还是属于北方的，因而其说流布于北方。

以上两系时当晋末、刘宋两代。到了南齐，又出现了一些知名人物，如弘称（传承不详）门下的僧柔，法迁（与彭城系有关）门下的慧次。两家再传有法云、智藏、僧旻（称为梁代三大家）。三传有两个宝琼（乌琼与白琼）。这样，梁代的成实师说就十分兴盛了。三大家之一的智藏，传给了龙光寺的道绰，以后还有智曢，再传智脱、智琰。已是陈代的事了。后来一直继续到了隋唐。

总之，成实师的势力是比较强大的。从事《成实》研究的学者们，一般都同时兼通其他经论。因为当时已经知道佛学有大小乘的不同，大小乘又有各种异说与部派。学者们常想把各方面全部搞通,因而研究时也就不拘限于一经一论。不过,各家的研究还是互有短长,从学的人笃守师说,因而成了各别的师说传承。这种不限于一经一论的研究方法,叫作"通方",即通达一切。僧传中对此时有记载,如《续高僧传》卷五《慧澄传》,说他"从僧旻下帷专攻,且经且律,或数(毗昙)或论(成实),十余年中,钩深索引⋯⋯"这种学风,与隋唐时期的定于一尊,因而构成了宗派的有所不同,所以只能叫他们作成实师说。

尽管这时期有各家的成实师说,有记载可考的注疏也有若干部(汤用彤著《汉魏两晋南北朝佛教史》中列出二十四种),但现在一部也不存在了。只能够从一些零碎材料中看出他们的研究是有过变迁的。先是研究广论,其后变为研究略论。前者为《成实》的全本,后者为论的略本。这是一个变迁。另外,研究的人,又曾有过用旧论本到用新论本的转变。这又是一个变迁。

先说广、略的变迁。《成实论》原有二百零二品,二十卷,它的题材是譬喻师所理解的四谛之实,即所谓"法体克实"。譬喻师说与其他小乘各系不同的,就在他们用自宗的道理来成立四谛法体的意义。所以《成实论》的"实",就是指的四谛的"谛"。此论学说上的主要特点是反对有部。有部主张法体为有,此论则认为法无实体,只有假名。所以后人判教也将此论归属"假名宗"。这种说法的实际意义,就在于它具有了法空的思想。小乘一般都讲法有,此论却讲法空,所以在小乘中是很特殊的。小乘虽然也讲空,无我,但是只指人空,人无我,谈不到法空。大乘般若流行以后,法空的意义得到阐扬,成为学说上一个最显著的特点。因此,一般判别大小乘往往用法空来做标准。《成实》既讲法空,后来的佛学研究者也就常用它作为通达般若的津梁。因为要讲法空,必须以破法有的思想作阶梯,此论做了这项工作,所以用它作为般若入门的书还是相宜的。就内容看,此论的思想也比较精细(所谓"思精")。例如,小乘认为四大及其构成的色法都是实在的,而此论则认为是假。因为四大在实际上是没有的,只可归结为坚、软、煖、动四种触尘罢了。换句话说,四大都是人们的触觉,而地水火风则是假名。这种说法,与小乘一般认四大为实在的完全不同。就结构看,此论假设问答,前后辩难,解释相当巧妙(所谓"言巧")。由于它的思想与大乘接近,内容结构又很精巧等等,使本来只看作入门的书,而研究的人,却往往对它流连忘返,竟耽误了原初要由此而研究大乘的目的了。齐代的文宣王萧子良有见于此,特召集著名僧侣五百多人,以僧柔、慧次两家为首,对此论要义进行讨论,并将论文由二十卷删节为九卷。这就是《成实论》的略本。当时参与删节工作的还有僧祐,删定之后,他还写了一篇《略成实论记》,说明删节的缘由。又由当时的文人周颙作了一篇《钞成实论序》,说明删节的用意。周序写得比较详细,其中说到了当时学术界的一些情况和研究状况,颇有参考价值。文中劝告一般研究的人说,《成实》"文广义繁",不要因此而影响学习大乘之"正务"。意思是说,《成实》终非大乘家言,只是一种阶梯,所以不能与大乘经论等观,有一略本也尽够了。

以上是由广论到略论的变迁情况。但是,区别此论于大乘的看法,实际上并没有产生影响,一般人仍然分不清它是大乘还是小乘,例如上述的梁代三大家,就把它看成是大乘的一类,所以称为"成论大乘师"。由此,也可见他们重视此论的程度了。

另外,新旧本的变迁。在梁代三大家之一的智藏,曾写《成实大义记》,说到此论有新旧两本。《义记》已经不存,日人《三论玄义析幽集》卷三曾引述有这样的话:"初译国语,未暇治正,沙门道

126

嵩,便赍宣流。及改定,前传已广,是故此论两本俱行。"两种本子有什么不同呢？主要在于"其身受心法名念处者前本,名忆处者后本"。从四念处的译名不同,可以分辨新旧两本的差别。既然译名改变了,想见它的内容当然也有不同之处。据智藏传,论初陈述造论目的之归敬颂中有云:"欲造新实论,为一切智知。"表示作者是要作一"新实论"的。这就牵涉到书名的问题,究竟是"成实论"还是"新实论"呢？智藏的解释是,"新是成之别目。何则？理始显曰新,寻究理体,实无成坏,约教废兴,义言成坏,十六文言,名《成实论》"云云。但现行本《成实论》的这句颂文却是"斯实论",并非"新实论",可见智藏所见的是改订本,现存的是未定本。智藏据此加以提倡,认为有"新实论"说法的为新本。从而就出现了研究上由旧本向新本的变迁。继之,又由龙光、智曜加以阐扬,形成为"新实"一宗。后人对此不得其解,遂认为形成了新的成实宗(如汤用彤《汉魏两晋南北朝佛教史》)。事实并非如此,只是新本旧本的变迁而已。

下面再来谈一下毗昙。东晋之末,僧伽提婆在庐山译出的《阿毗昙心论》,在建业大加弘扬,毗昙之学曾经风行一时。其后关于小乘毗昙一类书籍的翻译,相继不断。例如,法显就由印度带回了《杂心论》,并加以翻译(译本不存),到了刘宋,伊叶波罗、求那跋摩二人,又前后重译过《杂心论》(译本也不存),最后,僧伽跋摩于公元四三四年译成定本,这就是现存本的《杂心论》。

《杂心论》,可以说是《阿毗昙心论》一书较迟而又较好的一种注解。它会通了《毗婆沙论》中的不同说法,对有部内部的各种异说也有所调和,并且还是《俱舍论》的前身。此论属于有部的一种通论性质的书,并不拘于一家之言。由于《杂心论》的翻译,联系到以前的《心论》,重又引起了学者对毗昙的研究兴趣。当时慧通作疏,慧观参预了翻译。慧观并影响了他的门下僧业、法琚等,都以精通此论而著名。特别是僧伽跋摩的弟子惠基及其再传的慧集,更能以《杂心论》为中心,结合《犍度论》(即《发智论》)、《毗婆沙》(北凉浮陀跋摩译出的百卷大本。今存六十卷)加以弘扬,在毗昙学方面遂能独步一时。慧集每次开讲,听者达千余人。当时三大家中的法云、僧旻也都跟他学过。慧集还著有《毗昙大义疏》十余万言,流行一时。

但是,毗昙师说尤盛于北方。《成实》学者如僧渊、智游,都以精通毗昙而著名于时。从西域高昌来内地的慧嵩,原对毗昙很有研究,来内地后,复随智游学毗昙和《成实》,所以讲得极好,曾有"毗昙孔子"之誉。在他门下的著名人物有道猷、智洪等。此外他门下还有志念一家,对《杂心论》曾著有疏和钞,影响也很大。志念的门下有道岳、道傪、慧休等,传承直到隋唐不衰。一直到了《俱舍论》的研究开展,尤其是玄奘重译《俱舍》之后,这一传承才告断绝。代之而起者即所谓俱舍师。

北方为什么毗昙特别盛行呢?从学术思想渊源看,可能由于北方一开始就有《地持论》的翻译(昙无谶译),以后又有《华严》《十地》以及无着、世亲的《摄论》《唯识》等书的译传。而这一系统的思想与上座系有部是接近的,它们在谈到佛学中心思想时,往往着重于因缘方面。毗昙学要构成一切法为实有,所以对因缘也研究得比较细致,因而有"因缘宗"之称。由此可见,毗昙师说盛行于北方,且驾凌《成实》之上,就在于它能善说因缘(六因四缘)而被当作一种兼学的论书发展起来的。所以也只能算作一种师说。

《成实论》的研究,到了梁代达到了高峰。当时的学者,经常融会《成实》来讲大乘,因之容易使人产生误解:《成实》也为大乘的一类。同时,由于大乘学说夹杂了《成实》的思想,也使大乘变得不纯了。所以后来三论宗在龙树中观的思想基础上,提出了他们所谓纯正的大乘学说,而将梁代的大乘学者称为"成论大乘师";对其中进一步主张《成实》即大乘说法的人,称为"成论师"。三论宗主要是在北方发展的,遂把"成论大乘师"或"成论师"称之为"南方大乘"。事实上,它所指的都是一回事。

"成论大乘师"的代表人物,即是梁代的三大法师:开善寺的智藏(公元458—523年),庄严寺的僧旻(公元467—528年),光宅寺的法云(公元467—530年)。有时即以三个寺名来称呼他们,这些寺庙都在南京。三大家都精通大乘经论以及毗昙、成实,但是,他们的成就又各有专长。据后人的评定:"开善以《涅槃》腾誉","庄严以《十地》《胜鬘》擅名","光宅《法华》当时独步"。三人中光宅尤为突出,他主讲的《法华》有独到之处,发生的影响也大。据《续高僧传·法云传》记载,他讲解之妙,时无伦比。他的说法,曾由门下辑为《法华义记》(现存八卷半)。此书流传到陈、隋,经高丽而传至日本。日本统治者第一个讲佛学的是圣德太子(公元574—622年),著有《法华义疏》(这和他著的《维摩义疏》和《胜鬘义疏》并称为"三义疏"),就是在《法华义记》的基础上略予增减而成的。中国的天台宗智顗,以《法华》开宗,著有《法华玄义》,他对《法华义记》作了许多批评。他所以要批评《义记》,是因为"古今诸释,以光宅为长……今先难光宅,余者从风"。这是擒贼先擒王的一种用意,也可以看出,《义记》一书是受到多么的重视。事实上,天台的《玄义》也还是在《义记》的基础上加以扬弃而成,无妨说是从《义记》中脱胎出来的。正因为《义记》的影响这样大,就相应地流传着一些有关的神话:如说梁武帝因旱求雨,志公进言,请法云宣讲《法华》,结果"感天华如雪"等等。从传记上看,光宅除讲《法华》以外,还兼讲《成实》,他所讲的《成实》,与《法华》也很有关系。当时讲《成实》的人都有《义疏》,法云的《义疏》则是经(《法华》)论(《成实》)合撰,共四十科,四十二卷。他究竟把经论是如何联系的,疏已不存,难得其详。不过从他的《法华义记》中,还有一些痕迹可寻。

《法华》是说三乘归一的,依法云的看法,三乘归一首先是三乘归于大乘,尔后才由大乘归于一乘。《成实》不能单纯看作小乘,而是具有由小入大的意义的。这一点,周颙《钞成实论序》中就透露了出来。他说:"至如成实论者,总三乘之秘数,穷心色之微阐,标因位果,解惑相驰,凡圣心枢罔不毕见乎其中矣。"这指出它不是单纯的小乘论。又玄畅《诃梨跋摩传序》中也说,"时有僧祇部僧住巴连弗邑,并遵奉大乘,云是五部(指小乘五部)之本……遂得研心方等,锐意九部,采访微言,搜简幽旨,于是博引百家众流之谈,以检经奥通塞之辨,澄汰五部,商略异端,考覈迦旃延,斥其偏谬。除繁弃末,慕存归本,造述明论,厥号成实……"最终还是说到此论是由小入大的。法云也不例外,他的《义疏》,想必也是这种看法。法云一家,可以视为"成论师"的真正代表人。

至于成论师的讲法是怎样组织的,现在只能从吉藏《三论玄义》批评中见其一斑。《玄义》在《呵大执第四》里,假设了衡量是否真正大乘的标准:"大乘博奥,不可具明,统其枢键,略标二意:一者辨教莫出五时,二者隔凡宗归二谛。"这是针对"成论师"的主张说的,认为他们在辨教和二谛方面的看法都不正确。辨教就是判教,因为当时的大乘是作为佛教全体中的一员了,就应依判教方法,辨

130

明某一大乘在全体中应该占有什么地位。《三论玄义》以为成论大乘师三大家中，开善在《成实》方面都是承受柔、次之学，相信五时，大体与慧观判教相同，而以经为代表，即《三藏》、《大品》（般若）、《维摩》、《法华》、《涅槃》。庄严一家则没有抑扬（《维摩》）在内。如果联系到《成实》来看，他们都将《成实》视为通教一类，而与般若相成，为综合五部的通论之作。这种讲法必然要影响到般若的纯洁性，因而引起三论宗最大的不满，而要对他们痛加攻击。

再从二谛的标准来看。二谛之说由龙树中观开始，以后的大乘即用它为组织学说的总纲。三大家之讲二谛，也体会了这一点，却偏重于理与境的方面，真谛，俗谛，都指理与境而言。世间人认为真实的叫做俗谛，出世间人认识到的真实则为真谛。真俗二谛是相关联的，都是在同一境上所见到的理，只不过见有不同罢了。这样，把二谛统一起来就是中道，割裂开来就是偏见。在三大家中，光宅更融会了《成实论》所说，加以发挥，因此，一般把他视为《成实》二谛说的代表。事实上，《成实》讲的并不深刻，而是光宅对它作了发挥，在他看来，统一二谛的中道应该有三种：一、从世谛上看中道。世谛之理不出三种假名，（甲）因成假，如"四尘为柱"。一切有体积的物体不外色香味触四种感觉因素的集合，所以是"假"；而一般人却把它们看成实在。（乙）相续假。一切事物在时间上是相续的，有前有后，似成一体，但并不实在，因而是假。（丙）相待假。一些事物是在空间中构成的，有长有短，有高有下，都是互相比较，互相依待而成，这也是假象。一切假名，不外乎这三种。对于每一种加以分析，都可以看出两种对立面相反相成的意义：如因成假，有部分与全体的对立，因而是不一不异的关系；相续假，有时间前后的对立，因而是不常不断的关

131

系;相待假,是同类事物的比较,因而是非假非实的关系。所以从它们相反相成的方面讲,就含有中道的意义。二、从真谛上看中道。真谛本身是无相,谈不上什么区别,但真谛之说为真谛,仍需要言诠,因此,无相与言诠也是相反相成的,从而就含有中道的意义。三、合真俗二谛来看中道。俗对真而见其假,真对俗而见其实,二者统一不能相离,这就是中道。

以上是光宅根据《成实》发挥而成的大乘说。开善、庄严所说,大体相同。但他们在分析真俗二谛是否一体的问题上,尚无一致的看法。开善认为是一体,庄严则不同意。开善门下的龙光寺道绰,也反对其说。道绰认为就真俗二谛的相上看就不同,世谛有生灭无常等相,而真谛则否,因此只能说二者不相离,而不能说为一体。这里所说的不相离,也就和《维摩经》中讲的佛土一样,同一佛土,所见不同,佛所见为净土,众生所见为秽土。这是由于能感之业有染有净,只所感之果同在一处不相离而已。

由三论宗看来,上述的看法还是站在实有所得上的,如说真假、断常等等,都以它是实有为前提,然后才能谈到它们之间的关系。至于究竟,这一切仍应该归于无所得。所以开善等所说与无所得还相去一间,不能算是完善。

总之,到了"成论大乘师"的时候,中国佛学在区别大小乘上比以前明确多了。但他们所说的大乘,乃是包括一切佛说在内的,其中各部分的联系必须由判教来作解释。这样,有了判教的框框,就会吸取中国已有的一切说法,组成为中国人所理解的大乘学说;从而与印度大乘如龙树、无着等人的说法,不能完全契合,或者是格格不入。这种情况,在这时期已开始表现出来,以后就一直存在于中国佛学之中了。

在罗什与僧肇之后,由于原为三论学附庸的《成实》研究风行一时,形成了喧宾夺主之势,反使三论的传承逐渐湮没无闻,甚至影响到与三论有关的《大品》般若的研究也衰退了。这从周颙《钞成实论序》中可以看得出来。他说,"至于《大品》精义,师匠盖疏……是使大典榛芜,义种(义理的种子,指大乘经言)行辍"。不过所谓关河旧说,并非完全绝响,周颙本人就得到了一些余绪。

周颙曾著有《三宗论》,记载了关于二谛学说的三家主张。此三都以空为真谛,假为俗谛,但在空假的关系上看法各各不同:第一家说"不空假名",第二家说"空假名",第三家说"假名(即)空"。周颙认为第三家意见正确,前二则是"成实师"的主张。"假名空",即僧肇所主张的"不真空",只名目不同而已。这一点,吉藏已指了出来。其实,周颙之说是从《肇论》中受到启发的。同时还有僧亮的弟子智林,也持同一的见解。据说他在少年时就学得三论之学,并传播了四十余年,但无人理会。他认为颙说乃是关中胜义,怂恿其发表。这些事实,都说明了关河之学还是有人在那里提倡的,并未完全断绝。

但是真正够得上称为复兴三论学的,首推僧朗。他是辽东人,宋末齐初(五世纪中)来南方,居于建业城外山林。齐永明七年(公元489年)明僧绍在摄山舍宅为法度(北来的禅师)建栖霞寺不久,僧朗就来寺成了法度的门人。法度在五世纪初死去后,僧朗继续为住持,并大弘三论,对于当时的成论大乘师大加破斥,分清了《成实》与三论的界限。此后,三论的宣扬,影响逐渐扩大,甚至梁武帝也讲述《大品》,并以《智论》为注解。从他的《注解大品序》文看,采用了关河旧说,大概就是由僧朗处得来的。不仅如此,他还选派了智寂、僧怀、慧令等十人,专随僧朗学习三论。其中学习成绩最好的是僧诠,以后即住在摄山止观寺。后人为了与"摄岭师"僧朗相区别,称他为"山中师"。僧诠门下的著名人物有四:法朗、智辩、慧勇、慧布,称为诠公四友。到了陈初,慧布继续留居摄岭,其余三人分住于城内各寺。法朗住兴皇寺,大弘三论,并破斥《成实》。当时《成实》之学以开善一系为最盛,他们提出了新本《成实》,形成了"新实宗"。内部自由辩论,异说蜂起。因此,法朗讲三论时,不得不对这些敌对者的异说严加破斥,而形成了他的独特学风,以"弹他"与"显自"并重。因为他居在城内,听讲的人很多,加上陈武帝的支持,所以门下人才济济。此后,他的著名弟子就分布在江表、荆州一带,吉藏这一突出人物就出自他的门下。吉藏后来成了三论宗的始祖。追本溯源,他的复兴三论,是与摄岭诸师各代的努力分不开的。

从僧朗经僧诠到法朗,对三论学说重新作了组织,与关河旧说已经不一样,事实上,此时旧说零落也不可能完全一样了。法朗的主要著作有《中观疏》被人尊为"山门玄义"。此书已佚,只在吉藏著作(如《大乘玄论》《二谛章》《三论疏》等)所引摄岭诸师之说里,见到它的一些主要议论。

"山门玄义"也是由判教、二谛两个关键问题来讲的。从判教看,它根本反对成论师的五时说,特别反对把般若作三乘通教,置于第二时的看法。在梁武帝的《注解大品序》里,也认定五时说不合适,这显然是受了法朗的影响。此后几代的三论学者,也都是照着法朗这样讲的。如吉藏在《三论玄义》中《呵大执》的一节,更是表示得非常明确。它先引了"有大乘师言"的判教说之后,就加以驳斥说:"《大品》是三乘通教,是亦不然。《释论》(《智论》)云,般若不属二乘,但属菩萨。若《大品》是三乘通教,则应通属,何故不属二乘？……般若有二种，一者摩般诃若，此云大慧，盖是菩萨所得，故不属二乘。若依实相之境名为般若，则三乘同观，故劝三乘，令并学之。经师不体二种之说，便谓般若是三乘通教。"吉藏在这里驳斥了把般若看成是通教的说法。同时也反对判般若为第二时的说法，他说："但应立大小二教，不应制于五时，略引三经三论证之：……故知教唯二门，无五时也。……以经论验之，唯有二藏，无五时矣。"不过在梁武帝的序里，他认为二教都讲般若，还是相通的。

从二谛看，"成论师"虽也重视二谛，但三论学者则更提高了二谛的地位。法朗说，"四论虽复名部不同，统其大归，并为申乎二谛，显不二之道"。并且说，只要懂得了二谛，各经论都可以通达。三论学者反对"成论师"从理境上来理解二谛，而主张言教二谛。此说的根据出在《中论·观四谛品》的颂文："诸佛依二谛，为众生说法。"——佛或依俗谛，或依真谛来说法，只在说法上区分二谛。至于二谛的内容，此品颂文更说："众因缘生法，我说即是空。"前句指俗谛，后句指真谛，结合起来就是从因缘上讲二谛。又说："亦为是假名"，指从言教上说二谛，都是假名，所以叫假名二谛。"亦是中道义"。就是所谓中道二谛：先有因缘，后有假名，消除了因缘与假名的分别就是中道。不仅看到"假名"，不仅看到"因缘"，而且要不作这种区分，统归之于"中道"。成论师只理会到假名一层，但不懂得真正的中道。例如开善一家，就曾经发生二谛之体是一是异的争论，有的说体一，有的说体异。说体一的还有种种说法，如以俗谛为体，真谛为用；以真谛为体，俗谛为用；另一种说法，则是互指为体。这些说法，都将二谛看成实有其体，在理境上作的区别。其实以言教二谛来说，说真，说俗，不过是佛说法的方便，有所待而言的，因而有时依真说，有时又依俗说。如成实师的主张以有无来说,假定有实在的理境,那么有是俗,无是真,这是对执着"有"的人说的。对执着"无"的人也可翻过来讲,以无为俗,以有为真。这种从理境的固定的意义上讲中道,在三论学者看来,只是偏见,不懂中道。至于他们自己,则认为二谛合一才是中道。因为事实上,本来没有真俗二谛,只是为了说法的方便区分为二而已。这种讲法,是正破"成论师"的。同时法朗对其同门慧勇、智辩二家,仅知道假名即是中道,不能正确地理解"山门玄义",也不以为然。认为他们不是中道师,而称之为"中假师"。

以上是"山门玄义"有关判教和二谛两方面的重要议论。此外,僧朗不仅在北方学到关河旧说,同时他还很注意禅法,常常教人以无住、无得。这可以说是他把中道的理论应用于禅,从而构成的中道观。这种思想对以后的几代也发生了影响。如慧布即去过北方向禅师慧可、慧思等参学,因而与此二家有许多契合之处。慧布回到栖霞,曾与寺内禅众专习禅法,由保恭领导。另外,法朗门下有一位大明禅师,很受称赞,认为得到了法朗的心传。大明后到茅山(今句容)讲禅法,他的弟子法融也很著名。由于这些关系,所以后来天台、禅宗和三论各家禅法,虽各有渊源,而思想上仍有一脉相通之处。

本讲参考材料

〔一〕 汤用彤:《汉魏两晋南北朝佛教史》第十六、十七、十八各章。

〔二〕 《中国思想通史》第三卷,第十章,第三节。

〔三〕 《高僧传》卷七、卷八。

〔四〕 《续高僧传》卷五至卷八。

〔五〕 《出三藏记集》卷五。

〔六〕 吉藏:《三论玄义》卷上。

〔七〕 《成实师》(佛教百科全书,印稿)。

第七讲　南北各家师说（下）

讲 授 提 纲

菩提流支的译经与地论师说——地论师南北两道的分流——楞伽师与达磨禅——真谛学说的渊源——摄论的译出及其流传——神灭不灭的论争

中国的佛教在南北朝各代，完全与政治结合在一起，统治阶级利用它来麻醉人民，同时也自我麻醉。这诚如范蔚宗在《后汉书·西域传论》中所说："然［佛道］好大不经，奇谲无已（蔚宗为刘宋人，当时流行的《华严》《维摩》等说法，很多超乎常识，所以这样说），……又精灵起灭，因报相寻，若晓而昧者，故通人（指王公大人辈）多惑焉。"王公大人既醉心于"若晓而昧"的学说中，佛教便由此得到不断的发展。这是南朝的情形。至于北方，当时的统治者为少数民族，具有倾向汉文化的心情，对佛教理论也给予了充分发展的便利条件。北魏时期，由于政治和经济的原因，虽一度出现了灭佛的事件，但随之而来的却是大兴佛教的反动。他们看到了采取抑制政策远不如利用之为得，所以北魏孝文帝于公元四九三年由平城（晋北）迁都洛阳后，就大力推行佛教。原来洛阳只有十数所庙宇，由于统治者的提倡，据《洛阳伽兰记》记载，当时竟达千余所。其中有的建筑宏伟，在中国建筑史上也占有相当的地位，如永宁寺就是。这些庙宇，集居的僧侣极多，仅由西域来的就达千人以上，其中且有不少博学之士，如菩提流支（道希）、勒那摩提（宝意）、佛陀扇多（觉定）等。

菩提流支是永平元年（公元508年）到达洛阳的，后来在翻译上被推为领袖。他带来了大量的梵本经典，到后不久即从事翻译，先与勒那摩提合作，由佛陀扇多传语，后来三个人就分开来各别翻译了。

菩提流支先在洛阳，后来北魏分裂为东西魏，东魏迁都于邺（今河南安阳），他便跟着去了。到天平二年（公元535年），前后近三十年，他一直从事翻译。据当时李廓《众经目录》的记载，经唐代《开元录》刊定，他所译经籍存本有二十九部，九十七卷。

流支之学是继承无着、世亲一系的。据他的《金刚经》讲稿《金刚仙论》记载，他还是世亲的四传弟子。因此，他的翻译偏重于这一系。所译的经论，主要的有《楞伽经》十卷以及世亲所著的释经论，如《金刚经论》、《法华经论》、《无量寿经论》、《十地经论》等等，对以后中国佛学的发展影响很大。

《十地经论》一书的影响尤为广泛。晋宋以来，大乘学者都注意通经，那时除讲《大品》、《维摩》、《涅槃》之外，还讲《十地经》。这部经翻译过几次，因而很早就有人研究。但在一般人的心目中，《十地经论》既是印度菩萨世亲对《十地经》的解释，当然是最有权威的了。论中讲述的义理，确也有特殊之处，上既与《般若》相贯，下又为瑜伽开宗，这一特点是非常鲜明的。"十地"原是配合"十度"来讲的，在第六地配合智度时，经文提出了"三界唯心"的论点，世亲对此做了很好的发挥。经文讲到十二缘起，世亲则解释为"依于一心"；经文讲到"还灭"，世亲又认为应从"赖耶"及"转识"求解脱，不应该从"我"等邪见中求等等。这样，世亲就由

139

"三界唯心"的论点引申到了染（十二缘起）、净（还灭）都归于"唯心"。当流支将此论译出以后，加上他大力宣传，引起了当时佛学界普遍的重视，竞相传习，逐渐形成为一类师说，此即所谓"地论师"。

菩提流支的翻译，开始时有些错误，如所译《楞伽经》、《宝积经论》等。后来的译籍，一般说还是译得相当好的。关于《地论》的翻译，据李廓录的原始记载，说是流支与勒那摩提合译的。经文前还附有北魏侍中崔光的序文，其中也说，此论从永平二年到四年，由流支与摩提合作完成。此后，他们两人都讲过《地论》，因为理解不同，说法上也有分歧，从而形成两派，有了不同的传授。这样，就产生了一种传说，以为此论先是两人分译，其后才合拢来的。此说先见于《长房录》所引的《宝唱录》（原录已佚），到了道宣作《续高僧传》，更是大加渲染。如《菩提流支传》说："当翻经日，于洛阳内殿，流支传本，余僧参助。其后三德，乃徇流言，各传师习，不相询访。帝弘法之盛，略叙曲烦。敕三处各翻，讫乃参校。其间隐没，互有不同，致有文旨，时兼异缀，后人合之，共成通部。"不仅是二人分译，而且是三人各译了。在《慧光传》中也有记载，"勒那初译十地，至后合翻，事在别传。光预霑其席，以素习方言，通其两诤，取舍由悟，纲领存焉。自此地论流传，命章开释"。这又似乎由慧光在调解两家的分歧意见。还有记载得更加具体的《道宠传》说，"魏宣武帝崇尚佛法，天竺梵僧菩提流支初翻十地，在紫极殿，勒那摩提在太极殿，各有禁卫，不许通言。校其所译，恐有浮滥。始于永平元年，至四年方讫。及勘仇之，惟云'有不二不尽'，那云'定不二不尽'，一字为异，通共惊美"。这种传说，当然不足信。因为《地论》分量很大，译本计十二卷，十万言以上，加上开始翻译，困难很多，如"器世间"译为"盏世间"，足以说明其错译的一斑。如说两人在隔离的情形下各自译出,竟只有一字之差,当然是不可能的。不过为什么偏要说一字之差? 这倒是可以推究一下。

原来《十地经论》卷二有一个颂,其中两句是:"自体本来空,有不二不尽。"世亲在解释中说:"有二种颂(诵),一、有不二不尽,二、定不二不尽。此颂(诵)虽异,同明实有。"《地论》所释之经,现存有藏译本,也有梵本(一本为德人校印,又一本为日人校印),汉文则有五种译本(竺法护、罗什、晋、唐、尸罗达摩),据诸本对照的结果,可见在世亲时已经有两种本子流行:一是世亲采用的"有不二不尽"本,一是另一"定不二不尽"本。所谓"定",就是"寂"的意思。世亲的解释是,这两个本子虽然诵出不同,但意思还是一样。因为"寂"就是灭诸烦恼,有寂的用,即应有用的体,可见体应为"有"。世亲所说的"二种颂"的"颂",就是诵读的"诵",指的两种读法,没有另外什么含义。由此看来,这"一字之异",并非翻译上的差别,而是世亲对两种传本中不同诵读法的会释。后来由此引起了人们的误解,加上流支、摩提两家传承形成为《地论》的两个系统,因而附会成为上述关于翻译的故事。

根据记载,《地论》两系的传承是这样的:一、流支传道宠——宠在流支门下三年,随听随记,写成《十地经论疏》,同时即能宣讲,影响很大,有"匠成千人"之说。在这千人之中,著名的有僧休、法继、诞礼、牢宜,形成为后来的所谓"北道系"。由于他们的学说与摄论师相通,所以在摄论师势力发展到北方之后,二者合流,一般也就只知有摄论师的传承了。二、摩提门下有两个方面,因为他兼传定学,禅定方面传给了道房、定义;教学方面传给了慧光,光又兼习律学(当时是四分律)。慧光门下著名的有十人,主要为法上、道凭、僧范、昙遵。再后,由法上传慧远(净影寺),道凭传灵裕,昙遵传昙迁,这就构成了所谓"南道系"。这一系的传承,直到隋唐未断;后来发展出贤首宗(以《华严》开宗而包括《十地》在内),才被融合了进去。

上述两系,隋唐以来通称为南北两道。如天台智顗的《法华文句》《法华玄义》是这样的称呼,玄奘在《谢高昌王表》中说"大乘不二之宗,析为南北二道",也是这样提的。但"南北二道"究竟指什么说的,后人就不甚清楚了。如湛然的《法华文句记》中说,所谓南北二道,乃是指从相州(邺都)通往洛阳的南北二道:道宠系散布在北道一带,慧光系散布在南道各地。但这一说法不甚可信。道宣《续高僧传·道宠传》说,由于两系传承不同,"故使洛下有南北两途,当现两说自此始也,四宗五宗亦自此始"。这明明认为《地论》之分为两派,在洛阳时就已经如此。相州之说与洛下之说,距离是很大的,相州是东魏的新都,迁都在永熙三年(公元534年),而洛阳地方之讲《地论》,则是迁都前二十年的事,假若因讲《地论》不同而分派,应该在洛阳时就发生了,不待迟至二十年之后。所以从相州分派之说,与事实是有出入的。日人布施浩岳提出了这样一种解释:以为流支与摩提在洛阳异寺而居,流支住永宁寺,在洛阳城西第三门道北,摩提可能住白马寺,在西郊第二门道南。根据他们所住寺院一在御道南,一在御道北,因此有了南道、北道之说。这一解释,可供参考。

道南道北两系学说的不同,道宣已经大体上指了出来,即"当现两说"和"四宗五宗"之异。地论师原来兼通《涅槃》,讨论过佛性问题。不过两系的著作,除南道的还略有残存外,北道的早已没有了。所以在这个问题上,仅能知道二家的主要区别在于:南道讲染净缘起是以法性(真如、净识)为依持,故与本有说(现果)

有关系;北道讲染净缘起则以阿梨耶识为依持,同摄论师相近,认为无漏种子新熏,与佛性始有说(当果)有关系(道宣讲的"当",就是本有,"现"就是始有)。此外,在判教方面,南道的慧光及后来的慧远讲四宗:因缘宗(《毗昙》),假名宗(《成实》),不真宗(《般若》),真宗(《华严》《涅槃》《十地经论》)。认为不仅印度如此,中国也是如此。北道则讲五宗,特别抬高了《华严》地位,称之为法界宗。——以上就是从道宣记载中所见到的两家主要分歧所在。当时两道在同一问题上,意见也是极端相反的,使得一般人迷惑不解,所以就有人企图调和,而出现了《大乘起信论》这样的著作。不过《大乘起信论》的主要思想还是来自禅学。

从罗什、觉贤来中国传授大乘禅法以后,南北各地学禅之风又重新兴盛起来。觉贤先到庐山译出了禅经,有慧远、慧观替他宣扬。后来到建业,随他习禅的很多,他所居的斗场寺因而有"禅窟"之称。此外,当时有关禅法的典籍,又不断地译出。根据经录(《开元录》卷五)记载,译家就有昙摩蜜多(法友)、沮渠京声等。其中求那跋陀那(功德贤)更为突出。他由宝云、慧观相助,译出四卷本《楞伽经》(刘宋元嘉二十年,公元443年译),影响尤为广泛。

《楞伽经》本来不是专讲禅法的书,但是涉及到禅法一些问题。在四卷本的卷二中,分禅为四种:一、"愚夫所行",指二乘禅,观"人无我(人我空)";二、"观察义",指大乘禅,观"法无我(法我空)";三、"攀缘如",禅观法无我还是从消极方面说,此则从积极方面观"诸法实相";四、"如来禅",指"自觉智境",即佛的内证境界。又在卷三中,讲到"说通"和"宗通";"说通"指言教,"宗通"指内证的道理。又在卷一中,还提到"离念"的主张,从而也有"离"的渐顿问题,涉及渐悟、顿悟。这些说法,都是与禅法有关的。

宝云、慧观一向注意大乘的禅法,他们助译《楞伽经》之后,可以想象他们所弘传的大乘禅在方法上或理论上一定会有所发展的,不过由于没有留下资料,我们只能从传记方面来考察。据《续高僧传》记载,以《楞伽经》为依据的禅法是通过菩提达磨(简称达磨)传到中原一带的。首先得到传授的是慧可。慧可据说活了一百多岁(公元479—585年)。他精通内外学,三十多岁在洛阳一带即以具有非凡才能著称,传记说他"独蕴大照,解悟绝群"。这也表明,他是独蕴,而无师承,一般人对他还是多方非难。到了四十岁,遇见了达磨,随之学禅。传记说他"精究一乘,理事兼融,苦乐无滞"。他随达磨前后九年,约在公元五二九年顷,达磨死了,他就在洛阳"聚徒讲学",由于他立说新颖,因而"言满天下"。天平初年(公元534年以后),京都迁至邺,他又到了邺都,当时其地有禅师道恒,徒众千人,势力强大,害怕慧可夺去他的徒众,便对慧可大加排斥,甚至危及生命。传说慧可失去一臂,可能与此事有关。此后,慧可作风改变,不那样大事宣传,只顺俗创作一点歌谣小品之类,敦煌卷子中发现的《四行论》长卷(现藏北京图书馆),大概就是后人依据他这类材料抄集编纂的。自此直到北周末年,慧可都很潦倒。他的学说也未能得到很好的传播。他的门人留下名字的有璨(粲)、惠、盛、那、端等诸师。

据《续高僧传》说,达磨曾以四卷本《楞伽经》授慧可说:"我观汉地,唯有此经,仁者依行,自得度世。"但是,慧可对此经"专附言理",作了许多自由地解释。以后慧可的门徒,也随身携带此经游行村落,不入城邑,行头陀行(这是佛教中比较刻苦的一种戒行,要严格遵守乞食等十二项规则,不许定居一地,免生贪着)。

他们对于《楞伽经》的共同认识是：在翻译上，"文理克谐，行质相贯"；在思想内容上，"专唯念慧，不在话言"，就是说，不重语言，而重在观想。用这种思想作指导，他们禅法的宗旨即是"忘言、忘念、无得正观"，"贵领宗得意"，绝不拘守于文字。所以他们的传授着重口说，不重文记。这样，就独成一派，被称为"楞伽师"。

璨禅师（？—公元606年）以后，楞伽师的传承是道信、弘忍两代。到此就不像从前那样行头陀行，游行于村落了，他们"定住山林"，"徒众日多"。到了唐代，弘忍传法神秀，蔚成大宗，并与帝王接近，势力极盛。开元年间，弘忍的再传弟子净觉（玄赜门下），依玄赜《楞伽人物志》所说作《楞伽师资记》，说明了楞伽一系的传承。它不但追溯到达磨，并且把经的译者功德贤作为"楞伽师"的第一代。还说功德贤在翻译讲学之外，据《楞伽经》"曾开禅训"，其"传灯起自南天竺，故称南宗"云云。记中也讲到禅法的内容，认为重在"安心"。其究竟则是"安理心"。对理心的解释是："心能平等名理，理能照明名心，即心即理是为佛心"，此"佛心"即为所安之心。《师资记》认为自功德贤以来，对于禅法就是这样认识的。当然可代表当时"楞伽师"的主张。不过在道宣《续高僧传》内，却无此记载。这是因为后来弘忍的弟子慧能一系逐渐得势，他们推崇《金刚经》，认为达磨所传的就是此经，而非《楞伽》。这样，就把楞伽师的这段历史长期湮没，直到近人在敦煌发现了有关资料，才弄清这段公案。

现在从学说上看，楞伽师以四卷本《楞伽》为印证。但慧可开始宣传这一禅法的时候，就受到了致命的打击，以后还传说有关达磨、流支两系间斗争的故事。这到底是什么原因呢？原来四卷《楞伽》与当时的十卷魏译本，内容有很大的出入。同时，在北方的三大家:流支、佛陀扇多、勒那摩提都传授禅法,他们门下僧稠、僧实等也是一代宗师,在方法上也与楞伽师很不相同。这样,自然就会发生冲突了。

复次,达磨的学问似乎范围较广,并不限于楞伽师所传。但后来由于楞伽师转变为禅宗,把过去的历史搞乱了,究竟达磨原来的禅法如何,也就弄不清楚了。现在从比较原始的资料《续高僧传》看,达磨为南印度人,刘宋末由海道经南越,辗转而至北魏"随止诲禅(所到之处都讲禅法)",但并不太受人欢迎。到了洛阳,住在嵩山,当时只有道育、慧可长期跟随他学习。另有僧副,在他那里学习一个短时期就回南方去了。道育为人,比较朴实,"受道心行,口未曾说"。慧可呢,仅知达磨曾给了他四卷《楞伽》。关于达磨的禅法,他的门徒中并没有什么记录。此外,昙林"曾参加流支等译事",与达磨也有些关系,却给达磨留下了一种讲禅法的《大乘入道四行论》,并且叙述了此论的原委,还附加一些笔记。论的主要部分保存在《续高僧传·达磨传》中,要点如下:

达磨教人的禅法分"二入"、"四行"。"二入"为"理入""行入"(由理而入,由行而入)。"理入"的内容是,"藉教悟宗,深信含生同一真性(佛性),客尘障故,令舍伪归真",所以首要的条件,在具有"深信"。有了认识,就可采取下列方法:"凝住壁观(此为安心之术),无自无他,凡圣等一,坚住不移,不随他教(不必他人教导),与道冥符,寂然无为。"这样,由于相信了佛性道理,只要采用壁观的方法,就可与道契合,这就叫"理入"。

"行入"又分为四:一、报怨。对于坏事不应怨尤,而应看成是从前造业所受之报。二、随缘。因此,应随缘而行。三、无所求。对于好事,无所希求。四、称法。与性净(道)之理相称。并认为具有这四行则"万行同摄"。

《续高僧传》的这一记载,是可信的。这些说法,与《楞伽经》内容大体接近,如一切众生皆有佛性等等。慧可从达磨学到的境界,也是"理事兼融,苦乐无滞",与此精神基本一致。所以"二入""四行"的原则,不仅为楞伽师所遵守,就是以后禅宗代兴,一反楞伽师说,但基本精神并未超出这一纲领的范围。特别是南系禅宗(南岳一系)势盛之时,尤见其然。不过由于禅宗在发展中随时变化,对于达磨之说有了种种解释,并有托名达磨的著作产生,敦煌卷子中就有十几种。显然这些都是依据后来的思想写成的。

达磨提出的壁观方法,也有其来源。印度瑜伽禅法的传授南北本有不同,南方禅法通用十遍处入门,开头是地遍处,这就有面壁的意味。——因为修地遍处观地的颜色,必须先画成一种标准色的曼陀罗(坛),作为观想的对象。从此产生幻觉,对一切处都看成这种颜色。我国北方的土壁就是一种标准的地色,当然可以用它代替曼陀罗。达磨的"面壁",或者即为这种方法的运用亦未可知。

摄论师的形成比较晚,但其渊源远在于南北朝。

传译印度大乘瑜伽行派学说的,除上述在北方的菩提流支、勒那摩提、佛陀扇多三大家以外,还有瞿昙般若流支一家。在南方,则有真谛。真谛(公元499—569年)是西印度优禅尼人。学成之后,便各处游历,到了南海扶南(今柬埔寨)时,恰遇着梁武帝派人送扶南使者回国,并邀请佛家大德,他就被推荐偕来中国。梁大同十二年(公元546年),他到广州,住了两年,才去建业。时值梁末政变,乃迁徙浙江富春,又辗转到江西豫章、新吴、始兴、南康各地,最后仍回到广州。在这些流浪的日子里,虽然居住不定,他仍随方翻译。他重回广州时,已是陈代。天嘉四年(公元563年),原在建业的僧宗、法准、僧忍等,知道他在广州,便都南来从学。真谛很高兴,为他们翻译了《摄大乘论》论本三卷,世亲《释》十二卷,自己还写作了《义疏》八卷,前后经过了两年的时间。这时候真谛想回印度,为广州刺史欧阳頠、纥父子所挽留,又继续译出《唯识》《俱舍》等论。但他认为留在广州,学问上不可能得到发展,僧宗、慧恺等,拟请他去建业,可是受到当地人的反对,没有去成。他很郁郁,曾一度想自杀,最后死在广州。从印度来华的译家中,真谛的遭遇要算是最不幸的了。

据《开元录》记载,真谛译籍有四十九部,一百四十几卷。经过刊定,现存二十六部,八十七卷。由于他翻译时住处不定,所以前后的译文、义理,都没有得到统一。只是在广州所译《摄论》《俱舍》等大部,由僧宗、慧恺、法太等人助译,又一再经过校对,质量还相当的高。

真谛所传的瑜伽行派学说,与其前菩提流支译传的不同,也与以后玄奘译传的大有出入。真谛不少译本,玄奘都重新译过,很多不同。玄奘门下认为,这些都是真谛译错了的,几乎一无是处。但因真谛的译本早经流行,发生了影响,所以当时还是有人相信真谛之说。于是引起了新旧译的争论。关于这方面的材料现存有唐代灵润所举的十四点异义(见日人良遍《观心觉梦钞》)。近人梅光羲还增加了八义(见《相宗新旧两译不同论》)。这些异义,其中确有出于旧译错误的,但主要原因还是来自两家学说的渊源不同。换言之,就是两家所得无着、世亲的传承不同。

印度瑜伽行派学说前后期的变化很大,初期从弥勒、无着到世亲就有变化,甚至一部《瑜伽师地论》前后说法就不一致,其他论书各个部分的说法更多出入。就是同一人的著作,例如,无着写的《庄严论》与《显扬论》,就有不少自相矛盾的地方。至于世亲,学问面相当广,一生的学历变化也相当大。最初他学的小乘有部,其后转学经部,再后又改学大乘,在大乘中他开始学的是法相,以后又集中于唯识。这些经历变化自然要反映到他的著作中去。因此,传译到中国就有各种不同的说法了。真谛之学,有两个重要特点:第一,关于唯识一般只讲八识,至阿赖耶识为止,真谛则在第八识外还建立了第九识,即阿摩罗识(无垢识或净识)。此第九识是结合"如如"和"如如智(正智)"而言,"如如"指识性如如,"如如智"指能缘如如之智。第二,关于三性,这是瑜伽行派的总纲,相当于中观派的二谛,真谛讲三性把"依他起"的重点放在染污的性质上,强调依他同遍计一样,最后也应该断灭。

真谛生当于陈那、安慧的时期,学说上不能不受到他们的一些影响,例如,他就译过陈那著的《观所缘缘论》。他虽没有介绍过安慧的著作,但是在中国一般认为他受安慧的影响很大。实际上,真谛和陈那、安慧之前最忠实地遵守世亲旧说的难陀,更为接近。难陀旧说一直在印度与他家并行,所以玄奘在印度时,还特地向胜军论师学习过它,并在那烂陀寺开过讲座。因此,真谛所传译的纯是旧说,当然会与玄奘所传的不同了。玄奘之学是在陈那、安慧之后,经过护法、戒贤、亲光等几代人发展了的。这种传承上各异的情况,反映在翻译上形成了新译与旧译的不同,可以说是很自然的。

真谛在所译各书中,特别重视《摄大乘论》。因为此论集中反映了瑜伽系大乘和他系以及小乘不同的观点,是属于一系学说的根本典据。道宣在《续高僧传》中就说,"自谛来中夏,虽广出众经,偏宗《摄论》"。真谛对此论的翻译也特别用心,而且自作《义疏》。同时对参与译事的僧宗、慧恺等人毫无保留地谆谆教诲。现在《义疏》虽已不存,但他的《世亲释》译文中还搀杂有他自己的许多说法,可以寻绎。并且他把这部《论释》和《俱舍论》看成是世亲的两大代表作,同样的"词富理玄"。《俱舍》,可谓世亲前期思想的一个总结,《摄论释》,则是他后期思想的一个开端。真谛本人对这两部书的翻译也甚满意,尝说此两译"词理圆备,吾无恨矣",因而发愿要大力宣扬。在这个过程中,他的得意门生慧恺不幸夭折,真谛非常痛心,特别到法准房中,和他的得力门徒道尼、智敫、慧旷等十二人共传香火,要两论的传承誓无断绝。因此,在他死后,门人虽分散各处,却都能承其遗志继续传播《摄论》。

先说法太,真谛死后二年(太建三年,公元571年),他带着真谛的译籍到了建业,"创开义旨",专讲《摄论》。但是,陈代一开始就在复兴三论,一般人讲习三论与《大品》,跟世亲《摄论》的说法格格不入,因此来学者很少。后来仅有靖嵩一家能精心传习,并到彭城大加弘扬。其次,慧恺的俗侄曹毗,也随真谛学过,他回到江都(扬州)之后,传授《摄论》,门下著名之士有僧荣、法侃等人。又次,道尼回到江西九江,隋代时又去西安讲学,传承颇盛,唐代的道岳、慧休等大师,都出自他的门下。最后,僧宗、慧旷回到庐山,也阐扬《摄论》。由于真谛门下这样的传播,使真谛的学说产生了不小的影响,而且这种影响还及于他们师承以外的北方学者昙迁。

昙迁,在北周武帝毁佛时,逃避强迫还俗,来到南方。他素习唯识之说,常感难通,南来后,一度从曾经做过桂州刺史的蒋君家里读到真谛《摄论·世亲释》的译稿,非常高兴,认为获得了"全如意珠",解决了过去的疑难。隋初,昙迁在彭城讲授《摄论》,声誉远播。因为论的说法比较新颖，是能够吸引人的。开皇七年（公元 587 年），隋文帝请他去西安，同时受请的还有大德慧远、慧藏、僧休等五人。他在西安又大讲《摄论》，听众踊跃。特别是当时已有很高声望的慧远也"横经禀义"带头听，更使《摄论》的研究，蔚为风尚。此外，从学《摄论》的昙延、慧琳、玄琬、道英等，这些人都兼习《地论》，会通讲说，《摄论》研习的风气就更盛了。昙延后传法常，慧远后传辨相、慧恭。靖嵩又传智凝、道奘、道基、灵润等人。这几家在唐初都十分得势，可称之为摄论师。

由上所说，摄论师有的直接出自真谛，有的间接与真谛有关，来源是一个，传授的又只限于《摄论·世亲释》一书，似乎讲法应该一致了，但事实不然，各家之间，分歧很大，他们传记上就有记载，如《法常传》说，"论门初辟，师学多端"。这种分歧是有原因的，《摄论》的内容丰富，义理复杂，要完全理解它，颇有困难。而且世亲的著作除《摄论释》外还有多种，因其学历关系，前后说法的变化很大。当时还不可能了解这些变化的原由，各家各以自己的理解推论，当然就会产生分歧。加以这些人的讲授地点分散各处，各自传播，难得一致，这就无怪道宣有"寰宇穿凿，时有异端"之叹了。现在著述引用到各家《摄论》的章、疏之说的，有慧远的《大乘义章》，道伦的《瑜伽伦记》，圆测的《解深密经疏》等（欧阳竟无先生对这些不同的说法曾作了一些节要编成《解节经真谛义》，可以参考）。此外，在敦煌卷子中有一些章疏残本，如道基的《摄大乘义章》（残本，已校刻），可以看到当时的理论都因自由发挥而更加显得复杂了。后来玄奘重译《摄论》，不论文字上还是义理上都比以前完备，《摄论》各家师说便为玄奘一系所淘汰。

佛家学说传来中国，一开始就夹杂了轮回报应的思想。作为报应主体的，在原始佛学中是指十二因缘中的"识"。"行缘识"，是表示由业生识，"识缘名色"，是表示由识而五蕴结合成为有生命的个体。但是在翻译时，作为报应主体的"识"借用了类似的字眼"神"来表达。"识"与"神"这两个概念，不论就内涵或外延方面都不是完全一致的。在中国运用起来，还将它们同魂、灵、精神等混同了。

当时翻译经籍中介绍轮回思想比较完整的，是三国时支谦所译《法句经》。在译本的末尾，增加了一个《生死品》。品前的小序（此经每品之前都有小序）中说："《生死品》者，说诸人魂（即神），灵（指神之用）亡神在，随行（业）转生。"《法句经》是集诸经中有关颂文编成的，此品共十八颂，内有两颂说："如人一身居，去其故室中，神以形为庐，形坏神不亡。精神居形躯，犹雀藏器中，器破雀飞去，身坏神逝去。"又有一颂说："神以身为名，如火随形字，着烛为烛火，随炭、草、粪、薪。"这些都是讲神与形的关系的。其讲法的共同特点是，神跟形分离，是两件东西。在说明其间的关系则用火与所燃之物做比喻。这一点颇值得注意。因为这类思想与两汉以来中国的传统说法很相契合，例如，儒家的《易传·系辞传》、桓谭《新论》，道家的《庄子》、《淮南子》等，也都在讲神形分离而用火与燃物为喻的。

至东晋末年，僧伽提婆译传了犊子一系有我的学说，这种思想更向前发展了一步。印度佛学一般主张无我，而犊子主张有我，但"我"跟轮回的主体是有区别的，轮回的主体是"识"而不是"我"。所谓"我"，是超乎精神与形体之上的另一种东西，在印度哲学中名之为"补鲁沙"（士夫）或"阿特曼"（我），佛家更称之为

"补特伽罗"（数取趣）。犊子系就是主张有补特伽罗的，并且是胜义有而非假有。这样，成了佛家里很特殊的一派。僧伽提婆在庐山完译了这派的著作，很受慧远的欣赏，误认为是大乘学说而大加宣扬。慧远表示自己学说体系的《沙门不敬王者论》的最后一节，就以形尽神不灭的议论来反对当时神灭之说。他说，精极为灵是神，以妙物为言，故非形神同尽。把形与神仍然看成是两回事。他还更进一步地作了论证：神与形相比，是精，是妙，故与形不同。由于他受了犊子系的影响，所以还说：神为情（识）根，情为化（形）母，即化以情感，神以化传。神在情与化之外另有其法，有神才有识，有识才有形；形由识感而成，神以形化而流转。这种神存在于情化之外的思想，就是犊子部的有我思想。

慧远时，大乘龙树的思想已经传来，所以他也用形神的关系来解释法身。以为一般人处于生死流转之中，这是"顺化"，佛家的宗旨则在"返化求寂"。小乘的"返化"是无余涅槃，堕于断灭，形神均无；大乘不然，认为佛虽灭度而仍有法身存在。那末，法身与神是什么关系呢？慧远说："不以情累其生（即化）则生可灭，不以生累其神则神可冥。冥神绝境故谓之泥洹。"因此，法身就是神独存之意。所谓"冥神"并非神无，而是处于一种冥然无形而难于捉摸的境界。

总之，这个时期有神的思想广泛流行。当时在政治上很有地位的罗含（君章）即曾写有《更生论》，把神不灭的思想同道家的一些说法结合起来，认为"人、物之神有更生义"，死后还可以复生。另外，郑鲜之（道子）又写了《神不灭论》，直接发挥神不灭的思想。但是到了南朝刘宋之初，对于佛家神不灭的说法渐有反对的意见，乃开始了神灭不灭的论争。

宋文帝元嘉年间,建业冶城寺有位沙门慧琳写了一篇《黑白论》(又名《均善论》),论中假设儒(白学)佛(黑学)两家较论优劣。作者认为佛家虽然讲世间,也讲幽冥,讲现在,也讲来生等等,但都"无征验",难以相信。同时还批评了佛家教人不贪,却又"以利欲诱人",如要人布施、修寺庙,并用报应之说去吓唬人等等。这些都是针对当时佛教的流弊而言的(此论附载于《宋书》列传第九十七,天竺迦毗黎国一段内),因此受到佛教界的批评,认为他背弃了自己的信仰,甚至想驱逐他。但慧琳颇得宋文帝的宠幸,所以终于安然无事。当时有个官僚何承天(擅长历算之学),赞成慧琳的议论,把《黑白论》给文人宗炳(少文)看,征求意见。宗是慧远的忠实门徒,他在回答何文中涉及到神灭不灭的问题,认为"身死神灭,非物真性,佛不当以不灭欺人"。并还采用慧远的论证:"神妙于万物,非资形以造,随形而灭。如以形为本,何妙以言乎?"其意是说既然神妙于万物,就必然另有其来源,不应该借助于形而成。他又清楚地表示:"禀日损之学,损之又损,必至无为无欲,惟神独照,则无当于生矣。"这还是返化求寂的意思。又说:"故无生则无身,无身而存神,法身之神也。"这就比慧远更进一步地提出了法身为神的话来了。此外,宗炳还写了《明佛论》,认为人定可以成佛,其原因就在于有不灭之神。何承天对此继续跟他辩难,他也一再答辩。何承天自己也写了《达性论》、《报应问》等,驳斥神不灭之说。他说:"生必有死,形弊神散,犹春荣秋落,四时代换,奚有于更受形哉!"意谓生死是自然现象,所以神与形同时生灭。以上争辩,当时没有能得出什么结论。

从刘宋时代起,佛教在政治上的作用越来越大。宋文帝公开袒护佛家,对臣下毫不讳言地表示,假若人们都信仰了佛教,则一定能驯服地接受统治,可以坐致太平。此外,这些统治者对于那些近于清谈的理论辩难,也很喜欢,宋文帝就奖励人们来讨论它。例如,道生主张顿悟之说,曾经发生过风波,及至道生死后本已逐渐冷淡下去了,而这时宋文帝又约道生的弟子法瑗来京,与主张渐悟说者进行辩论。这说明统治者认识了引导人们去探讨宗教问题,对他们的统治地位的巩固是有好处的,所以甚感兴趣。

统治阶级的利用佛教,这在当时的辩论文章里也可以看得很清楚。例如,何承天和宗炳辩论时就曾经这样地说:轮回报应确实是佛教,但这是对印度人说的。印人秉性刚强,贪戾极重,佛为了调伏他们,才有轮回报应之说。至于中国,文化发达,无需这样的说法了。宗炳的答复更直接道出了统治者宣扬佛教的目的,他说,对于贪戾的人,只要约法三章,赏罚分明就够了,何必讲法身、报应等玄妙的道理呢?恰恰是因为中国人的文化高,所以才更需要讲神不灭、轮回等等。这些话,真正说出了当时统治者的内心愿望。由此可见,这场争辩,并非什么理论和学说上的讨论,实际是统治者的一种手段,换言之,是有它的政治目的的。

到了齐梁两代,神灭不灭的争论达到了高峰,这是由范缜(子真)引起的。他在南齐时,同竟陵王萧子良就有过辩论。萧相信神不灭,而范缜当面驳难了他。萧问,如果没有报应,为什么人们会有贫富穷通的不同呢?范缜答,这事有如风吹落花,飘落在高下不同的地上,这纯属偶然,并无什么报应的原因。当然,范缜在那时候不可能看到贫富穷通的阶级根源,只得用偶然说来反对命定论,这也是受了道家思想的影响。萧子良不满意范的回答,但也觉得无法反驳,从此范缜即开始酝酿写关于神灭的文章了。

梁武帝天监初(约在六年,即公元 507 年顷),范缜由外谪召回任中书令,便把多年酝酿的思想写成了《神灭论》。论文很有逻辑性,对驳斥佛家神不灭说非常有力。它是假设问答的体裁,共计三十一条。范缜的外弟萧琛不同意范的说法,作《难神灭论》,把三十一条逐段引来加以驳难,因而论文得以保存下来。现据萧文所引的看,原论共分六段,第一段是泛论形神的关系,认为神形相即,二者不能相离,所以共生共灭。第二段指出神形是体一名殊,犹如刃之与利。第三段指出人之所以不同于木石,乃由于"人之质不同于木之质",故"有知无知各异"。第四段从人来说,"形分与神分相应",因形分不同,故神分亦不同,而形分是神分之本。第五段说明人有"圣凡之异"乃由于"形器之异"。有聪明的人,其天赋之身体即有过人之处,——这是由形神相应必然得出的结论。这一段还附带讲到幽明鬼怪的问题,认为这是在人物之外的另一种形体,如"载鬼一车"确实是有,但这不是人死后所变的鬼。第六段说明讲神灭的目的在于破除报应之说,间接打击佛教的势力。因为当时佛教无论是在经济或政治上都已是流弊百端,害政蠹俗,不容不破斥之。

范论运用了朴素唯物论的观点,远胜于从前辩神灭的许多议论,特别是一反过去分离神形为二的看法,而认为神形相即,又用了恰切的刃利比喻,甚为生动,能说服人。这是本论的一大贡献。中国的传统说法神形分离,佛教加以利用,影响很大。范缜从神形相即立论,就基本上推翻了这一理论的基础。其次,他对一向所说的鬼神,认为是与轮回报应不相干的另外一件事。又过去宗法社会提倡孝道,重视祭祀,以为有鬼来飨等等,范缜也逐一予以驳斥。总之,凡是论敌可能用来作为论证有神论的,他都周密地予以杜塞了。正因为如此,所以他很自负说,"辩摧众口,日服千人"。

范缜的《神灭论》一出，即引起了反响。他的亲戚萧琛首先发难，继之沈约（休文）、曹思文等也参加论战。曹文比较扼要，他知道要驳倒范缜的全部论证是很困难的，所以只提出两条加以问难。第一，神形相即。本来范缜这一论点只是假定，没有什么文献上的根据，也没有什么科学依据，所以曹思文认为只能说神形相合为用，把二者看成相即的一体是不对的。第二，宗庙祭祀。范缜说是圣人的设教，并无其事，不过只为了表达孝子之心而已；这也可借以叫那些不孝的人有所恐惧，而厉媮薄。曹思文反问，如果宗庙祭祀只是圣人为了说教的方便，岂不成了欺人之谈？不仅欺人，而且还是欺天呢。因此，这种观点必然会导向对礼教的攻击，把礼教说成是谎话，从而动摇国家的道德根本。曹思文批评了范缜的这两点，一是抓住了他理论上的根本弱点，一是抓住了具有政治性的实际意义。这也反映了范缜的理论虽然比较周密，很为自信，究竟还不是那么完备的。

正因为范缜说理还欠圆到，所以在回答曹难时就无意中犯了错误。他承认了对方提出的神形合用的说法，还以为这是证明神灭的更好的根据。他举了一个比喻，"蛩与蟨蟩"（传说是两兽相依为命），二者谁也离不开谁。但是这样一说就使他的神灭论更不完整了。因此曹说，既然承认这是两个生命，那么，一个虽死，一个还是可以活的，岂非所谓形谢神灭就不能成立了吗？由此可见，范的神灭论原有破绽，难于坚持到底，于是从形神一体转成了神形合用了。这也是他原来对"相即"的理解不够正确，因而一旦有人提出"合用"之说，他就同意了。

这一争论，由于史料不足，其后是否还有深入一步的开展，无法知道。但是,由于范缜的议论,产生了相当的影响,特别是在梁代统治者大倡佛教之际,他的批评直接动摇了佛教的基本理论,当然是不能允许的。因此,梁武帝对范的理论也作了简单的批评,他重新引用"祭义"及"礼运"两条来责备他,"违经背亲,言诚可息"。其后梁武帝还通过当时的大僧正法云,发动了王公朝贵六十二人,一致赞扬他的批评,借以阻碍范缜议论的流行。这样,梁武帝虽没有驳倒范论,但利用统治者手中的权力限制了他的思想的影响。

就范缜来说,他也没有完全驳倒佛家神不灭之说。因为佛家还有许多与此相关的理论,比较复杂,不是简单一文就能完全解决的。例如,当时已经不是那么强调神形关系,而是谈到补特伽罗有我,还有关于佛性的思想等等,这些都是与神不灭问题有关,《神灭论》的简单说法,都没有能够涉及。

本讲参考材料

〔一〕 汤用彤:《汉魏两晋南北朝佛教史》第十九章、第二十章。

〔二〕 《续高僧传》卷一、卷七、卷八、卷十六。

〔三〕 《开元释教录》卷六、卷七。

〔四〕 《弘明集》卷九、卷十。

〔五〕 《广弘明集》卷二十二。

〔六〕 《中国思想通史》第三卷,第八、九章。

〔七〕 吕澂:《谈谈有关初期禅学的几个问题》(见附录)。

〔八〕 梅光羲:《相宗新旧两译不同论》。

第八讲　宗派的兴起及其发展

讲　授　提　纲

天台宗与龙树学——性具的实相论——五时八教的判释——吉藏与三论宗——二谛八不的中道观——玄奘的翻译与学说——慈恩宗义从三性到唯识——五种姓说之争——贤首的创宗——六相十玄的性起观——起信论思想的开展与教禅统一说

隋唐两代是中国佛学的构成时期,这种构成是以宗派的形式出现的。依宗派成立的先后次序说,是天台宗、三论宗、慈恩宗、贤首宗和禅宗。本讲先谈前四宗。

在南北朝时代,由于南北两地的社会政治情况不同,所反映出来的学说思想面貌也各有特点。就佛学言,它跟政治结合密切,这种南北的区分,反映得尤为明显。概括的讲,南方佛学偏重于玄谈,北方佛学偏重于实践。因此,义学在南方比较发达,禅法在北方广为流行。这是南北朝时代佛学的一般情况。到了这一时代的末期,两地的社会发展相接近了,各种学说相互沟通,佛学方面南北的各家师说也逐渐有了综合调和的趋势,于是开始酝酿一定学派的结构。此外,当时提倡某一种学说的人,常能在一地方固定下来,并有了经济基础,具备了设立门庭,传授学徒的条件,这样,师弟传承络绎不绝,因而逐渐形成宗派,就大不同于前

159

此流动不定的各种师说了。

先说天台宗。

中国最初成立的佛学宗派，是一般称为天台宗的一派。它形成的中心地点在浙江天台山，因而得名。创宗者智顗，曾住在天台，并死于其地。

天台宗学说的渊源，可上溯至南岳慧思和北齐慧文，这是直接的渊源，间接地说，他们还以龙树为学说发源的高祖。这一传承说法，见于灌顶所记智顗说的《摩诃止观》卷首。那里说，"智者师事南岳慧思"。慧思（公元515—573年）这个人是"十年专诵（《法华经》），七载方等，九旬常坐（念禅），一时圆证（此说他继续坐禅三个月，一时证得"法华三昧"），大小（乘）法门，朗然洞发"。又说，"南岳师事慧文禅师"。慧文的生卒年代不详，只知他"当齐高之世（公元550—577年）"，这可能是指慧文的活动年代。他的学说来历不明，只提到他的造诣是，"独步河淮，法门非世所知，履地戴天，莫知高厚"。说他的禅法是"文师用心，一依释论（指《大智度论》），论是龙树所说，《付法藏》中第十三师（《付法藏因缘传》中记载释迦以后的传承，龙树列为第十三）。智者《观心论》云，'归命龙树师'，验知龙树是高祖师也"。这一段话表明了他们的师承。

此外，道宣的《续高僧传·慧思传》附带地提及慧文，说他当时"聚徒数百"，学风严肃，很受尊重，慧思就是在这里得到"一心三观"的传承的。所谓"一心三观"，主要来源于《智论》和《中论》。《大品》开头说："修习道种智、一切智、一切种智。"这里把智慧分为三种："道种智"对于大小乘所说的各种道均能了解；"一切智"了解一切法的共相，这是小乘所要达到的最高智慧；"一切种智"了解一切法的自相，这是大乘所追求的最高智慧。三者有高低层次的差别,必须修习般若才能获得。《智论》二十七卷解释这句经文,认为三种智慧虽有层次,但开始是点滴的积累,而最后达到圆满,可以一时得到,所以说"一心中得"。因为达到无所不知时,这三种智当然都于一心中具备了。《智论》在讲"一心中得"时,还特别提出一切智和一切种智来。慧文由这些说法理会到修习般若的结果乃是"一心中得"三智,果既顿得,那末,因也就可以一时综合起来观察了,这就是所谓"因顿观"。此外,他还联系到《中论·观四谛品》中的三是偈。偈说因缘法是空、假、中,三种相都真实,所以又叫三谛。照这样说,一心同时也是可以从这三个方面来观察的,因而成立了空假中的三种观门。于是由原来的"三智一心"观发展成为"三谛一心"观。这就是慧文"一心三观"的说法。

慧思在"一心三观"这一基本思想上又有所发展。他的《立誓愿文》(有人疑为伪托)中说,以前学禅是"遍历各国诸大禅师学摩诃衍",并无就学慧文的明文,可见他的学问并不限于一家。在他学而有得之后,曾向当时有名的几家学者请教(如《传》中所提到的鉴、最诸师),那些人对他的成就都是称许的。他的主要成就另外还有"十如是相"的说法,把"十如是"作为"诸法实相"。此说来自《法华经》(慧思专诵此经的)。《法华经·方便品》中有一句说,"唯佛与佛乃能究竟诸法实相",这可以作为一切智、一切种智的内容。经文对于诸法实相还列举了如是相、如是性、如是体、如是力、如是作、如是因、如是缘、如是果、如是报、如是本末究竟,认为佛所知的实相就是这十项。既然这十项都是用"如是"来形容,又概括了一切相,所以慧思在"一心三观"的基础上又发展出了诸法有"十如是"之说。但经文上的这些说法,只是罗什译本上独有的,其余译本不这样说,可见是罗什译时所改动的。这种作十如是的讲法，与《智论》中的解释有配合，所以仍然与龙树学有关系。因此，天台宗说他们思想来源于龙树，是有相当根据的。

除《立誓愿文》外，慧思还有一些著述。在《诸法无诤三昧法门》（二卷）中，他强调了修习禅法的必要，一般说来，学般若的人着重于智慧，修习禅法的人才着重定学，当时南方梁陈两代都重视般若，慧思为什么要强调修定？这本书里有说明。同时他把修定的中心放在四念处（身受心法）上，以四念处做止观的对象（念，就是系念，观照之意）。此外，他还著有《法华经安乐行义》一书。《法华经·安乐行品》指出四种行法是安乐的：一、正慧离着；二、无轻赞毁；三、敬善知识；四、慈悲接引。这四行中又可以分有相、无相两类：文字上可以有相，实际则是无相。这都是安乐行的说法，也与修习禅法有联系。《慧思传》中，还提到他讲止观的《次第禅要》、《三智观门》等一些著作，现在已经失传了。另有《大乘止观法门》（现存），说是慧思的著作，事实上很成问题，因为其内容全用《大乘起信论》的思想来结构，从时代上，从学说的基本思想上，都有矛盾，无疑是后人伪托的。

天台宗实际的创立人是智顗（公元538—597年）。他曾在真谛早年的弟子慧旷处学习大乘，对《法华》一类的经（《法华》三部经，即《无量义经》《法华经》《观普贤经》）深有研究。公元五六〇年，他知道慧思在光州（今河南潢川县）大苏山传授禅法，他就去跟随学习。慧思很重视他，常叫他代讲《大品》。讲授时，除了与大乘有关的三种三昧以及慧思特别提倡的"一心三观"外，还允许他讲自己的主张。慧思并称赞他的辩才，以为"说法第一"。智顗在光州住了七年，值陈代梁兴，山区发生兵乱，慧思避地去南岳，并嘱智顗往金陵去宣传。

智顗在慧思处所学的,有禅有教,但他擅长的还是教,所以慧思叫他去金陵宣传还更合适些,因为江南一带的佛学还是着重于义理方面的研究。果然,他到金陵后,以新颖的理论和极好的辩才,博得了当时的官僚和僧徒们的信仰。当时他所讲的是《法华》《智论》以及"次第禅法"(依照旧规模,逐步渐进的禅法)。由于他在金陵接触了三论师,成实师以及南方的涅槃师等的说法,扩大了眼界,吸收了各方面的精义,遂使他所得于文、思以来的综合思想,日渐充实丰富,逐渐具备了可以构成一个宗派的规模。

智顗在金陵本也宣传禅法,但住了几年,学禅真有所得的人越来越少,而且时值北周武帝破佛,北方禅者避地南来的日多,这给他一种刺激,认为留在这里无何意义,就决心去天台实修。他住天台九年,对教、禅有了更深入的研究,最后成熟了"圆融实相"之说。于是他再去金陵,详细地解释了《法华》,记录下来的讲义即《法华文句》。这时隋灭了陈,政权变更,虽然智顗与陈(宣帝、后主)隋(炀帝)的皇帝都有因缘,朝代的更换对他的地位并无影响,可是终以金陵地方不安定,他就溯江而上,到了庐山,又去过南岳(其时慧思已死),终于回到他的故乡荆州,住在当阳县的玉泉山,讲了他对于《法华》最后成熟的思想,完成了《法华玄义》(此是概论和导言的性质)和关于止观方面的《摩诃止观》(讲"圆顿止观"而不是"次第止观")两书。最后,重返天台,不久即死于山中。

智顗学说的体系,是对当时各家学说做过一番抉择去取功夫而组织成功的。在这一点上,表现了他的卓越才能,成绩也很突出。例如在禅法方面,以止观为具体内容,但又不限于泛泛的止观双修,而吸收了成实师的一些说法。成实师说渊源于印度的譬喻师,用止观来统摄四谛中的一切道谛,不单纯是定慧。因此,智颢之讲止观也把一切道谛包括在内。

他先楷定观的对象为诸法实相。所谓"一心三观"即是在同一时间于一心中观有空、假、中三种实相。这三种实相,称为三谛。这种主张,还吸收了三论师兴皇法朗所传的关河旧说,特别是僧肇《不真空论》中的"立处即真"思想,因而把"一心三观"说又发展成为"圆融三谛"之说。此说认为,从相互联系的观点看来,一切法都可以说具有三轨(法,是轨持之意。"持"就外延言,即在一定范围中的法体;"轨"就内涵言,即令人产生一种理解的意义),三轨是:真性(本质)、观照(认识)、资成(对其他法特别是观照发生的作用)。三轨分别配合成空、假、中,他不是泛泛讲空,而是从各法的别相上说。一切法都有其在认识上所执着的别相(即自性),如色以质碍为自性,色空就是空去这种自性;受以领纳为自性,受空就是空其领纳的自性。同时以假(资成)为契机,而认识法的本质(真性),这就是中。空假中三者并非次第关系,而是同时存在,互不妨碍,所以叫做"圆融三谛"。这种说法,比慧思讲"一心三观"当然要周密得多了。

智颢在晚年,还接触了地论师与摄论师。这两家的说法着重在诸法的缘起方面,地论师讲缘起,以法性为诸法的本源(即以法性为依持);摄论师讲缘起则以赖耶为依持。两种缘起观不同,智颢对之都有所批判:以法性为依持有自生自的毛病,自己生出一切来;以赖耶为依持有由他生的毛病,因为摄论师把赖耶看成是染污的,与清净的心性不同,赖耶对心性说就成了他。为了避免这两种缺陷,智颢提出了"性具"的学说。

所谓"性具",就是一切法都是自然存在的,既非自生,也非他生。而且这种存在，不是单一的存在，又是互相联系作为全体而存在的。智颉更根据慧思的十如思想，配之以十法界。他从人本观点出发，由凡圣境界分判成六道、四圣十个阶层。即从全体来看，一类有情为六道，另一类有情为四圣（声闻、缘觉、菩萨、佛）。其中每一有情主观所见一切法的法界（也即宇宙）各不相同，人所见不同于畜类，畜类又不同佛、菩萨所见等等，因而构成为十种法界。再以"十如"思想相配合，每一法界都有十如，十法界就有百如。再从十法界本身看，它们之间可以互相转化，因此，每一法界就蕴含有其他九种法界在内，这样，就由百数达到了千数就有千如。但是，一切法都不外乎五蕴——"五蕴世间"，这是诸法的根本性质，由五蕴构成为"有情世间"，有情所居的环境名"器世间"，这样，就有了三种世间。在千如方面具此三世间，三倍而成三千种法就有三千如了。因此，智颉的最后理论，不像地论师或摄论师那样，把一切法的存在归结为自生、他生，而是三千法存在于一念之中，所谓一念三千，森然具备，法界本然，勿须更有依持。因此他并不是不讲缘起，而是讲无明缘行等的业感缘起——每一有情在其一念之中都存在三千法，只是由于业感缘起，以致有隐有显。这就是他的"性具实相"说，也是他最后成熟的思想，天台宗的中心理论。

智颉的门下很多，能继承和光大他的学说的是灌顶，一般也以出生地称他为章安。灌顶从学智颉的时候比较迟，但智颉据成熟思想所讲的《法华文句》《法华玄义》《摩诃止观》所谓天台三大部，他都听到，并做了记录。智颉自己写作的并不多，现存《法界次第初门》、《六妙门》等都不甚重要。另有《小止观》一书，不一定就是智颉的著作。因此，灌顶的上述记录就很可贵，它不但得自真传，而且有所发挥。此外，灌顶还为天台作了《国清百录》（国清是灌顶所居的寺名)和《别传》。《百录》把智顗与陈、隋两代帝室往来的书信等编辑成册，使后人可看到天台与统治者的关系。至于他自己的著作有《涅槃玄义》和《涅槃文句》，这是仿照智顗的办法，以"玄义"讲义理，以"文句"作解释。智顗的《法华玄义》分为五重：一释名，二辨体，三明宗，四论用，五判教。这是一种特别的体裁。关于文句则分为四释：一因缘，二约教，三本迹(即教的来历)，四观心。这样由教至观，把教与观联系起来了，也是一种独创。灌顶就采用了同样的办法，大大地发挥了《涅槃》的经义，从前的涅槃师说也全被吸收进去了。

从灌顶以后，经过法华(寺)智威(？—公元681年)、天宫(寺)慧威(公元634—713年)、左溪(地)玄朗(公元673—754年)几代，没有什么发展，仅仅守成而已。当时已经出现了玄奘一派的慈恩宗，稍迟又有法藏一派的贤首宗以及南能北秀的禅宗等，都十分盛行。智威诸人能力较差，不能够和他们竞争，因此天台宗在一百多年间了无起色。只有灌顶门下恒景(律师，兼学天台)的弟子鉴真，由于他最初传天台三部于日本，在后世还有些声望。此外，出于左溪一系的永嘉玄觉，与惠能同时，只在禅宗中颇为著名。直到左溪另一支传到了荆溪湛然(公元711—782年)，经他的一番努力，才使天台宗得到中兴。

湛然所努力的工作主要有两方面：一方面，对天台的基本理论三大部都作了注解，并加以发挥，特别是使圆融三谛之说更深刻化了。他认为，三谛不但相即，而且有双遮双照的统一意义。原来讲"空"偏重于遮，讲"假"偏重于照，"中"则遮照俱有，这就把肯定与否定分开了。湛然则以为"空""假"两者都有否定(遮)有肯定(照)，既非单纯的一种，也不是二者简单的联合，而是双方都具有遮照,这就叫双遮双照。另方面,他为了对付贤首、慈恩的缘起说,对于本宗原有的理论又加以补充。他采取了《起信论》中如来藏缘起的思想。因此,他对于"性具"方面就用了《起信论》的"真如随缘"来解释"一念三千"之说。以为"诸法真如随缘而现,当体即是实相"。这样一来,天台宗原来的思想,就未免变得模糊了。

此外,他还直接批判了慈恩、贤首、禅宗各家的理论。慈恩宗窥基曾作《法华玄赞》,其中有很多不同意天台宗的地方,湛然批判慈恩的重点就放在这部书上,他写了《法华五百问论》提出了五百处错误加以质难。反对贤首,他写了《金刚錍》。金刚錍是印度医师医治眼翳的工具,他借以讽刺贤首宗人由于无明蒙蔽看不清问题,也需要用金刚錍刮治一下。在这部书中他特别提出无情之物也有佛性的主张,与贤首只承认有情有佛性的说法相对立。反对禅宗,他在《止观义例》中批判他们的禅法是"暗证",证而无教作根据。由于湛然的这番努力,抬高了天台宗的地位,使天台宗一时有了中兴之势,他的理论为宋代天台宗的更加盛行打下了基础。但是,由于吸收了《起信论》的思想,有许多含混不清之处也为宋代天台宗内部的分歧播下了种子。

出于湛然门下的还有梁肃(官僚,能文),著有止观一类的书,与中国的传统思想相调和,提出返本之说等等。这已非天台宗的主要学说了。

上面叙说了天台宗关于诸法实相的理论和与之有密切联系的止观之说,从理论体系上看,是属于"观"的部分。此外,还有属于"教"的部分。在这方面,他们重要的方式是判释。就是把从印度东流的一代佛法作为一个整体,给予了分析和解释。判释的目的,一方面表示他们理论依据的《法华》《涅槃》在全体佛学上的优越地位;一方面又显示他们在全体佛教中与其他宗派不同,有他们恰当的地位。

判释方法,原在南北朝初期就有了。由于当时《涅槃》的流行,慧观有过"五时判教"之说,以后南齐刘虬,因《无量义经》译出的启发曾提出过"七阶"的判教。慧观的判教,一面讲五时,一面还讲渐、顿(后人更加一不定),南朝的判教都是在这五时、三类分法基础上发展了许多不同的说法。北朝受了南方影响,并联系到《地论》,也有各种不同于南方的判教方法。到了智顗的时候,南北判教就相当复杂了,如果要再进行判教,对各种旧说就得有所料简,去取,同时也不可能完全离开旧说。智顗的"五时八教"判释就是这样完成的。

智顗判教的基本说法,见于他的晚年著作《法华玄义》的第九、第十两卷,即属于五重解释的最后一重,从"教相"上分析,提出了一家的判教看法。此外,他从玉泉回到天台临死之前的两年,还应隋炀帝的请求,注释了《维摩经》,此注仍用注《法华经》的方式,分为《玄疏》和《文疏》。在《玄疏》的十卷里也讲到了判教问题。后来有人把判教部分单独抽出,改题为《四教义》(四卷)另行。此外,还有《四悉檀义》《三观义》相合构成一个体系的三书。从上面有关著作看,他在进行判教时,首先对过去各家的说法作了考察,把它们分为十类,名曰"异解",以区别于自己的看法。异解从地区上分,南方有三家,北方有七家,简称为"南三北七"。

"南三"是在顿渐不定三类分别上形成的不同说法,都是对渐教的次第看法有异。第一家是虎丘岌师,认为渐教有三种,一、释迦成道以后的十二年中所说的"有相教",讲诸法实有。十二年是根据《十二游经》的说法。经中简略说明了十二年内所进行的教化事实，内容都属于小乘，因此说它是"有相"。二、十二年以后，释迦讲大乘经，从《般若》《维摩》直到《法华》。此说根据即在《法华》，经中讲到以前的佛说都属于方便，只有《法华》才是究竟之说。这一类大乘经都偏重于讲空、无自性，所以叫做"无相教"。三、佛的最后说法《涅槃经》。经内有明文，指出是在将要涅槃时所讲。此经特点在于提出常、乐、我、净的说法，一反以往之讲无常，苦，无我，不净，所以叫做"常住教"。以上是三教说。第二家宗爱法师（行事不详），据三教说在"无相教"与"常住教"之间，分出《法华》为"同归教"，这样，成了渐教的四教说。《法华》抹杀了三乘的区别，会三乘为一乘，所以谓之同归。梁代三大师中的庄严僧旻，也同于这一提法。第三家是定林的柔次二师，又在四教上加了一教，构成了渐教的五教说。即在"无相教"与"同归教"之间，分出《维摩》《思益》等经，作为《法华》会归三乘的预备阶段。诸经对二乘作了批判，对菩萨乘则加以赞扬，其中有褒有贬，有抑有扬，故谓之"抑扬教"。梁代三大师中的开善智藏、光宅法云两家也用此说。如上所述，南三的说法比较有系统，也比较简单，实际上都是从三教之说发展而成。

"北七"比较复杂。一、最初南方的渐教五教说北传后，北地师（人名不详）作了一些改动。他们认为佛成道后，首先为提谓、波利二人说过"人天教"，所以在"有相教"之前应加上这一教；又认为《维摩》等经也讲无相，可以包括于"无相教"之内，不必另立"抑扬教"。这样一增一删，就构成了北地师的"五教"说。二、地论师菩提流支另有一种看法，可称之为"二教说"。他不讲顿渐不定三类分法，也不讲渐教的次第，而是根据《涅槃经·如来性品》

采取了二类分法。经中有个比喻,在小儿启蒙识字时,先教半字,后教满字,半字就是小乘教,满字就是大乘教。以此为判教标准,则佛在十二年内讲的都是半字教,其后都是满字教。三、地论师佛陀扇多、慧光等,判佛教为四宗:开始为"因缘宗"。即小乘有部所讲的各种毗昙,以六因四缘为其主要理论。其次"假名宗"。这是成实师讲三假。第三"诳相宗"。此为《大品》《三论》,讲诸法为虚诳。第四"常宗"。此为《涅槃》《华严》等经,地论师推崇《华严》,所以把它作为判教中最后的说法。四、护身(寺)自轨(也称"大乘师"),在前四宗基础上另提出了"五宗"说。认为《涅槃》与《华严》也可分开,《涅槃》叫做"常宗",《华严》地位更高,应名"法界宗"。五、耆阇(寺)凛师(行事不详),主张"六宗",即在前五宗基础上分出《法华》,以此经讲"真实"是最后说法,应独立为"真实宗"。他又认为《华严》《大集》一类的经,讲染净圆融,应改称为"圆宗"。六、是北方的禅师,认为只分"有相"、"无相"两类就行了。《华严》《般若》《璎珞》讲修道时都有顺序次第,如《华严》讲十地,《般若》也讲十地,《璎珞》分四十二个层次等,各有一定范围,一定的相可说,所以叫做"有相"。另外,如《楞伽》不讲次第,而是讲顿,可以叫做"无相教"。七、其他一些禅师认为,佛教并无各种区别,不过听法的人理解上有差异,"一音异解"而已。因此他们的判教成为"一音教"。

以上是智颛在判教时先分析旧说举出的"南三北七"。他接着予以批评。以为这些判教不能说全无根据,例如,南方的五时就是由《涅槃》中得到启发的。《涅槃经·圣行品》(凉译卷十四)经文中以牛乳五味作比喻:生乳可以练成酪,由酪而生酥、熟酥、醍醐,以此说明佛法也有五重层次:十二部经出修多罗,修多罗出方等,方等出般若,般若出涅槃达到最高的阶段。此外,在《如来性品》(卷九)中还有半字、满字的比喻。尽管如此,但他们以顿渐不定等来判教,不论是内容或形式,与佛经出现的次第都有矛盾。比方说十二年内佛讲的都是有相教,而《央掘魔罗经》是佛成道六年后说的,其中就已讲无相教,不是有了例外吗?再如,说小乘经是有相教,主要指四阿含,但是《长阿含·游行经》(性质类似《涅槃经》)中叙述佛的说法一直到晚年,怎能算是有相教呢?根据研究,智颉认为"五时八教"的判释才是合理的。

首先,关于五时。《华严经·性起品》(晋译本)说:"日出先照高山,后照大地。"比喻佛的说法是先从高处说起,即先对大智之人说,因此,《华严》应该居于第一时。其次,佛在鹿苑为五比丘讲小乘教,属第二时。又次,讲一般大乘如方等,属第三时。又次,讲《般若》,为第四时。最后讲《法华》《涅槃》,为第五时。因为智颉推崇《法华》,故判它为最后第五时。这样,他就把当时传入我国的大小乘经,都比较合理的排列到五时中去了。

其次,关于八教。这是从形式与内容两方面分教为二种。从形式上讲,有"化仪四教"(教化的方式),即顿、渐、秘密、不定。佛说的法尽管是一样,但听讲的人"同闻异解",假如同闻异解而各不相知,就叫做秘密,互相知道,就叫做不定。这种分法,和其前的旧说还是有联系的。从内容上讲,有"化法四教"(法指教理),这是天台的独特讲法。它的来源:一个是慧文、慧思以来对教的看法,他们认为佛说法的位次有"通"(通三乘)、"别"(大别于小)、"圆"(圆满)。另一个是《璎珞本业经》,此经也讲三观,联系空假中的互相关系来分,就是"由假入空观","由空入假观","中道第一义"。天台是讲观的,认为教与观有密切联系,所以可由三观中看出教的不同,这就是从内容上来判教了。"由假入空观"有两种方法,一是析色入空,这指小乘的说诸色法由极微构成,因而可以析色成空。二是大乘说的"当体成空"。这样,就有四种教:"藏"(指小乘,因为《智论》批评小乘只懂三藏)"通""别""圆"。由"化法四教"加上"化仪四教"再与五时结合起来,总称为"五时八教判释"。事实上,重点只在"化法四教",所以也称之为"天台四教"。用四教配合诸经,"藏教"是小乘的阿含(经律论),"通教"是三乘相通的,如《般若》等(因为其中讲到与小乘有共有不共),"别教"是指《维摩》,特别显示了大乘的优越,"圆教"是指《华严》《涅槃》和《法华》。——这三种经仍有区别:《华严》讲十地有其特殊的看法,所以是圆教而兼别教,《涅槃》也是圆教,但其中也讲到以前的通、别、半、满等,但是追说追泯,并非提倡它们,而是否定它们。只有天台本宗所崇奉的《法华》才是纯圆。

四教的判教后来就成为天台宗的一个特点,这虽是创自智颉,但都经其弟子灌顶整理过。例如,《维摩》的玄疏和文疏以及从中分出来的《四教义》等。对于智颉《玄义》里讲教相之处,灌顶还加上了按语,叫做《私记》,补充了很多说法。例如,以《般若》跟《法华》《涅槃》比高下,则《般若》要差一些,这只是一般的说,事实上,三经在高下方面,还不能作决定的看法。灌顶这些补充,反映了当时三论盛行,他因而采取了一种调和的立场。由于灌顶对判教的整理,天台宗的议论对后来佛学发生了很大影响。如贤首宗判教所采取的五教说,就用了天台四教的基本观点。唐代湛然为了显示己宗,就曾对贤首袭取四教之说有所批评。

原来贤首宗为了突出《华严》的地位,把它列入圆教,同时拿《法华》之圆来做高低的比较。认为在渐顿上也可以各有藏通别圆;《华严》是"顿圆",而《法华》只属于"渐圆",要逊一筹。这一说法,见于清凉澄观的《华严疏钞》中。由此还引申:《法华》虽也有顿的意思,但只是渐中之顿,《华严》则是顿中之顿,是"顿顿"。湛然想复兴天台,在《止观义例》中大作文章,用四十六番问答来破斥这种说法。其中特别提出,贤首这些说法实由于不懂天台判教有双重意义,有时是就"相"而言,有时是就"部"而言的。在顿中只可以有"相""部"两个标准,说有"相顿"(以圆相为顿),有"部顿"。《法华》所讲的是"圆相顿",由"相"而言,《华严》的顿是"部顿",则由"部"而言。其为圆顿与《法华》相同,那里有什么顿中之顿呢。

总的说来,天台宗学说,"观""教"并重,构成了一个庞大而又复杂的体系,对以后其他各派都有影响。各派因此不得不对观与教的两方面注意,否则就不能构成独立的宗派。而且天台对于他派的争论,也都着重在教与观两方面,如说华严就是无教无观等。天台这一家的著作留存的很多,分量也很大,内容相当丰富,研究中国佛学该特别予以注意。

次说三论宗。

三论宗的学说,到兴皇法朗时已经具备了一定的规模。据《续高僧传·法朗传》说,他原与慧勇、智辩、慧布三人就学于摄山止观寺僧诠。诠在寺传三论之学,经常对他们说:"此法精妙,识者能行,无使出房,辄有开宗。"认为是不能出去随便讲的。因此,僧诠在世时,四人都不敢讲三论。僧诠死后,慧布留于摄山,其他三人到了金陵,法朗住于城郊的兴皇寺。这三个人"各擅威容",都有各自的长处。由于摄山之学也是禅教并讲,所以法朗在兴皇讲学,颇负盛名。

传上说他是"禅门宏敞,慧声遐讨",在诸人之中"莫高于朗"。

当时金陵讲义学和禅法的人很多,加之从梁代以来的成实师,特别是三大师,还兼讲大小乘,因而说法异常纷纭。法朗要在这种环境中传播三论之学,就不能不对各方面展开辩论。他不仅与三论外各家辩难,还对同门中的智辩、慧勇也很直率地提出了批评,指责他们不是讲真正的三论,而是"中假师"。后来智顗到了金陵,法朗并叫他的门人向智顗提出了种种辩难。这样,法朗给人的印象就是:"历毁诸师,非斥众学"的好诤的人了。当时有位大心嵩师不同意这种争论,写了一篇《无诤论》,文中就有以上的两句话。法朗的门下傅绎(官僚),也写了一篇《明道论》替法朗辩护。在这种环境下,法朗的学说自然成了多方面的,表现得很复杂。为了标新立异,甚至弄得支离破碎,面目模糊,成了这一学派的一个特征。人们称"诠公四友"中的法朗为"四句朗",就是说他一讲起来总是四面八方地扯开去。

三论之学传到吉藏(公元549—623年),更加发扬了本宗的特点,他不愧为三论宗的实际创立人。吉藏是安息族(波斯一带)侨民的后裔,七岁跟法朗出家,进步很快,二十岁受具戒之后,就在当地有了很高声誉,被认为法朗门下的优秀人才。他随法朗的时间颇长,直到隋灭陈时才去会稽的嘉祥寺,住了十几年(至隋开皇末年),所以又称为嘉祥大师。这已经是他四五十岁的时候了。他在那里大传三论之学,门下很盛,为他的创宗奠定了基础。到开皇末年(约公元600年顷),晋王杨广请他到扬州慧日寺,不久晋王登位,叫他跟着到了隋京大兴(今西安)的日严寺,这样,三论之学就流传到了北方。在这段时间,他写了《三论疏》,并对三论中的要义作了专章的阐述,如《大乘玄论》《三论玄义》等。另外,他适应北方对于《法华经》的要求,写了有关《法华》的注释多种以及其他大乘经的注疏等。隋灭唐兴,他仍受到唐室的尊敬,被征为十六大德之一。不久逝世。

隋代之初,统治者曾把当时佛家各类师说的代表人物组织成各种团体,叫做"众",以便于宣传他们的主张。一开始成立有"五众",就是在北方广泛流行的《涅槃》、《地论》、《大论》(《智度论》)、律、禅。这算是国家正式认可的佛家学说。吉藏来到北方,不在五众之内,为了能使自己站得住脚,同这些代表人物不能不进行辩论。他本在兴皇门下经过培养,具有很好的辩才,这时便大显身手,一上来就把五众的领袖人物,包括经历过北方三国(齐、陈、周)的论师僧璨在内,全驳倒了。这一来,使他名噪一时,得到了人们的信仰,从而使三论之学开始以宗派的形式出现。

三论和天台形式上有很多相通的地方,如都是禅教并重,都推崇《智论》《中论》,并讲《法华》《涅槃》,在道理上也都讲中道、二谛等。实际上,这两家也曾有过交涉。如上所述,智𫖮到金陵是与当时讲禅教的人争论以后才定住下来的。那时,法朗在讲《智论》和三论,因而对智𫖮就特别有较量一下的意思,他自己没有出面,是叫他门下去的。此事在《智𫖮传》中曾有记载,说"兴皇法朗,咸弘龙树","更遣高足,构难累旬,磨镜转明,揩金足色,虚往既实,而忘返也"。这当然是作传的人夸张的说法,实际情况不一定就是这样,不过这里面反映了两家是有过交往这一事实的。所谓"高足"也许就有吉藏在内。此后,灌顶编《国清百录》,篇末附有吉藏致智𫖮的信三通,措辞谦抑,表示要向智𫖮请教。还附有吉藏请智𫖮赴会稽讲《法华》的疏,但这已是智𫖮临死的一年,即开皇十七年,当然没有去成。这是《国清百录》中收录的有关吉藏和智𫖮交往的资料。吉藏的年龄比较轻,有这样的信疏给智𫖮,自然是可信的。但天台家由此又有传说:吉藏在会稽时,灌顶也到了那里,在称心精舍开讲《法华》,"跨朗(法朗)笼基(慧基),超出云(法云)印"(这四家当时讲《法华》最著名,但灌顶比他们还要胜一着)。听众很多。嘉祥也在那里讲《法华》,"嘉祥闻称心道胜,意未之许,求借义记,寻阅浅深,乃知体解心醉,有所从矣"。由此,他十分佩服,"因废讲散众,投足天台,餐禀《法华》,发誓宏演"(《续高僧传·灌顶传》)。此文写得比较含糊,后来到了《佛祖统纪》(卷七)就说吉藏跟灌顶学过。这些说法,从年代来看,不尽可信。因为开皇十七年,智𫖮已经回到天台,而且不到一年就死了。吉藏寄去书疏,那是可能的。至于说到吉藏从学于灌顶,不免是附会。据灌顶在《涅槃玄义》中自述经历说,智𫖮回天台的时候,他尚在江西,智𫖮死的那年他才赶回天台,他秋天到,智𫖮冬天就死了。不久,他料理天台后事,并监工兴建国清寺,没有时间去会稽,更没有时间讲经了。再从年龄讲,吉藏比灌顶大十几岁,去听灌顶讲学也不大可能。现存吉藏注释《法华》的著作有好几种,如《游意》、《统略》、《玄论》、《义疏》等二十多卷,其中议论很少是因袭天台的。又从两家的整个学说和方法论来看,他们是根本不同的。三论宗的方法论是着眼于"无所得"的,不但对"立"说如此,对"破"来说也是如此。他们既不执于"立",也不执于"破",都是以否定的方式来表达他们观点的。天台宗就不然,所谓"一念三千"的实相说,诸法当体就是实相等等,都是采取了肯定的方法论的。因此,决不能说吉藏讲的《法华》是从天台那里抄来的。天台宗人那么说,只是为了抬高自己的身价而已。

　　当然,也不能说吉藏的学说完全没有受到天台的影响。例如,天台宗教观并重,判教方面在总结当时各家说法的基础上提出了自己的特殊看法等等,这些对吉藏都是有启发的。尽管吉藏自称笃守师承,说是"近承摄岭兴皇,远遵关河旧义",实际上很多是与旧说不同的。例如判教,他在著作里就很少提到来源于"摄岭兴皇"的话,甚至还说,关河旧义是不讲判教,而主张"一音教"的。因为判教是在《涅槃》《法华》等经译出以后才出现的。吉藏在这方面作了不少工作,加以补充,这就明显地是受了天台宗的启发和影响。

吉藏的判教,是通过批判南方(成实)"五时"与北方(地论)"三宗""四宗"之说才提出来的(见《大乘玄论》卷五"教迹义")。他认为佛说只可以分成两类:由法讲,有菩萨藏和声闻三藏,由人讲,有大乘与小乘。但大乘中《华严》《法华》《涅槃》的说法是不同的,又要分为三类:一、"显教菩萨,不密化声闻"(在法会上,菩萨声闻俱在,但只讲给菩萨而不教声闻),这类经属于《华严》。二、"显教菩萨,密化声闻",这类经属于《般若》(《般若》对小乘说有共有不共)。三、"显教菩萨,显教声闻",这就是《法华》经类。吉藏对大乘教分的这些层次,是根据《法华经·信解品》里的一个比喻立说的。在这品之前的一品,佛为声闻授记可以成佛,声闻非常高兴。这一品就是声闻谈各自的体会的,其中提出了一个"穷子喻":说一长者子丢失了多年,以后被找回家来,已是十分穷困了。长者准备把家产付给他,可是他习惯了穷困生活,不敢接受。因此,长者采取了一个方便办法,先叫他去做佣工劳役,逐渐习惯了富家生活,以后再把家产交给他。这个比喻说明,小乘不敢高攀菩萨乘,后来习惯了才敢授记,大小乘二教是不同的。吉藏把大乘分为三个层次的根据,与天台的五时也用穷子喻是很相像的。但是,三论宗的判教把《涅槃》安排在《法华》之后,有人会问:《法华》已经登峰造极了,为什么还要有《涅槃》呢? 他们解释说,这是因为人的根基有利有钝,对利根人说,有《法华》就够了,对于钝根的人还得再做一点工作,《涅槃》就是为此而说的。这种解释也和天台宗有些近似,可能就是受到天台启发的。不过他们并没有完全用天台的说法,可见对天台并不是完全满意的。

以上简略地说明了三论宗建立的特点,再说三论宗的主要学说关于诸法实相的部分。诸法指缘起法,实相是性空。诸法实相学说的内容,应以二谛、八不、中道来作解释。

二谛就是相对的两种实在的认识。用它来解释实相,是龙树学的特征。在龙树以后的四五百年间,这一特征相沿未改。例如,七世纪七十年代义净去印度时,中观学派与瑜伽行学派已经形成为对立的两派了,他接触到这时的龙树学,回国后写在《略明般若末颂赞述》的序言中说,"瑜伽以三性为本,中观实二谛为先",可见在龙树死后的几百年内,龙树学的特征并无改变。在中国方面,从般若的研究一开始,所谓六家七宗,就注意到了二谛;其后罗什、僧肇,都对二谛说作了发挥;再后,成实师以论门分别法相时,也把二谛列为头一种法门。因此,各家对于二谛有许多不同的解释,如三大法师,就是如此。

三论宗关于二谛的讲法,是针对各种异说而形成的,因而有其独到的见解。首先,他们把二谛归之于言教,认为它是在佛说教上成立的,从而有所谓"于谛""教谛"。这一说法是针对成实师的,因为成实师等人的二谛都在境或理上说的,把二谛说成是二类相等的真实(即真的实在),那末,谁是根本? 很难得到统一。三论宗反对这种说法,认为二谛是佛用来说法的形式,其实佛之所说只能有一种真实。此说的根据出在《中论·观四谛品》:"诸佛以二谛,为众生说法,一以世俗谛,二第一义谛。"由此可见,二谛是由言教上说的。对这一颂青目的解释是这样的:诸法性空,而众生倒执为有,此于世人为实,仍然可以为谛,故谓之世俗谛;而圣贤则认识这种道理,知法性空,此于圣贤为实,所以为真谛(大意如此)。合颂和释来看,二谛之都成为实,乃是由于各有所对,所以称之为"于谛"。如果拿"于谛"来解释佛法,这就成为"教谛"。"于谛"中对世俗所谓实在,相当于常识;对圣贤的实在,相当于那时的哲理。"教谛"是把此二者统一起来讲,这也是中道。因为俗谛确实对世人有用,佛说法就不能不二谛并讲,但是,既不偏于世,也不偏于圣,而是以中道来讲。三论宗根据"三是偈"中,还把缘起与性空都看成是假名,二者合起来成为中道。也就是说,缘起之有,性空之无,都是从假名上说的,所以说"缘起有,性空无,二是为假,二非为中"。这样一些解释,当然还是比较简单的。以后三论宗要对付的论敌多起来了,如毗昙师、成实师、大乘师(摄论师、地论师)等,所以他们对二谛的说法,就复杂得多了。

由摄岭的僧诠(即山中师)到以后的兴皇法朗,这一时期把二谛说发展成三重,有了次第。到吉藏时,由于他在北方接触的家数更多,又把二谛说发展成四重。三重说是:第一,俗谛有,真谛无。——这是针对毗昙师所说以事为俗,以理为真,但都是有而言的。对他们说二谛,有无并举。第二,认为说有说无都是俗谛,只有离了有无(非有非无)才是真谛。——这是针对成实师讲一切法空而言的。成实师虽了解到法空,但尚未了解有无都应否定,所以他们的看法还是常识的。第三,非有非无是与有无相对的,即有无为"二",非有无为"不二";但在三论宗看来,"二"与

179

"不二"也还是相对的,仍然属于常识的看法,所以是俗,只有超过这种相对,非二非不二为真。——这是针对一般大乘师有所得而言的。三论宗自称是以无所得为究竟的,所以要立非二非不二为真谛。吉藏的四重说则是以第三重联系三性来讲,三性中的"依他"、"分别"(后译作遍计)为二,这是俗谛;圆成(依他无生,分别无相)为不二,这是真谛。这是摄论师的讲法。但是,三论宗认为,说二或说不二都是俗谛,非二非不二,才是真谛。其次,地论师不讲三性而讲三无性,认为三性是俗,三无性才是真。吉藏认为,所有这一切都未超出有所得的范围,还是俗谛,只有"言忘虑绝为真",就是说,三性、三无性都是俗,而以达到那种不涉语言不关思虑的境界为真。这就是二谛三重说、四重说的解释。这些说法都是有针对性的。

所谓世俗谛本来是指常识的,世间的而言,但还可以分为一般的世间常识和学者的世间常识,这里所说的次第是学者世间的次第。在吉藏看来,二谛四重说的次第,是前一层之所谓真,就是后一层的俗,只有到了最后的"言忘虑绝"才是绝对的真。这一说法的根据,也出在《中论》里。论说"实相如涅槃"。所谓"言忘虑绝"是说不是一般言虑所能求得理解的,并非不要言虑。

讲到"中道",三论宗是联系"八不"来表示的。"八不"是《中论》开头两颂提出的,说明佛说缘起离开了八个极端,因而是特别殊胜的讲法。三论宗就以这"八不"结合"二谛"来阐明中道。

"八不"所否定的,都是当时对于佛说缘起的一些不正确的看法,从宗教的实践上说,这些是有害无益的分别,所以比喻之为戏论(即无意义的语言)。"八不"中主要的一对是"生灭"见。从缘起观点看,借助于因缘,乃生种种事物。这很容易使人误解为有实在的"生"。另外,由于因缘和合而有"生",如果因缘不和合就是"灭"，从而也使人容易误解为有实在的"灭"。这就完全违反了缘起说了。缘起说的本意是说无实在的生灭，若误解生灭为实有，必须予以否定才能显示出它的本意。但是，对生灭的误解是总的误解，由此推衍还对因果有误解，因此，还得否定因果关系上的一些突出的偏见。首先是"断常"见，当时胜论一家主"积聚"说，认为果的形成是种种微细的因积聚而生，所以在因中看不出果来，这就是因中无果，果有因无；从而产生"断"见。当时数论的主张不是由因结合成果，而是因待条件而转变为果，果即存在因中，这是因中有果；从而很容易流于"常"见。这两种"断常"见，都是对因果的不正确的看法，应该否定。其次是"一异"。数论认为因中有果，实际是把因果说成为"一"。佛家小乘的大众系，把缘起说讲成是无为法，好像是天经地义的，也含有因果决定为一的意思。反之，胜论的积聚说认为因中无果把二者的性质看得完全不同，这是"异"见。小乘有部也采取了与此相类似的说法。这些都属于"一异"的偏见，应该否定。最后是"来出"。"来"是说明因由外来，如"自在天执"者认为人是由自在天变来的，也就是一种上帝造人说。"出"是说因是自有，如"宿作因执"者，认为因不在外而在自身，由于以前有因存在，必然产生后果。这就是宿命论。这些偏见也应否定。

中道缘起说将四对偏执加以否定，构成"八不"，有了这"八不"才能通过二谛讲中道。中道之说当时已经有"俗谛中道""真谛中道""二谛合明"等三种格式，三论宗即依这三类结合"八不"发挥了自宗的新内容。如"生灭"：主张实有生灭这是俗谛；但从道理上推论无实生灭，只有假生灭，所以应是非生非灭，这就叫"俗谛中道"。但非生即是不生，非灭即是不灭，若认为不生是实不生，不灭是实不灭，这就同实生实灭一样是偏见，也应否定。这样的非不

181

生非不灭,即为"真谛中道"。前一中道是由世俗上讲,后一中道是由真谛上讲,俗谛中道为非生灭,真谛中道为非不生灭,把此二中道合起来,就构成了"二谛合明中道"。本来离二边为中,讲到这种程度也就为止了。以上由"八不"联系二谛来讲中道以"生灭"为例有这样三种格式。其他断常、一异、来出同样可以类推。

总之,三论宗的中道说着重在认识方面,是他们对世界一切现象所作的解释,特别是对缘起所作的解释。他们以为有了中道的认识,才能发生两种智慧:"实智"与"权智"。"实智"重在真谛方面,"权智"重在俗谛方面,二者相当于一般所说的"般若"与"沤和"(方便的音译)。三论宗的这种中道二谛说也是从罗什、僧肇以来关河旧说,特别是用对"不真空"的看法为理论的依据。同时他们也用此看法为基础来处理由染到净的一切施设应用。他们认为,染与俗相关,谓之虚幻(此指价值说,即认为无真实之价值),应该离开它去追求有价值的净的方面。所谓净,也就是真,是把一切都归为"无依无得"。这一说法是吉藏所特别强调的。因为当时他所对付的各家学说有多方面,他不得不拿这样一个标准来与他们抗衡。"无依无得"是相对于有所依有所得的偏见而言,并不是一切都否定的虚无主义。

三论宗的学说到了吉藏时算是很成熟了,他的中心思想也比较符合印度龙树一系原来的精神,但理解上也有某些错误。后来别派兴起,对它或吸收,或批判,此宗就逐渐衰微了。吉藏的门下有慧远(兰田悟真寺)、智拔、智命、智凯(有二人,其一称乌凯)、硕法师、慧灌等人,都能继承其说。慧灌是高丽人,传三论宗于日本,成为日本此宗的祖师。硕法师门下有元康,他对三论都作了注疏,现存的有《肇论疏》。元康门下的道慈,再传三论于日本。

这样，三论宗在中国传播的时间不长，却在日本继续了相当长的时期，现在也不传了。

此外，法藏（贤首）曾经帮助过日照三藏翻译，据他传述日照的说法，印度那烂陀寺（日照原住此寺）除戒贤外，还有智光一大家。他的判教也是三时，不过以般若为究竟，瑜伽为第二时，恰恰与戒贤相反。因此，法藏与三论学的关系也很密切，把它看作大乘的终教，并著有《十二门论宗致义记》。但法藏之抬高三论学，用意在于对付慈恩宗，说明慈恩判三时教把瑜伽作为究竟乃是靠不住的，并非有意地去弘扬三论。后人由于法藏与三论有这样一些关系，认他为新三论宗，这是不恰当的。

再次慈恩宗。

在隋唐佛学的各个宗派中，慈恩宗被看作最接近于印度佛学的，这与他们的创宗者玄奘的学历有关。

玄奘（公元600—664年）是洛阳东南的缑氏县人。十五岁出家，二十九岁去印度。在去印以前一段时间，他到过洛阳、长安、成都，以后从成都出来又去相州（河南）、赵州（河北）等地，先后参学了当时有名的学者十三人，学习了《涅槃》、《摄论》、《毗昙》（包括《杂心》《发智》二论）、《成实》、《俱舍》等经论。其中《摄论》《俱舍》当时属于新学，是由真谛在南方译传的，而《涅槃》《成实》《毗昙》等又是一向在北方流行的，因此可以说他对当时南北所传的佛学，都作了研究。但是，他感到"各擅宗途"，说法很不统一。尽管当时有了判教，但只是机械的把各家学说排列了一下，不能说明它们内在的联系。后来，大概受到了新来我国的印度学者明友（波颇蜜多罗）的启发，他知道印度有一个最大的佛教学府那烂陀寺,又知道有一位大家戒贤正在该寺讲《瑜伽师地论》。这部书通论了三乘的学说,很有系统,他认为可凭借这部书求得中国当时各家异义的融通,并解决一些疑难问题,就下定决心出国。他历尽艰辛,终于到了印度,得入戒贤之门。他除了学习瑜伽行的学说而外,还对其他的学说,例如唯识、中观以及小乘各部的毗昙、因明、声明等等,他也勤加学习。据传记所载,他所参访的名师,有名字可考的就达十四人之多。因此,他的成就远远超过了当时印度的一般学者的水平。

玄奘出国求学的本意,原想解决一向所感到的疑难问题,因此,他在回国以后安排翻译时,一方面注意“纠正旧失”,一方面又努力“补充疏漏”,同时还在译场上随译随讲,听的人做有笔记并根据所讲做了注疏。他本人在印度时,曾有《会宗论》、《破恶见论》、《三身论》等著作,回国以后,都没有翻译流传。现在仅有各家注解中引用到的一些“口义”,似乎还没有经玄奘自己认可过,所以存在一些异议。现在不谈他的这部分,单就他翻译出的典籍来看他所传学说的全貌。

玄奘从贞观十九年(公元645年)开始翻译,到他临死(公元664年)的前一个月为止,前后近二十年,翻译工作从未中断。他的翻译大致可以分为三个阶段:前六年(公元645—650年)以译《瑜伽师地论》为中心,同时译了与此论学说有关的著作。如《显扬论》,是此论的提要;《佛地论》,是此论发展的归宿;《摄论》,是此论发展中的枢纽。由此可见他是以《瑜伽》为一家学说的指针,也可见他是怎样来讲述的。这一工作的完成,他出国求法的最大心愿算是满足了。中间的十年(公元651—660年),则以翻译《俱舍论》为中心遍及与它有关的著作。如《俱舍》之前的《发智》、

184

《婆沙》、《六足》;《俱舍》之后对它批判的《顺正理》、《显宗》等论。这段工作算是纠正了以前对《俱舍》翻译的错误,同时对于这一整个系统的思想作了介绍。尽管这些书的分量都很大,并不是他所推崇的,为了学术的需要,他还是公正地原原本本地译传了它。在此期间,他还翻译了中观一派的著作《广百论释》。最后四年(公元660—664年),则以《大般若经》的翻译为中心。这部经,应该说是由玄奘编纂的,它全体有十六会,从在他前后的有关翻译来看,印度都没有这样的结构。由此,他将瑜伽的学说上通到般若,就益见得渊源的深厚了。玄奘的翻译不管属于哪个阶段,他都注意学说的源流变化,尽可能地作出完整的介绍。这也可以看出玄奘的学问,不但规模广阔,而且根柢也是极其深厚的。

再就翻译的文体说,玄奘也超过了各家,一般称之为新译。由于他对汉文和梵文的造诣很深,所以译文做到了既信且达。他又了解过去译家的缺点,注意改进、提高,因而译本的质量超过了各译家的水平。现在拿梵、藏文本对照看,他的译本基本上都正确。但也有一些情况值得注意:第一,翻译所用的梵本在当时的流传中会出现"异诵"——即文字上有所不同。这些不同,有的是被有意地改动的,有的是辗转抄错的,因而也发生了理解上的差异。玄奘对于不同的传本,是忠于师承的,如《唯识三十论》(即《成唯识论》所释的论本)的传本,他译的是出于护法一系,与其他各家就有出入。因此,说他翻译的正确,乃是对其师承而言。第二,他对以前的译家的不同说法和译本,当然会有批评,但本人没有著述,只是经他门下传播的,其中有些批评未免过分了一点。比方,从前有些音译,他没有注意到它的来源就批评说是译错了,事实上,旧译往往出自方言俗语,与严格的梵语(雅语)拼法是不同的,他仍以梵语来要求,说这是译错或译简略了,当然是不合理的。第三,从学说上讲,印度各家前后都有变动,特别是瑜伽行一派,变动更大。像世亲一个人早年与晚年的学说就很有出入,更不用说一个派别前后的变化了。由于时代的限制,旧译保存着旧义,与后来有所不同是很自然的。如果一定要用后来的为标准,甚至指责是译家译错了,这样说也就过分了。正因为有上述的这些情况,玄奘的学说不能为一般人完全接受,即在当时的译场上,受旧译影响较多的人如法宝、灵润等,就表示了不同的意见。他的门下圆测(新罗一系)并还提出了一些不同的说法来。以后的贤首宗,更对玄奘所传大加攻击,如宗密(圭峰)等人甚至说,慈恩一家只是追求名相,风气浇薄,连学风都给搞坏了。以后还不断地有人批评。但公正地说,印度的佛学从汉末传来中国,直到唐初的几百年间,真正能够传译印度学说的本来面目的,还要算玄奘这一家。

慈恩宗是从玄奘开宗,但实际的创宗人是他的弟子窥基。窥基(公元632—682年)原来的全名不详,当玄奘译出《瑜伽菩萨戒本》以后,依据它为诸门人授大乘戒,那时窥基得名为"大乘基",后来通称窥基(所据不详,但在宋代即已确定了),因为他住在大慈恩寺一般也称他为慈恩大师。

窥基很有才华,但在玄奘门下还是后进。他于贞观二十二年出家,很迟才参加翻译工作。尽管如此,他对玄奘学说的阐扬发挥,却是十分努力,以他为中心竟形成了独立的一派。窥基的门下慧沼(公元650—714年),更作了廓清异说的工作,对同门的法宝、圆测、道证、文轨等,都在著述中加以驳斥。这样,由于窥基的弘扬师说,慧沼的廓清异论,就奠定了慈恩宗的基础。慧沼的弟子智周(公元 668—723 年),仅能守成,而且活动地点只限于河南,在学说上没有什么发展。此后,这一派势力就逐渐衰微,传承不明了。五代和宋代虽然还不断地有人讲唯识、因明,但都不能独立成家,说法也很零碎了。

玄奘门下另有日本人道昭、智通。道昭初传慈恩宗到日本,成立了法相宗。以地方分,这一系为南寺传。其后在智周门下还有日本人玄昉、智凤。玄昉再传法相宗入日本,成为北寺传。法相宗在日本流传不断,至今还有传承。

此外,玄奘译出《俱舍论》以后,他门下的普光、神泰、法宝以及后来的圆晖等,都详加研究,盛行一时。注疏和有关的著作有好几家。并同以前真谛以来的俱舍师结合,发展了一个方面的学问。日本随着法相宗的传入,也传播了《俱舍》。所以日本人至今讲法相的还连带讲《俱舍》。

慈恩宗的学说,基本上是继承印度瑜伽行学派的。相对中观学派来说,它是用三性来解释诸法实相作为特征的。在义净的《略明般若末颂赞述》一书中对此有过介绍。分析一下三性说中的依他起性,就能更加明白看出此宗的特点。

依他起性的"他",指的缘起之"缘",主要为人意识中的种种习气。这包括了种子、功能等比较不显著的潜在的作用。简单地说,也就是人们积累的经验。这样,由于缘起说把一切事物包括客观存在的一切现象都看成为依存于经验的东西,就构成了一类唯心论,即所谓"唯识"。因此唯识说乃是三性说所必然导致的结论。

唯识说在印度经过无着、世亲、陈那、护法、戒贤、亲光等各代一再加工，已经达到了十分精致的程度，由玄奘传来中国以后，在他的晚年，由窥基秉承他的意旨编译了《成唯识论》一书，使这个学说的组织更加精密。这一部书可以看成是慈恩宗学说的主要资料，但并非唯一的资料。如果从他们学说的基本精神来体会，保存着玄奘所亲承的戒贤以及他所服膺的亲光等人学说的，《佛地经论》一书倒是更为重要，更加值得注意。

　　从《佛地经论》来看慈恩宗的唯识说，乃是归宿于"转依"上面的。唯识说阐明：一切客观现象都与人的经验联系着，不能脱离人的意识而独立存在。对于意识，他们描述得相当丰富，其中包括了很细微而又经常不自觉地在活动着的保存一切经验的基本意识，这就是"藏识"（阿赖耶识）。同时还有一种处在不自觉状态中的自我意识，即"染污意"（末那识）。另外，又有反映由藏识中的经验重新显现出各种各样的现象的表面活动的一些意识，即前六识。这种活动又构成新的经验并继续保存于藏识，以后再显现而发生新的认识，这样就构成了因果关系——积累的经验就是"种子"，经验所显现的现象就是"现行"，这二者互为因果，联翩不断。这就是瑜伽行派唯心论的构图。

　　这一构图，主要在表示现象之由来，同时也说明人们为什么会对这些现象产生颠倒分别，以及如何由这种不正确的认识转到正确认识的。在他们看来，在实践上由染污的虚妄达到清净的真实，乃是一个根本转变的过程。这一根本转变的依据就在于"藏识"，所以也称"藏识"为"染净依"，表明由染而净的转变是在"藏识"上实现的。转变的结果，乃是由以分别为主的意识活动转成为如实理解的无分别的智慧（无那种执着的分别）而构成为一类转依。这类转依的关键何在呢？这要自觉地改变对于现象的看法，即改变那种平常分别执着的看法，而转过来按照事物本来的样子去理解。形容事物本来的样子的概念有"如性"、"真如"等，它们都是离开所谓"实我执"、"实法执"才显示出来的。做到这一点，就能发生那种有区别于染污的清净。从这一意义上讲事物的本相也叫做"法界"（"法"，指清净法；"界"就是因，"法界"，就是"清净之因"）。因此，"真如""如性""法界"都是形容事物本来的样子的。对于各别事物来说，此相是种共同性的，也就是说存在于一切事物上的共同道理。以这些道理为迷悟依，人们就可以由迷转变为悟，从而形成为另一类的转依。前一类为由染到净的转依，此即为由迷到悟的转依。这两类转依，是相待相成互为条件的。由迷而悟，才能由染而净。反过来也如此。总之，慈恩宗的两类转依说成了他们把理论运用于实践的最后目标。

慈恩宗的学说对于唯识方面讲得特别详尽，各处也照应得很周到，在此之前的各家学说未能解释清楚的地方，都给予了彻底的说明，所以这一部分最容易使人们欣赏。但是，慈恩宗对当时及以后的佛学发生实际影响的，倒还不完全是唯识说，而是关于转依的理论。从上述可见，他们把染净依归之于心，把迷悟依归之于理，因此，心不完全等同于理。所谓心，就是"法"，所谓理，就是"法性"（本质），不能把法与法性等同起来。两者的关系只是不一不异，既不能说是一回事，又不能说互不相关。这里还可以进一步说，两者是能与所的关系：在转依过程中，理被看成是所缘，心是能缘，要由心思寄托在道理上，然后才能推动依止的转变。即以理为所缘才能推动转依。但是，这种说法与其他宗派有所不同。例如，天台宗以及后来的贤首宗、禅宗等，都倾向于把心与理完全看成为一回事。他们不满意慈恩的就在这点上。还可以说，他们与慈恩宗发生分歧也就集中于这一点。

慈恩宗对转依的分析，也在他们关于种姓的说法上表现出来。因为讲转依，不论是就染净依或就迷悟依而言，都要以人们的心为依据。人人都有此心，也同有此理，应该是无所区别才对。但是，人们对于佛家学说的接受以及据此而发生的实践活动（信、解、行、证），都不完全相同，有的就根本不信，因而随之而来的解、行、证也有浅深程度和究竟与否的区别，这样，就有了五种姓之说。以为出现这样一些差别，在于他们原来所属的族类不同。慈恩宗承认有五种姓，其中三乘种姓是已经决定了的，另有一种是不定，即尚在变化中；再有一种既非已定又非不定，称之为无姓。既然主张有无姓，就牵涉到当时关于一切众生是否一律有佛性的问题。这一问题由于涅槃师说的流行，曾经一度有了解决：这就是道生在六卷《涅槃经》译出之前就主张一切众生皆有佛性，及至《大涅槃经》译出证实了道生的推测，因而涅槃师都相信这一说法。但是，后来陆续译出的《楞伽》《摄论》等，又有了异说，认为仍有种姓差别。这一来就形成了各种各样的议论。如前所说，玄奘在国内接触到好些分歧议论，感到无法决定，所以要去印度寻找答案，这个问题就是其中的一个。他在印度所学的《瑜伽师地论》等，都是讲有种姓的。这样，他在回国之前就考虑到这种说法与中国当时所通行的很不一致，是否可以不作介绍，或者稍加变动。戒贤知道他的想法之后，很不同意，并加以责备（详见《瑜伽伦记》五十四卷）。所以他回国后，仍坚持五种姓说。在窥基的著作中，随时都要讲到此点，特别是在《法华》的注解中，与天台议论完全相反，引起了与天台宗的一场辩论。这是玄奘、窥基在世时的情形。其后慧沼,更加发展了五种姓说,写了《能显中边慧日论》,对于当时持不同意见的代表人物法宝的著述《一乘佛性究竟论》作了详尽的批评。这样,在慈恩宗方面,五种姓说就确定不移了。但是,也就在这一点上,慈恩宗招致了别宗的反对,攻击,终至影响到它们没有能在中国畅行。

看起来种姓说的争论涉及的是能否成佛似乎只是佛教神学上的问题,但这一分歧的理论根据,却在于"心""理"之异同上。"理"是从心的法性上来讲的,因此还会推演到"心"与"性","性"与"理"是否同一的问题,后来在内外学说上都成为讨论的重要论题,由此不应不予以注意。

附带一说,除上述几个方面外,慈恩宗还介绍应用了一种新方法论:因明学说。由于当时译传印度重要著述的作者如护法、清辩等都惯于用因明的格式来写作,为了帮助理解,所以玄奘特意对因明也作了介绍。同时还应用因明使他们自宗的学说得到更好地宣传。事实上,因明的方法对当时一般思想界来说,影响是很小的。

最后贤首宗。

唐初,与玄奘同出于摄论师法常门下后来又专精《华严》的有智俨(公元602—668年)。智俨之通《华严》,是跟当时长安至相寺的智正学的。但他从《华严》中体会到的"别教一乘"(《华严》在全体佛经上的地位)和"无尽缘起"(《华严》所讲的缘起道理)等道理,则得自从前地论师慧光所著的《华严疏》。此外,他还随杜顺禅师学过禅法,因而能应用《华严》的教义重新组织了止观。由此可见,在智俨时已经教观并重,具备有创宗的规模了。他留下的著作有《搜玄记》(《华严》的简单注解)、《华严一乘十玄门》(观的方面)、《五十要问答》(解释《华严》的零星问题)、《孔目章》等书。从这些著作中，还看到他吸收了玄奘的新译来丰富了自己的学说。不过他对新译学说只看成是大乘的初步，即所谓大乘始教。后人还传说，他对玄奘译的无性《摄论释》作过注疏，但现已不存了。

智俨的弟子法藏(公元643—712年)，后来称为贤首(武后为他起的名字)，他得到智俨的嫡传，并对其教观学说有所发展。当时武则天正利用佛教来巩固自己的政权，由此机会法藏深得她的信任，一时地位很高，能在天台、慈恩之外独树一帜。他也参加过日照(地婆诃罗)、实叉难陀、提云般若等译师的翻译工作，这些译师都译过与《华严》有关的经，如实叉难陀新译八十卷本的《华严》，日照与提云般若译过小品《华严》，这对他的弘扬《华严》经义很有帮助。

法藏学说的内容，大体上没有超过智俨所讲的范围，即会通地摄二家。他的基本意图，是想把当时所有新兴宗派(包括天台、慈恩等)的说法熔冶于一炉，尽管他表面上对这些说法是采取批判态度的。贤首宗推为至高无上的《华严经》，在群经中确有其特殊处，那就是从中可以看出一种极为深刻的想象，它用"海印三昧"来描绘佛境，形容世界上森罗万象的一切事物像海水一样地被显现出来。一滴海水具百川之味，因而一切事物就其关系来说都是"无尽圆融"，成了一种范围无限广大而又互相包容，互相贯通而无个别区分的大法界。法藏在对它作解释时，还贯穿了理事的关系，即从个别的事来看，可以有不同，而从理来说，则是圆融无碍，在"一"中便包含了"多"。这是他们对《华严》的说法。其实这种思想,大部分取自天台、慈恩,并不全是新鲜的。例如,把道理(理)、实理(事)等概念同真如、法界相联系,就是玄奘翻译时才固定下来的(以前也谈到"理",但不确定)。玄奘把真如固定为理体,把法界固定为法性。法藏从别派里吸取一些东西,他也并不讳言,特别是在后来作为他学说主要部分的判教方面,更把这些关系公开地说了出来。

贤首判教主张五教说。在智俨的著述中,已有了对佛教作五种区分的议论,但五种的名目还不甚确定。他的思想根源有两个:一是来自《摄论》,梁译《摄论》卷八中,对佛教有这样的区分:小乘、大乘、一乘。把大乘理解为不定乘(有的从声闻来,有的从缘觉来,有的从菩萨来),则有三乘,加起来一共是五乘。二是来自地论师,慧光也有一种判教,即渐说、顿说、圆说的三教,于渐说中分三乘,因而也是五分。因此,五教说从智俨就创立了。到了贤首,在这一基础上又吸收了天台的五时八教说,重新加以组织,终于成为小、始、终、圆、顿的五教。他把小、始、终相当于天台的藏、通、别;天台有渐、顿、秘密、不定的"化仪",贤首则吸收其中的"顿"。他运用天台这些说法,并不讳言,而且加以推崇,会通于自己的学说中。

法藏主张教分为五是依"法"而立的。另外,他还就"理"方面,由教开宗,详分为十。他既讲教又讲宗这就更具体地联系到中印两方的各个宗派了。十宗是:一、"我法俱有"(犊子部,承认补特伽罗实有);二、"法有我无"(有部);三、"法无去来"(大众系主现在有的一派);四、"现通假实"(大众系说假部,成实论也同);五、"俗妄真实"(大众系的说出世部);六、"诸法俱名"(大众系的一说部);——以上六种在教中属小乘。下四种属大乘:七、

"诸法皆空"（始）；八、"真俗不空"（终）；九、"相想俱绝"（顿）；十、"圆明具德"（圆）。法藏的这种分法，也是采取慈恩、窥基的。窥基早就把佛教开为八宗，即此中的前八种，六种的名称完全相同，后两种窥基叫做"胜义皆空"（指般若言），"应理圆实"（指瑜伽言），名称虽异，内容还是一样（参见窥基的《法华玄赞》卷一）。由此可见，贤首学说的主要部分，是采取诸家说法加以组织而成的。当然，他判教的次第高下是含有抑扬的，不会与别宗相同，例如，把慈恩列入始教，把天台说成是渐顿而非圆顿等。这就是说，五教之说虽是采自他宗，而其实际意义则有了改动。

法藏由智俨的五教说改组成自己的说法，在天台的藏、通、别、圆的基础上又加了顿，这一来就和天台的判教标准不同，而这分法本身就存在着矛盾了。天台宗的顿教归于佛说法的形式，即所谓"化仪"（它与渐、秘密、不定是一个分类标准），而藏、通、别、圆则属于佛说法的内容，即所谓"化法"。这样说法是合理的。另外，慧光讲渐顿圆三教，也是就形式言，没有分"化法"、"化仪"，所以还是统一的。但是经贤首一变动，解释顿教引了《楞伽经》中说菩萨修断无所谓初地十地之别的一个颂，又引了《维摩经》中维摩以"默然"来体现不二法门的一段，以为都是指的"顿教"。这种"顿"，是就内容讲的，与天台原来依形式讲的不同，从而造成了分类标准上的混乱。

正因为贤首所说有这样一点疏漏，所以他的弟子慧苑就加以批判，以为五分法不正确，而另判四教。后来澄观（清凉）又驳斥慧苑替贤首作辩解，说天台的四教无顿，是因为那时尚无禅宗，贤首所以别开的缘故，是当时禅宗已开始抬头，这些辩解，实际还是改变了贤首的原意，而以顿教随顺了禅宗，未免有赶潮流之嫌（在清凉时,禅宗已盛行)。尔后,圭峰更发挥了这一说法,把禅教搞成一致。这些都说明了此宗学说前后的变化。

由上所述,贤首宗一开始就不纯粹,所以后来的变化也显得十分剧烈,几十年中就改变了好几种说法。贤首原想统一各家的说法,但结果并未很好解决,在判教方面暴露的问题就更为突出了。

贤首宗的学说始终是围绕着"别教一乘"和"无尽缘起"两个中心思想而开展变化的。

"别教一乘"说与判教有关。贤首宗所推崇的是《华严经》,认为它是一乘教,与三乘不同;但这种一乘教又与《法华经》讲的一乘教有别,而是所谓"别教一乘"。《法华经》中讲的一乘是"会三归一";因为佛在讲《法华》之前曾讲有声闻、缘觉、菩萨三乘的差别,到讲《法华经》时则指出这些都是方便说,究竟唯有一乘,即佛乘。并在《譬喻品》中用一个比喻来说明三乘与一乘的关系:一长者有诸子,在火宅中嬉戏,不肯出来,长者就在门外用羊车、鹿车、牛车来引诱他们。当孩子们从火宅出来以后,并没有给他们什么三车,而是一律给与白牛大车。这就说明用一乘把三乘归纳起来了,也就是说,一乘、三乘所说的道理相同,只是浅深的程度不一,所以称为"同教一乘"。《华严经》讲的一乘与《法华》不同,是三乘所未讲过的道理,独立于三乘之外的,所以称为"别教一乘"。贤首就用这点做标志,表明自宗超过了天台。

"别教一乘"和他们的五时判教结合起来是这样的:一、小教,属别教之小乘,即决定性的小乘。二、始教。三、终教。四、顿教,属于同教三乘,其中"终"、"顿"又是同教三乘中的一乘。五、圆教,就是"别教一乘"。《法华》是同教一乘,所以只是"终、顿",因为它说的道理圆满,所以也是顿。但真正的"圆教"则是《华严经》。——由于贤首的"顿"义有些含糊不清,所以到了清凉,又把"顿"同"圆"看成是一回事(从道理上言),以为《法华》也可说是"圆顿",但由于它属同教,所以只能是"渐顿",《华严》则是"顿顿"。这种说法又引起天台宗荆溪(湛然)的反对,在《止观义例》中给予了痛斥。

"无尽缘起"的理论则与他们的观法有联系。他们所说的观法,到后来种类繁多,名目不一,主要的则是"法界观"和"十重唯识观"。

法藏所著《一乘教义分齐章》中,对于别教一乘的义理举出了四门:一、三性同异;二、因门六义,——这两门是构成缘起说的原理。三、十玄无碍;四、六相圆融,——这两门说明无尽缘起的内容。三性异同和因门六义都是继承摄论师的。在《摄论·所知相品》后面,用三性来解释某些矛盾的难懂的经文,把中心放在依他起性上。说依他起性同时具备遍计执性,这是它染污的一面,又具有圆成实性,这是它净的一面,染净二性在依他起上都有,不过有显隐之差而已。经文中有许多相反的概念被看成是一致的,例如生死即涅槃,烦恼即菩提等等,现在用依他起一沟通,就都可以理解了。贤首吸收了这一说法,并更进一步,提出了三性同一,三性一际无异的说法。他们认为一切缘起现象都可以拿染净统一来讲,染净也是真妄,真妄相互贯彻,真包括了妄("真赅妄末"),妄中也可以看到真的源头("妄彻真源")。真与妄,净与染,互相贯通,由真见妄,由妄见真,所以是同一的。这是据依他起来说的。如果从性(圆成实)相(遍计所执)上看,二者也是融通无碍的，"性相融通，无障无碍"。其次，因门六义则出自《摄论·所知依》中所说的种子六义。"种子"是什么呢？《摄论》提出了六种特征：一、刹那灭（不断变化的）；二、果俱有（种子生现行后它同时存在，并支持着现行）；三、恒随转（永远与藏识共存）；四、性决定（种子的善恶无记等性质，始终不变）；五、待众缘（种子之成为现行，要具备其他条件）；六、引自果（种子只能引自类之果）。贤首宗采取了这六义说法，更用体之有空，用之胜劣，待之有无（待指对其他条件的关系）三类加以区别，得出了：一、刹那灭为空，有力、不待；二、果俱有为空，有力、有待；三、待众缘为空，无力、有待；四、性决定为有，有力、不待；五、引自果为有，有力、有待；六、恒随转为有，无力、有待。用这种方法就可以进一步解释缘起法彼此之间的关系了。法藏用这种繁琐的分析，说明缘起法之间有同体，有异体，在异体上又有相即（同一）和相入（包含）等关系。

总之，法藏开"三性门"贯通了真妄，又开"六义门"指出缘起法相即相入的关系，以此奠定了他们的无尽缘起的理论基础。这些思想都是从摄论师学说中吸收来的。

另外，"十玄无碍，六相圆通"，两门是说明无尽缘起内容的。法藏的六相说是继承了地论师的说法。《十地经论》一开始解释初地时，就对于经文的十句式（这是《华严》的特点）作了一个凡例，即用"六相"来说明每一种十句的关系，并理解每一种十句的内容。"六相"分为三对："总别、同异、成坏"。用它去理解十句就是：一、第一句为总，其余九句是从第一句分化出来的别相；二、第一句因是总的，所以为同相，其余九句是异相；三、第一句为成相（略相或合相），其余九句为坏相（广相或开相）。以此类推，经中其余的十句都可以这样看。贤首宗由此得到启发，把这一格式推论到道理上,并进而推论到这些法和法法之间的关系上,认为都有这六相三对,——因为全体与部分,一与多,一与一切等等关系大都不出乎六相的范围。因此,从文字上看出的六相,被推衍到义理上、构成的法上、法与法的关系上,从而见出错综复杂的缘起关系。法藏在他的《教义章》里,对此有一个总结性的颂文说,"一即具多名总相,多即非一是别相,多类自同成于总,各别体异现于同;一多缘起理妙成,坏住自法常不作,唯智境界非事识,以此方便会一乘"。

贤首宗在"六相"繁复说法基础上,又进一步提出"十玄",就使缘起构成为"互相涉入,重重无尽"的关系。"十玄"的理论结构,也是依据于地论师的说法。《华严·贤首品》举出了"海印三昧"与"华严三昧"来说明佛的最高境界,而用以形容这两种三昧的,就是"十玄"这样的轮廓。此品中说,在一微尘中有无量刹(世界),而这些世界又各自具有不同的情形:有的有佛,有的无佛,有的染,有的净,有的广,有的狭等等。其中所显示的现象,现象之间的相互关系,如同"天帝网"一样。——天帝网,是印度的神话,指帝释天宫殿装饰的珠网,网上珠光交映,彼此透视,重叠无穷。贤首本人曾把十面镜子摆成十方,中间点烛,使烛光在镜子里互相映现,用来说明两种三昧所显示的景象。经文的比喻虽简单,法藏就是据此线索来构想十玄的。又贤首宗的学说主要是讲无尽缘起,它的理论是从三性、六义、六相方面着眼的,这里又特别提出了"十玄",其根据就是上述经文的那种描写,同时还参照了经中到处所说的"十对"(此十对名目,经文前后有些不同),即:教义、理事、境智、行位、因果、依正、体用、人法、逆顺、感应。这十对之间又互相包含,互相反映,使形成的关系无穷无尽。贤首由此基础提出了"十玄无尽"的说法。"十玄"是:性相、广狭、一多、相入、相是(即)、隐显、微细、帝网、十世、主伴。

"十玄"之说,在智俨时就有了,为了与贤首所提出的相区别,智俨的称"古十玄",贤首的称"新十玄"。从十玄的结构看,开始表明"性相"无尽,这是由三性而来,最后则以主伴结尾,说明这些关系之中还是有主次差别的。这两条是古新所同有的。事实上,十玄只是说明缘起的复杂无尽关系而已。但是,这一说法,跟佛家一般的四缘起说相比较,显得复杂多了,可说是《华严》、贤首宗的特别之处。因为这种缘起归结于佛地心境的开展,所以叫做"性起"缘起。这个名目是从《华严·如来性起品》借的。那品所说的"性起"本来是指"如来性"出现,贤首借以指佛境的缘起出自"法性"(也就是"法界",一心)。这个解释的含意有,他们所描述的缘起就是"佛境"出于"法性",所以是最究竟的,又是"称性"(同法性相顺)的,并且是"清净"的。对于众生,讲一般缘起也应在性起的基础上讲,这给众生一个方向,即最后要符合于性起。

在这里,他们提出了"法界观"和"十重唯识观"的方法,认为由此才能对"性起缘起"有所理解。

"法界观"讲四重法界:"事"、"理"、"理事无碍"(统一)、"事事无碍"。十玄就放在"事事无碍"观里,谓之"周徧含容"。事,各别的现象,事物;理,事物的本体、本性;理事无碍,通过智慧了解到理为事之理体,事为理体之显现,所以理事无碍;了解到此,即可以了解事事无碍。这是先通过理(自性空)与事融合为一,再从理上见到与事的融通,这样,由理之作用于事,事与事也就发生了联系。至于说到唯识观,则把法界归于一心,一切事都成了心中的概念,所以在思辨中,事事也可以得到无碍的解决。所谓"十重唯识观",则是吸收慈恩宗五重唯识观再加上四法界观拼凑而成。这样彻头彻尾的唯心思想,虽然在《华严》中没有明文,但是贤首受到慈恩宗以及《起信论》等的影响,就走向了这样的极端。

总之,贤首宗的无尽缘起说把佛家所讲的缘起归结于佛境,这一切都是出之于想象。尽管其中多少也接触到事物间的因果关系,但就整个说来,他们并不是从实际出发,从中引申出规律来的,只能看作是在想象中的某些事物现象的反映而已。

初唐时期即已流行的《起信论》,是在融会地论师、摄论师不同说法的基础上讲止观的论著,其后各家常用其说法来做对慈恩宗新译立异的依据。这一点也正适合贤首宗的要求,所以论中有好些说法就为贤首宗在组织和发展自己学说的时候加以运用了。

贤首早就重视《起信论》,他曾参照元晓《起信疏》写了一部《起信义记》。在判教方面,他把传入中国的经论分为四宗:一、随相法执宗;二、真空无相宗;三、唯识法相宗;四、如来藏缘起宗。他认为前三种说法都不究竟,只有最后一种才是圆满的,这样就把《起信》判为最后一宗。因为从《起信论》中可以看出:一方面,"如来藏随缘变化成阿赖耶识"。如来藏即是"理",随缘变化成阿赖耶识就是万事万物,属于"事",所以是"理彻于事"。另一方面,"又许依他缘起无性同如"。"依他缘起"就是变化出来的缘起法,是"事",它们毕竟空无,是"理",所以又是"事彻于理"。《起信论》把事与理的这两个方面的关系都讲到了,因而最能说明"理事圆融"的道理。根据这一点,他们就把《起信》判为五教中的"终教"。"终教"虽然还去"圆教"一间,却是构成"圆教"的基础。因为"圆教"讲"无尽缘起""事事无碍",必须建立在"理事圆融"的基础上——事与事本身是圆融不起来的,必须通过理才能实现。贤首更进一步据《起信》中的心真如,由理的方面来说不变随缘,作为"三性一际"的根本原理。而只有由三性一际,才能说事事无碍。所以他们就愈加重视《起信》了。

但是,《起信论》本系融会当时各家不同之说而成,所以它本身就存在着许多矛盾,未曾解决。即以不变随缘的"心真如"来说,即可以看成是一种单纯的"理"性(就道理而言),也可以看成是具体的"心",即心体,心的本身。但究竟是指理还是指心,《起信》中就没有很好的说明,所以在"真如门"中有"真如",在"生灭门"中也有"真如"。这都是一些未得解决的问题。正因如此,贤首跟着论讲,也就十分含混,后人对他的说法会有异议,其原因即在于此。

贤首的议论,后来经过他门下慧苑加以改订,继之清凉(澄观,公元738—838年)又对慧苑作了纠正,恢复了贤首的一些面目。

澄观本人的学问渊博,他向当时的禅宗各派都问过学。如南方的慧忠、法钦等的牛头禅(牛头山一派),北宗的慧云,南宗荷泽神会门下的无名禅师,他都去请教过。他特别钦佩荷泽一系的说法,同时也很重视《起信论》。此系的禅法主张人们都有一种"灵知之心"(即先天的智慧),只要在方法上掌握了这一点,就一切都成了。澄观即用"灵知之心"来解释《起信》的"本觉"思想,另外还采用了天台一念三千的"性具"之说。这样一来,澄观虽然还是用贤首"性起"这一词,但他却是以"性具"来作解释了。

贤首的"性起说"认为:佛的境界乃是净心,所以"性起"是称性(顺性)而起,仅限于净法的范围。但天台的"一念三千说"却不然，在佛心中，善恶净染等无所不具。澄观吸收了这一说法，改动了"性起"的意义，以为它也通染恶，不仅是净善。由此，天台宗的议论重在发展性恶之义，贤首宗也就随之说有性恶了。此说见于澄观的《华严疏》（此释八十卷的《华严经》）。疏中说心是一个总相，由缘起上讲"悟之成佛"，所起者为成净缘起；反之，"迷作众生"，则为成染缘起。"缘起虽有染净，而心体不殊"。这就说明"性起"不但有净，而且有染了。疏中还讲到"妄体本真，故亦无尽，以是如来不断性恶"。这里肯定了染污也是无尽，而且佛原来就有性恶，"亦犹阐提不断性善"。阐提不断性善，这就是众生皆可成佛的根据。既然承认一阐提也有善性，则佛也不能脱离众生，所以不断性恶。这样，他发展了"性起说"，吸收了"性具说"中性恶的议论，甚至在术语上也沿用了天台宗的了。

贤首宗的这种说法，对当时推行他们的整个学说有很多好处，因为在他们的说法中包括了天台宗，就使天台宗显不出自己独特的地方而相形见绌。但是这时荆溪湛然已经成家，对贤首宗采取了敌对的态度。

湛然本与清凉有师弟关系，清凉曾向他问过学。湛然把贤首宗学说的重要典据《起信论》的思想，特别是不变随缘的重要论点也吸收到了天台宗来，这在他以前是没有的。他并且对此作了不同于贤首宗的解释。贤首宗认为，不变而随缘，随缘而不变，正如《论》中以水与波为喻，尽管波涛汹涌，形象千变万化，但其湿性（即水）不变。天台宗则不是这样说，他们认为：不变随缘是一致的，不变即随缘，随缘即不变，波即是水，水即是波，不必用什么湿性来说。换言之，不变与随缘，不是以湿性与水来比，而是以波与水来比。荆溪的这一说法，是利用了《起信》的矛盾处，以与贤首宗相对抗,并且集中批评了这一点。根据贤首宗的说法,最终归结是有情有佛性,无情无佛性,因此,他们所说的性起之性只能是心性而不是法性。天台反对它,认为性起之性同时也应该包括法性,否则只能承认有情有性起,而无情则无性起,以至于不能承认二者均有佛性。由天台宗本来的性具说看,指的一念三千,一切有情无情都包括在内,所以天台批判贤首宗的重点是在于指出他们不把无情也看成有佛性(详见《金刚錍论》),这样,尽管把他们自己的性起说同天台的性具说拉拢在一起,事实上是不通的。这样,天台宗就维持了自己性具说的优越地位,表示了更胜于贤首宗。

清凉的高足圭峰宗密(公元780—841年),又进一步把学说扩展了。除运用《起信论》之外,还援引了《圆觉经》。《圆觉经》本是由《起信论》经《楞严经》而发展出来的,它们的议论基本上一样,只不过《起信》还是一种论,现在以经的形式出现显得更有权威而已。《圆觉》的要点在以圆觉附会灵知本觉。而据此基点,统一了当时所有的禅与教之说(天台宗讲止观、教理,也算是禅的一部分)。因此,天台的说法同贤首相比,其胜劣可不辩自明。

贤首的说法不是和某一家相比较,而是规模更大,统一一切的说法,这由宗密作《禅源诸诠集》一事可以看得出来。《禅源诸诠集》本书已佚,但"都(总)序"还存。序的内容大致是:区分当时所有的禅为三宗,教为三教。禅的三宗是:"息妄修心宗,泯绝无寄宗,直显心性宗"。教的三教是:"密意依性说相教,密意破相显性教,显示真心即性教"。以三宗对三教,可见教到了"显示真心即性教",宗到了"直显心性宗",都是最高的阶段。这样使教宗统一了起来,纯是由于对心性本觉的论点加以扩大的结果。同时,他们还依《圆觉》《起信》的说法,作了更详细的阐明,说染净法之由染趋净和由净转染各有十重,构成了他们的心学,以心统一了禅教的说法。不用说,也是借以显示华严天台的优劣的了。自此以后,《起信》的思想就同中国的佛学思想融洽无间,更没有什么异论(参考宗密的《序》和《原人论》)。

宗密之后,贤首宗的传承不明。他们的思想受到禅宗的影响,同时也影响了禅宗。直到宋初,才出现了一位著名人物:净源。在此中间是没有多大发展的。净源之后,他们的学说就不像天台那样有生气,还另有发展,而是逐渐消沉下去了。另外,华严一宗之学,由贤首门下的新罗人审详传入新罗,辗转传给日本良辩,开创了日本的华严宗,大张贤首之学,至今犹存。

本讲参考材料

〔一〕《续高僧传》卷四、卷十一、卷十四、卷十七、卷十九、卷二十(玄奘、吉藏、慧思、智𫖮、灌顶各传)。

〔二〕《宋高僧传》卷四至卷六。

〔三〕吕澂:《慈恩宗》、《华严宗》、《三论宗》、《天台宗》(见附录)。

〔四〕《中国思想通史》第四卷上第三章、第四章(前三节)。

〔五〕灌顶:《天台八教大意》。

〔六〕智𫖮:《摩诃止观》第五卷上,观心十法门中第一门。

〔七〕吉藏:《大乘玄论》卷一、卷二。

〔八〕佚名:《三十唯识论要释》释"是诸识转变"颂段。

〔九〕宗密:《注华严法界观门》,《禅源诸诠集都序》(其中5—9各种可略阅)。

第九讲　南北宗禅学的流行

讲授提纲

楞伽师说的转变——一行三昧与东山法门——北宗禅的五方便门——南宗禅的崛起——荷泽禅学与《坛经》——南岳与青原——五家支派的纷歧——禅教的再统一与延寿——禅学的末流

楞伽师的传承，从慧可以后就不太清楚了。据唐开元初（八世纪）出于玄赜一系的净觉所作《楞伽师资记》（敦煌卷子），楞伽师各代的传承是：慧可——僧璨——道信，——这是当时的定说，后来相沿不改。

道宣的《续高僧传》里有《慧可传》，以后又补了《道信传》（二十六卷），但僧璨没有传，只在他最后增补的《法冲传》（卷二十五）中提到"可师后，璨禅师等八人，皆口说玄理（《楞伽》），不出文记，……善禅师等四人，各有钞、疏"。由此可见，僧璨是慧可的高足，也是他同辈中的领袖，虽无专传，但实有其人。

据《道信传》记载，他七岁出家。十二岁那年，靠近他住的寺院"有二僧，莫知何来，入舒州（今安徽太湖县一带）皖公山，静修禅业"，他就随之学禅十年。以后有一师去了广东罗浮山。道信也往江州庐山大林寺，后又到了湖北黄梅双峰山。后人据此认为道信所遇二僧就是慧可与僧璨。并说去罗浮的是僧璨，他在罗浮住了三年仍回到皖公山，即死于其地，人们为他立墓，房琯撰有碑文。——这些说法都出自禅宗的另一著作《宝林传》卷八。但碑文简略，没有什么具体事实。《楞伽师资记》中也只说僧璨"萧然静坐，不出文记"，与《法冲传》记载相似，其他情况就不详了。后来《景德传灯录》卷三十中，载有僧璨所著的《信心铭》，当然是不足信的。

《楞伽师资记》里说，道信"再敞禅门，宇内流布"。好像楞伽师的禅法传承曾经中衰，由于道信的努力，始再度流传。他著有《菩萨戒本》《入道安心要方便法门》二书(现均不存)。《师资记》中叙述他的禅法很多，恐即引自后一部著作。道信在庐山大林寺住了十年，此寺是三论宗兴皇法朗的弟子智锴所创建，智锴曾向天台问过止观，因此，道信的禅法，可能通过智锴而受到多方面的影响。从《师资记》的记载，也可看出他的禅法已经在楞伽师说基础上出现了许多变化。

道信禅法的变化，也与他提倡的修行方法有关。最初的楞伽师修头陀行，遵守一种严格的戒律。头陀行共有十二种戒，其中特别规定不许在一地久居，以免发生留恋，所以他们是住无定处的。尽管他们也都随方传授，却不能形成一种团体。但是，到了道信就改变了这一情况，他先在大林寺住的时间相当长，后又在黄梅双峰山定居了三十年，并且"聚徒五百人"，这就与原先的楞伽师完全不同了。此外，再从他著有大乘戒本的著作看，他一面教禅，还一面传戒，这又类似北方禅师如天台慧思等人的做法，——慧思讲梵网戒，道信也采取了。与此同时，佛教中还有一些新兴的教派，都以接近群众为目的，对于教理力求简化，解释也很自由，甚至曲解原来的思想以便于宣传，如"三阶教"就是一例。它主张"普法"、"普敬"，对待佛家的各种教派一律平等，对学法的人一样尊敬,这就使他们更与群众接近了。此外,"净土教"等也是如此,广泛地容纳各派说法没有什么排他的独特性。这类新兴派别的方向,当然很有影响于楞伽师的转变,所以,楞伽师有很多说法是和他们接近的。但是,楞伽师仍然信奉《楞伽经》,他们还特别指出要依《经》"佛语、心第一"来重视"心"。事实上,四卷本《楞伽经》只是用《一切佛语心第一》作为品名,而且这个"心"字,意思同于"枢要"、"中心",即是说佛教中的重要意义在《楞伽经》中都已具备了,并非指人心之心。但楞伽师望文生义地曲解这一含义,却要求人们专向内心用功夫。此外,道信还吸收了《楞伽》以外的当时比较流行的《无尽意经》《法华经》《华严经》《维摩经》《般若经》等的思想,并说"念心"就是"念佛",把念佛法门也组织到他们的思想体系中去了。至于具体地说到修止观的方法,就更与天台宗相似了。

道信提倡的这些,使得他们的学说和修行都有改变,对后来楞伽师说的发展,有相当的影响。

道信住在双峰山的时间那样长,徒众那样多,在史传中却看不到有什么官僚豪门的支持,而是用自给自足的方法解决生活问题,这与当时居于城市依赖权贵的佛徒是不同的。这一点,自然和当时的社会情况有关系。自南北朝以来,中间虽然经过隋代的统一,但至唐初,社会还是不很安定。唐初仍沿用前代的均田制,每成丁受田百亩(其中永业田二十亩口分田八十亩)。但事实上,可耕地不够分配,因此法律上允许人们开荒。这样,一般民众可以借口出家,自己去找地耕种,同时还可避免赋役的负担。佛教也就借此来号召门徒。道信在双峰山所提倡的自耕自给是当时经济状况允许的,也是适应了当时社会经济发展要求的。这事在关于他的传记(敦煌卷子《传法宝记》)中也可以看到:"……教诫门人,努力勤坐为根本"。如何保证生活呢?"能作三五年,得一口食疗饥疮,即闭门坐"。"作"指劳作,主要指务农而言。肚子饿了是一种病,称为"饥疮",吃就可以治疗它。而且只有在这个基础上才能"闭门坐"。"莫读经,莫共人语,能如此,久久堪用"。

这种情况也可以联系"末法"思想去理解。原来北周破灭佛教相当彻底,慧可、僧璨之到舒州来,就是被迫而逃走的。他们的亲身经历,自然会构成"末法"的思想。这种思想在禅师中有,在三阶教、净土教中也有。他们认为末法就是当时的"五浊恶世",不可久居,不得不迁居他世。从这一普遍的思想看来,道信的团体很强调逃避现实的意义,也是对北周破灭佛教后必然会有的一种反应。因此,他们不求与外界往来。据说,道信后来的名声越来越大,随他学习的人很多,唐太宗在贞观年中曾三度召他去长安,想软化他,但是他坚决不去。甚至威胁说要杀他的头,他还是拒不应命。终于老死在双峰。

上述的一些情况,只是根据后人的记载,至于实际如何,还不大清楚。不过以后禅宗的发展,肯定是由此开端发生了很大的变化,他们有些特点在这一时期即已形成了。

道信(公元580—651年)所倡导的禅法,经过他的嫡传弟子弘忍的努力宣扬,传播四方,被誉为"法妙人尊",博得了"东山法门"的称号——道信晚年住在黄梅双峰山(破头山)的西山,以后弘忍迁到东山,由此得名。事实上,东山法门这一称号是包括这两代禅师在内。

后来弘忍的上首弟子神秀,受到武后的推崇,接他入京为帝师,不但他作为出家人不向王者礼拜,武后还礼拜他,于是名重一时。武后曾问神秀,所传的禅法是谁家宗旨? 秀答:禀承蕲州东山法门。又问:依何典诰? 秀答:依《文殊般若经》说"一行三昧"。武后很称赞地说,若论修道,无过于东山法门了。由这番问答可见东山法门的根本是"一行三昧"。为什么以此三昧为根本呢? 这是因为他们的禅法首先以"三昧"来"安心"的,即以"安心"为修道的第一着。一般楞伽师推尊求那跋陀罗为初祖(见《楞伽师资记》),不仅因为他是四卷本《楞伽》的译主,而且还因为他是第一个提出"安心"方法来的。传说他曾讲过要学佛,得先学安心。这种思想,也由达磨组织到"二入四行"之中,"二入"里的"理入"就从"安心"开始。由此可见,重视安心是他们一脉相承的了。

"一行三昧"则是依梁、曼陀罗仙所译《文殊般若经》提出的。经中说的"一行",是一种行相,即指法界一相。因为他们把法界归之于无差别,所以成为一相。以一相为三昧的境界,即以法界为所缘,"系念法界"成了"一行三昧"。另外,若要入此三昧,还有种种方法。经内谈到这一问题时指出,此与念佛有联系:"专心一佛,称念名字,随佛方所,念念相续,即于念中见一切佛"。最后即"忽然澄寂,更无缘念"。由此而知"离心别无有佛,若知此理,即是安心"。大乘是讲多佛的,他们从专念一佛开始,由于佛佛相通,所以就可以由念一佛而见一切佛,这也就通向法界的范围了。法界无所不包,而念念相续则使心变得单纯、集中,最后知离心别无有佛,使心自然安定下来。这样,不但心安,还可使心逐渐清净,得清净心。这即是佛性、法身、法性、净土、菩提、本觉等等。所以说,认识到这种心,乃是修道的第一着。

道信还说修道的方便分为五门(见所作《入道安心要方便法

门》），他以此教人，也受到学人的重视而"诸方共传"。如《续高僧传》中讲到的善伏禅师，他到蕲州去见道信，信即"示以入道方便"。可见，道信的方便法门，也就是东山法门的一个基本内容。他讲的方便法门，"略而言之，凡有五种"：一、"知心体"。一方面知体性清净，一方面知体与佛同，由此入道；二、"知心用"。心用是指清净心的作用，即"用生法宝"，用与教理相契合。但是尽管有用，"起作恒寂"，心无所波动，"万法皆如"。换言之，心虽有所作用，但无高下分别的想法，一律平等，正如《金刚经》中所说的"诸法平等，无有高下"。——应知心的这种真正作用，不能与一般的心相比，由此开始，就应该做实际的功夫；三、"常觉不停"。这里所说的"觉"，就是前两种里的体用之知。应该经常保持这种觉悟而不停顿。由此，随时"觉心在前，觉法无相"（有相即粘着）；四、"常观身空寂"。对于自己的身体，要看得空寂，"内外通明，入于法界，未曾有碍"。观身体融合于法界之中，而不感到有什么障碍，也就是忘身于法界的意思；五、"守一不移，动静常住，能令学者明见佛性"。明见之"见"，是"证会""现观"的同义词，面对面的见到，而不需要通过什么中介，这是禅家的常谈。由此可以早入定门，"成就一行三昧"。

　　这一套思想并非道信自己的发明，他是吸收许多旧说构成的，他本人也承认这一点。例如，知心之体用，这在古时智敏法师的《禅训》中就已说及："学道之法，必须解行相扶，先知心之根源及诸体用，见理明净，了了分明无惑，然后功业可成，此即为一解千从，一迷万惑。"这就是说，不但要行，而且要知，光行不知叫做"暗证"，故二者应结合起来。而一谈到知的问题，则其根本在于知心。这是当时极其通行的说法，十分重要。道信五种方便法门的关键也就在此。另外，他还讲到傅大士之说，傅是梁武帝时在家的善慧大师,也是禅师。他的禅法认为,别的用处不大,故"独举守一不移"。这也成了道信五种法门的依据之一。可见,他的禅法是组织了各家的学说,并非出自个人的独创。

总之,道信的禅法非常重视实践,特别提出了"明净之心"作为根源,这与当时倡导的"他力信仰"是对立的。"他力信仰"是依靠佛力帮助来解决问题,例如,净土教等。道信则强调以心为源,应该凭借自力去做,因而有反对他力的性质。至于说到认识论方面则认为,"心缘境时,六根空寂,六尘梦幻,如镜中物影"。能缘和所缘,主观和对象,都是空幻不实的,这还是属于般若的思想,只讲求"色心平等",而并不强调以心为主。因为从其法性(空寂)看来,都是一样,所谓心性、法性、空寂、清净都是一回事,这与那种主观唯心论的看法有所不同。从现有的材料去分析,应该说道信的思想是属于般若的。所以在他的著作中引用了许多有关的般若经类,如《大品》、《文殊般若》、《金刚经》等,特别是《金刚经》的"我应灭度一切众生,……而无有一众生实灭度者"一段。这是说应该灭度无量众生,却不许有能度所度之想,实际上等于无众生得到灭度,只须自然地去做,不生能所的分别心。这是《金刚经》中很重要的话。从这里,也可见道信的禅法,正在由《楞伽》逐渐地向《金刚经》《般若》过渡。所以,再经弘忍传慧能(南传)以后,就完全以《金刚经》代替了《楞伽经》。

据《续高僧传》记载道信的门人中知名的,有荆州法显,荆州玄爽,衡岳善伏。能传其禅法的则为弘忍。

弘忍(公元601—674年)七岁,即在庐山跟道信学,以后又随去双峰山的东山(也叫冯墓山或冯母山)。据他们一系的传记中说,弘忍性情忠厚,常为同学戏弄而默然无对,但勤于作役,勇于劳动。后来弘忍门下玄赜作《楞伽人物志》为弘忍立传，描写他是："自出家处幽居寺，住度弘憨（即憨，气度很大），怀抱贞纯，缄口于是非之场，驰心于空有之境，役力以申供养，法侣资具足焉（对别人有帮助）。调心唯务浑仪，师独明其观照，四仪（行住坐卧）皆是道场，三业（身口意）咸为佛事。"从这些叙述中可以想见他的为人。由于他白天劳动，晚上修定，所以文化水平虽低，理解却能深入："生不瞩文，而义符玄理"，可以说保持了道信的那种朴素的禅风。他还极力主张修道应该远离城市，过山居生活，认为"大厦之材，本出幽谷，远离人间，故不被斧斤，长成大物，堪为栋梁"。这仍是道信山林佛教的作风。同时他也与僧璨的情况相同，即"萧然静坐，不出文记"。当时传说弘忍有一本关于禅法的书，净觉在《楞伽师资记》中说："时传[弘忍]有《禅法》一本，谬也。"净觉指的所谓《禅法》，大概就是现存的《最上乘论》。在敦煌卷子中也有一本题名《导凡趣圣悟解脱宗修心要论》的书，实际上它与《最上乘论》是同一种作品，都认为是弘忍所撰，但《师资记》断定它为伪撰。

《最上乘论》所讲的内容，还是以一乘为宗。它所指的一乘，就是一心，这与《起信论》所讲的一心就是摩诃衍的说法是一致的。它还主张要守自心。心即心真如门，是一切法所由产生的根本。道信也谈守一，但只是泛泛而言，而《最上乘论》则具体化为守自心。从学说主要脉络上看，此书虽然还有问题，但说为弘忍所作也不无原因。

迄今为止，尽管在敦煌卷子中发现了一些新的材料，有助于弄清禅宗早期的真象，但是所发现的还不完全是与早期禅宗同时的著作，而是盛唐开元天宝年间的东西，因此还不足以征信。现在对于弘忍的主张，除了虽有可疑而不无根据的《最上乘论》一书可作参考外,只能据《楞伽人物志》中所传的一些零碎语录材料加以研究。其中有些重要的"法语",如"楞伽境界法身"之说,即是有理论意义的。"境界法身"是说明法身遍一切境,宇宙有多大,法身就有多大。这种说法当然是唯心论的,比道信的般若思想更有偏向。甚至于说,"寺中坐禅"犹如在山林树下坐禅一样,是一个身子:"山林树下,亦有身坐,草木瓦石,亦能禅忍、见闻"。从这些说法里,联系到他们说的"心真如门"、"一行三昧"等,可以看出他们受到《起信论》的影响是很大的。

由于道信的禅法逐渐在《楞伽》之外吸收了《般若》的思想,所以还发生了一些附会。当时江南一带另有出自三论宗的禅法,后来形成为牛头禅,逐渐被说成是来自道信的传承,同道信拉上了关系。并且说道信曾经对牛头禅的开山法融禅师的禅法,亲加印可,使之成了道信一系的别支。事实上,这是不正确的。这种附会的来源可能是这样的:到了盛唐时候,禅宗的南北宗分了家,北宗为神秀一系,南宗方面有个时期又分为洪州(江西南昌)马祖的南岳一系和荷泽的神会一系,同时还有牛头的慧忠、玄素(也称马祖)一系,形成鼎足而三的局势。各派在叙述传承的时候,牛头就把传承上溯到五代为:法融——智岩——慧方——法持——智威——慧忠——玄素。实际上,追溯到慧方还可信,智岩以上就无材料可以确定了。因此,这一传承的本身就可疑,硬把法融拉了进去,是没有什么根据的。

其次,法融的禅法从《续高僧传》记载看,是出自茅山的炅法师。炅法师在法朗门下与明法师同门。法融在炅法师处学习以后,长期修行,在静林中默坐达二十年之久,最后入牛头山就再也没有离开了。道信时在双峰山,也是多年未曾出山,怎么能说两

213

人有过往来呢？至于传说道信是在双峰山看到牛头山有云气，相信其地必有得道的人，于是千里迢迢地去指点法融的禅法，那更是无稽的神话了。另从法融的著作《心铭》《绝观论》看，其基本思想是讲三论宗的无心之理，由"无心"即"心性本空"的基础出发，因此他所得出的结论乃是"绝观忘守"，无所谓有心可守，更没有什么可观。这与道信的主张守一、守心等论点显然相反。那么两人的师弟关系从何构成呢？不过牛头派中的法持一家，曾受过弘忍的教，可能弘忍也传授了禅法给他。但是，弘忍自己认可的传道者只有十一人，其中并无法持的名字，所以很难轻下断语。

弘忍禅法传播得很广，对各方的影响也极大，像以前的传记就曾夸张地记述到弘忍那里去求教的情况，说是"四方请益，月以千计"。至于能够传他的法得他真传的人，后来的说法不很相同。根据玄赜《楞伽人物志》写成的《楞伽师资记》所载（此书是禅宗尚未分南北二宗时所写，内容比较可信），弘忍临死前，曾经讲到能传法的人："如吾一生，教人无数，好者并亡（这是指以前的事）。后传吾道者只可十耳。我与神秀论《楞伽经》，玄理通快，必多利益。资州（四川）智诜，白松山刘主簿（此人不详），兼有文性（除禅法外，文章也好）。华州（陕西）慧藏，随州（湖北）玄约，忆不见之（当时不在他面前）。嵩山老安（即慧安，因年龄大而称老），深有道行。潞州（山西）法如，韶州（广东）慧能，扬州（江苏）高丽僧智德，此并堪为人师，但一方人物。越州（浙江）义方，仍便讲说。"这些话是向玄赜讲的，所以只说了这十人。他在最后才说："汝之兼行（禅、文），善自保爱，吾涅槃后，汝与神秀当以佛日再晖，心灯（指禅）重照。"可见弘忍自许能传其法的就是这十一人，其中神秀又尊为第一。在此后所出的传记中，记载稍有出入，如《传法宝记》(敦煌卷子)就以法如同神秀并列，这可能是由于此书出自法如一系。此外，《历代法宝记》(敦煌卷子，出自智诜门下)特别提出慧能来。所以尽管都是说十一人，而记载的重点则不同。但是，从楞伽师的传承角度去看，说神秀是弘忍门下的首座，更加符合事实。以后他被推为北宗的开山不是没有来历的。

　　神秀，没有讲过自己的年龄，一般认为他活了百岁左右，死于公元七〇六年，估计是公元六〇六至七〇六年的人。他和玄奘同乡，原籍是河南陈留。年轻时，学通儒道，出家后，对佛典也很有研究。他学禅较晚，直到五十岁才到弘忍处受教。在弘忍那里他表现得很恭谨，"服劳六年，不舍昼夜"。弘忍也很器重他，认为"东山之法，尽在秀矣"。这一记述，见于神秀弟子张说为他写的《碑铭》中。《碑铭》还说，"命之洗足，引之并坐"，这是表示传法给他，器重他。但"于是涕辞而去，退藏于密"，竟退回到荆州的玉泉山隐居。这到底是什么原因，已无可靠的材料来说明。以后十四年间，他一直在山中用功。弘忍死后才逐渐地在玉泉山向外传法。当时"就者成都，学来如市"，以至"庵庐雁行于丘埠"，可见从他学习的人不少，影响是很大的。当时的统治阶级对于任何聚众的事都十分关注，神秀既有这样大的号召力，自然受到注意了。武后便把他召到洛阳，尔后又召到长安，那时他已九十多岁了。与他同时召去的有老安，以后陆续召去的有玄赜、玄约、智诜等人。表面上很受尊敬，武后亲自向他礼拜，并且还成为武后、中宗、睿宗三代的帝师。但神秀一再想回去，始终未得允许，最后还是死在洛阳的天宫寺。

　　据传记中说，神秀虽然学兼儒道，颇有根基，但仍能保持东山一系的朴素禅风。他在弘忍门下学法时，平日都是"禅灯默照，言语道断，心行处灭，不出文记"。这都是弘忍以来一贯遵循的作风。后世传说他写有《观心论》一卷，这不甚可信。现在研究他的主张，主要只可根据《楞伽师资记》里的材料。

《师资记》中有神秀的语录十三则，文字简略，意义也难确定。从表面看，他所引到的经有《涅槃》《璎珞》《华严》，而没有《楞伽》。其中关键性的说法是："我之道法总会归体用两字。"体用两字"亦曰重玄门，亦曰转法轮，亦曰道果"。从这些话看，他的思想还没有超出从道信以来所特别倡导的智敏《禅训》中所讲的学禅先要懂体用这一范围。至于神秀怎样理会体用的，也有一些例子可资说明。他很欣赏傅大士（梁代禅师傅翕）的一个颂："人从桥上过，桥流水不流。"并由此而引申说"身灭影不灭"。这就是说，他不是由体用相生（有体才有用）方面体会的，而是从体用互即方面体会的。互即，就是说体用的性质不同，以动静为例，寂然不动为体，感而遂通为用。二者相即，就是说由静而观动，由动而观静，如桥不动而水动。桥与水不同，身与影不同，相反而相即。这里面似乎有相互转化的意味。他还引用《璎珞经》中的一句话来论证身灭影不灭，经说菩萨是照而寂，佛是寂而照。这就否定了单独的寂或照，并非寂一定是体，照一定是用，而体用是互即的，可以反转过来理解。传说神秀在将死时有三字遗嘱："屈曲直"，这也可以说明他对体用的体会。意思可能是这样：他讲的禅法一定要动定一体，即动与定属于一种境界。在《智论》中有这样的话："敛心入定，如蛇行入筒"，由散心到定心，如同弯曲的蛇进到直的筒中，屈曲就直了。神秀可能据此有所体会，把屈曲与直二者统一起来，将动静一体作为究竟。

以上是从语录里看到的一些重要思想。此外在张说的碑铭里也有些叙述:"其开[示禅]法大略,则慧念以息想,极力以摄心。其入也,品均凡圣,其到也,行无前后。"这就是说凡圣的根基都一样,即从达磨以来提倡人人都有佛性,人人平等的说法。"趣定之前,万缘皆闭,发慧之后,一切皆如"。"摄心""息想"就在于杜塞一切心思,由此而产生的智慧就都是合理的了。这也是把体用统一起来之意。此外,还说他"持奉《楞伽》,递为心要。过此以往,未之或知"。张说就理解到此程度,对于神秀的其他说法他就不清楚了。但这些已足以说明神秀禅法的特点。

神秀的传法弟子一时并肩者有四人,即嵩山(河南)义福,嵩山敬贤,长安兰山普寂,兰田(陕西)玉山惠福。他们都是追随神秀十几年而得到亲传的。当时有人这样称赞他们:"法山净,法海清,法灯朗,法镜明"。其中的义福(公元658—736年)更能得到神秀的嫡传。神秀死后,他与普寂(公元651—739年)都受到唐室的尊重,时人目之为"两京法主,三帝门师"。因此,神秀一系的说法很受当时的重视,通过这几家的整理组织,这一系的禅法就成了定型。他们教人有十六个字:"凝心入定,住心看净,起心外照,摄心内证"。以后禅宗内部分裂,有了南北之争,神秀一系的禅法更被人看成是"以方便显"。

本来由道信以来就提出了"安心"的主张,以方便法门教人,经过弘忍、神秀的发展,到南北分宗以后,北宗就以方便做为标帜了。而《大乘无生方便门》或《大乘五方便》也认为是神秀的著作(此在敦煌卷子中发现)。到了中唐,宗密撰《圆觉经大疏钞》,其中谈到禅宗的末计(分宗)七家时,指出第一家为神秀系,其禅法的特点即为"拂尘看净,方便通经"。这些特点都是表示"渐修"的,认为修习应该有次第地进行。"拂尘看净"是什么意思呢?据

《坛经》传说，神秀在弘忍门下时，弘忍曾让学有心得的呈偈给他看。神秀所呈的偈是："身是菩提树，心如明镜台，时时勤拂拭，莫使有尘埃。"慧能看了此偈后，就写了一偈批判他，认为神秀还不到家，所以慧能由是得到了弘忍的真传，而神秀则否。这当然只是传说，不过可以反映当时神秀已经有了"拂尘看净"的说法了。"看净"就是看心净。"拂尘"则是一个比喻。守净是他们的目的，要做到这一点则必须经常拂拭，不使尘埃沾染。也唯有如此才能经常保持心的明净。

关于"方便通经"。道信以来就谈五方便门，经过弘忍，神秀两代的发展，到了神秀一系，方便的内容已经不同，是与经教相联系了。换言之，他们是把五方便同经教会通起来，所以叫通经。而对经教的理解，又是根据自己的体会自由地解释，与一般拘泥于文字的也不同，这是北宗禅法的一个特点。

关于五方便的内容，从上述敦煌发现的两书中看是这样的："一、总彰佛体，亦名离念门，依《起信论》(即会通《起信》)"。《起信论》把心分为二门：心真如门、心生灭门。心真如就是本觉，由觉的方面来表示心体。什么是觉？离念就是觉，所以说"觉义心体离念"。按《起信》的说法，离念就恢复到本觉，因此，离念就是主要的一环，离念后，心境广大无限，"等虚空法界一相，即如来法身"。可见所谓彰体，就是恢复到"离念之本觉"。其余四种方便，则是讲用的，这也显示出神秀一系关于体用结合的说法。"二、开智慧门，亦名不动门，依《法华经》"。在总的了解了佛体后，就要解决怎样达到这一目标的问题了。此处所引的《法华经》，是其中这样的一句："开示悟入佛之知见"。他们对于开示悟入做了自由解释："身心不动是开"。就是说，虽有视听，但不动于身心，即名之为"开"。因为不动而后定,定而后发生智慧,所以说"从定发慧"。"三、显示不思议解脱门,依《维摩经》"。《维摩经》中有《不思议品》,谈到"不思议解脱法门"。他们对此也作了自由解释:"瞥(忽然)起心是缚",反之,"心不起是解",他们把解脱理解为不起心。"四、明诸法正性,依《思益梵天经》"。经中《明难品》有一句说:"离自性,离欲际,即诸法正性"。他们自己的解释是:"离自性"是心不起,"离欲际"是识不生,此即为诸法正性。"五、了无异自然无碍解脱门,依《华严经》"。《华严》的主要思想为"圆融无碍",经过贤首的弘扬,这一思想已为当时所普遍理解,他们采用了无碍的思想,认为一切无碍的最后归之于禅法的一切皆如,一切平等。

从"方便通经"来看,没有会通《楞伽经》而是以《起信论》为首。这样,他们对于《楞伽经》的传授关系,到了这时就不清楚了。事实上,已经用《起信》代替了《楞伽》的地位。这里也有这样一个可能:《起信》的思想原是来自《楞伽》,他们觉得《楞伽》禅法《起信》解释得更成功,因此,认为与其根据《楞伽》,毋宁直接依据《起信》更好,所以他们就只是在形式上尊重四卷《楞伽》了。有人认为禅宗始终重视渐修这一点,即是保持了《楞伽》的精神,这一看法是正确的。《楞伽》中虽然也有地方讲到顿,但作为渐修根据的地方则更多。禅宗一上来即是依据《楞伽》中关于渐修的部分。这一点,由道信起到此时仍然未变,可以说他们在贯彻《楞伽》精神方面是始终如一的。

从《楞伽师资记》中的记载看,慧能在弘忍传法弟子中虽已被列名十一人之内,但只是属于"弘化一方"的人物,并不是怎样出色的。直到慧能死后二十年,即开元中经他弟子神会的努力,把他提倡的禅法当作达摩禅的正统向北方宣传,逐渐把神秀一系的势力压了下去,"南能北秀"分列中的南宗禅法,原来局促在大庾岭以南一方的,至此始普及于各地。

慧能(公元638—713年)的历史后来有许多附会的说法,现在只据王维受神会请托所写的《能禅师碑铭》来叙述。一般碑铭都是根据死者亲属写出有关死者的行状事略来写的,所以不妨当作实录看待。《碑铭》中说,他原籍河南范阳卢氏,为当地大族,父亲是一个官僚,被贬到岭南,成了平民。幼年时慧能生活很贫困,后来对佛教有了信仰,于咸亨(公元670—674年)中去黄梅见弘忍,此时他已三十多岁了。没有出家,只以行者的身份从学。弘忍门下都是自耕自食的,他在碓房舂米,也随众听法,虽有领会,但仅默契而已,始终不怎么说话。尽管如此,他还是受到弘忍的关注,独得弘忍某些特别的教导。在他辞弘忍回去的时候,弘忍还密授袈裟给他,以为信记,说明他得到了嫡传。回到南方以后,他并没有立即进行活动,而是"怀宝迷邦,销声异域(指岭南),众生为净土,杂止于编人(有户籍的平民),世事是度门,混农商于劳侣",仍然过着平民的生活。这样经过十六年,垂拱(公元685—688年)中,有位内地法师印宗在南海(广州)讲《涅槃经》,慧能批评他讲得不当,印宗和他交谈,甚是佩服,为之宣扬,他的名声就传开了。也就在这时他才正式出家受戒,从事佛教活动。以后他又回到韶州,住在州东南的曹溪宝林寺传授禅法。当时韶州刺史韦琚特地请他到州城大梵寺去讲了一天法,即摩诃般若法,并传了无相戒。他这一天的说法,经他的得戒弟子们记录成为《坛经》。以后又屡加补充而流传。据传说,他不识字,所以没有其他著作。他在曹溪住了三十年,因为名声大了,武后、中宗召他入京,但他没有去,终死于曹溪。

慧能的历史见于王维《碑铭》的就是这么多。此外,还有许多传说,例如,在他未去黄梅之前就听见别人念《金刚经》有所领悟,后来听说弘忍在黄梅弘扬此经,他才赶去的。又说,他在弘忍处只住了八个月就得了法,而且同神秀较量了一下。——神秀是弘忍门下的上首,但他写的偈不彻底,慧能写的偈反更好,所以得到了弘忍的密传,为他讲了《金刚经》。又当他在广州时,也有传说,当时寺中的和尚议论风吹幡动,究竟是风动还是幡动?他认为两者都不正确,应该说是心动,从而很使人们信服,等等。其中关于他所作的偈和心动的说法,都是很受人们欣赏的,可是有关他早期生活的记载里都没有提到,大概是不足信的。

慧能在弘忍处所得的传授,后人的说法也不尽同,其中大多是附会的,不过也可以推想他很有可能得到弘忍的特殊传授。因为弘忍本人在道信门下就是很朴质的,但他却得到了道信的传授,自己的门下人才济济,他也要效法老师的作风,保持以前单传的方式,而慧能恰巧也是那样纯朴,所以说他单独付法给慧能,这是有可能的。此外,他看到慧能是一方之师,特别是在当时广州这样文化落后的地方,所以特别传衣给他,以作征信,增加他的号召力,这也是可能的。传衣一事,以后在传说中显得十分突出,有一系列的故事:有的说,慧能得到此衣回去后,为人所知,弘忍门下许多人都去追赶,有一武人慧明追到了,慧能掷衣于地,慧明用手去夺,却拿不动,结果为慧能所说服而跟随了他。以后,又说有人来盗衣(广济盗衣)。再以后,由于他未到北方去,所以唐肃宗就把这件衣拿去供养(道信以下各代的传法者都未去北方),到了代宗时,又梦见慧能索衣,据说又重新送回了韶州。智诜一系的

《历代法宝记》中还说，武后时就把这件衣要了去，后来交给智诜带回了四川。以后还传说，衣在那里，达摩禅法的传授就在那里。这些传说说明传衣之事是轰动一时的，可能实有其事。也说明弘忍为了便于慧能在南方传他的禅法，使他更有号召力，所以给了他特别的照顾。

慧能所传的禅法也确实是一种新教，对于旧说有很多改变。他们要求与平民相杂而居，对统治者则采取了不合作的态度。这样的佛教，也需要从自身产生一种号召力，所以传法衣以为号召，也是有其需要的。关于不与统治者合作这一点，也和他们的传承有关，自道信以来，几代都是保持着这种作风的。例如，唐帝室曾召道信、弘忍入京，他们都未应命。到了为慧能创宗的神会，由于传法的方便虽不得不接近官僚，但他仍然看不起神秀的当帝师，认为这是与其宗风相违的。说明他还是不愿意与统治者合作。不过，他们不与统治阶级合作，起的作用仍是消极的，只叫平民安分守己，归根结底还是对统治者有利的。

后世一般都是根据《坛经》来研究慧能的思想，这是不甚可靠的。因为《坛经》已经过后人多次改订，其中究竟还保存了多少慧能的思想很难说了。这种改订之风，在当时即已引起不满，如慧能门下在北方居住的慧忠就慨叹南方改换了《坛经》，是"添糅鄙谈，削除圣意，惑乱后徒，岂成言教？苦哉，吾宗丧矣"！现存《坛经》的本子有四种：最古的是敦煌本，由字迹上断定是五代时写的。那时南北宗早已分家，南宗中还分成了数派，可以肯定这个本子就有了改订。在分派后，一般都干脆把《坛经》看成是荷泽（神会）一系的东西，这表明《坛经》里的说法与荷泽的关系特别密切。这也是有些根据的。从敦煌发现的《神会语录》，许多说法就与《坛经》完全一致。不过是否即用神会的说法改动了《坛经》还有待研究。因此,严格地说,研究慧能的思想并不能以《坛经》作为唯一的根据。

比较合理的看法是:从道信以来,东山法门已经不是单纯的以《楞伽》为根据的了,他们的说法较前有了很大的变动,并逐渐扩大了禅法的范围。在"藉教悟宗"的经教部分,就已包括了《般若》《维摩》《法华》《思益》《华严》等经。慧能的思想也是受了这种影响,不拘限于《楞伽》而吸收了诸经的说法。他在《坛经》中所表现的主要思想,是"摩诃般若"法。而所采取的无相戒,则来自《金刚经》中关于"无我相、人相、众生相、寿者相"等等的说法。《坛经》中谈到的以"无住为本"的说法,也出于《维摩经·观众生品》里文殊所说的"一切法均从无住建立",所以尽管慧能不识字,但对这些经文还是有他自己的理解,并且涉及的范围也相当广泛。

至于慧能思想的具体内容,现在仍宜以王维的《碑铭》作依据。《碑铭》虽是由神会提供的材料,但当时还不可能根据神会的话去修改《坛经》,所以用它作标准来分析《坛经》,还是可以想象到原来的一些面貌。

《碑铭》中说:"乃教人以忍。曰:忍者无生方得,无我始成,于初发心,以为教首。"关于这一点,《坛经》中没有明文,但在无相颂中却有同样意思的说法:"只见己过,莫见世非。"这也就是忍。这一思想在《坛经》中前后都贯穿着,《碑铭》中又提到了,可见是慧能的基本思想之一。对于定慧,他把范围扩大了,《碑铭》说:"至于定无所入,慧无所依。"定,并非限于打坐,只要心不散,坐卧住行都是定。"慧无所依",是说定慧一体,是照与光的关系,从定来看是光,从慧来看是照,所以并不是先有定而后有慧。这就是《坛经》中所说的"定慧等学"。"大身过于十方，本觉超越三世"。前一句是说以一心为法身，此心的量广大无边，犹如虚空，这也是从道信以来的说法。"本觉超越三世"的意思是说，般若之智是自性般若，是先天具有的，每人都有，只要一念相应它就会实现。因此他们主张顿悟。——因为这是一个整体，不必要什么积累，也不受时间的限制，说有即有。这种智就是"本觉"，"超越三世"就是顿悟。以下还说到，"根尘不灭，非色灭空"。——无相的理论，是中国般若研究中的突出思想，认为除病不灭身。着相为病，除病就是除着相，如《肇论》说"即色是空"，非灭色为空。所以在禅宗完全中国化以后，把《肇论》放在第一位，十分推崇它。由此而言，"行愿无成，即凡成圣"。在人们受无相戒的时候，要人们发四誓愿，即对无边之众生、烦恼、法门、佛道无所成，也就是说要誓愿成佛。但成佛并非另有佛身，自性就是佛。只要自己认识自己，一念般若即可成佛。由此决定，虽然是凡，但无疑即是圣。这样，他就归结为"举手举足，皆是道场，是心是性，同归性海"。一举一动都不离道场，不管是用情用心，都会归于性海。这就是结论。

以上就是王维《碑铭》里的重要论点。用这些论点去理解《坛经》，就可以看到慧能学说的精神实质。

接着，《碑铭》把慧能的修禅方法提了出来。南宗的方法是顿。所以《碑铭》说："商人告倦，自息化城，穷子无疑，自开宝藏。"这两个比喻都出自《法华经》。前者出自《化城品》，说化城在于息脚，息脚之后还是为了达到最终的目的地；后者出自《譬喻品》，说使穷子消失疑惑之后，即可自己直开宝藏。南宗就是把直开宝藏比作顿（神秀一系就无此说）。但尽管主顿，"其有不植德本，难入顿门，妄系空华之狂，曾非慧日之咎"。太阳是有的，但迷于空华之人却无视于太阳，这就不是太阳的过错了。这种顿门是有的，问题全在于自己是否具备有入顿的条件。顿，是慧能所提倡的修禅的根本方法，后世的南宗禅即以此为特色相传下去。神会所以要王维写此文的目的，即由于当时人们还不相信此说，所以要他出来代为弘扬。最后《碑铭》还对慧能的无相无着的方法提了出来说："〔能〕常叹曰，七宝布施（出《金刚经》），等恒河沙，亿劫修行（时间长），居大地墨（数量多），不如无为之运（出《金刚经》），无碍之悲（出《维摩经》），弘济众生，大庇三有（三界众生）。"这种无为无碍的思想即无相、无着、无住，也是慧能的一个主要思想之见于《坛经》的。

此外，除无相、无着之外《坛经》中还提到"无念为宗"的话，这是《碑铭》中没有的，可以推断是出于神会的思想。

"碑铭"这种文体重在"铭"，王维在铭文中特别谈到无相无着的意义："至人达观，与佛齐功，无心舍有，何处依空。不着三界，徒劳八风，以兹利智，遂与宗通。"

另外在《坛经》的最后（补充一些其他时候的讲话），模仿《楞伽师资记》一类著作的体裁，说慧能在将死之际曾嘱咐由法海起到神会止的十个大弟子说：他们"不同余人，吾灭度后，各为一方师"。其中就教他们的宗旨为："吾教汝等，不失本宗"，"先举三科法门，动用三十六对"。这三十六对是："外境无情对五（天地等）"、"语言法相对十二（有为无为等）"、"自性起用对十九（邪正、痴慧等）"。这三十六对可以通一切法，一切经，不管什么，总可以找到与其相反的对立面，指出这两者都是"边"，离开二边，才是中道。这种说法，显然是受《维摩经》的"不二法门"的影响。这种法门组织，看起来既不属于慧能的，也不是神会的，怎样增加到《坛经》里来的，很难了解。不过这种思想却与慧能一系的门下有关，成了他们一种纲领性的东西。

慧能禅法的嫡传，无妨说是荷泽（寺名）神会。虽然慧能并未明确的说传法给了谁，但在神会生时，就隐约地说是得到慧能付嘱的。在他死后三十余年（唐贞元十二年），德宗曾邀诸禅师共同议论，决定神会为禅宗的第七祖，德宗还亲自撰了《七祖赞》，就等于钦定他是慧能的嫡传了。

神会（公元668—760年），湖北襄阳人，俗姓高，少年时研习儒道。出家后，曾随当时在荆州的神秀学习过三年。久视元年（公元700年）神秀被武后征召入京，曾对门下说，得到弘忍禅法的还有在南方的慧能，大家要继续学禅，也可以去找他。大概即在这段时间，神会就去了岭南。他原在北方住过，南下以后他还一度返回北方。最后，大约在公元七〇八年左右，他已经四十岁了，又重回到慧能处，直到慧能逝世。所以王维在为慧能写的《碑铭》中说，神会"遇师于晚景，闻道于中年，广量出于凡心，利智逾于宿学。虽末后供，乐最上乘"。这里用了《大涅槃经》中的故事来比拟神会。经说金工纯陀是佛最后收的一个弟子，佛临死时就是由他供养，所以得到了佛最后的教诲。神会在他自己的著作中，也曾以纯陀自命，说明神会确是慧能最后的弟子。但是，后来被误会了，把他四十岁去见慧能颠倒过来说成是十四岁，以致《坛经》中说他是"小僧""沙弥"，这完全不对。

慧能死后，神会大概还在曹溪住了十几年，直到开元十八年左右，他才出岭南，越过大庾岭，到了洛阳，对于慧能传衣一事广为宣传。此后他又到了滑台（今河南滑县东）的大云寺，同当时很有声名的山东崇远禅师（北宗）展开了南北禅邪正、是非的辩论。通过这场辩论要来决定达摩禅的宗旨。辩论的规模相当大，实际是一个无遮大会。神会在会上攻击了神秀的北宗，重点是说他们"传承是傍，法门是渐"。认为自己的主张才是传承的正支，法门是顿，与北宗形成对立。当时与会的独孤沛写下了会议的记录，经过三年，改订多次，成为定本，流传于后。记录题名《菩提达摩南宗定是非论》。后经散失，近年在敦煌卷子中发现了。

在大云寺的大会上，虽然掀起了南北宗的争论，但当时并未继续发展下去，隔了十多年，到了天宝四载（公元745年）神会受到当时大官僚宋鼎的欢迎，重又回到洛阳，大力弘扬顿教，声势煊赫一时。但此时的北宗势力也不弱，他们勾结另一官僚卢奕向唐玄宗诬告神会在洛阳聚众，谋为不轨（自元魏以来借用大乘佛教名义聚众反抗统治者的事件，已有多次，特别是新兴的教门，如三阶、净土等，统治者对此十分警惕）。神会所宣扬的顿门禅法，是北方所未曾听说过的，自然有号召力，能鼓动一些人。因此引起了统治者的疑惧，终于把神会逐出京城，于天宝十二载黜于弋阳（今河南潢川），最后又被赶回了襄荆一带。据后人为他写的传记中还说，在这个过程中，"侠客县官，三度几死"。很可能是遭遇过暗杀、逮捕等风险。又说他"商旅缤服，百般艰难"，那简直是化装逃跑了。

安史之乱时期，两京既陷，经济异常困难，因此就想各种办法敛钱以助军饷。除鬻官卖爵之外，还用度僧收费的办法，这就是由国家发给度牒度人为僧，向被度者收香水钱。由于神会在当时是一位年高德重的僧人，被请出来主持这件事。他助郭子仪筹了一定的兵饷，对唐帝室立了功，因而恢复了他的地位。但不久就死于洛阳的荷泽寺。由慧能开创的南宗禅，在他几十年的努力下，终于在北方奠定了基础,同时还有了神会自己的传承,这就是荷泽宗。

荷泽的思想除了在《定是非论》中有所表现外,敦煌卷子里还存有《南阳和尚顿教解脱禅门直了性坛语》残卷("直了性"形容顿教,"坛语"是设坛授戒时所说的话)。此外还有刘主簿辑的《南阳和尚问答杂征义》(残卷)以及一向流行的《显宗记》,此书在敦煌卷子中题为《顿悟无生般若颂》。这些作品经胡适与日人铃木大拙分别辑印为《神会语录》出版了。另外还有些零星的语录,见于《景德传灯录》中。从上述这些资料可以看出神会思想的一个全貌。不过,由于神会的用意在攻击北宗,有些说法不免有些偏颇。

总的说来,神会的思想还是出于慧能的。他对北宗批评提出两大纲领是:"传承是傍,法门是渐"。以此为定是非的标准。当时之所以提出传承问题来,是有些原因的。北方虽然大行神秀之说,但神秀死后,下一代中间又分出许多别支。其中嵩山的普寂势力特大,嵩山又是北方禅的最大据点,从前达摩和佛陀扇多都在这里住过,普寂居此,也就自然形成了领导北方禅的地位。当时他曾有两种重要举动:第一,竖立碑铭以决定北方禅家自达摩以来的传承,准备把神秀定为六祖,普寂本人为七祖。同时,由于法如也在嵩山传过禅,普寂原想在他门下学禅,后来因为法如死了才跟了神秀,有此一段因缘,自然不好把法如抹煞,于是把法如同神秀并列为第六祖。第二,修订《法宝记》(属于宗谱性质,敦煌卷子中题为《传法宝记》),把他们决定的历代传承记于文字。但是,除嵩山外,山东的东岳降魔藏法师也在宣传神秀的禅法,崇远就是这一系的,所以也应该有其传承。神秀门下出名人物本有二十多人,又各有弟子,合计有一百多人,都在传禅法,传承就显得十分紊乱了。他们这种内部矛盾,事实上只是为了争取地盘获得利养的一种竞争。神会有鉴于此,就选择当时北宗势力薄弱的滑台作了"传承是傍"的攻击,要将他们的传承加以推翻。他认为北宗这种混乱情况,是对传授禅法有很大的损害。

神会还认为,自达摩以来,每代学禅的人虽多,但仅许可一人为正式的继承者:"每代学徒纵有千万,亦只许一人承后"。就像一国之中只许一个国王一样,纯是单传的。而得到弘忍亲传的仅有慧能一人。并说这也是为神秀本人所承认了的。那末以何为凭据呢?六代以来,传法,对内是以心传心,"内传法契以印证心",对外就是传衣,"外传袈裟以定宗旨"。而现在袈裟就在慧能处,可见只有慧能才是真传,北宗所传则是傍支。按照传统,没有得到传承的人不许开法,没有传授禅法的资格,所以神秀的传法是不能承认的。

其次关于"法门是渐"的攻击。自神秀以后,北宗便从方便着手教人禅法,而有了"五方便"说的理论。学习五方便门的主旨在于体会体用,这就是习定的总的方法。具体的做法是这十六个字:"凝心入定,住心看净,起心外照,摄心内证"。这是属于"渐"的方法。神会批评说,从达摩以来"六代大师,一一皆言,单刀直入,直了见性不言阶渐"(《菩提达磨南宗定是非论》),是要求顿时见到佛性(即本觉、净心)的。又关于"看净"之说,在北宗禅家中,要人坐下来看,认为有一种像虚空一样的净心可以看得到,不过不是一下子的事。神会则认为,应该"直了",单刀直入,不需要什么阶梯,所以说"不言阶渐"。这就是"顿"。

但是怎样才能做到"直了见性"呢? 神会提出了"无念为宗"的主张,即以"无念"为法门。"无念"之说来源于《起信论》。《起信论》中有一段,要求心体离念,也即无念:"若能观察知心无念,即能随顺入真如门"。这里说的"念"是指"妄念"。如果能做到这一点，就可以由生灭门入真如门，与真如相契了。神会采取这一说法，认为要达到"直了见性"，应从"无念"入手。北宗稍后一些的文献里也讲心体离念，但只是作为一种方便提出的。并且他们所说的心体离念是指不起念，根本在消灭念。而神会认为"妄念本空，不待消灭"。这是南宗不同于北宗的一点。其次，所谓无念是指无妄念，不是一切念都无。正念是真如之用，就不可无。如果否认了正念，即堕入断灭顽空。这是南宗不同于北宗的又一点。由此有"定慧一体，平等双修"之说。神会认为由"无念"可以达到"定慧一体，平等双修"，最后的结论为："见即是性"。直了见性的"性"，并不是离见之外另有一法，性的发露（显现）就是见，但不是妄念。正如明镜本来就是能照，所以照即是镜。照与镜是一回事，见与性也是一回事。由此就提出顿悟的说法：顿悟是一下子发露出性来。虽然"见即顿悟"，但是顿悟之后仍然"不废渐修"。为什么呢？"如人生子，百体具备，乳养渐大"。婴儿可以一下子生出来，可是壮大还有待渐渐的乳养。北宗只讲渐修，其结果就只能是渐悟。这就是南北宗在渐顿问题上的区别。

神会的议论中还提到"一行三昧"，这本是东山法门的一个重要内容，但是在解释上神会与神秀不同，神会是联系到《金刚经》来讲的。原来的"一行三昧"是以法界做境界，"法界"的异门有"实际""如如"等，这些异门的说法出自《胜天王般若》。可是神会由此联系到《金刚经》的最后总结的一个颂："一切有为法，如梦幻泡影……"颂前，秦译本说（其他译本没有）："云何为人演说？不取于相，如如不动。"神会就根据这句话，认为"如如"就是"不取相"、"无念"，"无念"即是般若，从这个无念般若入手就可以达到"一行三昧"。因为"一行三昧"是以法界作所缘的境，而法界的异门就是"如如"。

由于神会把"无念法门"与"一行三昧"联系起来,又用《金刚经》来解释"无念",所以他十分推崇《金刚经》。这部经本身就反复地强调受持读诵可以得到种种功德,经神会再一提倡,它的身价倍增,以后甚至说,自达摩以来递为心要的不是《楞伽》而是《金刚》,这与王维《碑铭》所说就发生矛盾了。

上述神会的思想,在《坛经》的四个传本里都可以见到(四个传本是:一、敦煌卷本;二、日本兴圣寺藏惠昕本;三、德异本;四、宗宝本)。于是近人就产生了《坛经》编写者是谁的疑问。《坛经》如果是慧能的语录集,那么在慧能生时就已有了,神会只是根据原著发挥而已。但也可以这样说,慧能并不一定有这些思想,而是神会门下根据神会的思想写成了《坛经》。这种说法也有一些根据:当神会定为南宗第七祖,他的禅法流行以后的五十年间,唐代官僚韦处厚(公元773—828年)替鹅湖大义禅师(属洪州系,是南岳系马祖一派的人物)写的碑铭中指出,他们原是一脉相承的,后来"脉分丝散"分成了"秦(神秀)洛(神会)吴(牛头径山)楚(洪州鹅湖)"四派。其中讲到神会说:"洛者曰会,得总持之印(指顿悟法门,一闻千解),独曜莹珠(喻清净心)。"这是赞扬神会的顿悟法门做到家了。接着写道:"习徒迷真,橘枳变体,竟成《坛经》传宗,优劣详矣。"根据这一记载,近代从胡适开始,一致认为《坛经》是神会的门人写的,其前无所谓《坛经》。他们把上引的一段文理解为:神会的门下改变了神会的精神写成《坛经》,由是宗旨就有了优(会)劣(徒)了。这一说法,日本人也相信。他们都是把碑铭中"竟成坛经"四个字用逗点隔开来的。但这样的理解还值得研究。因为慧忠在当时已不满于人们的随意改订《坛经》，可见《坛经》是早已有之的。事实上，韦处厚的那句话应该这样的去理解：从与神会有关的文集等来看，神会是主张以《金刚经》传宗的，但到了他的门下却改变了主张，而以《坛经》传宗了。这样，"竟成坛经传宗"就显示出了优劣。逗点应放在"传宗"两字下面。因为从现有的《坛经》看，有好几处都强调要以《坛经》作为传宗的凭据，如说"与学道者承此宗旨，递相传授，有所依约，以为禀承"等，就是指以《坛经》传宗而说的。甚至认为非得其人不传。可见所谓"橘枳变体"是指以什么典籍为传宗根据的问题，而不是指神会门下编写《坛经》。此外，从《坛经》中还的确可以看出有许多反对北宗禅法的议论，例如看心等的思想显然不是慧能时就有的。假如用这点做根据来否认《坛经》不是慧能的原语录，也不大合适，因为其中可能有些部分是后人修改、增加的，并不是全部都是后人撰述的。所以现在只能说，《坛经》中确有慧能的思想，但是哪些是慧能的，哪些是后人的，从《坛经》本身已经很难一一区别出来了。至于现行的本子是否就是神会一系所改动的，这也很难确定。因为流行的本子上署名法海——道际——悟真，都不是神会一系的人物。

自神会被定为南宗七祖之后，他的禅法在北方甚为流行。神会传无名，无名禅师的思想传于贤首宗的清凉澄观。神会另一门下法如，其弟子为南印、再传道圆。道圆禅师的思想又影响了贤首宗的宗密。宗密特别提倡《圆觉经》，将经的思想同神会的思想和合为一，对于神会一系的禅法大加阐扬。宗密在自己的著作中常常专门讲说禅法，如《圆觉经大疏钞》、《略疏钞》、《禅源诸诠集都序》、《禅门师资承袭图（并附说）》等，都将荷泽的禅法看作是最究竟的，超过了当时的北宗、牛头、洪州等。在他看来，荷泽禅的要点是："寂知指体,无念为宗"。

　　神会一系的禅法,自达摩以来就是以心传心。但究竟传的是什么心呢?这关系到他们禅法的特点。宗密认为,神会明确地指点出来很便于人们去把握它,这就是"寂知指体",说空寂上的知是心体。例如湿是水体,水即以湿为体。知是净心之体,净心即以知为体。这种空寂之知谓之灵知,即心灵而不昧,它是与佛智相等的知,心本来就具有此知,虽然不自觉其存在,但它还是存在的。由于指出了这种心体,人们易于了解以心传心的实际含义,所以在宗密看来,这是神会很了不起的成就。因此可以说"知之一字,众妙之门"。这样,知字就为宗密所特别突出来了。

　　当然,禅宗思想的变化是与他们接受《起信》有关系的。《起信》的根本思想是"本觉"之说,把本觉作为心体,所以用知来解释本觉也很合适。因此宗密把它特别提出来,不外乎说明神会的思想来源于《起信论》。他能这样明确的指出这一点来,仍然值得重视。因为禅宗的思想对于后来中国的理学和心学都有影响,而影响的重点就在于这个以知为心体上。

　　神会的思想虽然由贤首宗特别是宗密的阐扬曾经活跃过一段时期,但在宗密之后,还是逐渐消失了。因为宗密的本宗是贤首,不能专力去弘扬禅宗,另外南宗禅除神会一系外还有青原、南岳等系,而且神秀一系也没有由于神会的反对就断绝了。从表面上看,北宗禅比神会一系继续得还更长久些。神会系后来已无可考,而神秀系的传承则仍有历史可查。直到唐末才衰落了。可以说,整个北宗是与唐室共存亡的。

　　禅宗南北正统之争到了神会被公认为七祖以后就告一段落。

但是,跟着南宗的逐渐扩大,凡是在曹溪参学过的人都能开门授徒,而单传的说法再也维持不住,只有听其自然了。正如宗密所说,以世俗的宗法制来讲,所推溯到的远祖也只是七代而已,七代以去不再存在什么单传的问题,禅宗也是如此。事实上,当时南方禅的发展已经超出了神会以外,真正得到发展的乃是南岳与青原。神会系则只在北方占有势力了。

南岳是指住在衡山般若寺(从前慧思的道场)的怀让。

怀让(公元677—744年)出生于金州(陕西安康)杜氏,随荆州恒景律师出家,以后又到嵩山老安处学禅,最后到了曹溪。在古《坛经》中还见不到他的名字,只是后来的传本才加了进去。并说慧能预记他的足下将出一马驹"踏杀天下人",这说明他的名字是在马祖(即所指的马驹)以后才为人加上去的。据宗密说,怀让在南岳开头只是个人修行,并未传法,得到马祖才使他成为一家。这大概是事实。因为南岳一地历来学禅者都是在那里潜修的,从慧思以来就是如此,所以怀让也只是个人用功,并没有独立门户。

马祖(公元709—788年)是邓州(四川)什邡人,出家的名字叫道一,据说仪表非凡。当时四川已有弘忍一系的传法,马祖就在资州从智诜的门人处寂(俗姓唐,所以又名唐和尚)学过禅。以后他离四川去各地巡礼圣迹,到了南岳,在那里坐禅,为怀让发现。据说怀让有意启发他,特在他坐禅处磨砖,道一觉得奇怪,就问磨砖干什么,怀让说做镜子;又问砖怎能磨成镜? 怀让乘机说出一番道理来,认为坐禅犹如磨砖,总是不得究竟的,因为禅不在于坐卧。这些说法很使道一佩服,由是随着怀让学禅。十年以后,学有所得,就离师到江西。初在江西南部的临川(南康),后又到了洪州(南昌),与当地官吏结识,——当时新兴的禅宗在民众中很受信仰，一般政令难以发动的地方，往往借禅师的说服轻而易举，所以当时学禅的人常为官吏所欢迎。道一与官吏裴某相识，辗转在洪州、钟陵（南昌附近）一带宣传禅法，很有影响，从而创立了洪州派，代表江西禅。

怀海（公元720—814年）出身于福州卫氏，是道一门下的首座，从他起才完善了本系的禅法。原来自道一以来，提倡"顺乎自然"（不是专讲打坐），标榜顿悟。要求休息心思，不起分别，即"先歇诸缘"，好坏都无须乎思量。这种思想经怀海进一步发展，构成了新的特点。后来怀海搬到新吴大雄山居住，此山"岩峦峻极"，他所住处更是断岩绝壁，后人因此称他们的禅法为"百丈禅"。从他开始，为禅宗另立了一种规模。其前，一般禅师都住在寺院中（即所谓律寺），表面上还是要尊重戒律的。唐代实行的是"四分律"，戒条很多，其总纲则为"诸恶莫作，众善奉行"。但由南岳传下来的禅法，是善恶都不思量，这就与律寺的精神不能调和了。因此从百丈禅开始，为了运用他们的主张，加上参学的日多，在律寺之外别立一种"禅居"作为道场，并为这种禅居制定了若干条规矩。这些规矩的性质犹如戒律，但都是斟酌当时情况制定的。

禅居与律寺不同，不立佛殿，惟树法堂，法堂由长老主持。在说法时，作法简单，只要尊长老为师即可。"学众皆入僧堂"，大家都在一起，其目的还是为了坐禅。这样，他们就又恢复了坐禅方法。此外为了解决实际生活问题，还采取了普遍劳作的办法。——原来道一住山时，生活即由自己解决，除造林外，还搞耕种等农作。到了怀海时，更作了新的规定，名为"普请法"，上下均力，不分等级，一齐劳作。当然，也接受布施。这些就是所谓"禅门规式"。这些规约后来作了修订，就成了"百丈清规"。开头立这些规约的目的，仅在于使聚处寺院中的僧众有所制约,以便于共同的团体生活。但立了这些规约以后,特别是在形成"百丈清规"以后,就对于他们禅法的发展很有影响,大大地增加了禅宗的势力。

百丈以后,他们的势力越来越强,从而形成了洪州宗。一时与荷泽宗牛头宗成为鼎足之局。

关于洪州禅的特点,宗密有些介绍可以参考。至于他们本宗的说法,则比较零碎,难以看出系统来。宗密说,此禅的特点是"触类是道",而在实践上则为"任心"。"触类是道"按宗密的解释是,修禅的人"起心动念,弹指謦欬,扬眉瞬目,所作所为皆是佛性全体之用,如面作多般饮食,一一皆面;如是全体贪嗔痴等,以至受苦乐等,一一皆性"。明心见性乃是修禅所要达到的目的,但怎样才能见到佛性呢? 从弘忍神秀以来,都认为佛性乃是真心、清净心,只要得清净心,了此真心,就是见性。而洪州则一反其道,主张修禅者应该把人的行为综合起来观察,人的生心起念,一举一动,都应该看成是佛性的表现。——因为佛性乃是一个全体,表现各有不同,要见佛性,就要在各种行为上着眼。所谓善恶苦乐,都是佛性的一种表现,所以叫做"触类是道"。决不能只把清净心看成是佛性。这种思想是有其来源的,宗密就指出,这出于《楞伽经》。《楞伽》特别提出如来藏的思想,认为如来藏即是佛性,也是"生死""涅槃"的根源。所以说"如来藏是善不善因"——由于有了如来藏的因才有一切一切,单从如来藏言,则一切平等。善是如来藏的流露,恶也是来自如来藏。

其次,"起心动念"等说也出于《楞伽》。《楞伽》中有一段讲到关于佛事(佛之所作)的说法,说在此方是以语言文字来作佛事(即用语言向人说教,当然语言文字要"宗通内证",不能执死),

而他方佛事起心动念,弹指謦欬扬眉瞬目等等,一举一动都可作佛事。洪州派把这些说法丰富了他们的佛性论,认为这些也都是道。因为他们的实践主张就是"任心",讲究"息业养神",不要故意去做什么好事坏事,只要能养神存性,任运自然,就做到家了。这倒好像是一种自然主义了。因此,宗密说他们是随顺自然,一切皆真,这一评语,可说是抓住了他们的特点了。这一特点贯通于南宗禅的整体中,很难分清这一思想是《坛经》中原来就有的,还是后来加上去的。不过洪州系对此思想是特别强调的。

前面说过,神会提倡的南宗禅是会通《金刚经》的,把《金刚经》的地位提得很高,甚至代替了原来的《楞伽经》。到了洪州时期,则又恢复了《楞伽经》的地位。因此可以说他们是要调和《金刚经》与《楞伽经》之间的矛盾。而南北之争在他们看来已不是主要的,无须把界限分得那样清楚了。

青原系是南宗的另一系。青原指行思(? —公元 740 年),他出身江西卢陵(吉安)刘氏,传记不详。古本《坛经》中也无他的名字,后来才加了上去。说他在慧能处为时不久就回江西去传播禅法,影响似乎不大,传其法的是希迁。

希迁(公元 700—790 年)出身于端州(广东)高安陈氏,据说到过曹溪,又在粤川间往返参访,想必也会受到四川禅师(如马祖等)的影响。他在行思处学有所得后,于天宝初到了湖南衡山的南寺。寺的附近有一大石,严整如台,他就结庵其上,所以被称为石头和尚。当时衡山的禅师如怀让等都很推重他。但从宗密的著作中看,他的势力似乎还没有达到洪州的地步,没有单独提出来,只把他与牛头并举。这也可能是因为他们之间的思想有相同之点,即同受般若空观影响的缘故。洪州各家没有什么著作,只有语录,但是青原却有五言小品偈颂体的《参同契》流行,表现出一些特殊的思想。

《参同契》是借用汉代道家魏伯阳著作的名字。魏作《参同契》目的在同契儒道二家的说法,在道家看来,儒家以《周易》为代表,道家以黄老为代表,此后还有"炉火"一种炼内丹的长生术,魏伯阳就是要会通这三方面来推阐出自己的心得的。希迁借用这一书名立论,目的则在于把南北顿渐之说加以会通。此作全文共三百一十字,见《景德传灯录》卷三十。

《参同契》一开头就说明作者的宗旨:"竺土大仙(佛)心,东西密相付(指禅宗之以心传心);人根有利钝,道无南北祖。"说明南北之祖是一样,只是根有利钝的不同,法的本身并无渐顿可言。这种说法在《坛经》中也有,如说:"法无顿渐,人有利钝",聪明的人可以单刀直入,迟钝的人则有阶梯。所以《参同契》与《坛经》之说相契合。既然南北是以顿渐来划分的,法无顿渐那也就无所谓南北宗了。《肇论》中有这样一句话,"会万物为己者其唯圣人乎",意思是说,得道者是无我的,万物又是一体,万物一体即为我,圣人就是以此为境界的。据说希迁对此语很有体会,认为圣人无我而与万物沟通。又说他读了《肇论》那句话,有感而作《参同契》。因之《参同契》全篇都贯穿这一思想,不过在文字上没有这样明确的表示。

希迁思想的中心是由理事、心物、内外的关系上立论的。所以他说:"灵源明皎洁,枝派暗流注,执事元是迷,契理亦非悟。""灵源"即心,心是清净"明洁"的,由心源所发生的一切为"枝派"(即物),是与心相贯通的。也就是说,一切都是佛性的表现,不过不是很明显地贯通于物罢了,所以说是"暗流注"。正因为心物本是一体,如果不了解这种关系,执着于事则迷,若仅契理也不能算悟,应

238

该把二者联系起来,不要分别执着一边。这种说法的确是根据南北顿渐的议论来的,南北的争论归根结底与心物有关,北宗比较执着事相,南宗则着重于理的方面,各侧重一面而未能把二者贯通起来。

理事的贯通并非易事。像华严宗讲的"十玄门"就相当复杂,希迁吸收了"十玄门"的思想说:"门门一切境,回互不回互,回而更相涉,不尔依位住。"这就是说,理事关系不简单,十玄门以十为对,只不过表示很多罢了,事实上门类还要繁多。因此理事融会的境界,应该贯彻于各各门类之中。尽管门类繁多,但各门之间的关系,却可以归之"回互不回互"两类。所谓"回互"就是互相融会。虽然事物的界限脉络分明,但在此中有彼,彼中有此,互相涉入,不再区别彼此。"不回互"就是各有自己的位次,各住本位而不杂乱。对于"门门一切境"来说,既有回互的关系,又有不回互的关系,它们是相涉而又有分位。总的说来,还是认为理事应该会通的。这就是他在华严宗影响下所产生的一种看法。

以下他还拿一般的事物来谈理事关系:"色本殊质相,声元异苦乐,暗合上中言,明明清浊句。"由一般事物而言,现象上千差万别,怎样来解释事理融会的道理呢?《参同契》讲到理的地方很多,首先应了解他所讲的理是指什么。一般说来,有物理之理,有性理之理。所谓物理,如色的质象有青黄等差别(青黄之所以为青黄,是光波长短造成的,当时不能做科学的解释就统称之为物的"理"),据希迁看来,若以物理解释,则青有青的理,黄有黄的理,差别不可相通。因此应从性理上来讲。所谓"灵源"即是性理的代称。但性理还可以分为两种,一是认识方面的,一是道德方面的,两者都以心性为标准。而心性表达有明暗之分。所谓暗,就是隐晦的、间接的语言文字;所谓明,就是明白的、直接的语言文字。希迁此作本是为了参玄

（即学禅法）用的,参玄就不能不用语言文字来表达,这样就把理之明暗转成为文字表达的明暗了。据他看来,关于暗的语言有上中之分,明的语言也有清浊之别,都有等级,有好坏的差别。但总起来都应会归于理事融通的方面,做到"承言会宗"。

接着他就专门解释这一说法:"本末须归宗,尊卑用其语;明暗各相对,比如前后步。"心本物末,应该归于理事融会之宗,在所说的话中,分出侧重点(尊)和次要点(卑),以此来表现事理明暗的话是相对的,但又缺一不可,犹如人的走路有前后步,却是相辅相成的。这也就是说,禅宗各家使用不同的文字来表现自己的境界,虽然有明有暗,各有所侧重,但仍是从理事融会方面来贯通。因此,他的结论是:"事存函盖合,理应箭锋拄,承言须会宗,勿自立规矩。"以盖来比喻事,盖随器而有大小方圆之不同,事也如此而有千差万别。但就理上说,则不应执着这些差别,如同人之以箭射空,箭箭相顶,以一贯之(此喻见《大智度论》)。把理与事这样统一起来认识,就可从语言上会归宗旨,而不是强为之解。

希迁的这一小品,主旨在会通南北宗,但也提出了佛学的理论问题——理事的关系。他对于理的理解比较深刻,把它分成物理与性理。并认为从物理上看,事各住一方,而从性理上看,则是统一的。他还用回互不回互来解释理与事的关系。这一些,对以后特别对宋明理学家是有影响的。宋明理学家也谈到事理问题,还进一步讲到理一分殊的问题,认为理是整个,是一,在每一事中都有表现;同时又承认事之差别,看成是多种多样的。这些在此小品中都涉及到了。所谓"灵源明皎洁,枝派暗流注",就是同样的意思。应该指出,希迁的思想与南宗禅特别是《坛经》是有关系的。《坛经》后面的"三十六对"中,特别提到明暗一对,《参同契》

用明暗来喻理事。另外,希迁主张用语言文字,这也与《坛经》一致。从道信到神秀一直主张"禅灯默照,不出文记",认为在心中领受就行了。因此在他们传播禅法的时候,也只是当面指点,不记录于文字。而《坛经》的三十六对说法,却将这些驳倒了(洪州禅是主张不立文记的,甚至在教禅的时候,也不用语言,只用手势,所以说哑巴也可以参禅,但这是以后的事了)。由此看来,希迁的说法与《坛经》后面的一段是很有关系的。后来《坛经》还说,希迁作沙弥时就得着慧能的关照,要他"寻思去"。慧能死后,希迁就去作"禅思",但总想不通,有人提醒他,慧能是要他去找行思,因而他就投身青原行思的门下了。这些当然是后人的附会,但总可以看出,他的思想的确和《坛经》有些关系。

总起来说,青原一系是由石头促使其发展的。石头的作风和接引人的方法都很严厉,所以后人说"石头路滑"。不论在理论上和方法上,都有些与众不同的门风。以后它的影响逐渐扩大,形成与洪州系势均力敌之势。再后,这两派下又分成了许多支派,他们的分歧也完全根源于此,并与整个禅宗的命运相终始。

自青原一系势力增强以至与南岳并驾以来,江西湖南两地陆续出现了一些杰出人物,各有所主:江西主马祖,湖南主石头,一般学禅的大都往来于两家之间。其中有谋道的,也有谋食的。——当时有这样一种实际情况:因为禅宗在各处都有传法的,每处的人数也相当多,要解决生活问题有时会发生困难,所以就形成一种到处流动的所谓"行脚参访"的风气。学禅者游州猎县,不辞千里,过夏经冬,既可游览山水,也可取得供养。这样一来,一时禅家的实践就产生了种种新的形式。体验也不单限于一个人,往往是宾主互相激扬,互相讨论和启发。应对之间产生了所谓"机锋"(语言不很明确,而有含蓄,用以试验对方是否理解)和"机用"(即原则与活用,因为一问一答之间,总有原则和活用的不同,这都是语言的句式),还有讲家的所谓"机境"(即主题与境界,用语言所表达的)。并逐渐成形为一定的句式。这些句式由于学徒的流动传播,也就有了"语录",后来还单独地有"公案",由于句式的每一条都可成功为典型的例子。于是禅学的变化就有了多方面。

到了唐末武宗会昌年间(公元841—846年),出现了毁佛的事件(其原因有政治的、经济的),沉重地打击了佛教,计废除寺院四万余处,在不足三十万僧侣之中还俗的达二十六万人。收回为寺院所占的良田数十万顷,解放奴婢十五万人。这样,不但解散了僧众,而且摧毁了他们的经济基础。这对于佛学也产生了影响,特别是当时以庄园经济为基础的义学,有不少章疏著述都因之散失了。但禅宗各家原就散住在各地山林,又同平民接近,不讲义理,无求于典籍,所以受到的影响较小。由此,在毁佛事件过去以后,禅宗的势力也恢复较速,派别反出现得更多。不久,进入五代时期,南北政治分裂,由于禅宗在南方盛行,南方统治者也还利用禅宗,更有利于禅宗的发展,因而也就加速促成它的分裂。仅仅数十年间,在南岳青原两大系统之下就出现了五个支派。它们传承的关系如下:

南岳一系,在百丈怀海门下有沩山灵祐(公元771—853年),再传仰山慧寂(公元807—883年),这一传承构成了沩仰宗。百丈另一门人黄檗(山名)希运(? —公元850年),再传临济(寺院)义玄(? —公元867年),这一传承为临济宗。

青原一系自石头开始,他的门下有天皇(寺,在荆州)道悟(公元748—807年),再传德山宣鉴(公元782—865年),雪峰义存

（公元 822—908 年）。雪峰徒众满天下,听讲的据说有千五百人。其中有云门文偃(公元 864—949 年),由此传承构成了云门宗。石头的另一支为药山惟俨(生卒年不详)传云岩昙晟(公元 782—841 年),再传洞山良价(公元 807—869 年),再传曹山本寂(公元 840—901 年)这就构成了曹洞宗。——以上即是由百丈、石头传承下来的著名人物,由于他们在传承上有各种不同的门风,自然又形成不同的派别。以上总说为前四派。其后雪峰另一门人玄沙师备(公元 835—908 年)传地藏(院)桂琛(公元 867—928 年),再传清凉文益(公元 885—958 年)谥号"法眼",被称为法眼宗。这样,前后共构成了五派。

五派中,只有临济流行于北方,其余都在南方(江南及岭南一带)。经五代到宋初,南方的云门首先传于北方,一时与临济并盛,因而彼此斗争得很厉害。临济的后人为了同云门争夺势力,还歪曲云门的传承,说他们是出自南岳系的天王道悟,而不是出于青原门下的天皇道悟。为什么会有两个道悟呢? 据他们说还有根据:丘玄素撰《天王道悟碑》中说得清楚,它说天王道悟也住在荆州,州城东为天皇寺,城西为天王寺,而两道悟的生平、传法却各各不同。换言之,他们想以碑文为证,说明云门实是天王道悟门下,到云门时是天王的第四传,显然是南岳系的晚辈。此种说法,实际只是临济后人为了故意贬低云门而伪造的,并无这样一个天王道悟,碑文也是假的。这一公案在禅宗内部引起长期的争论,互相攻击,经过宋明直至清代,还是纠缠不清。学者们认为,云门宗出自石头是毫无疑问的,因为据以反驳的证据是经不住考证的,特别是雪峰本人就十分明确地自称出自德山一系。

五派的思想,一般说来相差无几,都属于南宗,只是由于门庭设施不同,特别由于接引学者的方式上各有一套,形成为不同的门风而已。关于这些不同之点,在五派已经形成之后的文益曾作《宗门十规论》(规即纠正。当时派多,弊病也多,文益此作,意在纠正其弊)指了出来。此作篇幅不长,共分十段,文字很好,可以参考。其中第四段是:"对答不观时节,兼无宗眼",认为当时的禅宗在对答时不看情况,同时又不能保持自派的特点(宗眼),因而形成弊端。这说明各派是存在着自己的宗眼的。

关于各家的宗眼,文益指出:"曹洞则敲唱为用,临济则互换为机,韶阳则函盖截流,沩仰则方圆默契。"因为他本人是法眼宗所以没有谈及法眼。文益本人与其余四派在时间上相去不远(四派成立都在九世纪末,他是十世纪中叶以前的人,相去仅几十年),很能了解当时的实况,加上他自己又是一大家,所以他说的是确切可信,也很扼要。后人也时常引用他这些说法,不过在理解上往往不够恰当,都把这些视为师资间的应对配合,这是错误的。

文益对于禅学还有自己的看法,他原出于青原系统,对于教(禅宗后来也重视佛教)很有研究,但侧重于《华严》。因此,他讲的禅完全建立在理事圆融的基础上,这就构成他的宗眼。在《十规论》的第五段,说禅宗历代以来的宗旨都是如此,因而他认为各派宗眼都不能出乎这一共同宗旨。以此来理解他对所余四派的概括,也就是以理事圆融为中心。但是各派以何种形式来表现这一中心,则是各有不同。因此,即以理事圆融及其表现形式成为他概括四派说法的依据。上面那几句话,正是立足于这种思想而说的。

以曹洞来说,他们讲禅法的语句是偏正回互——他们有五位之说,即以偏正来讲。偏代表事,正代表理,互相配合而构成五种形式,即五位。因此所谓"敲唱为用"即是说明他的五位之间的相

244

互配合,诸如偏中正,正中偏等各不相同,因而有唱有敲,于中听出他们的偏正来。其次,临济则以宾主来代表理事,宾即事,主即理。不过宾主在说话中可以互换位置,如宾中主,主中宾,地位可以互换,问题在于听者能否知道这种情形。再次,韶阳(云门)把函盖喻之为理,截流为事,他们有三句话:"函盖乾坤,截断众流,随波逐浪"。有关系的是首二句。作为理是普遍的,合天盖地;从每一事上看,即如截流只是一个断面,因此,理就是整体,事就是断面。最后,沩仰以方圆代表理事,圆即理,方即事。仰山未入沩山之门前曾在耽源(慧忠门下)处传得九十七种圆相,就是在讲话时用手划一个圆圈,然后在圈中写一个字或画一个图案(如⊕或卐),这就是圆中有方。仰山继用圆相来表示理事,所以说,以方圆默契,作为他们的门风。以上就是文益所见到的四家的门风,四家的宗眼,他提出各家宗眼的目的,是要各家不应随便改动,否则就无法区别他们了。

至于文益自己后来构成的法眼一派,他自己未说,但是我们还是可以看出他的特点的。他的《十规论》第五段中说:"大凡佛祖之宗,具理具事……[应该]理事相资,还同目足",也是与其余宗派相同主张理事圆融的,认为二者如同目与足的关系,应该互相协同。从他的门庭设施来看,可以说是"一切现成",也就是说,理事圆融并非人为安排,而本来就是如此,所以他们的宗眼就是"现成"。为什么说他们的宗眼就是现成呢? 他原是得法于地藏桂琛的,据传有这样一段公案:文益曾约两个同伴去桂琛处参学,第二天就辞行,桂琛觉得他还可以深造,又不便明白挽留,就指门前一块石头对他说,你是懂得唯识的(因他所学《华严》其中就说"三界唯心"),试问这石头是在你的心外还是心内呢? 他当然回答在心内。桂琛就说,你是行脚的人应该轻装,如何安块石头在心内去到处走动呢？文益无词可对，便又留住月余，仍不得其解，桂琛这才告诉他说，"若论佛法，一切现成"。这就是说，一切都是自然而然地存在，心里有块石头，也是自然存在的，并不加重你的负担。于是他得到很大启发，后来到处传播此说。他门下德韶曾写了一偈呈与他看，偈说"通玄峰顶，不是人间，心外无法，满目青山"。他看了很为称赏，认为"当起吾宗"。就此偈内容看，也是"一切现成"的意思：学禅达到顶峰，与人间当然不同，但由于心外无法，则随处都可以见到青山（禅境）。也就是说，处处皆是禅，并不须离开人间去找。因此也就是不待安排，随处都是。由此看来，文益对于他门人的印可也就是"一切现成"。以后德韶还明确地说："佛法现成，一切具足，还同太虚，无欠无余。"

五宗门庭的不同，也可由其全体精神上来考察。后人对于他们的精神有很多不同的说法，像元代中峰明本（公元1263—1323年）在其《广录》卷十一中，认为禅宗的实际传承是在基本精神一致下传下来的。他说："达摩单传直指之道，为何分为五家宗派？所谓五家宗派者，五家其人，非五其道"，所以只是人不同而非道不同。此外他还说："亦非宗旨不同，特大同而小异。"大同者，同在"少室（指达摩）之一灯"，小异者，在"语言机境（如何说法应根据机境以安排）之偶异"。这些"偶异"即是"如沩仰之谨严，曹洞之细密，临济之痛快（他们常大喝一声，直截了当），云门之高古（常用一个字对答，称一字禅，高不可攀），法眼之详明"。这些是"各出其天性"偶然有所不同，"而父子之间不失故步，语言机境似相蹈袭，要皆不期然而然也"。也就是说，五家由于性格之不同，代代相传，不改成规，自然而然产生了门风的差异。

中峰这些说法重在说明五家无大的差异，虽有一定的道理，但事实也不尽然。就在《十规论》中,文益在将四大家看成是在理事圆融上的统一的同时,也指出有两种不同的施设。因为当时南北四家的流行,看起来好像势均力敌,但《十规论》也由此看到临济曹洞之间甚有区别,所以在他讲到理事圆融的一段话中,特别以两家为例来说:"欲其不二(理事不二),贵在圆融,且如曹洞家风则有偏有正,有明有暗,临济有主有宾,有体有用。然建化(教化)之不类,且血脉而相通。"继之他加以评论说:"偏正滞于回互,体用混于自然。"这是说,讲偏正就会在回互中打圈子,讲体用就混同于自然之说,这是二家对于理事认识的缺点,可见二家是有不同的。

据我们看来,这两家代表了南岳青原二系,在根本思想上原来就有出入。现在为他们作一区别,强为之解,可以这样说:由临济传下来的南岳一系的特点,是他们逐渐发挥出来的"触目是道";而由曹洞传下来的青原一系,其特点则发挥为"即事而真"。临济比较重视从主观方面来体会理事的关系,由理的方面体现到事,也就是说,以理为根据来见事,所以所见者无不是道。曹洞的"即事而真"重点则摆在事上,注重客观,在个别的事上体会出理来。因此这两家虽都讲理事关系,结果也都得出理事圆融的结论,但临济则从体用上着眼,体是主,用是宾,见事为理之用,理为见事之体。曹洞主张由事上见理,这是由本末上讲,事是末,理是本。关于临济的思想,宗密对洪州宗的解释(即对触目是道)大体还相去不远,可以参考。

关于曹洞的"即事而真"还要略为解释:洞山原得法于云岩,学成辞云岩时有一段公案(见《景德传灯录》卷十五)。当时云岩说,你此去以后恐怕很难再见了。洞山表示这也不一定,但提出一问题:假若和尚死后有人来问你的面貌如何,应怎样回答呢?——这是一种"禅机"的问题,语义双关,意思说云岩讲法的精神是什么,他所讲的是否即是云岩本来的思想。云岩当时也用了一种"禅机"回答:"即遮个是。"这句话使洞山沉默好久,不得其解。云岩便接着说,此事应该仔细慎重,担子不轻呀!这样,洞山就走了。在途中,洞山涉水,见到水里自己的影子,于是恍然有省,认为懂得了云岩"即遮个是"的含义了。他随即做了一偈,大意说:影子就是本人,不必再另外去找了,到处都会有的。后来云岩死了,他去供养云岩的遗像(真),有人问他:"即遮个是"是否就指这遗像(真)而言呢? 他回答说:云岩开始说这句话时,他是不懂的,后来涉水见影时,也只是似懂而已,只有在看到遗像之后才是真懂。遗像代表本人,才是"遮个",而以前几乎误会了云岩的思想。

这个故事说明什么呢? 就是说要如何理解"即事而真"。理是共相,但事上见理却并不限于共相,因为每事还各有别相。所以事上见理应该是既见到理也见到事,把认识到的规律运用于自相。因此,这个故事就是一个比喻:看到水中影还是共相,只有在遗像中才能体现出他的原来面貌。因而所谓理也只有通过自相才能相传。"即遮个是"既有共相义,也有自相义,所谓"即事而真"就是这个意思。以后他们相传下来,也常说"即事即真",这些都不是笼统的话,而是在一个个具体的事上来讲的。

又洞山关于即事而真的说法,曾就"水中影"作颂表示体会。以后他在传法与本寂时还说到他在云岩处学得一种"宝镜三昧",这除了他的传承的解释以外,还有《宝镜三昧歌》为之解,这可视为对于"水影"体会的补充。其歌词有云:"如临宝镜,形影相睹,汝不是渠,渠正是汝。"有怎样的形就有怎样的影,此为事上见理的比喻。这也说明洞山涉水见影的体会,在后来还是觉得很重要,所以又把宝镜三昧传给曹山。

《三昧歌》的文采很好，有许多意义可以同《参同契》相互发明。所谓曹洞的"敲唱为用"也出于此。如说"正中妙挟，敲唱并举"，即是表示理事双融。双融即"妙挟"，挟带而看不出痕迹，故谓之"妙"。虽有敲有唱，而声音打成一片，契合而不能分别。这些也即是指他们讲话的标准。另外，关于明暗回互，也是如此，如说"夜半正明"，即是形容暗中有明，决不能单以明来解释。又说，"天晓不露"即是形容明中有暗，也不可单以暗来理解。这种比喻乃由禅扩展到文章上，影响于一代文人，如苏东坡的文，王摩诘的画，都讲究境界，也是此类性质。

另一方面，文益的法眼宗也是得自青原系传承的。他对青原的基本精神理解得很深刻。石头的《参同契》以明暗来表现事理，是发挥理事贯通的精神的。文益对此很有心得，所以他曾为《参同契》作过注解（注已散失）。在《十规论》中也明白地讲过理事圆融的话。此外，他对《华严》的深义也能运用入化。他所讲的禅，是会通教义来讲，不是凌空而谈。同时他又不滞着于文字，运用《华严》却不露痕迹，故很巧妙。他以"六相"来体会《华严》的法界，也就是用六相（总别、同异、成坏）来体会理事的关系。因此，显然不是从体用上而是从本末结构上来讲理事，以房舍为例，房为本，门窗等部分为末；房为总，门窗等部分为别；总为同，别为异；总为成，别为坏。这些说法都是文益继承青原的基本思想而来。

总之，南岳与青原的基本不同，即在于一从体用，一从本末作理事圆融的解释。这在以后禅宗的发展中也有很明显的表现，他们的思想影响于宋明理学也与此种区别有关。理学之受《华严》影响这是大家共认的，不过他们是通过禅学特别是所谓华严禅而间接受到的影响，并非是直接研究而得之《华严》的。

禅对于教应该采取何种态度,这是在禅宗的发展过程中一再被讨论到的。如中唐时期的宗密,他既是贤首宗的大家,又是荷泽系的禅师,在其《禅源诸诠集都序》一文中,就曾主张过禅教统一。到了五代末年,南宗禅分成五家支派,有些人对于教又产生了不大正确的看法,或者根本"不看古教",只凭自己的理解不要典据,或者"乱有引证",并不符合原来的教义。清凉文益对教很有研究,注意到五家中人的这些缺点,乃"因僧看经"而引起了他的感慨,写了一颂:"今人看古教,不免心中闹,欲免心中闹,但知看古教。"今人看经,心中烦恼,但要免除烦恼,仍只有认真看经之一途(见《景德传灯录》卷二十九)。在《十规论》中第八论,他又针对"不通教典,乱有引证"的现象说:"凡欲举扬宗乘,援引教法"这是可以的,但"须是先明佛意,次契祖心,然后可举而行,校量疏密"。这是对待教的正确态度。由文益所指出的这一基本精神,经其门下天台德韶再传永明(寺)延寿,得到更大发扬,延寿对于禅教的统一,再度作了努力。

延寿是五代到宋初的人(公元 904—975 年),出身于浙江余杭王氏,曾作过余杭县的库吏。出家后,开始喜天台禅定,入德韶门下,为德韶所器重,付法与他,以后就去明州雪窦开法,法席很盛。当时明州属吴越管辖,吴越王钱弘俶同南方其他各国一样,很重视禅师的活动,意图对于他的统治有所帮助,特为延寿重建杭州灵隐寺,以后还专门为建永明寺(即净慈寺),延寿就在此传播他的禅法。

当时一般禅师通行的风气是把"玄学(禅)正格"看成是"一切无着,放旷任缘",认为以此态度,由"无作无修"而达到"自然会通"。延寿出自法眼一系,不满于这种一般的看法,以为这样就会流于空疏。如果对教漠不关心,只凭己见,即有成绩也不能超出"守愚""暗证"的范围,见闻浅陋,未免"贻误后学"。由于延寿当时居于新寺,又得吴越王的信任,有相当的声望,所以他就召集了慈恩、贤首、天台这三家佛教的人,"分居博览,互相质疑",最后由他的禅家的说法作为评判的标准加以评定:"以心宗之衡准平之",把诸家之说统一起来。这样,他不仅统一了各家对教不同的说法,而且统一了禅与教,由此所得的结论,构成了《宗镜录》一百卷。

这里所说作为"准衡"的"心宗",亦即是禅法,这是统一的中心。当时所说的禅,除禅宗之禅而外,还有其他各派所讲的止观也包括在内,但延寿是以达摩禅为准。又所说的教,当时虽有三家,但他也尊贤首为首,这是法眼宗的门风:"禅尊达摩,教尊贤首"。这也就是延寿的禅教统一。这些都没有超出宗密所说的范围,宗密就是把教定于《华严》,禅定于禅宗的。在宗密的《都序》中,讲到《禅源诸诠集》的编纂方法时,说此集有各家的种种异说,总计也有百卷,可见内容与规模都和《宗镜录》差不多。

关于《宗镜录》的体裁,根据他的自序来看:"今详祖佛大意,经论正宗,削去繁文,唯搜要旨,假申问答,广引证明。"那就是三个步骤:先搞通宗旨之所在,次假设问答把道理说透,最后广泛引据证成。为什么叫做《宗镜录》呢?"举一心为宗,照万物如镜",心即是宗,能照为镜,二者联系起来叫做"宗镜"。以此作为整个线索,"编联古制之深义,摄略宝藏之圆诠,同此显扬,称之曰录"。这就是把经论的主要思想贯穿起来,掌握圆满的解释,加以宣扬。此书的分量是"分为百卷,大约三章,先立正宗(标宗),以为归趣;次申问答,用去疑情;后引真诠(引证),成其圆信"。这就是《宗镜录》结构三章的内容。

由延寿的《自序》可见,他写作的目的就在于使禅教统一。他所说的"一心为宗"的心就是自性清净心,并由编纂经论语录予以证明。

从所搜集的资料看,有关问答、辨别,共分三百四十段——本来祖佛所说都不出唯心的范围,搜集这方面的材料并不困难。全书引证的资料,约有三百种,属于经的百二十部,属于语录的亦百二十部,其他论著六十部,总起来数量不算太多,但在当时(五代末年)义学不甚发达的情况下,还能搜集到这样多的典籍也就算很难的了。

《宗镜录》编成后,吴越王就收藏起来未予流通,直到延寿死后逾百年,于宋仁宗元丰年间(公元 1078—1085 年)才有木刻本流行。以后还出现新刻的改订本,就不免芜杂紊乱,后来还是收入到大藏经里。到了明末刻"方册藏",智旭(藕益)发现改订不妥当,便加以删订,略为清晰,到清末还一再有节本出现。

就佛家义学方面来看,贤首、天台、慈恩等宗经过会昌破佛以后,即显得十分微弱,只能抱残守缺,到五代,就更为衰落,其中尤以天台为严重。例如,当时吴越王曾见到永嘉玄觉(他是禅师而通台宗)的《永嘉集》(后人代编)中引证有关天台判教的说法,不得其解,询问德韶(南唐清凉文益的法嗣),答以须问台家,其时台宗大家为螺溪义寂,经其指出,引文出于《妙玄》(即《法华玄义》,为台宗三大部之一),但当时中国已无此书,只流传海外(高丽、日本),必须从海外访求原本,方得彻解。因此吴越王使人带着重礼去访求,直到宋初才由高丽的谛观送回写本。这说明其时天台宗的好多著述都已散失,讲说也就不能彻底了。贤首与慈恩两家情况稍好一些,但典籍也不完善。因此,在延寿主持下,三家学者所商讨到的不同议论,其水平是不够理想的,不过在当时已是难能可贵的了。由此编成的《宗镜录》虽受到限制,仍能够保存一些材料下来,特别是关于法相、唯识一方面的。因为慈恩宗一开始即未得着发展,幸而通过《宗镜录》的流传,直到明末,义学见解已很浅陋了,但还能大谈相宗,这就全靠《宗镜录》中保存的材料。此录对后世的影响,于此也可见一斑。

延寿关于禅教统一的思想来自宗密,因而他就从"顿悟""圆修"上立论。顿为南宗所特别提倡,圆则指《华严》教而言,以南宗的顿悟和《华严》的圆修结合起来,就成了延寿全部议论的基础。延寿自己说,"凡称知识,法尔须明佛语,印可自心。若不与了义一乘相应,设证圣果,亦非究竟"。他所以要引证佛语,就是要用来印证自己所说所想的是否正确。这也就是他崇拜《华严》的原因,因为就教言,《华严》是了义的,一乘的,可谓最究竟了。同时,他还引用历代祖师语录来证明自己的看法,特别引用了他所重视的南阳慧忠的话:"禅宗法者,应依佛语一乘了义,契取本原心地,转相授受,与佛道通。"只要以教来发明心地,自然就会与佛道相通。继之,他还说:"……纵依师匠,领受宗旨,若与了义教相应,即可依行,若不了义教,互不相许。"这就是说,师徒授受也是以教为标准的。若与教不符,师徒可以互不承认。由此证明,他是把教放在头等重要位置的。这样说法也可上溯到宗密。宗密力主顿悟,但不废渐修。由宗密这样的解释,自然会有慧忠那样的结论。因为宗密所说的顿悟并不是指证悟而只是解悟,证悟还需要修习。慧忠所讲的悟(契教心地)重在解悟,所以要教的印可,亦即看看解的对不对。

但是,由于延寿过于重视禅教的统一,所以比宗密的议论更进了一层,以至把教中的一些界限也弄模糊了。例如,他对法相唯识部分作了特别详细的引用,但分不清其间的区别,夹杂了好些似是而非的议论。他把《起信论》也拿来作为法相唯识学说的骨子,这还情有可原,至于把非常明显的伪书《释摩诃衍论》(说是龙树对《起信论》的注解)也与法相唯识一般看待,就将教弄糊涂了。对待禅宗各家也有类似的情形,对北宗他还划了一个界限,对南宗各家,则加以无原则的调和,无所区别。早在宗密时,即已指出南宗有荷泽、洪州、牛头三大家,且作了高下之分;到延寿时更有了二系五派,他们之间是有分歧的,而延寿却持混沌一体的看法。因此,他不但对教不清楚,对宗也模糊。在《宗镜录》最后引证的一章中,引用各家祖师之说,几乎辨别不出有何不同之点。这种做法可说是他有意识地在进行调和。这样,就使得作为青原一系的后继者,未能很好地保持这一系的精神,而法眼宗本身也没有传几代就趋向衰竭了,以后倒还是由云门、曹洞两派继承青原系的精神传承下去的。

延寿本人在提倡禅法的同时,还注意净土的实践。这倒表现出他与南岳系禅师的作风截然不同。南岳系提倡无着、无作、无修,放任自然,即此为修道,不再专修何种法门。延寿则作种种修习,据传记说,他对自己主张的净土,躬行实践,非常严格,订出日课,丝毫不苟。他还说:"华严圆教宗旨,理行齐敷(即相并安排),悲智交济,不废善行(见所著《万善同归集》)。"特别发挥了此种主张。这就可以看出,他把禅宗各家看成一样,但在实行上又提倡以净土为主,完全是与南岳的放任自然,对于好事和坏事都置之不问相对立的。这就显得禅宗各家在实行上还是有差别,至少两大系是不同的。

延寿的这些思想对宋代禅师的影响很大,他们一方面打破南岳与青原的界限,将其理论看成一样,另方面又以禅与净土作为共同的实践。这样做使禅宗扩大在群众中的影响倒是很有利的。因为单纯讲禅比较奥妙,一般群众不易理解,现在和净土一结合,肯定万善同归,这就便于群众接受了。

在禅师的思想方面,尽管延寿持调和会通的态度难于看出各家的特殊成就,但也由于会通却使许多问题自然地被提了出来,暴露出来。例如,对于"以心传心"的心的议论就是如此。宗密认为,禅宗是"以心传心"的,但在荷泽神会之前,都是"默传密付",所指之心,就不免各有领会。这种传法很模糊,还有误入歧途的危险。而神会不惜眉毛(禅家以为泄露秘密就会得麻疯病脱落眉毛),指出此心"以知为体",犹如水以湿为体,这就使心体异常明白了。因此,从宗密看来,这是神会了不起的贡献。延寿仍采取这种解释,并且十分强调,将各家的议论拼凑起来为之证明。但是,这样一来这方面的问题就都提出来了。如以唯识说,万法不离心,一方面固然会发生石头也在心内等问题(见上),同时也提出墙壁木石等无情物也是心之一体,心既以知为性,种种无知之物是否也有知呢? 有知即有佛性,无情之物是否也有佛性? 以后甚至还提出无情之物也说法等一连串问题。——这些问题原来是分见于各别著作语录之中的,如湛然认为一切无情也有佛性,慧忠认为无情也在说法(有人问他,为何听不到? 他答,我也听不到,因为无情说法只有无情得闻),但是问题是分散的,现在集中在一起,就又成为问题了。再后,还把佛性联系到善恶行为上,认为若善恶行为同出一心,应同一性,就应有本性善、本性恶,由此有"性恶"之说。阐提无佛性,但有性善为什么不会成佛? 那是因为他们无修善;佛有性恶仍然是佛,这是因为佛无修恶,由是又提出一阐提是否性善或性恶的议论。最后,还发生善恶行为是否可以同样地做佛事的问题。总之,延寿采取荷泽知为心体之说,同时又集中了各家的议论,遂把问题暴露出来。他本人虽只主调和而未能解决,但由此重新引起人们的注意,对以后禅家的思想来说还是有相当影响的。

禅宗五家后来的发展极不平衡。沩仰宗衰微最早，仰山四传之后，到宋初系统就不明白了。法眼宗的法脉也不很长，延寿算是一大家，但他门下只两传也就无闻了。临济宗原来流传于北方，创宗者义玄就因住在镇州（今河北正定）临济院而得名。他门下知名的有魏府（大名）兴化存奖（公元830—888年），五传到湖南潭州（湖南长沙）的慈明楚圆（公元986—1039年）。他门下有二人都在江西，一为宁州（江西南昌）黄龙（山）慧南（公元1002—1069年），一为袁州（江西宜春）杨歧（山）方会（公元992—1049年），由此又分成两小派：黄龙宗和杨歧宗。一般把它们同原来五大家并称五家七宗。但黄龙后来无何发展，唯杨歧独盛。这样，原来流行北方的临济，此时却由杨歧为代表而成为南方的一大宗了。云门恰恰相反，它原流传广东，宋初汴京恢复两街制度（都城中有大道，分出左右两大街，各有寺院，管理寺院的僧官即随之分左右），所列寺院有律、慈恩、贤首等宗，仁宗时还设立了"十方净因禅院"，由云门禅师育王怀琏（公元1009—1090年）主持。到神宗时，又增设了大相国寺，规模很大，有六十四院，内设二禅院，由云门宗净慈寺宗本主持，还有黄龙系常聪等禅师参加。因此，云门禅师在北方的势力强大起来，与临济宗对峙。云门一系人才较多，三传为雪窦重显（公元980—1051年），本有中兴云门的声望，来到北方，更加得势，此宗传承较长，直到南宋才渐衰微。另外，曹洞宗本由洞山曹山两代建立的，但曹山直接传下来的只有四代，后来传承乃由洞山的另一系担当，即从云居道膺（？—公元902年）下传，到南宋时势力乃渐盛。由此，最后五家七宗只剩下济曹两家,而曹洞宗的势力始终不能和临济宗相比。

禅家思想到赵宋一代,有了较大的变化,和唐代开始时的情况有显著不同。如关于禅教统一的思想,特别是贯彻贤首的理事圆融的思想,中经延寿的努力阐扬,已为他宗所接受。其后能继续存在的几派,都是依赖统治者的支持的,当时著名的禅师经常与官僚等周旋,接触上层人物,这就使原来禅宗居住山林常同平民接触而形成的朴素作风丧失殆尽(本来从五代以来已经丧失不少),其基本思想亦积极向主观唯心论方面发展,最后还归结为"一切现成"。这句话的实际意义,即彻底肯定现实,不需任何改变。又提倡性恶,不别善恶,无作无修等等。不管这些说法原来意味着什么,但在此时都变成了作恶者的护身符,甚至认为佛亦是性恶云云,此种思想可说是和统治者的需要契合无间的。由此,禅家思想的发展有两种显著变化:

第一,文字禅。尽管后来禅宗相当重视教,但真正取为典据的,还是"古德"的语句,即以"公案"(相当现在的档案)而被保存下来的"机缘"语句为主。既用之来作判断当前是非的准则,以构成"现成公案",同时又可作为资料(公案)去探讨古人的领会,以及所说的道理。但由于一般所传的公案都比较简略,语带玄昧,意义很费揣摩,因而作为教学之用,往往发生困难。并且与文人学士往还,也要求在文字上作更进一步的解说。但此种解说,禅师们还是坚持了一种原则,避免道破语中真意,反对直截了当的解释,于是不能不用曲折的办法,乃产生了所谓"绕路说禅"的方法。这已从不能说到了绕路说了。这样,他们就专在文字技巧上用功夫,走向了浮华、文藻的道路,采用了偈颂、诗歌等文人学士所喜爱的体裁。

开创这种风气的一般推汾阳善昭(公元 947—1024 年)。他是临济宗存奖一系的第四传。他集了古人的语句一百条，每条各用偈颂来陈述，称为"颂古"，实际即是公案的颂。它虽然还不是直截地说明古德原意，仍是绕弯来讲，但比原来的公案好懂多了。这种体裁就是文字禅。由于此种做法受到欢迎，继之，云门宗的雪窦重显也作了"颂古"一百条，但是以云门本宗为主而组织的。此风一开，便走上从文字上追求禅意的路子。雪窦死后，临济杨歧派的圆悟克勤(公元1063—1135年)采用雪窦的材料为基础(自黄龙分出后，他们就兼取云门的说法)，在颂前加了"垂示"(总纲)，在颂文中加了"着语"(夹注)，同时还再加发挥叫做"评唱"。这样编成了《碧岩录》(碧岩是夹山的别名)。此书一出，使禅风发生了很大的变化，一般有文化的禅师纷纷走上了这一道路。

克勤的门下大慧宗杲(公元1089—1163年)对此甚为担心，认为这对于老实人是极其危险的事，也和禅宗的精神背道而驰，但也无何善策；便将所藏《碧岩录》的刻板毁掉了。但这并没有解决问题，跟着又另有刻本流行了。除《碧岩录》外，曹洞宗禅师投子义青等也有"颂古"，到了元代，林泉从伦加以"评唱"，成为《空谷集》(空谷传音之意)。曹洞另一大家天童正觉也有"颂古"，元初万松行秀为之作"评唱"，叫做《从容(庵)录》。这类著作十分流行，构成了文字禅的主流。实际上这些著作的文字都写得相当好。

现在举一个例子来看，他们是如何将公案放到颂古中来表达的："百丈侍马祖，游山次，见野鸭飞过。祖曰：是什么？师曰：野鸭子。曰：甚么处去也？师曰：飞过去了。祖搊师鼻头，师负痛失声曰：阿耶耶！阿耶耶！祖曰：又道飞过去也。师于此契悟。"这是一则"公案"，问题在于如何理会。"颂古"就来为人开一方便法门，代作解释。首先是汾阳的颂："野鸭飞空却问僧，要传祖印付心灯,应机虽对无移动,才擒纲宗道可增。"颂文并不太好,但说明了问题。野鸭、飞空,都是平常的事,但祖师却要发问,而且问得不简单,要在这一问中传灯与百丈。百丈虽然对答了,但如何才算正确呢?——野鸭飞空的发问属于现量,因此对答是正确的。再问飞向何处,却不是指野鸭而言,而是问心到何处去了。百丈那样回答就错了,他的心随着野鸭远飞了。所以马祖就擒他的鼻子,这是说他的方向错了,应该扭转过来。原来他们主张顿悟之悟属于解悟,这就要解得真切,随便遇到什么问题要能作出正确的解释,这就是所谓"常惺惺"。使此心常在,碰到即是,念念是道。从前二程批评禅客说,天下之人唯是禅客最忙,念念是道。这倒是实在的。也有人为禅客辩护说,孔子也讲"无终食之间违仁"不也是念念是道吗?这也是常惺惺,镇日提心吊胆,处于警觉之中。因此,马祖问百丈语句实是一种考验。这就是汾阳对这一公案所作的指点。雪窦继之,重新作颂说:"野鸭子,知何许?马祖见来相共语。话尽山云海月情,依前不会还飞去,却把住。"意思更明显,文字也更好。野鸭飞空的问题本身很简单,问答的目的也不在于把握这一具体事实的来龙去脉,而含有高深的情味在内。要通过此事传付心灯,意义重大,但百丈还不理解,所以马祖给他扭转方向。像这种方式就会使禅学走向文字一途,固然也有助于理解,但如此下去,就会产生舞文弄墨的流弊了。

第二,看话禅。在宋代,除了文字禅以外,由宗杲开始还把对公案的运用转到另外一途。原来一般是把公案看作正面文章来理解的,但宗杲认为,直接从公案上并不能看到祖师的真面貌,应该提出公案中某些语句作为"话头"(即题目)来参究。其目的在于作"杜塞思量分别之用","扫荡知解,参究无意味语"。例

259

如，赵州从谂一家，曾有人问他："狗子有无佛性？"赵州答曰："无。"这是赵州公案。现在不管这一公案是否与当前有关，也不是完全参究这一公案的内容，而是把这一"无"字取出来，始终作为参究之用。这种做法可说是对文字禅的矫枉过正，从而使之倾向于非理性主义方面，认为不是从文字中来求得理解，而会自发地产生一种聪明。因此，他们常说："有解可参之言乃是死句，无解之语去参才是活句。"这就叫做"看话头"，或曰"看话禅"。

与此同时，正觉（宏智）却提出另一种禅法，叫做"默照禅"，即主张静坐看心。这与看话禅相反，因而两家彼此非难，互不相下。但大慧与正觉二人的交谊还是很不错的。正觉生前曾帮助大慧解决过资粮问题，及其死后，大慧则为之主持丧事，并为其遗像作赞。只是在学说上，二人却是对立的。从此之后，禅学思想就逐渐停滞了。

从五代到南宋，禅宗的思想个别地方虽有某些发展，但就总体而言，则无特别之处，也无具有组织体系的著作。像《宗镜录》规模虽大，但只是做的材料机械地编纂工作，没有什么学术思想的体系。至于个别方面的发展，概言之，即是禅学与从前玄学的关系又越来越密切了。不妨可以这样看，佛学传来中国，原是在玄学基础上接受并发展起来的，以后双方分了开来；到了禅学的后期，却又重新归到与玄学结合的方面。

中国的儒道传统思想本来是由玄学沟通的，禅学趋向于玄学，因而它也有沟通儒道的意义。唐人讲的玄学内容仍不出于三玄，而且分开来讲，称《易经》为"真玄"，《老子》为"虚玄"，《庄子》为"谈玄"。禅学后期显然受着玄学这些影响而和从前有所不同。以他们与"真玄"的关系来看，曹洞宗自曹山之后，即传授洞山五位与宝镜三昧。在宝镜三昧中说五位，就是用《易经》的思想来作解释的。五位中偏正回互就是联系《易经》而说："如离六爻，偏正回互，叠而为三，变尽成五。"五位的变化与离卦的变化道理一样，卦是六爻，而只能有五位。其后慧洪还对此专门作了解释，如下：

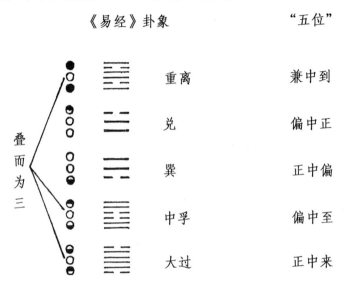

《易经》卦象	"五位"
重离	兼中到
兑	偏中正
巽	正中偏
中孚	偏中至
大过	正中来

叠而为三

另外，禅师们讲《华严》也往往用《易经》来解释，特别是唐代李通玄（长者）作《华严经论》，就是用《易经》的思想做注解的。宋人与禅师有关的都喜欢这部书。因此，讲《华严》时常牵涉到《易经》。如程伊川就说过："看华严经，不如看一艮卦。"他以为只要看到艮卦的卦辞，就可以掌握《华严》的思想。为什么呢？"象曰，☶艮，止也。时止则止，时行则行，动静不失其时，其道光明。艮其止，止其所也"。这种说法，把"止"字解释得非常明确。禅师理解的《华严》着重于性起，即顺性而起，故曰"起而不起"，是本性即如此。以海印三昧来讲，看森罗万象的事物都是自然地显现。这同艮卦的卦辞相类似，而禅家讲《华严》也就与《易经》这些说法作比较，但宋人觉得艮卦讲得更为清楚，高于《华严》。由禅家和《易经》的联系上看，大概如此。

其次，关于虚玄，看话禅的思想则与之相通。《老子》关于"无"的说法，禅师们所看的"话头"中也有"无"字，有所谓"万法归一，一归何处"，有"父母未生前本来面目"，有"旷劫无名"等等，这些问题本是禅家探讨的，现在作为话头参究，就通于《老子》"有生于无"的思想了。虽然内容不尽相同，而思想方法上则是《老子》观点的运用。

最后，他们还采用《庄子》谈玄的说法。《庄子·天下篇》中叙述他自己的学说，曾表明他讲话的特点是："以天下为沈浊，不可与庄语"，意谓和一般人讲的大道理，认为是累于形名，不可能得到理解的。他把所用的语言分为三类："以卮言（侧言）为曼衍，以重言（古人之言）为真，以寓言为广"。由此可见，在语言中也有玄。本来禅家就讲究语言的"机锋"，但还没有这样明确，以后得到《庄子》的启发，一般讲话中都讲三句，看成是三关，用以试人，教人。总之，不把语言说得那么直截了当，而要含有玄意。临济自己就说过："一句须具三玄门，一玄门须具三要，有权，有用。"他没有指出具体的内容来，但总是要人讲话讲得活一些，使它有多方面的含意，让听的人自己去理解。但后人却把三玄三要讲死了，认为三玄即是"言中玄"、"意中玄"、"体中玄"。这样解释不定符合临济原来的思想。所谓三要，则是以照用的关系来讲，如先照后用，先用后照，照用同时。这就是把语言看成有多方面的含义，要人尽可能使之玄妙，实际上是受着谈玄的影响而然，不过以后更变成多种格式罢了。

总之,禅学后来又走上了玄学的道路,这种玄学的回归,当然和原来的玄学不同,可谓之新玄学。他们虽没有什么体系,却具有上述这样一些特征。

本讲参考材料

〔一〕 赞宁:《宋高僧传》卷八——十三。

〔二〕 宗密:《圆觉经大疏钞》卷三,下。

〔三〕 延寿:《宗镜录》卷一、九十七、九十八。

〔四〕 宇井伯寿:《禅宗史研究·附录,北宗残简》。

〔五〕 吕澂:《禅宗》(见附录)。

〔六〕 蒋维乔:《中国佛教史》中册,第十四章之四;下册,第十六章之四。

〔七〕 《中国思想通史》第四卷上,第四章,第四节。

余　论
——宋明佛家义学的变化与归趣

讲 授 提 纲

宋代天台贤首两宗思想的交涉——天台宗山家山外之争——贤首宗同教所诠之别——明代的义学余辉及性相融通的归趣

最后,简略地说明唐代以后佛学的变化与归趣。

中国佛家义学到了唐代贤首的融通,又经过清凉圭峰两家的推阐,已算达到了顶峰,此后就没有什么大的进步;同时由于武宗会昌的灭佛措施,使各宗著述典籍散失很多,继之而兴的是不立语言文字的禅宗,更使义学处于停滞不前的景况。但是,到了宋代,已经散失了的台贤二家著述,陆续由海外返流回来,从而重新刺激了大家搜集和研究的兴趣,使学说思想上也产生了一些变化。

宋代佛家义学总的趋势是:在唐代所达到的最高成就,即讲究融通的范围内,适应赵宋统治者关于高度中央集权的新形势,更将融通的方向稳定了下来。在这一总的趋势下,一方面各家相互取长补短,另方面也都保持各自的独立性,门户还是森严的,所以思想上既有求同,也有立异。再加上各宗学者对于求同立异的态度有的进取一些,有的保守一些,因而必然要使各宗内部学说产生变化,各宗之间也有了若干分歧,但总的方向则不会有变动。

各宗的互相取长补短，主要是以台贤两家为中心，他们发生关系，是以对《起信》的体系即贤首所倡导的如来藏缘起说为基础。应当指出，天台本来是不重视《起信》的，在智顗活动的时期，主要以他的《法华玄义》《法华文句》和《摩诃止观》三大部为学说的核心，在三大部里完全没有引到《起信》之说就是证明。虽然在《小止观》有一处引用了《起信·修行信心分》中的文句，但此书通常认为有问题，有人说是昙迁所著，又有人说是净辩所作，究竟是谁作的还无定论。一般认为是智顗根据昙迁、净辩等人的著作改编而成，并不是智顗本人之说。另外，有《大乘止观法门》一书，其中完全为《起信》的思想，题为南岳思禅师所传，好像在智顗前的慧思就已重视《起信》了。事实上，此书更有问题，不但在现存的唐代天台著述中未提到它，而且宋代从海外取回天台散失的著述以后，天台宗一些知名人物都未注意此书，如知礼对此书还表示怀疑。直到知礼再传弟子了然对《止观法门》作了注解，始引起人们的注意。所以此书不能视为真正的天台著述。

天台宗对《起信》的研究是从荆溪湛然开始的。《起信》原为贤首宗所尊崇，湛然为了重兴天台，与贤首宗清凉竞争，因而参考到它，特别是"真如不变随缘"的观点，在他的著述中占有重要地位。由此开端，天台宗才用《起信》的说法。实则湛然引用的基本精神还是和贤首不同的。因此，天台的后代为了弄清本宗思想的发展及其与《起信》的关系，出现了许多异说。

贤首宗倒是始终尊崇《起信》的，而且重视的程度与时并进。贤首本人对此论的推崇可从其判教上看出，他把《起信》基本上判为终教，因为它是大乘，所以也是顿教，但并非一乘。到了清凉、圭峰则把它提高了一步，判为终、顿兼圆。他们一方面在讲《华严》的圆融,另方面又讲如来藏心,遂把《起信》看成华严学说的另一个组成方面。《华严》是圆融无尽,而圆融无尽的根本,就是如来藏真心。

在讲到一乘时,贤首宗把天台判为同教一乘,对本宗则判为别教一乘,也就是在《起信》思想上比较高下优劣。当天台宗后来吸收《起信》的思想,又不得不重新讨论同教与别教的分别,这也都和《起信》有关。到了宋代以后,贤台两家的关系就集中在《起信》上,自宗之内的分歧,也集中在《起信》上。

总之,台贤的互相交涉是围绕着《起信》进行的。虽然其中也关系到慈恩的影响,但由于慈恩的力量较微,现在从略,主要只说台贤二宗的情况。

天台宗的主要著作在唐末散失严重,因而宗势衰微,只勉强传承下来而已。其时被视为正统代表者为高论清竦。天台原以止观法门为号召,到了清竦高谈阔论,得“高论”之名。后被尊为第十四祖。其门下有螺溪义寂(公元 919—987 年),即天台第十五祖,传说他极注意搜求古师著述,但在金华一地,于古藏中只得着《净名疏》一种,可见古籍散失之甚。到五代时,吴越王因对《永嘉集》中文句不得其解,辗转问到义寂(其事见上),乃知语出《妙玄》而散在海外,这才设法寻觅,由高丽送回。也有传说吴越曾从日本得到完备的天台著述,此不足信。取回日本之籍,事在其后。由于古籍复归,使原来渴求其书的学者掀起研究的热潮,义寂即获睹各书。传说他一生讲天台三大部达二十次之多,自然发生了相当影响。义寂同门慈光(寺)志因的弟子晤恩(?—公元 986年)对诸籍也作了深入的研究,讲了几十次。

晤恩的思想更接近于贤首宗,特别是对于《起信》,就是照贤首宗的理论来解释的。他对一向为天台宗所重视的《金光明经玄义》(智𫖮撰)做了注解,叫做《发挥记》。但《玄义》原有广略两种本子,他所注的是略本,其中只详说法性(实相)问题,而没有专门提到"五重玄义"中的"观心"一义。这是什么意思呢?晤恩自己解释,要观法性,直接观之好了,不必通过观心,这是一个突出的论点。晤恩的弟子奉先源清与灵光洪敏都支持其师强调此说。

但这样一来,引起义寂的再传弟子四明知礼(公元960—1028年)的批评(知礼出于宝云义通(公元927—988年)之门)。四明认为晤恩等强调观性之说是有偏向的,因而作《扶宗记》以注解《玄义》的方式来驳斥它。他以为应用《玄义》的广本为底本,讲五重玄义中之观心。所谓观心,即是把所要观的道理集中在心上来观。要是像略本所说只讲法性,乃是有教无观,这和天台宗一向主张教观并重的宗旨是相违的。

知礼这个论点一经提出,立即引起新的争辩。源清门下比较出色的人物如孤山智圆(公元976—1022年),梵天庆昭(公元963—1017年),都转而反驳知礼,前后经过七年的辩论,往返互问共达十次,以后智圆等未再作答辩。知礼于是将此往返辩论的书信辑成为《十义书》,最后并写了《观心二百问》,这场争论就算结束了。从形式上看,知礼似乎占了上风,因而成了天台宗的正统。他们也自居为"山家"(本宗),而视智圆等为山外,从此天台宗就有了分裂。其后两家对观心问题,仍续有争论。山外并认为,观心虽应该承认,但法性即是心,所以观法性即真观心,而山家离法性以观心,只是妄观心而已。这样,两家始终未能统一。山外之说显然是受着贤首宗的影响。贤首宗说一心二门,以如来藏为真心,这就是真心妄心说的来源。

此外,义寂的弟子宗昱曾注过荆溪的《十不二门》一书,也提到观心问题,主张真观心。特别是在讲"十不二"中的"性修不二",主张观性。由此又引起新的争论。源清相继注《十不二门》,支持宗昱之说;知礼也作了注,名《指要钞》,指出他们真观心的思想实出于《起信》。但是就天台的判教来说,《起信》只是四教中的别教,而其解真心不变随缘,也就只是"别教随缘"。——这是天台宗的又一著名论点。在他们看来,《起信》既是别教,所说亦只是别教的性理随缘,乃不究竟之说。因为天台主张,此"理"应该是"性具三千,十界具足",即是理中应包括一切;而别教所说之理,谈不上性具,较逊一筹,是"缘理断九"——即随缘之理不具十界,只是其中的一界,而扔掉了其余九界。如理现于人界算是随缘了,但只人的一界。由此可见,《起信》所讲随缘完全与天台不同。

从此争论展开下去,知礼门下仁岳(?—公元1064年)本来支持知礼的论点,但后来不完全同意他,反加批评,与之相对立,构成了另外的一派名"后山外"。

知礼门下人物很多,特别是广智尚贤,神照本如(公元982—1051年),南屏梵臻等三家,都很得力,能继承师说,使天台继续发展,从而后人就都推四明为天台宗的正统。

贤首宗本来就不如天台宗盛行,这大概是他们没有止观为号召之故。宋初,此宗的有名人物为长水子璿(?—公元1038年)和他的门下晋水净源(公元1011—1088年)。长水以上的传承不明,但其学风还是从清凉、圭峰传下来的,这也就是一贯的用《圆觉》《起信》来发挥他们的思想,同时又和荷泽禅家会通。当时恰逢高丽出家的皇太子僧统义天（公元 1051—1101 年）来中国留学，——高丽自元晓以后，《华严》学大行，义天也属于这一系，所以来华后即从净源受业。他在留学期间访求旧有章疏，得着目录，很了解各书存佚的情况，因之回国后，就尽量搜集中国已佚的贤首著述送回中国，为贤首的中兴创造了有利条件。

此时的著述，现存者不少。从宋哲宗时起，普净（寺）道亭对《一乘教义章》作了注疏，名《义苑疏》，自此《教义章》更加流行。至南宋时，注书竞出，著名的有宗预的《易简记》，观复的《析薪记》，师会的《复古记》，希迪的《集成记》，一时出现了四大家的解说（宗预注不计入）。但是他们的解释互有出入，特别是对于"同教"，意见尤为分歧，因而发生了很多争论。例如，师会不满意《析薪记》特意写了《焚薪记》加以批评。他的弟子善熹也助成其说。此外，师会还作了《同教问答》以假设问答方式来解释同教中的问题，亦名《同教策》（此取当时考试对策之名），重点在批评《易简记》对同教所作的三种解说。《易简记》认为解释同教应三分，即三种说法。只有这样才算完全。观复另著《会解记》提出对同教应有四种说法，师会认为也很支离，一并予以批评。此后，善熹与希迪又注释了《同教策》，使师会之说影响更为扩大。

同教的内涵本是指"同三乘为一乘"，同即就三乘之同而言，以此和别教相对待。争论的焦点就在这一"同"字上。当清凉、圭峰提出同教一乘的说法时，对"同"字并未解释清楚，所以当时有三四种说法，并非毫无所据，原来即有异解的根源的。师会想把这些纷纭之说统一起来，又说得不能令人信服，因而其时有一不知名的作者，想会通各家异说，特追寻同教说法的来源，了解到最初还是云华尊者智俨在所著《孔目章·融会一乘义章》中提出"同别"之说的。所以要解释纠纷，非先理会《义章》的说法不可，因为之作注，题名《明宗记》，提出了新的研究方法。

《明宗记》先释《义章》，后批评各家之说。但他看到各说并非毫无所据，也意识到清凉、圭峰已经改变了贤首原说，所以《明宗记》也含有复古的意味。他进一步把同教问题联系到别圆一乘（《法华》的会三归一），认为此说涉及天台宗，所以清凉、圭峰对于台贤的圆教意义，二者界限已很模糊。其原因还是在于以《起信》为根据有关系，因此拿《起信》来讲圆融，就会把同别的意义冲淡。即冲淡《华严》一乘的特殊意义，而沟通了与台宗一乘的关系。加上天台又有意接近贤首，更使它们有相同之处，使得同教别教不是原来的高下之分了，而变成一个问题的两面。从前说，先有同教，进一层才有别教，而《明宗记》则说，同教指有同的一面，别教指有异的一面，并无高低可言。因此，《明宗记》带有复古的倾向，也反映两家的交涉，由于通过《起信》而接近起来。这当然带有进步的和保守的两面性质。

事实上，同教之争意味着这两家基本上还是相同的，只是对《起信》的关系各有看法，或比较进取，或比较保守而已。

由于他们的著作大都流于支离，现在很难为之详细归纳，只能说他们的最后主张大致如下：同教之同乃是总的说法。五教的内容，有的相同，有的不同。所谓同教，是说前四教的内容与最后一教（圆教）的内容有相同之处，即说为同。因此不能明显地指哪一教是同教，或哪些教合起来即为同教。"同"是概括的说法，这在清凉的著述里即已有之。如说，"同教者同顿（顿教）同实（终教）"，后来又说，顿终二教合为同教一乘。但并不能全照字面理会，因为这只是一个空名字，并非实有这样的一乘。清凉之说，只

270

就它们在顿、实上有一乘的意义,有相同之点,并非指他们合起来而为一乘。至于说到《法华》的会三归一,其意义也是如此。

元明两代,台贤二宗的传承不能详细知道了,但还是有人传习的,虽然零落,但大体仍可衔接。从台宗方面说,比较著名的就有湛堂性澄(公元1265—1342年),虎溪怀则,都有著作流传。在贤首方面则有文才(公元1241—1322年),普瑞等。到了明代,特别是明末,又有四大家,这就是云栖袾宏(公元1535—1615年),紫柏真可(公元1543—1603年),憨山德清(公元1546—1623年),以及较晚的蕅益智旭(公元1599—1655年)。他们都熟悉台贤学说,且进一步发展了融会各家的风气。其中的德清、智旭,尤为出色。由台贤所代表的中国佛家义学在此时期又来了个回光返照。

德清是学禅的,也是台贤学者。他不但主张禅教统一,还指出了性相会通的新方向。总的说来,中国佛学始终不出台、贤、慈恩的范围。慈恩的传承,在智周之后虽已不可详考,但其学说却始终为中国佛学的理论基础,凡是解释名相,分析事象,都不能不取材于慈恩。例如,因明,六离合释等方法,也要运用慈恩已有之说。因此,实际还是在那里传习的,不过无慈恩宗名称而已。德清所说的"相",即是指此而言,也即所谓"法相"。台贤二宗着重于理,即所谓"法性"。由于性相二宗,同时并存,因而在有些方面所说就觉格格不入。例如,"法相"说真如、如来藏凝然不动,不能受熏,而"法性"则说为不变而随缘,可以受熏,由此两说相背。德清对此加以会通,认为只要真实了解《起信》所说的一心二门,性相未尝不可以得到统一。因此,他注解了《百法明门论》,又解释了相传为玄奘所作的《八识规矩颂》(此作分八识为八、七、六、前五四类,各有三颂解说),他就合此两种注释为《性相通说》,具体指出了以一心二门沟通性相的途径。

德清的思想影响于后人,原来学禅的智旭,即对他深怀仰慕。但德清住在广东原来六祖慧能的道场,智旭不能远去从学,就在他门下雪岭处出家。智旭后来泛览各家著述,最后归宿于天台。关于这一宗,智旭受到当时大家幽溪传灯(公元1554—1627年)的启发很大。天台宗原以"性具"为其基本思想,所谓念念三千,本来有性等。但性具要从理事上都得到体现。后人讲性具,多偏于理,而谓性即是理。但事上是否具足,此应考究。因事不但具理,也具足相,犹如贤首所说事事无碍,重重无尽——这样性具的思想自然由具性而发展到具相,从而接受贤首家之说了。智旭这种思想即是在德清的影响下所得的,他即以此解释《起信》,又以《起信》融通性相,并批评了贤首的《起信论疏》。

智旭用性具说特别是具相观点来注解《起信》,名为《裂网疏》,其中会通性相,以为两者如同波水关系,相是波而性是水,如波之不离水,相亦不离性,但两者不是并列,而应会相归性,台贤不善讲说,却将二者分裂了。此不一定是立宗者之错,而是后人传错了的。他批评台宗与慈恩各有缺点,台家只讲性具而不懂唯识法相,法相家讲法相而又不懂圆理,由是议论纷纭性相不通。他主张要具体理解台宗所说的三千境界之说,应依于法相,他同德清一样,认为具体的事是不离百法的,这是即性入相,反之,相亦应归于性。因此,他说:"欲透唯识玄关,须善台衡宗旨;欲得台衡心髓,须从唯识入门。"这样,此二门就具有相成之用,而能会相入性了。由此可见,智旭以天台为主而会通性相,所用的最后根据,仍为《起信》,并以德清之说为指针。不过,德清主要以《华严》为性宗,智旭则更范围广阔,不限于此。他一方面统一了教,同时还同一了禅。在他所作的《宗论》中就提出了全面通达佛家义学的问题。

怎样来理解通达佛家义学的问题呢? 他说:"悉教纲幽致,莫善〔于〕《玄义》,而《释签》辅之;阐圆理真修,莫善〔于〕《止观》而《辅行》成之。"这是天台的教典。"极性体雄诠,莫善〔于〕《杂华》(《华严》)而《疏钞》《玄谈》悉之;辨法相差别,莫善〔于〕《唯识》而《相宗八要》佐之"。这是指贤首和法相(慈恩)。如此有教有观,有性有相,都被提出来了,而做到这"悉教""真修""极性""辨相"后,还要"然后融于宗镜(禅),变极诸宗(并非混而一之),并会归于净土"。这种说法,可看成是当时大规模的融会贯通的突出典型,也算是佛学在中国的最后返照。

像智旭这样的思想,也是有其来源的,这就是延寿的《宗镜录》,不过那时佛学还没有这样多的变化罢了。据说智旭曾阅过《宗镜录》四遍,并加以改订,于中发现有后人添加部分,都剔出来。但他并不完全同意《宗镜》之说。如荷泽禅的"知为心体"说,他就批评为"知不单为众妙之门,也是众祸之门"。智旭思想对后世影响很大,在近代佛学思想未曾变化之前,大抵都是依照他来讲说的。

本讲参考材料

〔一〕 蒋维乔:《中国佛教史》下册,第十六章之二、五。

〔二〕 吕澂:《宋代佛教》(见附录)。

〔三〕 志磐:《佛祖统纪》卷十,"高论傍出世家"。

附　　录

四十二章经抄出的年代

佛教在汉明帝永平八年（公元 65 年）以前就已传入我国内地，但其初曾否翻译经典，现在却很难稽考了。西晋以来，由汉明求法故事的发展而有了最初译出《四十二章经》的传说，流行至今，虽屡经学者考证它的虚构，而一般人仍然信以为真。因此，这一有关中国佛教历史的《四十二章经》年代的问题仍有深入探讨的必要。在这里，且来简单地说一说我们对此问题的看法。

预先要说清楚的，在梁代之前出现的《四十二章经》始终只有一本，即是僧祐《出三藏记集》（卷二）著录的一本，也就是现存各种宋版藏经所收的一本。这对后来屡经改窜的各本而言，可以称为"原本"。费长房《历代三宝记》（卷五）记载有支谦重译的《四十二章经》，说是见于《别录》，又说它和摩腾所译的小异，这些都是长房玩弄的玄虚。不用讲《别录》里所有支谦译本都已被僧祐收入《出三藏记集》更无遗漏，而且在长房当时明明只存所谓支谦译的一本（见《历代三宝记》卷十四《小乘经入藏目》），又何从作此比较？这正同长房也说支谦所译《赖吒和罗经》是第二出，和支曜译本小异，而根本就没有支译一样的凭空结撰，不可置信。

从原本《四十二章经》的体裁上看，它的确是种经抄。它所从出的大部又是何经呢？这看它各段都只短短的几句，称之为"章"，又各段开头常常加上"佛言"字样，则和支谦译本《法句经》以颂为章且说是"撰集佛言"的形式十分相似，就很容易明白那大部应该是《法句经》的一类。我们再用《法句经》的各种汉译本来对照，又发现《四十二章经》整整三分之二都同于《法句》（参照文末附录的对照表），就称它为"法句经抄"也决不会有多大的错误。

明白了《四十二章经》的性质以后，它的年代问题就比较容易解决。先从它依据的《法句经》梵本说起。《法句》梵本原有略中广三类，这相当于支谦《法句经序》所说的五百偈、七百偈、九百偈（后来更发展为一千偈以至一千五百偈）。五百偈是原型，其余则经过法救改订而为各部派采用之后多多少少加以变化了的。法救改订本的特征最显著的是补充内容而增加了品目（原有 26 品，改订后加到 33 品乃至 39 品），其次则"录其本起，集而为解"（僧叡《出曜经序》语）成了"譬喻"的体裁。现在从对照表上看，《四十二章经》所据的《法句》就具备这些特征（如表中一、二、四、一三、一七、二五、二六各项都出于增加的新品，一七、二一两项更属于本起之类），足见其为法救的改订本无疑。法救和迦腻色迦王同时，活动于公元第二世纪中叶，经他改订过的《法句》传来汉土，至早也应在汉灵帝的末年了。

《四十二章经》之为经抄，并非印度现成的结构，而是从一种汉译《法句经》随意抄了出来，所以显得那样凌乱、疏漏，毫无印度著述所常有的精严风格（这像《瑜伽师地论》卷十八、十九所收《法句经》二十八颂节本，便是结构整然，迥不相同）。从前有那一种《法句》的译本存在，可以由《法句经序》所说而知。序说"近世葛氏传七百偈，偈文致深，译人出之，颇使其浑漫"。这表明了距离维祇难译出五百偈本不远的汉末，曾经有过改订本《法句经》的翻译，而它的译文浑漫正是通过《四十二章经》所能见到的面目。像它用散文改译颂句，使人迷离莫辨，又随处敷衍解释，这非浑漫而何？至于葛氏其人，名字虽不见经传，但很可能就是昙果。这不仅"葛""果"两字声音相近，并且昙果为汉末唯一一传来法藏部经本的人（他所传《修行本起经》即是法藏部本），而从《四十二章经》上见得那部《法句经》所有的部派特征（如第八章所表现的"布施依施者得清净"，又第九章所表现的"施佛果大"等），恰恰证明它正是法藏部的传本。

至于从汉译《法句经》抄出《四十二章经》的年代，这可在经录上找到线索。僧祐《出三藏记集》卷二说《四十二章经》最初见于"旧录"。此录在《出三藏记集》中引用极多，而又对道安经录特称旧录，应该是安录以前最流行的一种。再看它记载的译籍只到晋成帝末所抄集的《譬喻经》为止，又特别著录竺叔兰的译经《首楞严》二卷，这和《高僧传》卷四所说支敏度于晋成帝时著译经录流行于世，以及兰译《首楞严》仅见于支敏度《合首楞严经记》等事实相符合，可以断言旧录即是支敏度的《经论都录》。由此限定《四十二章经》抄出的最低年代不得迟于支录著成之年，即成帝末年（公元 342 年）。又关于汉明求法故事的最初记载，现在见得到的是晋惠帝时王浮《老子化胡经》中间所引的一段，但是它并没有提到《四十二章经》，经抄当在后出，所以它最上的年限不能超过惠帝末年（公元 306 年）。就在这短短三十几年中间（公元306—342 年），有法炬等《法句譬喻经》的新译，它也带着抄译的性质。此时会有《四十二章经》的抄出，无疑的是受到它的启发。至于经抄作为汉明求得的第一部经典，这大概是从《法句经序》所说"其在天竺，始进业者不学法句谓之越序，此乃始进者之鸿渐，深入者之奥藏"这样的认识而来的吧。当然，这中间也有矫正《化胡经》中"写经六十万五千言"那种夸大其辞难以取信的用意。

旧录记载《四十二章经》特别加上"孝明皇帝"四个字,这说明经抄初出就有了声明来历的那篇经序(见《出三藏记集》卷五)。但序文开头说"昔汉孝明皇帝"着了一个"汉"字,也无意间告诉人抄出时代之晚。旧录在《四十二章经》之外还记载有《五十二章经》,这也是旧译《法句经》的一部分,梁代虽说缺本(见《出三藏记集》卷四),但现今却在《处处经》里面发现了它。用来和《四十二章经》一比较,可见经抄当时就已做了一些修辞的工夫,所以使人读了会有"辞句可观"不似汉译的感觉。

我们对于《四十二章经》年代问题的推究即到此为止,另外,连带着两个问题还须略加解释:其一,汉桓帝延熹九年(公元166年)襄楷上疏里有"浮屠不三宿桑下"、"天神遗以好女"两段,和《四十二章经》第二章、第二十四章很相像,似乎经抄早就有了,但事实却不然。襄疏的两段的意义并不完全和经抄相符,只是异常类似,而从此类似上也只见到它们有同出一源的关系而已。《法句经》的素材主要取自《增一阿含》,襄疏那两段也出于《增一阿含》(参照秦译本卷六、卷四十一)。在襄楷上疏时安世高就已有了《增一阿含百六十章》的译本,所以疏文可以别有出处,而不必依赖《四十二章经》。其二,自序称汉末所著的《牟子理惑论》就已提到《四十二章经》,似乎经抄早应有了,但事实也不然。《牟子》一书的年代问题虽尚有讨论的余地,我们却很赞同一些学者已有的比较公平的看法。这就是,从《牟子》的自序里一些叙事(像交州牧弟的被杀等)和它文字上一些特征(像引《老子》而不及《庄子》,又避汉明帝讳称庄公为严公等)诚然可以使人相信它是汉代的作品,然而这些也是有意作伪者所能做作出来,甚至必须如此做作出来的。至于它的内容取材于佛典译本的地方,则因为头绪纷繁照顾不周,就往往露出了马脚而不易掩饰。这像须大拏故事等,三国时代始见译传,而它就已引用了。尤堪注意的,像说佛"以二月十五日泥洹而去",又说"佛道以酒肉为上戒",这些乃是晋凉两译《涅槃经》陆续流行以后才有的资料,而它也引用到了,可见它的制作至早也应在刘宋初年(公元422—)。它提到《四十二章经》之处,只是抄袭经序,这对推论经抄的年代说来,关系就更加浅薄了。

附录:《四十二章经》《法句经》对照表

《四十二章经》	《法 句 经》
一、除须发,为沙门,受道法,去世资财,乞求取足,日中一食,树下一宿,慎不再矣。使人愚蔽者,爱与欲也。(第二章)	芯蒭远利誉,常足不贪求,但三衣饮食,真活命快乐。(宋译利养品)所生枝不绝,但用食贪欲,养怨益丘塚,愚人常汲汲。(吴译爱欲品)
二、众生以十事为善,亦以十事为恶,身三、口四、意三……优婆塞行五事不懈退,至十事,必得道也。(第三章)	护口意清净,身修不为恶,能净是三者,便逮神仙道。(秦译学品)
三、人有众过,而不自悔,顿止其心,罪来归身,犹水归海,自成深广矣。(第四章)	凡人为恶,不能自觉,愚痴快意,令后郁毒。莫轻小恶,以为无殃,水滴虽微,渐盈大器。(吴译恶行品)
四、人愚吾以为不善,吾以四等慈护之,重以恶来者,吾重以善往。(第五章)	昼夜念慈,心无克伐,不害众生,是行无仇。(吴译慈仁品)
五、犹响应声,影之追形,终无免离,慎为恶也。(第六章)	不但影随,形亦随影,犹行善恶,终不相离。(吴译恶行品)
六、逆风坌人,尘不污彼,还坌于身,贤者不可毁,祸必灭己也。(第七章)	如恶诬罔人,清白犹不污,愚殃反自及,如尘逆风坌。(吴译恶行品)
七、天下有五难,贫穷布施难,豪贵学道难,制命不死难,得睹佛经难,生值佛世难。(第十章)	学难舍罪难,居在家亦难,会止同利难,艰难无过有。(吴译广衍品)

280

《四十二章经》	《法 句 经》
八、道无形,知之无益,要当守志行;譬如磨镜,垢去明在,即自见形,断欲守空,即见道真,知宿命矣。(第十一章)	梵志除恶,沙门执行,自除己垢,可谓为道。(吴译沙门品)
九、水澄秽除,清净无垢,即自见形……恶心垢尽,乃知……诸佛国土道德所在耳。(第十三章)	譬如深渊,澄静清明,慧人闻道,心净欢然。(吴译明哲品)
一〇、譬如持炬火入冥室中,其冥即灭,而明犹存;学道见谛,愚痴都灭,得无不见。(第十四章)	智者喻明灯,闇者从得烛,示导世间人,如目将无目。(宋译放逸品)
一一、吾何念?念道。吾何行?行道。吾何言?言道。吾念谛道,不忘须臾也。(第十五章)	常当惟念道,自强守正行。(吴译放逸品)
一二、睹天地,念非常,睹山川,念非常,睹万物形体丰炽,念非常,执心如此,得道疾矣。(第十六章)	观诸世间,无生不终,欲离生死,当行道真。(吴译世俗品)
一三、熟自念身中四大,各自有名,都为无吾我者,寄生亦不久,其事如幻耳。(第十八章)	四大聚集身,无常讵久留?地种散坏时,神识空何用?(宋译无常品)
一四、人系于妻子宝宅之患,甚于牢狱,桎梏郎当。(第二十一章)	虽狱有钩鍱,慧人不谓牢,愚见妻子息,染著爱甚牢。(吴译爱欲品)
一五、爱欲之于人,犹执炬火,逆风而行,愚者不释炬,必有烧手之患。(第二十三章)	若人不断欲,如火入皮烧,刹那见焦坏,受苦无央数。(宋译爱欲品)
一六、不为情欲所惑,不为众邪所诳,精进无疑,吾保其得道矣。(第二十五章)	慧智守道胜,终不为放逸,不贪致欢喜,以是得道乐。(秦译放逸品)
一七、若断阴不断心,心为功曹,若止功曹,从者都息。(第二十九章)	学先断母,率君二臣,废诸营从,是上道人。(断阴是此偈缘起。吴译教学品)
一八、欲,吾知尔本,意以思想生,吾不思想尔,即尔而不生。(第三十章)	欲,我知汝本,意以思想生,我不思想汝,则汝而不有。(吴译爱欲品)

《四十二章经》	《 法 句 经 》
一九、人从欲生忧,从忧生畏,无爱即无忧,不忧即无畏。(第三十一章)	爱喜生忧,爱喜生畏,无所爱喜,何忧何畏?(吴译好喜品)
二〇、夫人能牢持其心,精锐进行,不惑于流俗狂愚之言,欲灭恶尽,必得道矣。(第三十二章)	专意莫放逸,留意能仁戒,不亲卑陋法,不与放逸会。(秦译放逸品)
二一、有沙门夜诵经甚悲,意有悔疑,欲生思归。(第三十三章)	(上一偈的缘起,见晋译。)
二二、犹所锻铁,渐深弃诸垢,成器必好。学道以渐深去心垢,精进就道。(第三十四章)	慧人以渐,安徐精进,洗除心垢,如工炼金。(吴译尘垢品)
二三、惟人自生至老,自老至病,自病至死,其苦无量;心恼积罪,生死不息,其苦难说。(第三十五章)	生死无聊,往来艰难;意猗贪身,生苦无端。(吴译老耄品)
二四、夫人离三恶道得为人难……既得为男,六情完具难,六情已具,生中国难、既处中国,值奉佛道难。(第三十六章)	得生人道难,生寿亦难得,世间有佛难,佛法难得闻。(吴译述佛品)
二五、弟子去离吾数千里,意念吾戒必得道,……其实在行,近而不行,何益万分耶?(第三十八章)	以是有诸念,自身常建行,若其不如是,终不得意行。(吴译惟念品)
二六、犹若食蜜,中边皆甜,吾经亦尔,其义皆快。(第三十九章)	解自抱损恶,不躁言得中,义说如法说,是言柔软甘。(吴译言语品)
二七、能拔爱欲之根,譬如摘悬珠,一一摘之,会有尽时。(第四十章)	共拔爱根本,如择取细薪,已拔爱根本,无爱何有惧?(秦译爱品)
二八、行道守如牛负,行深泥中,……趣欲离泥,以自苏息;沙门视情欲甚于彼泥,直心念道,可免众苦。(第四十二章)	乐道不放逸,常能自护身,是为拔身苦,如象出于坎。(吴译象喻品)

一九五六年八月七日改写稿

安　世　高

安世高，可说是佛经汉译的创始人。他本名清，是安息国的太子，博学多识，特别信仰佛教，持戒精严。当轮到他即位的时候，他就让位给叔父，出家修道。他精研了阿毗昙，修习了禅定，通达之后，游化西域各地；于汉桓帝建和初年（公元147年）辗转来到中国洛阳，不久即通晓华语。那时佛教传入我国内地已有一相当时期，在宫廷内和社会上都有一些信徒。他们虽主要地是奉行祭祀，祈求福德，但也有切实修行的要求，安世高就为他们译出有关止观法门的种种经论。译事大概到灵帝建宁中（公元170年左右）为止。随后，他游历了江南的豫章、浔阳、会稽等地（现在江西、浙江省），晚年的踪迹不详，在华活动前后约三十年。

安世高译出的书，因为当时没有记载，确实部数已不可考。晋代道安编纂众经目录，才加以著录，列举所见过的安世高译本，共有三十五部，四十一卷。其后历经散失，现存二十二部，二十六卷，名目如下：

一、《五十校计经》二卷。二、《五阴譬喻经》一卷。三、《七处三观经》一卷。四、《转法轮经》一卷。五、《积骨经》一卷。六、《八正道经》一卷。七、《一切流摄守因经》一卷。八、《四谛经》一卷。九、《本相猗致经》一卷。一〇、《是法非法经》一卷。一一、《人本欲生经》一卷。一二、《漏分布经》一卷。一三、《长阿含十报法经》二卷。一四、《杂经四十四篇》二卷。一五、《普法义经》

一卷。一六、《法受尘经》一卷。一七、《大安般守意经》一卷。一八、《禅行法想经》一卷。一九、《九横经》一卷。二〇、《阿毗昙五法经》一卷。二一、《阴持入经》一卷。二二、《道地经》二卷。

在这些译笈里面，《七处三观经》大概在道安(公元312—385年)以后就成为两卷本，而误收《积骨经》和杂经四十四篇于内，未加区别；现经今人考订，特将那两种分列出来。另外，从翻译用语等对勘，《五阴譬喻经》《转法轮经》《法受尘经》《禅行法想经》四部是否世高所译，尚有问题。又《四谛经》一种，道安也说它好像是世高所撰，但现勘是译本。

安世高的翻译，有时用口述解释，由他人笔记成书，这属于讲义体裁，在道安目录里著录了《阿含口解》(《十二因缘经》)一卷，便是这一类。此书在别的经录也称为"安侯口解"。这因世高原来是王族出身，西域来华的人都叫他安侯，所以经录就沿用了。还有现在魏吴代(公元220—280年)失译本单卷《杂阿含经》，共收27经，《七处三观经》《积骨经》也在其内，译文和世高余译很接近，唐代智升《开元释教录》就说它像是世高所翻，但未见旧录记载，还不能确定。

此外，道安目录所载安世高的译本现已失传的有：《小安般经》、《百六十品经》、《大十二门经》、《小十二门经》、《道意发行经》、《七法经》、《五法经》、《义决律》、《思惟经》、《十二因缘经》、《十四意经》、《阿毗昙九十八结经》、《难提迦罗越经》一共十三部，十三卷。其中《十四意》和《九十八结》道安都说像是世高的撰述。又《小安般经》一种，《开元录》说它就是现存本《大安般守意经》除去注解所余的部分。

关于安世高的翻译，历来各种经录的记载互有出入。到了隋代费长房《历代三宝记》，漫无拣别地罗列名目达到 176 种之多。其中好些都没有确实的出处，只推测是世高在河西和江南旅途中随顺因缘从大部译出。后来《开元录》加以删除，还剩 95 部，而缺本几乎占一半，是非辨别，自然很难说。现在仍以道安目录所记载的为最可信。

安世高的汉译佛典，可算是种创作，在内容和形式方面都有它的特色。就内容说，他很纯粹地译述出他所专精的一切。譬如，译籍的范围始终不出声闻乘，而又有目的地从大部阿含经中选译一些经典。就现存本看，出于《杂阿含》的五种（上文所列名目中 2—6），出于《中阿含》的六种（上目 7—12），出于《长阿含》的一种（上目 13），出于《增一阿含》的一种（上目 14），这些都是和止观法门有联系的。至于译文形式，因为安世高通晓华语，能将原本意义比较正确地传达出来，所以僧祐称赞他说理明白，措辞恰当，不铺张，不粗俗，正到好处。但总的说来，究竟偏于直译。有些地方顺从原本结构，不免重复、颠倒，而术语的创作也有些意义不够清楚（如"受"译为"痛"，"正命"译为"直业治"等）。因此道安说世高的翻译力求保存原来面目，不喜修饰，骤然看到还有难了解的地方。

从安世高的译籍见到的学说思想，完全是属于部派佛教上座系统的。他重点地译传了定慧两方面的学说，联系到实际便是止观法门。定学即禅法，慧学即数法（这是从阿毗昙的增一分别法门得名），所以道安说世高擅长于阐明禅数，而他所译的也是对于禅数最为完备。

关于禅法，安世高是依禅师僧伽罗刹的传承，用四念住贯穿五门（即五仃心）而修习。他从罗刹大本《修行道地经》抄译 37 章，着重在身念住，破除人我执。念息一门另译大小《安般经》，其中说十六特胜也和四念住相联系。所以从这些上见到世高所传禅法是如何地符合上座部佛教系统(特别是化地一派)用念住统摄道支的精神。念息法门因为和当时道家"食气""导气""守一"等说法有些类似,传习比较普遍,学人著名的就有南阳(今河南)韩林、颍川(今河南)皮业、会稽(今绍兴)陈慧等。东吴(今江苏)康僧会从陈慧受学,帮助他注解了《安般经》。僧会更依他的心得,在所集《六度经》的禅度里,对止观有要目式的叙述。其后,晋代道安见到了僧伽罗刹《修行道地经》的全译本(竺法护译),又从大部《阿含经》的翻译上理会声闻乘实践的体系,因而对于安世高所译禅法和有关各书了解得更为深刻。他注解了这些译本,并各各做了序文,现在知道的有《大道地经注》等七种。

关于数法,安世高谨守毗昙家的规模,用《增一》《集异门》等标准,选择了《五法经》、《七法经》、《十二因缘经》、《十四意经》、《阿毗昙五法经》、《阿毗昙九十八结经》等经论。他并还在译文里带着解释,所以道安说《十四意经》《九十八结经》好像是撰述。当时严佛调受到启发,就"沙弥十慧"引经解说,作成章句。跟着康僧会辑《六度集经》,也有这样用意。后来道安得着新译《毗昙》的帮助,对安世高在数法方面翻译的业绩,认识更清楚,因而注释了《九十八结经》,以为是毗昙要义所在。他还模仿《十慧章句》等,从各经中抄集十法,加以解说,成为《十法句义经》。由这些事实,可见安世高译传的部派佛教学说在当时是发生了相当影响,而到后世也还是得到发展的。

参 考 资 料

梁僧祐:《出三藏记集》卷二、卷五、卷六、卷十、卷十三。

梁慧皎:《高僧传》卷一。

唐智升:《开元释教录》卷一、卷十三。

内学院编:《精刻大藏经目录》(1945年,江津)。

汤用彤:《汉魏两晋南北朝佛教史》第四、五、六各章。

林屋友次郎:《经录研究》前编第三部,第一章(1941年,东
　京)。

支娄迦谶

支娄迦谶简称支谶,是后汉桓帝末年(公元 167 年顷)从月氏来到洛阳的译师。他通晓汉语,除了独自翻译而外,有时还和早来的竺朔佛(一称竺佛朔)合作。他译经的年代是在灵帝光和、中平年间(公元 178—189 年),比安世高稍迟;译籍基本上属于大乘,而又是多方面的;可见他的学问广博,思致幽微。后来竟不知所终。

支谶所译的佛经究竟有几种,因当时未曾记载,很难确定。在晋代道安著述经录时,据他所见写本,年代可考的只三种:

一、《般若道行经》十卷(光和二年即公元 179 年译)。

二、《般舟三昧经》二卷(现存本三卷,译年同上)。

三、《首楞严经》二卷(中平二年即公元 185 年译)。

此中《首楞严》一种,现在缺佚。另外,从译文体裁上比较,道安认为像是支谶所译的有九种:四、《阿阇世王经》二卷。五、《宝积经》(一名《摩尼宝经》)一卷。六、《问署经》一卷。七、《兜沙经》一卷。八、《阿閦佛国经》一卷。九、《内藏百宝经》二卷。一〇《方等部古品曰遗日说般若经》一卷。一一、《胡般泥洹经》一卷。一二、《孛本经》二卷。此中后三种现在都缺佚。又支敏度《合首楞严记》里提到而为道安所未见的,还有:一三、《屯真陀罗所问如来三昧经》一卷。综计起来,支谶译籍现存九种,缺本四种。僧祐《出三藏记集》依据《别录》加了《光明三昧经》一卷,这是支曜译本的误记。费长房《历代三宝记》又依各杂录加了《大集经》等八种，也都出于附会，不可信。

支谶译籍里比较重要的《般若道行经》和《般舟三昧经》，原本都由竺朔佛传来，而支谶为之口译。以支谶学问之博，这两种也应该是他所熟悉的，因而译功专归于他，并无不可；但从僧祐以来，经录家都说竺朔佛也有这两种的翻译，就未免重复了。那时候的翻译，因有安世高为之先导，遣词造句上都已取得一些经验，译文比较顺畅，令人读来有"审得本旨"之感。不过翻译的总方针依然是"敬顺圣言，了不加饰"，要求尽量保全原本的面目；就是在译文结构上做了一些"因本顺旨，转音如己"的工夫，也是极有限制的。所以后人辨别他的译文，仍用"辞质多胡音（即多用音译）"为一种标准。

支谶译籍的种类恰恰和当时安世高所译的相反，几乎全属于大乘，可说是大乘典籍在汉土翻译的创始。并且，龙树以前印度大乘经典流行的实况，也就在支谶翻译上看到它的反映。例如，他译的《宝积经》、《阿閦佛国经》、《般舟三昧经》都是构成大部《宝积》的基层部分，《道行经》是大部《般若》的骨干，而《兜沙经》又属于大部《华严》的序品，可见印度的大乘经典开始就是向境、行、果各方面平均发展的。还有支谶译出的《阿阇世王经》（异译本题名《文殊普超三昧经》，道安经录说出于《长阿含》，不确），《问署经》（也作《文殊问菩萨署经》），《内藏百宝经》，《首楞严三昧经》，都以文殊为中心而发挥"文殊般若"的法界平等思想，从这些方面暗示出文殊对于大乘传播的重要关系，也属很可宝贵的资料。

但是对于以后义学发生影响最大的莫过于《道行经》。这因为大乘学说本来以般若的缘起性空思想为基础，由这部经的译出便有了趋入大乘的途径。又因为当时思想界里有道家道常无名，为天地始等一类说法,恰好做了接受般若理论的准备,也就是通过这类思想使般若理论更快地传播开来(如在支谶的译文里译"波罗密多"为"道行",译"如性"为"本无"等,都是借用道家思想来传播般若的)。从此《道行》成为研究佛家学说特别是般若理论的入门之籍。只因它译文过于简略,好多义理难得彻底了解,引起了朱士行的西行求法,而后和《道行》同源异流的《大品般若》(但在魏晋的义学家都将《大品般若》看作《道行》的母本)陆续有各种异本的译传,愈加丰富了般若学说的内容,但是《道行》始终被重视着。

就在支谶从事译经的年代中,有一批月氏的侨民数百人归籍了汉朝(见《出三藏记集》卷十三《支谦传》),他们依照原来的习俗,仍旧立寺斋僧,举行各种宗教的活动。其中有支亮(号纪明)受业于支谶,后更传之支谦,发扬了支谶的学风。大乘佛学的初传虽然依附了道家,使它外观混同于方术,可是在已归籍的月氏民族中有它传统的讲习,仍旧保持其纯粹性。这对后来佛学传布逐渐纠正接近真相,是起了相当的启发作用的。

参 考 资 料

梁僧祐:《出三藏记集》卷二、七、十三。

梁慧皎:《高僧传》卷一。

唐智升:《开元释教录》卷一。

内学院编:《精刻大藏经目录》。

汤用彤:《汉魏两晋南北朝佛教史》第四章。

支　谦

　　支谦一名越,号恭明。他出生在后汉灵帝时归籍汉朝的月氏民族的家庭中,从小就染习汉化,深通文学,后又兼学梵书。他尝受业于同族学者支亮,通达大乘佛教的理论,因而对于从前那些过分朴质以致隐晦了义理的译本很不满意。汉献帝末年,洛阳一带发生兵事,他随族人避乱南渡到东吴。在那里他得着从事翻译的机会,从吴代黄武元年到建兴中(公元223—252年),约三十年间,搜集了各种原本和译本,未译的补译,已译的订正。特别是对于支谶的重要译本如《道行》《首楞严》等,用意加以重翻。同时他又帮助从印度来华的维祇难和竺将炎翻译。传说他到东吴后曾得到吴王的信任,叫他辅导太子登,后来太子死了,他就去穹隆山过着隐居生活,以六十岁卒于山中。

　　支谦的译述比较丰富,晋道安的经录里就著录了三十部,梁僧祐又据《别录》补充了六部。慧皎《高僧传》说有四十九部,隋费长房《历代三宝记》旁搜杂录增广到百二十九部,其中很多是大部的别生或传抄的异本,不足为据。现经考订有译本的只有下列二十九部:

　　一、《阿弥陀经》(一称《无量寿经》)二卷。二、《须赖经》一卷。三、《维摩诘经》二卷。四、《私诃末经》一卷。五、《差摩竭经》一卷。六、《月明童子经》一卷。七、《龙施女经》一卷。八、《七女经》一卷。九、《了本生死经》一卷。一〇、《大明度无极经》

四卷。一一、《慧印三昧经》一卷。一二、《无量门微密持经》一卷。一三、《菩萨本业经》一卷。一四、《释摩男经》一卷。一五、《赖吒和罗经》一卷。一六、《梵摩渝经》一卷。一七、《斋经》一卷。一八、《大般泥洹经》二卷。一九、《义足经》二卷。二〇、《法句经》二卷。二一、《佛医经》一卷。二二、《四愿经》一卷。二三、《阿难四事经》一卷。二四、《八师经》一卷。二五、《孛经抄》一卷。二六、《瑞应本起经》二卷。二七、《菩萨本缘经》四卷。二八、《老女人经》一卷。二九、《搜集百缘经》七卷。

在这些经里面，《了本生死经》一种，据道安的《经注序》说原来是汉末译出而支谦加以注解，或即因此经过他的修改，道安的经录便又将它列在支谦译本之内。又支谦在黄武三年(公元224年)曾请竺将炎译出维祇难传来的略本《法句经》(五百偈本)，后来又请他根据中本(七百偈本)加以补订，其间自然也有支谦参加的意见，所以可说是支谦和竺将炎的共同译本。其次的《佛医经》一种，性质与此相同。另外，《历代三宝记》载有支谦所译《四十二章经》一卷，并加注说，"第二出，与摩腾译者小异，文义允正，辞句可观，见别录"。这里的别录，大概泛指另外的一种记录，决不会是刘宋时代的《别录》，因为僧祐著作《出三藏记集》时曾见过《别录》，并将其中所载的支谦译本都收在《记集》里了，却没有提到这样一种《四十二章经》。实际《四十二章经》并非直接从梵本译出，而是旧译《法句譬喻经》的摘钞，出现于两晋之际，和支谦的翻译无关。最后，《菩萨本缘经》(始见于《历代三宝记》)和《撰集百缘经》(始见于《大唐内典录》)，虽然原始的记录出处不明，但从译文体裁上无妨视为支谦所译。

支谦在翻译而外，还做了合译和译注的功夫。他曾将所译有关大乘佛教陀罗尼门实践的要籍《无量门微密持经》和两种旧译（《阿难陀目佉尼呵离陀邻尼经》、《无端底总持经》，都是失译）对勘，区别本（母）末（子），分章断句，上下排列，首创了"会译"的体裁（后来支敏度的合《维摩》、合《首楞严》，道安的合《放光·光赞》，都取法于此）。支谦另外于自译的经也偶尔加以自注，像《大明度无极经》首卷，就是一例。这种办法足以济翻译之穷，而使原本的意义能够洞然明白，实在是很好的。

支谦又深谙音律，留意经文中赞颂的歌唱。他曾依据《无量寿经》、《中本起经》创作了《赞菩萨连句梵呗》三契，可惜在梁代以前早就失传了，后来连可看作它的绪余的《共议》一章梵呗也绝响了，现在只能想象那三契或者即是《无量寿经》里法藏比丘赞佛的一段和《瑞应本起经》里天乐般遮之歌及梵天劝请的两段而已。但他这一创作对于赞呗艺术的发展是有相当的影响的。被称为始制梵呗的陈思王曹植，可能是受了般遮瑞响的启发而有了《瑞应本起》四十二契的巨构，成为学者之所宗。

支谦翻译的风格，在从古译到旧译的一阶段上也起了不少作用。他首先反对译文尚质的偏向，主张和时好尚文尚约应该调和。这当然是为了更好地畅达经意使人易解的缘故，在深知翻译甘苦的人像后来的支敏度就很能了解他。支敏度给予他的翻译文体的批评是，"属辞析理，文而不越，约而义显，真可谓深入者也"。假使他不能深刻地明了原文本意，当然文辞上就难做到那样恰到好处的表现。现在看他所改译的《大明度无极经》，对于般若"冥末解悬"的宗旨是比较支谶《道行》更能阐发的。像他用"得法意而为证"等译语，虽也借用了道家"得意忘言"的说法，但是般若"不坏假名而说实相"的基本精神，他是已经掌握到了的

（因此，他的自注说"由言证已，当还本无"，本无即指的实相）。又他创翻的《维摩诘经》，也充分表白了大乘佛教善权方便以统万行的精神。后来罗什门下虽对他的翻译还嫌有"理滞于文"的不够处（见僧肇的经序），可是仔细将罗什重翻的《维摩经》相对照，不少地方都述而不改，足见支谦译风已是远为罗什的先驱了。不过，在拘泥形式的学人看到支谦尽量地删除梵本的繁复而务取省便，又竭力减少音译到最低程度，以至有时连应存原音的陀罗尼也意译了，不免有些反感。像后来道安就说他是"新凿之巧者"，又以为"巧则巧矣，惧窍成而混沌终矣"。这自是另一角度的看法。要是从佛典翻译发展的全过程而说，由质趋文，乃是必然的趋势。支谦得风气之先，是不能否认的。

另外，支谦的译文风格也很适合于佛传文学的翻译，因而他继承了汉末康孟祥译《修行本起经》那样"奕奕流便，足腾玄趣"的传统，更翻出了《瑞应本起经》。这一翻译不但丰富了佛传文学的内容，而且通过赞呗的运用影响到后来偈颂译文的改进，也是值得提及的。

参 考 资 料

梁僧祐:《出三藏记集》卷六、七、八、十三。

梁慧皎:《高僧传》卷一、十三。

隋费长房:《历代三宝记》卷五。

唐智升:《开元释教录》卷二。

汤用彤:《汉魏两晋南北朝佛教史》第四章。

朱　士　行

朱士行是曹魏时代颍川地方的人，少年出家，恰当嘉平中（公元249—253年）昙柯迦罗传来《僧祇戒本》，并创行羯磨受戒，所以他依法成为比丘，和在他以前仅仅以离俗为僧的有别。从这一点上，后人也将他当作汉土真正沙门的第一人。他出家后，专心精研经典，当时译本最流行的是《道行般若》，他在洛阳便常常讲它。但因为《道行》的传译者理解未透，删略颇多，脉络模糊，时有扞格。他慨叹大乘里这样的要典竟译得不彻底，就发誓奋不顾身要向西方去寻找原本来弥补这一缺憾。甘露五年（公元260年）他从长安西行出关，渡过沙漠，辗转到了大乘经典集中地的于阗。在那里，他果然得着《放光般若》的梵本，凡九十章，六十余万字（二万余颂）。因受到当地声闻学徒的种种阻挠，未能将经本很快地送出。直到太康三年（公元282年）才由他的弟子弗如檀（意译法饶）送回洛阳。又经过了十年，元康元年（公元291年）才在陈留界内仓垣水南寺由无叉罗和竺叔兰译出。而朱士行本人终身留在西域，以八十岁病死。

从汉僧西行求法的历史上看，朱士行可说是创始的人。那时去西域的道路十分难走，又没有人引导，士行只凭一片真诚，竟达到了目的；他这种为法热忱是可以和后来的法显、玄奘媲美的。他求得的经典虽只限于《放光般若》一种，译出仍不完全，但对于当时的义学影响却很大，所以翻译之后即风行京华，凡有心讲习的都奉为圭臬。中山的支和上(名字不详)使人到仓垣断绢誊写，取回中山之时，中山王和僧众具备幢幡，出城四十里去迎接，可谓空前盛况。一时学者像帛法祚、支孝龙、竺法蕴、康僧渊、竺法汰、于法开等，或者加以注疏，或者从事讲说，都借着《放光》来弘扬般若学说。

就因为朱士行求法故事的动人，后人更伪托有《朱士行汉录》的经录著作。此录在隋初即已散失，费长房撰《历代三宝记》从当时所见几种南北朝时代经录里转引了二十五条，可看出它的特征是对于汉代各译家的重要翻译都臆造了译出年代，又有些译家像竺法兰、康巨等也独有它的记载。其后唐代法琳《破邪论》更引用了《朱士行录》说秦始皇时即有印度沙门来华传说。由这些资料看，朱录是有意地表明佛法东传之早，并对几个有问题的早期译家像迦叶摩腾、竺法兰等说得那样斑斑可考，这大概是南北朝时代的佛徒为了和道家校论教兴年代的先后，就伪作了这部经录来做有力的典据。现在对于它的简别还是很关重要的。

参 考 资 料

梁僧祐：《出三藏记集》卷二、卷八、卷十三。

梁慧皎：《高僧传》卷四。

汤用彤：《汉魏两晋南北朝佛教史》第六章(中华版)。

梶芳光运：《原始般若经的研究》第二篇第二章(东京，1944年)。

隋费长房：《历代三宝记》卷二、卷四。

林屋友次郎：《经录研究》前编第二部第四章(东京，1941年)。

竺 法 护

竺法护梵名达磨罗察(察一作刹 Dharmarqkṣa),是世居敦煌的月支侨民,原来以支为姓,八岁依竺高座出家,以后就从师姓。他博学强记,刻苦践行,深深感觉到当时(曹魏末)佛教徒只重视寺庙图像而忽略了西域大乘经典的传译,实是缺憾,因此发心宏法,随师西游。他通晓了西域各国不同的三十六种语言文字,搜集得大量的经典原本,回到长安。从晋武帝泰始二年到怀帝永嘉二年(公元 266—308 年),几乎以毕生的时间,译出了一百五十余部经论。武帝末(公元 274 年顷)他曾一度隐居山中,随后在长安青门外立寺修行,声名远播,各地僧俗来从学的达千余人。他又去各地宏化,并随处译经。如太康五年(公元 284 年)在敦煌译《修行道地经》七卷,《阿惟越致遮经》三卷,七年(公元 286 年)在长安译《持心梵天经》四卷,《正法华经》十卷,《光赞般若经》十卷,十年(公元 289 年)在洛阳译《文殊师利净律经》一卷,元康四年(公元 294 年)在酒泉译《圣法印经》一卷,七年(公元 297 年)又在长安译《一切渐备智德经》五卷等。他晚年的行踪不详,据说以七十八岁的高龄去世(僧祐的《法护传》中说,护于晋惠帝西奔时即公元 304 年,避地东下到渑池病卒。《开元录》就已指出这种说法的不实在)。法护因原居敦煌,化洽各处,时人又称他为敦煌菩萨。后来孙绰作《道贤论》,盛赞他"德居物宗",并将法护和竹林七贤中的山巨源相比。

竺法护翻译的经典，据梁僧祐《出三藏记集》的记录，有一百五十九部，三百〇九卷，当时存在的写本是九十五部。其后各家目录续有增加，唐代《开元录》刊定法护译本存在的凡九十一部，二百〇八卷（现经重新对勘，实系法护翻译的只七十四部，一百七十七卷）。其中很多重要的经典。这除上面所提到的几种以外，还有《密迹金刚力士经》七卷、《宝髻经》二卷、《文殊佛土严净经》二卷、《大哀经》七卷、《阿差末经》四卷、《如来兴显经》四卷、《方等泥洹经》二卷、《贤劫经》七卷、《等集众德三昧经》三卷、《生经》五卷、《普曜经》八卷、《佛五百弟子自说本起经》一卷等。

此外另有十种法护译本已认为散失了的，现经判明，仍然存在，不过是误题为别人所译而已。这十种是：《无量清净平等觉经》二卷、《般舟三昧经》一卷（上二种旧题支娄迦谶译）、《舍利弗悔过经》一卷、《温室浴洗众僧经》一卷、《迦叶结经》一卷、《㮈女耆域因缘经》一卷、《大六向拜经》一卷（上五种旧题为安世高译）、《舍利弗摩诃目犍连游四衢经》一卷（旧题康孟祥译）、《梵网六十二见经》一卷、《贝多树下思惟十二因缘经》一卷（上二种旧题支谦译）。

法护的译本有般若经类，有华严经类，有宝积经类，有大集经类，有涅槃、法华经类，有大乘经集类，有大乘律类，有本生经类，又有西方撰述类等，种类繁多，几乎具备了当时西域流行的要籍，这就为大乘佛教在中国打开了广阔的局面，而大大有了发展。道安说："夫诸方等无生诸三昧经类多此公（法护）所出，真众生之冥梯。"（见《渐备经叙》）僧祐也说："经法所以广流中华者，护之力也。"（见《出三藏记集·法护传》）这些话是的确的。至于法护的译风，忠实于原本而不厌详尽，一改从前译家随意删略的偏向，所以他的译本形式上是"言准天竺，事不加饰"，而与人以"辞质胜文"的印象。用作对照异译的资料,对于理解经义的帮助是很大的。这如道安称赞他译的《光赞般若》"事事周密"和《放光》译本"互相补益"而"所悟实多"(见《合放光光赞随略解序》)。又说他译的《渐备经》"说事委悉",《兴显经》"辞叙茂赡",更出《首楞严》"委于先者"(均见《渐备经序》),也都对义理研求有相互发明的作用。(支敏度曾用法护译本《维摩经》、《首楞严经》分别对照旧译,编成"合本",便利于学者兼通。)另外,法护译出《正法华经》,为《法华》最初的全译本,经印度沙门竺力和龟兹居士帛元信一再校订,又由法护向一些学徒"口校诂训,讲出深义",并还在檀施大会中日夜讲说(见《正法华经后记》)。他这样热心宏扬《法华》,对于其后鸠摩罗什的新译流通,创造了很好的条件。法护其他译本有影响于后世的,大都如此。

在法护的译经工作中,有许多助手为他执笔、详校。其中著名的是聂承远和他的儿子道真,法护的弟子竺法乘、竺法首、张玄伯、孙休达、陈士伦、孙伯虎、虞世雅等。聂承远父子对法护译事帮助最大,他们承旨笔受而外,并还常常参正文句。像法护所译《超日明三昧经》,原稿文句繁重,聂承远即曾加以整理删改。又法护译缺本中有《删维摩诘经》,似乎也是承远所删的。承远的儿子道真通达梵语,并擅长文学,他参加法护的译事,积累了经验,在法护死后独自翻译了一些小部经典。他又将法护的译籍编成目录,即后世所称《聂道真录》(有时也称《竺法护录》)。据长房录转引的资料看,此录记载法护的存缺译本至少有五十三部,都有年月可稽。最早的年代是泰始五年(译《方等泥洹经》),其时或者是道真参加译事之始。

法护的弟子很多,但行事可考者无几。最著名的要算竺法乘。他少年就依法护为沙弥,富于悟解,尝替法护答应了前来试验法护道德的假意求贷,而使信徒大增。太康年间,他笔受《修行道地经》、《阿维越致遮经》等,后来在敦煌立寺延学,忘身为道,对那一方的教化起了很大作用。此外,他的同学竺法行、竺法存,都以隐居山林,讲究实践而知名于当世。还有竺法首,于元康年间笔受《圣法印经》,其他事迹不详。

参 考 资 料

梁僧祐:《出三藏记集》卷二、卷七——九、卷十三。

梁慧皎:《高僧传》卷二、卷四。

唐智升:《开元释教录》卷二。

内学院编:《精刻大藏目录》(1945年,江津)。

汤用彤:《汉魏两晋南北朝佛教史》第七章。

林屋友次郎:《经录研究》前编第二部,第五章,《竺法护录》《聂道真录》(1941年,东京)。

宇井伯寿:《释道安研究》附录一《竺法护翻译历》(1956年,东京)。

毗昙的文献源流

——《阿毗昙心论讲要》序言之一

从佛教的文献说,毗昙(论藏)是三藏之一。现存小乘各部的毗昙种类很多,其中比较有组织的,在北传的佛典里有说一切有部的身(《发智论》)、足(《法蕴足》等六足)七论,南传的佛典里有上座部七论(《法聚论》等),此外还有部派不明的《舍利弗毗昙》(内有五分)。这些虽然各成组织,但每类组织的来由已不易说明,各类相互间的关系就更难言了。现代学者,对于这方面的问题,始终在探讨着,只是还未能得到定论。我们以为要解决这一难题,必须上溯毗昙的本源,才会有比较合理的答案。

据佛家的传说,毗昙(对法)即对佛说法的解释,它的制作是起源于佛世的。佛的说法,有时带有分别解释法相的意味,即是毗昙的雏形。相传当时大迦旃延那尝撰集这一类的教说,并略加解释,成为佛说毗昙,呈佛印可,而成定本(见《分别功德论》卷一,又《撰集三藏传》),这就是所谓九分毗昙(《大智度论》卷二称此论为"毗勒",即藏论)。九分的名目,在圆测的《深密经疏》(卷二)《仁王经疏》(卷一),引用真谛的《部执论记》,曾举了出来,即是分别说戒、分别说世间、分别说因缘、分别说界、分别说同随得、分别说名味句(名句文)、分别说集定、分别说集业、分别说诸阴(蕴)(《俱舍论法宝疏》卷一,说及九分毗昙,列名稍异,但未详所据)。这些名目的意义,可从真谛别的译书和唐译本对照而知。

如真谛译《俱舍论》中有"分别说世间"一语，在唐译本里作"世施设"，由此可知"分别说"相当于"施设"。又在真谛译《显识论》及《随相论》里，都有同随得一词，对照唐译，是说种子习气的聚集，大同于随眠。集定、集业，即是杂定、杂业之义。至于九分的分量，据真谛说，各分皆有六千颂，九分合有五万四千颂。在《大毗婆沙论》（卷七十四）里，说到八万法蕴即八万法门，每一法门各如《法蕴足论》之量有六千颂。这正当于九分最末的诸蕴分，从此也可以见出《法蕴足论》和九分的关系。

解释九分毗昙的，相传最初有目犍连、舍利弗二大家。目犍连的解释是随文而解或决择要义，舍利弗的解释则以义归类；这有些像中土《春秋》经之有三传并行，遂为后来各种毗昙著作的张本。其中舍利弗的释文尤为重要，他以义区别佛说成了问、非问、摄、相应、处所五分，后来流传其节略本，即是现存的《舍利弗毗昙》。又北传的《品类足论》也是依据它改编而成（此论为北传毗昙中主要的一种，相传为世友所作，实则"五事品"是世友之作，余品则是各家之言）。目犍连的释文，现只存北传的《法蕴足论》一种，当于九分的末分，其余八分都失传。至于迦旃延那原来的释本，北传毗昙中《施设足论》即从它蜕化而成。但此论汉译本止有因施设一门（相当于九分之分别说因缘分），此外世间施设门（相当于九分之分别说世间分）只存名目。藏译本具备世间、因、业（相当于九分之分别集业分）三施设，其余也散失了。只在《大毗婆沙论》里引《施设足》之文有不属于汉藏译本所见者，应该即是已经散失各分的片段。另外，在北传毗昙中有《立世阿毗昙论》，像是从九分中分别说世间分集成的一种。又有《佛说阿毗昙经》，原有九卷，今存两卷，文字不很连贯，像是从九分中分别说戒分集

302

成的一种。

以上是说毗昙文献流传的大概,明了这些就可以谈《阿毗昙心论》在全部毗昙中的地位。

推原佛说的九分毗昙,现已不可得见。从它派生出来的各种毗昙,现亦零落不全,而且异义纷披,很难得其真相。幸而现存《阿毗昙心论》一书,实际具备九分毗昙的雏形,并还兼采各论的精要,它实是一种毗昙提纲之作,极可珍贵。这部论是法胜所作,从曹魏时(第三世纪)来中国的西域僧人,即十分称赞它。其后百余年,到道安师弟才请译师翻出,经过慧远刊定成为定本,还替它做了序文(收在《出三藏记集》卷十)。那里面略述译家的说法,以为此论"管统众经,领其宗会,故作者以心为名;其人以《阿毗昙经》源流广大,难卒寻究,是以采其幽致,别撰斯部"。从这些话,可见法胜之作此论是要对《阿毗昙经》提要钩玄的。不过隋唐时的学人如吉藏等,不明《毗昙经》的原委,错认《心论》是《大毗婆沙论》节要之作。这大概是不很清楚原来有那样巨大篇幅的《毗昙经》,一见到广大毗昙字样,便想到《大毗婆沙论》,因而误解。如依真谛所传,《阿毗昙经》全部九分有五万四千颂,以五百颂译作一卷计算,也应有百余卷,其分量实较旧译(梁代译)《婆沙》为多,所以序文有广大难究之说,并非无据。

现在再从《心论》的结构上看,也见得它的殊胜。《心论》结成二百五十颂,区分为十品。从第一"界品"到第八"契经品",是根本部分,名称与真谛所传九分毗昙之说相应。只对九分没有涉及戒品,这大概是后人将这品材料归到戒律中去处理的原故(同样从《阿毗昙经》撰出的《甘露味论》即有戒品)。本来佛说经中,有法有律,并未分别得那样界限清楚。就像《增一阿含》里,即夹杂戒经之说。从前道安对于译家不知道简别这一部分省略不译（因印度习惯，这部分不容许沙弥和白衣同看），还有过责备。可证佛经中法律俱备，而释经的毗昙也就法律俱释了。后来编纂三藏的人，替它们分别归类，关于说法的归入毗昙，说律的归入毗奈耶，这样后世论师也就略去戒品不放在毗昙内说了。

《心论》的主要八品是界、行（因）、业、使（同随得）、贤圣（世间）、智、定、契经（诸阴），这些和《毗昙经》九分的名目大同，只次第略异。九分中原译有定而没有智，似乎不可解，但细寻其故，乃知是翻译上的错误，已另译为名味句了。因为梵文中"味"字为便缮那（Vyañjana），"慧"字为般罗若（Prajñā），这两个字前一部分形状相近（就悉昙的书法而言），后一部分的声音又大同，所以会传写错误，翻译的人乃随之误翻（译家对这个字亦有些怀疑，所以特别加注说，这非饮食之味，乃文句之味，味即是"字"）。由此，《心论》主要的八品，实际和《阿毗昙经》的八分相符。这一层久已无人领会，假使没有保存真谛的旧说，恐怕经论的源流，再也辨别不出了。

另外，从《心论》所谈的义理上看，实际是兼采各种毗昙的长处的。像开头"界品"用三科的区分来谈有为法，是用了《舍利弗毗昙》解经的特点；"契经品"用识、智、使三门来解释诸蕴，又采取了《品类足论》解经的方法；这些都是选取成说，它之名为"心论"就还不只限于一《毗昙经》的要义了。

还有《心论》的体裁，全篇韵文，也算是独创。慧远依着译人的赞扬，称为拟象天乐。现在此论的梵本不存，它的声韵之美，难以领略，不过就从它蜕化而成的《俱舍论颂本》而观，也可间接地知道此论颂文的优美（《俱舍论颂》即是从《心论》、《杂心论》辗转改订而成,博得当世"聪明论"的称号)。这因为佛说九分教或十二分教中间的颂,大都和经文有关,而多重述义理为之。颂的体制很严密,音节格律不能稍乱,这比较中土的律诗为难工。如用义理来作颂,选字酌音还比较容易,至于律、论,主要运用法相名数的,造颂就觉更难,所以十二分教中戒分论分很少有作颂的。各种毗昙先无颂体,法胜独首创之,可见其工力之深。在曹魏嘉平中(公元249—253年)西域僧昙柯迦罗初传戒本来中土,他就曾自述,开头学习外典,精通文辞,曾自负没有难解的文章。后在某寺见到《心论》,反复不得其解,心里很为奇怪,及请寺僧解说,乃叹服佛法深广而发心出家(见《高僧传》卷一)。因此,《心论》在内容上和形式上都达到上乘地步,它之能驰誉全印度,并影响于后世的毗昙,并不是偶然的。

谈谈有关初期禅宗思想的
几个问题

关于中国佛学思想的批判研究,近几年来在学术的期刊里,专著里,有过不少新成果的发表。有些问题是已解决了,但也留下了一些问题。特别是初期的禅宗,由于那时期几代禅师的立说先后变化很大,残存的资料又零落不全,现在要彻底明了他们的思想,还很费事,有待研究的问题就比较的多。在这里,我提出其中的几个问题谈一谈个人的看法,以供深入探讨者的参考。

最先是原始的禅宗思想和《楞伽经》的关系问题。初期禅宗从达磨到神秀都很重视《楞伽经》,甚至因此可以称他们为楞伽师。据道宣《续高僧传》的记载,禅宗的实际开创者慧可在遇达磨之前,已经凭着他自己的聪明,对当时流行的义学有其独到的造诣,而卓然名家。这可能即与《楞伽》的研究有关。所以他一遇着达磨,得到启发,就更加深了他的自信,终于明白地提出四卷本《楞伽》来和当时新译十卷本之说相对抗。在达磨去世之后,他又为道俗徒众奋其奇辩,呈其心要,使他的《楞伽》创解一时间言满天下,从此便有了常常随身带着四卷本《楞伽》的禅师。这些事实都可以说明原始的禅宗思想是怎样的和四卷本《楞伽》密切相关。

但是,慧可的讲说《楞伽》是专附玄理,而不拘文字的,并且说法还时有变化,所谓通变适缘,随缘便异(后来法冲从慧可后裔得着的传授即是如此)。这完全是一种自由解释的方法。因而在他北去邺都讲学之时，就受到文学之士的鄙视，还生出种种是非，使他流离多年，终身潦倒。只是由他创始的这一种讲经方法，却给与其后各家以很大的影响。他们都同样地自由自在来引经据典，到了神秀组织五方便法门，更发展到极点，随意驱使经论都做了他的注脚（因此宗密的《圆觉经大疏钞》谈到神秀的禅风即以"方便通经"做标题）。慧可的撰述现已无存，他是怎样的自由解经，难以举例。不过据《楞伽师资记》所说，从楞伽师的第一代求那跋陀罗起，就已提出经文"诸佛心第一"这句话（后世还说成"佛语心为宗"）来做一宗的宗旨。原来此句指的是佛说的枢要，心字是核心的心，译经者还附注说明。但禅师们不理会这些，仍旧随意借用了，认为心灵的心。这正是自由解经最典型的一例。慧可的讲说方式，大概也相差无几。

另外，慧可之讲《楞伽》乃以一乘宗为据，这和一般用《摄论》大乘宗的说法又有不同。所谓一乘，究竟何所指呢？我觉得慧可之重视《楞伽》是着眼在经文明白解释了佛性和人心的关系这一点（这可说是受达磨谈禅提出借教悟宗的理入法门的启发）。《楞伽》之说由《胜鬘经》而来（见经文卷四），而《胜鬘》译本以"一乘方便"为题，可看做一乘宗的代表作品。所以慧可依一乘宗解《楞伽》，实际即是用《胜鬘》经意来作沟通。《胜鬘》和四卷本《楞伽》都为求那跋陀罗所翻译，对于两经的讲求又正是南方流行的新学，慧可之以经解经，自然不是一无来历。

也就从这一点，可以理解慧可一定提出四卷本《楞伽》来立宗的原因。《楞伽》的四卷本和十卷本，其内容有详略的不同，可不待言。但它们最根本的分歧，还是在于依《胜鬘》而说佛性的一段。四卷本此段将佛性和人心看成一事，以为不过说起来的名目有些区别而已（说佛性用"如来藏"，说人心用"识藏"，经文结合两者说成"名为如来藏的识藏"）。十卷本呢，就完全不然，它将两者截然看成两事，既已特别加上了"如来藏识不在阿黎耶识（即"藏识"的异译）中"的一句，又一再说它们是"二法"。从这一分歧点出发，四卷本原来只说有一心，一种自性清净的心，而十卷本则说成二心，净心和染心，其他有关的理论也都跟着有了变化。所以慧可声称受了达磨的付嘱，必须用四卷本《楞伽》为践行的依据，是有其用意的。

以上都是谈的原始禅宗思想和《楞伽经》的关系问题。

其次，慧可的思想是结合着达磨所传的禅法而传布的，达磨禅法究竟如何，这也是未得解决的一个问题。据道宣的《续高僧传》所保存的原始资料看，达磨是教人以壁观安心，又教人凝住壁观（见传文卷十六），道宣还称赞达磨禅是"大乘壁观功业最高"（见传文卷二十）。因此，用"壁观"两字就可以显示达磨禅法的特点，这毫无疑问。但对壁观，从来就未见有很好的解释。一般当它是譬喻的用语，以为在修禅时"外息诸缘，内心无喘，心如墙壁，可以入道"（见宗密《禅源诸诠集都序》卷上之二）。这样的解释并不很正确。平常的禅观都以所观的事实立名，壁观就应该以壁为所观。现在从有关的资料看，如说达磨定学为南天竺禅者所推重，又说跟他学禅的从慧可以下常行头陀行（一类比较严格的戒行）。这些事很容易使人想到当时印度佛家的禅法实有南北之分，而南方禅法正是以头陀行为准备，又是以修习地遍处定（这是随处都会生起"地"的感觉的一种禅观）为其第一课而来教人的（见《解脱道论》卷四）。修习地遍处就常常在墙壁上用中庸的土色涂成圆形的图样，以为观想的对象。那么，达磨的壁观很可能

308

和这样的方法有关。至于大乘里应用地遍处的修习,则更进一步要学者并"地"的概念也不存于心中,好像是无所依而修习(见《瑜伽师地论》卷三十六),因此,道宣说为冥心虚寄,又说它取法虚宗。

再次,初期禅宗经道信到弘忍,开创了东山法门,其思想又有了较大的变化。这一变化的实际如何,也是个值得研究的问题。东山法门以一行三昧为中心,以守自心为方法,这些都是道信所创的规模。但弘忍更导入《起信论》思想,而加以发展。《起信》为其时很流行的一部有关止观的书,它将一行三昧提到止观中很高的地位,又详细组织了一套为其依据的理论。弘忍将守自心的心落实到心真如门,正是采用了《起信》之说(见《宗镜录》卷九十七)。因此得弘忍再传衣钵的净觉,在所撰《楞伽师资记》的自序里,就明白提出《起信》心真如门的一番解说作为禅法的最高原则,同时神秀的五方便门也依《起信》建立其第一总彰佛体的离念法门(见宗密《圆觉经大疏钞》卷三之下)。《起信》的主要理论,大都汲取于《楞伽》,这早已为义学家所公认。弘忍、神秀诸人的思想会从《楞伽》移转到《起信》,似乎也极其自然,没有什么问题。不过《起信》所据的《楞伽》实际是十卷本而非四卷本。换句话说,《起信》完全用染净二心之说来组织其理论体系,根本上否定了一心说。其先慧可那样不避艰难坚持所信定要用四卷本《楞伽》来创宗立说,不意传到弘忍、神秀,口头虽说是慧可以来的一脉相承,而思想的实质,通过《起信》已经无形中与十卷本《楞伽》合流而面目全非了。这一转折变化,在辨认弘忍、神秀思想的特点时,我想是不应该忽视的。

最后,神秀可算是弘扬东山法门最力的一家。他即以这样的资格得到当时统治阶级的垂青、利用,而使北宗势力盛极于一时。后来南宗禅徒奋起攻击,常常集中于"法门是渐"的一点,说北宗主张渐悟(悟见佛性)并没有得着正鹄。但是现存的有关神秀的文献里,神秀也说悟在须臾,又说一念顿超等等。似乎他同样取径顿悟,怎能硬说是渐呢? 这就牵涉到如何理解顿渐意义的一个问题。我觉得南宗所标榜的顿悟,是走单刀直入、直了见性的路子,而神秀的教人则要用种种的方便。他不但广引经论,着意分疏,以作理论的准备,并还采取指事问答的方法以诱导学者入门。如五方便的第一门离念,就先教学者向四方远看,再慢慢引到本题上来。又如第二门开智慧,也先击木发问"听到没有",再说明闻声不动即是发慧等等。这些都显得迂回曲折。至于后来说成"凝心入定,住心看净"那一套,就更机械了。北宗禅法由这样的点滴领会最后得到恍然大悟,尽管那一悟也像是顿超,但从源头上说来,依旧是逐渐贯通的一类。因此,南宗指斥它为渐悟。南北两宗间顿渐之辨,大概如此。

对于上面所举的几个问题,我只有这些初步的看法,如要彻底解决,自然还有待于高明的探讨了。

三　论　宗

——隋代佛家两宗学说略述之一

一　三论宗思想的渊源

隋代继承了北周的统治，一开头就改变了周武破佛的政策，而重新提倡佛教。在隋一代四十多年时间，佛教重新抬头的状况是相当厉害的。新造的寺院达到三千九百余所，重新度僧二十三万六千余人，写经和修补旧经六百五十八藏，造像十一万躯（见《法苑珠林》卷一百）。但对于佛学有影响的，却是以长安为中心而建立教学系统的一件事。这是在当时流行的学派中，选出著名的学者，集中于通都大邑，分为五众（五个集团），每众立一众主，负担教学责任。开皇十六、七年间，长安五众的众主可考的是：涅槃众主法总、童真、善胄，地论众主慧迁、灵璨，大论众主法彦、宝袭、智隐，讲律众主洪遵，禅门众主法应（此中地论是宗《华严经》，大论即《智度论》，是宗《大品般若经》的）。从这上面可以看出当时学风转移的趋势。隋代以前，佛学界曾经有过轻经重论以致混同大小乘的情况（这可参考周颙《钞成实论序》），五众一立，就矫正了这种偏失，同时也使它们互相接触，参酌义理，自然得着折衷的结论。另一方面，当时新兴的学说，像南方真谛所说而由昙迁北传的《摄论》，北方罗什所说而由僧朗南传的三论等，都没有来得及立为学宗，但因为受了国家重视其他学说的刺激，也都很快地发展起来，吸取时论优点，而另成独立的派别。

原来大乘佛学的初传中国，是以《般若经》一类理论为基础的，经过鸠摩罗什的翻译宏通，一转而有三论（《中论》《百论》《十二门论》）的说法。般若理论强调宇宙万法的当体性空，破除由于假名（即概念）认识所执着的实在；而三论的立说则更发扬了性空而无碍于缘起的中道精神。罗什的时代恰当世乱，后来他的学说传承不大明了，不过传承的正宗在于僧叡、僧肇等系是无疑的。僧叡一系初传僧导，再传昙济，就不再专讲三论，而兼宏《成实》（旧说昙济得法于道生，传法于道朗，再传僧诠，这都错误，不可信）。这大概因为三论的止观方法难详（例如三论里有关止观的《中论·观法品》就因翻译的文义凌乱而无法运用），不如《成实论》所说的次第可据，所以开了个方便，就用《成实》来作中观的阶梯。但一经提倡，人们便不能很好地辨别学说性质的大小、权实，反成为喧宾夺主的情势。倒是僧肇一系，虽不甚发达，却保持了理论上的纯粹性。他们的重要思想，像"性空自虚""立处皆真"等（详见僧肇《不真空论》），都由辽东僧朗在北方得着传授，刘宋末年来到江南，其后依止法度住在摄山（栖霞山），传法僧诠，保存未失。诠门多才，著名的有"四友"，各各具有独到之处。其中思辩俱优的上首是四句朗（法朗），次为领悟辨（智辨），三为文章勇（慧勇），四为得意布（慧布）。就由这些人大弘其说而构成一个规模。它的特点是：一、离开了《成实》的夹杂思想，成功纯粹的三论学；二、沟通了《涅槃》《法华》等大乘经典的思想；三、建立了不着两边也就是辩证的思想方法；四、发挥了不真空（假名即空）的中道思想。这样便为三论宗开创奠定了基础。

二　创宗者吉藏

三论的学说传到吉藏,便打开了局面,成为一大宗派。吉藏是安息侨民,梁武帝太清三年(公元549年)生于金陵。那时恰巧真谛在金陵,吉藏的父亲携去谒见,真谛便给他取名吉藏。他又时常跟着父亲去听兴皇寺法朗的讲说,很能领悟,七岁,便从朗出家,一直留在那里受教。十九岁,他的学问就有了成就,替法朗复讲,发挥辩才,博得大众的佩服。隋朝取得百越(浙江、福建一带地区)以后,他曾移住会稽的嘉祥寺一个时期,因此后人也称他做嘉祥大师。隋炀帝大业初年,他受请到北方,住在长安日严寺。这一段时间,他完成了三论的注疏(《中论疏》是仁寿二年所出,《百论疏》《十二门论疏》大业四年出),创立了三论宗。唐初武德年间,僧制腐败,唐高祖在长安设立十大德来纲维僧众,吉藏也在当选之列。但不久,武德六年(公元623年),他便死了,享年七十五岁。

综合吉藏的一生来看,他从小(七岁到十九岁)即在义学争论的环境中成长,所以养成一种好辩的脾气。当他创宗的时期(大业四年前后),对于一代的地持论师、十地论师、摄论师诸家,都是毫不容情地纵横破斥。又和当时全国五众的第一摩诃衍匠且是三国论师(曾受过齐、陈、周三代尊崇的)的僧璨公开辩论了几天,数番往复,终于取得了胜利。另一方面,由于他很早就显露头角,经常受着皇室的礼遇,便又养成他的骄慢性格。他对信徒,很能因物开剖,所以财施填积,凡有所营,无不成就。却是在小节上,任性不拘,所以后人批评他是爱狎风流,贞素所讥。临终,他还作了篇文章:《死不怖论》才死。另外,他生当世乱极烈的时候,很多寺院都荒废了,他带着人到处去搜罗文疏写本,积满了三间屋子,所以他目学(浏览涉猎)的长处,是过人的。他的著书征引广博,如《百论疏》里引到的僧叡《成实论序》,保存了有关马鸣、龙树年代的珍贵资料,就是当时佚文重被发现之一例。吉藏有了这样特殊的凭借,又有犀利的见解,他创宗的议论表现于各种著述中,会纵横自在独步当时,并不是偶然的。

三论宗由吉藏开创以后,帮他恢宏的有他同门的慧均和弟子慧远。他门下知名的还有智拔、智凯、智命等。又有硕法师,传元康、再传道慈,成为日本三论宗的正传。但是三论宗在中国因为天台、慈恩各宗和它相竞,不久就渐趋衰微,反不如日本流传的久远。

三 宗本义的二谛说

三论原属印度大乘佛学中观一系。到后来,印度中观系学说的特点,表现在用"二谛"(对于真理的一种相对的说法)为中心来组织一切理论(见义净《金刚经论释》附录赞述),但是中国的三论宗在开创时就已特别发挥到这层义理。这一方面由于吉藏见解的深刻,另方面也是受了那时江左流行的成实师学说刺激而然。成实的议论是介乎大小乘之间,它不仅主张人空,还主张法空,而以灭却假名、法、空三种心为究竟,这是一般小乘学说(从前译传到中国来的)里所不曾见到的。它又强调"中道"理论,对于宇宙万象的法体有无、假实,不作定说,却主张离了这些边见归于中道,这又是一般小乘学说所不能企及的。作为这些义理的根本,成实师却提出了对于二谛的相对看法即是"二谛"的论门(参照《成实论》卷二《论门品》)。因此,在成实学说最流行时期的梁代,有关二谛的解释非常复杂,像梁昭明太子辩证二谛义,答复二十二家的问题,可见一斑(参照道宣《广弘明集》卷二十一)。在那些二谛说中间,最重要的要算当时的三大家——庄严僧旻、开善智藏、龙光道绰所说了(其先还有光宅法云一家,因为他的《法华疏义》特别流行,信奉他成实说的反而减少了,所以不再举他)。三大家都主张《成实论》通于大乘,正是那一时代的成实师代表人物。他们看二谛是可以相即(或者说统一)的。不过,如何相即,三家的看法并不一致。庄严主张互为说,二谛互为其体,也就是说真假两谛体一而用二,所以这种相即是不异的即。开善主张中道说,以为二谛同出一源,同以不二中道为体;这也就是说各各与中道相即,所以他们讲的即是即是的即。龙光的主张又不同,他作异体说,以为二谛相待、相依,这样来构成它们的相即,这种即实际是不离的即。在三论宗看来,这些说法都不正确。其初,不管他们说的是同体或异体,但都承认有个实体存在,这就成为“性实”的说法,而根本和“性空”的精神相反。其次,他们所谓真谛和俗谛,完全在境界或道理上分别,而境界和道理上说真说俗便会分出界畔,根本谈不到纯粹的相即。这是三论宗对于那些说法的总批评。那末,二谛应该怎样解释呢?据三论宗讲这应看成因缘相待而有的分别,所以只有假名,并无实体。这又应看作是对机立说而属于言教方面的事。这就和成实师偏说境理的议论相反了。如问,三论宗这种说法的根据何在?第一,《中论·观四谛品》有这样两个颂:“诸佛依二谛,为众生说法,一以世俗谛,二第一义谛;若人不能知,分别于二谛,则于深佛法,不知真实义。”由此可见二谛完全是属于言教形式的。至于怎样为谛?谛是实在。说法虽异,而所对不同,不妨都成真实。所以青目解释这两颂说,世俗谛明虚妄法,但对于世间是实在,第一义谛明法空,但对于圣人是实在。《中论》的说法如此,另外《百论》的说法也是如此。《百论》的《破空品》说:"诸佛说法常依俗谛、第一义谛,是二皆实,非妄语也。"这些即是三论宗二谛理论的根据。由此,三论宗的二谛说里有"于谛"的名目,这指于世间为实,于圣人为实,由所对成谛而言。又有"教谛"的名目,这指依所对说真实的言教才属谛的当体而言(有关二谛的各种理论,详见吉藏《二谛章》)。总之,三论宗是要用对缘假说的二谛方便来显示诸法实相的无得、性空,所以,对于以境理为谛的偏见来说言教的谛;其实并不执定言教(有这一层,便和广州大亮法师所说决定以言教为谛的不同)。另外,显示的方便,虽用相待的二门,而所显的实相终归于不二(有这一层,便和成实诸师勉强用相即的说法统一二谛的又不同)。这些都是三论宗说二谛的旨趣。

四　判教和中观

　　三论宗在判教和观行方面,也是依据言教二谛和实相无得的论点立说的。这一宗看佛的所有言教一律平等,并无高下。因为言教是应病与药,各有所适,既然都能治病,也就没有价值的不同了。这可以说,到了究竟,显理无二,免于有得,和他们无得的主张是极符合的。从另一方面看,佛说的言教,既然各于所对是实,就不妨加以区别,而有二藏(菩萨藏和声闻藏也就是大乘和小乘)。有时还可以分判为三轮:第一,根本法轮是佛最初所说的《华严》,此经谈一因一果,举出一乘为根本。其次,由于根本说法不能普遍适用,便有大小乘各种经典,由一乘开而为三乘,这是枝末法轮。第三,究竟法轮是佛最后之说,即《法华》《涅槃》的会三乘归于一乘。这样的解释,把当时流行的重要思想像《十地》《法华》《涅槃》乃至《大品》《维摩》等都融摄无遗,不过依然贯彻了言教平等的精神。特别是以《大品》对《法华》等来说,当时的成实论师和十地论师们也尝有意地予以抑扬的批判。像成实论师以四时或五时来判教,将《大品》等般若看成第二时,十地论师以三宗或四宗来判教,又将《大品》作为第二宗舍相教,而三论则属于第三不真宗。总归一句话,般若,三论都是不究竟的。三论宗完全不这样看。他们以为,各种大乘所说无不归于究竟,只是义理有正明,有傍明。像般若广破有所得,正明无依无得,佛性、一乘等义都属傍明。法华正明一因一果的一乘,而无所得和佛性都归傍义。同样地,涅槃正明佛性常住,而傍及一乘和无得。并且这些经对机不同,还有意地互相开辟,这就无碍于它们的会归一趣,等无高下了。由此可见,三论宗的判教和一般从抬高自宗地位出发的完全不同。

再说观行,三论宗以证得中道为标准,建立"中观"法门,而入手处便采取《中论》篇首缘起颂所说的"八不"看法。这是要从不生、不灭、不断、不常、不一、不异、不来、不出的八方面去体会缘起的意义,从而认清诸缘起法的实际,在离染趋净的过程里能正确地运用它们,以达到究竟。"八不"的看法可以有种种安排,扼要地说,不外于五句、三式,也就是联系着二谛、中道来作区别。所谓五句:从实生实灭看为单纯的俗谛(一句),从不生不灭看为单纯的真谛(二句),从假设的生灭看为俗谛中道(三句),从假设的不生不灭看为真谛中道(四句),最后超过了这些,由非生灭非不生灭两方面结合了二谛来看为二谛合明中道(五句)。这里面的三句中道还可以详细些说,生灭都是因缘假名,所以说生,生而不起,说灭,灭而不失,这样理会不生不灭,即是俗谛中道。和俗谛的假名生灭相待而有真谛的不生不灭,假名生灭既非生灭,所待的真谛假不生灭也非不生灭,这是真谛中道。有为俗谛假说生灭,空性真谛不生不灭,两者不离,生灭而不生灭,不生灭而生灭,这样构成非生灭非不生灭,即是二谛合明中道。如此解释,也是和成实论师们执有实理来说三种中道是判然两途的。至于所谓三式:若其先着重有实法,空实而成假,这是第一式。并假亦空,是第二式。不待空空而即假成空,是第三式。这又和当时周颙所传的"不空假名""空假名""不真空"三宗的说法相当。最后所说即假成空或者不真空,即《肇论》所说"立处皆真",这原是关河正传(指罗什在关中提倡的正义),三论宗的中观法门讲到究竟处,当然会归结到这上面的。

五 归于无得的方法论

三论宗用来思辨和批判一切的,是"破而不立"的方法,他们不留一点执着为他人所破。这样归于无得的方法乃渊源于印度中观的理论。龙树《中论》第四品末尾有两个颂说:"若人有问者,离空而欲答,是则不成答,俱同于彼疑。若人有难问,离空说其过,是不成难问,俱同于彼疑。"颂文的大意是,在以空无自性为根据的这一大前提下,尽管立论争辩时所举不能概括净尽,但意之所至,无不包含,再不会有例外来作为反对的论证。这正同《广百论》所说:"真实观一法,诸法不二相,谛了是空已,则见一切空。"所以青目解释《中论》那两个颂,用总结的口气说,这是依据空性解说一切的枢纽。三论宗的破而不立,正符合这层意思。或者有人疑惑,假使破了他宗而自无所立,岂不是落空了吗? 这也不然。

因为破邪即是显正,邪执若尽,当然正义会完全显露。所以三论宗虽不主张破外有立,但于邪正的区别却极严格。这里所谓邪执,从外学、小乘到大乘,凡到了最后主张有少分所得的,一概归在其中。就中国一方面言,外学最重要的是道家(这对佛家而说为最要),小乘是当时的毗昙、成实,大乘即地论、摄论、地持诸师。依着吉藏的《三论玄义》所说,一切有得的议论大都从本体论方面立说。如道家之说"太虚"为万有本源,意谓以无为本,有生于无,此即"本无论"。极至大乘地论摄论诸师说有"真心""藏识",亦复同于实体。由三论家看来,这些议论分别都属假名,其实无得。再讲"正义",有人法两部分。依人而说正,是出自龙树所说,龙树创兴大乘是最契合佛意的。依法而说正,内外俱冥(内外议论概不滞着),大小同寂(大小乘说也无偏执),这才能符合正理,发起正观,灭除戏论断却苦轮,而达到佛家理想的境地。如此立说,当然是极端发挥般若无所得的义理的。

无所得,就执着的对象自性不实而言,它很和无尘(即唯识无实所缘)相似。当时主张无尘学说的,有新起的摄论师。《摄论》为真谛晚年在岭南很用心的一部译籍,经过他的解说,宏扬,弟子辈像僧宗、慧恺等,都能完全了解论意,并曾到建康一带地方传播,但被厄于成实、三论诸师,其说不行。一直到了隋初,昙迁躲避北周法难来南方,从桂州刺史蒋君的家里得着传授,后应隋文帝的召请,住在长安大兴善寺,开始讲传此论。当时的人以为创闻,一班耆宿大德如慧远(年六十五岁)、慧藏(六十六岁)、僧休、宝钲、洪遵(五十八岁),以至高年的昙延(七十二岁)都在那里横经禀义,真属盛极一时,因此北方摄论的学说非常流行。至大业初年,吉藏也到了长安,他想和在江左一样,用三论来压制摄论,于是双方思想起了冲突。特别是三论主张无得，好像类似摄论的无尘，关于这一层更不能不严格地表示态度，避免混同。因此，吉藏作《百论疏》，在《破尘》一品的前面加上个通论，名为《破尘品要观》。大意说，尘（意识的对象）由想立，三论的正观是破想不破法，想息而法亡。这和小乘的析尘观以为对象是从邻虚（即极微）所合成的不同，也和大乘的唯识观说尘由识现的不同。因为小乘看尘是实在的，大乘看识是实在的，一概归于有所得，完全和三论的基本理论相反。至于大乘唯识观的观尘观识，显然有先后次第，这和三论的主张尘识同时破斥也属两途。所以，三论宗对于摄论师说的批评是，一往之谈，未得究竟。这样算是很扼要地划清了两家学说的界限。

六 典据方面的略评

三论宗学说的要点，前面已经列举，现在从典据和思想两方面分别略加批评。在典据上，三论宗是反对成实和摄论师而主张归于无所得的。《成实》一论，性质比较特别。依照玄畅替成实作者诃梨跋摩（师子铠）所做的传记说，跋摩先研究了《迦旃论》（即迦旃延尼子所著《发智论》，是说一切有部的根本论典）宗旨，以为都是枝末之谈，无关教化的本源，于是去跟僧祇部论师寻究根本，澄汰五部，商略异端，而著成这部论书。这说明《成实》思想的来源在于僧祇。从律家所传的源流看，僧祇原属一类的分别说部，并非单纯的大众部。分别说的理论在印度本土没有盛行，只流布于锡兰。所以后来从印度本土传播的大小乘典籍都没有《成实》思想的痕迹，而我国学者也始终不能明白它的真相，甚至有人还认它为大乘之说。现在用锡兰方面的文献资料，比较并按实《成实》所说的义理，先举灭三心为灭谛一义而言，分别说部原来主张有有情空和行空（这些等于别处所说我空和法空）；诸蕴上面没有所谓有情这一法相是有情空，进而诸蕴亦不成有为相是行空，因为在灭定和无余涅槃的状态中诸蕴也是不存在的。这些恰恰是成实家所说灭三心的注脚。说没有有情即灭假名心，说诸蕴不成有为法即灭法心，灭了有为入无余涅槃，就连空心也没有了。分别说部虽未明说灭空心，但含有这样的意思是可以推论到的。因此，小乘的学说里不但有我空，也有法空，只是它的究竟趋于断灭而已。中国当时的学者因为看到地论、摄论等说小乘不知法空，所以误会《成实论》通于大乘。惟有吉藏依据三论的思想论断《成实》决定是小乘之说。虽然《成实》也谈到无得是究竟，但是先有有情、法、空三者之可得，而后归趋于无。大乘不然，始终以无所得作方便，根本和小乘是两途。关于这些议论，我们从典据上刊定，吉藏的见解完全正确。其次，三论宗主张二谛应从言教方面说，而不可依境理分判。《中论》《百论》，自然是这种说法的依据，如果比较《成实》所谈，它的实际意义益能显露。《成实论》里，也尝从言教一方面说二谛，像《十号品》说："佛有二种语法，一依世谛，一依第一义谛，如来依此二谛说故所言皆实。又佛不说世谛是第一义谛，不说第一义谛是世谛，是故二言皆不相违。"这些是讲，二谛各别当理，而不相混杂。要问，什么是世谛？什么是第一义谛？《成实论·论门品》说："论有二门，一世界门，二第一义门，以世界门故说有我，第一义门皆说空无。"现在推究《成实》这样思想的来源，也在分别说部的主张里。如锡兰所传《论事》的《大品》第一章说，佛有二种说法，一为俗说，一为真说。如说有情、天、梵等名相，都属俗说，如说无常等、蕴处界等、念住等，则属真说。有些人可从真说得益，那末，就为他们先真而后俗；假使能由俗得益，就为他们先俗而后真。不管说俗或说真，都是真实。第一种真实称为"假设言说谛"，它的内容是一般世间所承认的寻常道理；第二种真实称为"真实言说谛"，它的内容是诸法的如是相。这些话，正可用来解释《成实》的二谛说，并还看得出《成实》二谛所诠的是二。更进一层，也可以明白三论宗以言教分别二谛，实际和《成实》不同，它所诠的却是一事，故说不从境理方面立论，只有解释义理的方式才分别得出真俗。因此，三论宗对于《中论》里有名的"三是偈"即"因缘所生法，我说即是空，亦为是假名，亦是中道义"，作这样的说明：第一句解释假有即是俗谛，第二句解释真无即是第一义谛，这两种都是言说，都是假设方便，方便即中道，因为中道要由方便才能悟入的。三论宗如此解释，典据上也算大体正确，不过关于假名一层说得还不透彻。偈文里的假名原作"取因施设"，取即是受（感觉），由根和境相对而有所见闻觉知皆谓之受，以受为因的施设相当于认识论上面的表象，由此进一步发展才有概念。三是偈的第一句泛指一切事物，第二句说无实性，第三句说只有假象。无实和假象两义相反而相成，这正是中观的宗旨所在，而三论宗那样解释却将它遗漏了，未免是种缺点。最后，三论宗针对着摄论师说破想不破法，举阳焰水想作譬喻，以为渴鹿见到阳焰误认为水，其实只有水想，而水的幻象如能去掉颠倒分别，就可消灭，因为能分别和所分别原是一同起息，用不着像摄论家那样讲唯识无境而去境存识的。这一种说法，我们从《摄论》的本意上看，并不十分符合。摄论师真正的唯识说原将唯识觉看成境界觉一样，也是势在必去的。他们尝说，这像暗中见绳，显现像蛇，蛇觉去了之后，绳觉也应消灭，因为绳子从好多细缕合成,同样的不实在,所以摄论师对识并不保留。并且识所缘的境界也不像三论宗所想象的那样简单,可以和想一同消灭。就以像水的阳燄来说吧,水虽不真实,但在空气里,有那种动摇不定的光景,决非息了水想就会不存在的。关于这一层,本应有个交代,而三论宗忽略了,所以他们那种说法并不完备。这些是从典据方面对三论宗所作的略评。

七　思想方面的略评

其次,讲三论宗的思想怎样从旧的思想发展而成,这在前面已经讲过了,它是直接渊源于僧肇"不真空"的学说的。不真空意谓假空相即,所以会将真俗二谛说成同缘一境,又会发生去想存真以及除分别即显实相等等的说法,这些都可看成思想上自然的开展。不过,大乘佛学的真正精神不但在去想除分别,而应该反转来依据无所得的实相更有所为,所以说认识实相只是方便尚非究竟。三论宗的思想并没有重视这一层,就像他们解说假名,仅仅泛指"名假"(《般若经》所说三假之一)至于实证以后运用假名来说教的"善权假"或"教授假"(也是三假之一)却没有特别提出,以致有时否定概念(即名字)的作用而趋向消极,说到实相常强调离言忘虑,在实践上也专向这一边推进(其详见《破尘品要观》),不免有些偏失。再讲到有关那一时代社会意识的反映来,当三论宗思想酝酿的时候,北方佛教学者间本有一种改革佛教的要求,因为佛教传来中国,表面为大乘理论,而实际不脱小乘行径,一向是退隐的、山林的。道教兴起之后,找到这一弱点,对佛教痛加攻击,以为佛教破坏身、家、国,可称三破。另一方面,由于佛教得着世俗大众的信仰,经济上逐渐构成寺院地主的形态,又为逃避国家赋税的处所,就会影响到一般社会经济。所以北周的统治者武帝由于卫元嵩的提议,发生改革佛教的念头,主张"一切皆道",即谓真正的道无处不在,并不必拘拘出家的形式。换句话说,他就是要借口提倡大乘的精神来推翻佛教当时的制度。这件事经过七年的争论(从北周天和元年到建德三年,即公元567—574年),最后决定实行毁像焚经,使僧尼还俗,算是中国佛教史上第二次的破佛(当时表面上连道教一齐废弃,但另立"通道观",以道教徒主持它,而收容蓄发的菩萨僧)。又过三年到建德六年(公元577年),北周灭了北齐,连北齐的佛教一并破坏,当时还俗的僧人多至三百余万。这一事件发展至此可说达于顶点,影响所及,不能不激起当时佛教徒对于现实改变看法,因之佛家学说中的实相观念,曾在各大家的思想上有再加认识的共同趋势。不过,三论宗对这一点,依旧走了消极的道路。这应该是,吉藏本人置身江南,对于北方法难并没有痛切的感觉,而越时不久,隋朝又统治了全国,重新提倡佛教,恢复了寺院原来在社会经济上的地位,这样很容易使人感觉现实是可以维持旧状,而对于实相的解释不期然就偏向保守了(像"立处皆真"的理论每每会被误解为存在的都有价值,这就便于主张维持现状的有所借口,而佛学里一些从虚妄评价上不承认现状的积极思想,如当时摄论师所传播的,反而处处遭受压制不得发扬了)。由这上面,我们也可理会三论宗思想短长之一斑。

　　　　　　　　　　　　一九五五年四月二十日重写完稿

天 台 宗

——隋代佛家两宗学说略述之二

一　主要思想的来源

就在陈隋之交,和三论宗的时代相近,思想渊源也相通,又同在江左地带,另外成立了一个佛学宗派——天台宗。那时期佛学的一般趋势都带着折衷意味,天台宗在这一点上表现尤为明显。这因它从当时流行的大乘经里举出《法华经》为中心,而此经所说要义在于开示佛教的究竟处,真实处,就和相传为佛最后所说的《涅槃经》会沟通。还有,《法华》的根本思想是空性说,说明宇宙间一切现象都没有实在的、可以把握的自体,这样又和《般若经》相融摄了。至于印度的大家龙树解释《般若经》文句的《大智度论》和疏通经义的三论,自然也连带地会被吸收融化。这么一来就在学说上构成了庞大而又复杂的规模。它的主要思想虽然有些部分和三论宗同源,却不尽同。它们的异点何在呢? 三论宗可说是完全培养于南方,受了偏重玄谈的影响很深;天台宗的思想则植根于北方躬行实践的学风里,于是两者便各有特色了。这只要看,天台宗尽管用罗什翻译的《法华经》为典据,又参合罗什所传的般若诸论思想,但它追溯传承,并不说出于罗什系统,而以为上承龙树,经过北齐慧文、慧思两代讲究禅定的禅师,才构成为一派。慧文现无详细传记可考,道宣的《续高僧传》卷十七仅在慧思传里附了寥寥地几句,说他活动的时间是北齐一代,即公元五五〇——五七七年,而他当时发生的影响是领众几百人,并以风格严肃著名。他提倡北方学者所注重的佛教实践法:禅法。讲究锻炼心思的集中并养成观察事理的明了、正确,从学问功夫方面说,这正是佛家三学的定学和慧学。不过,慧文禅法里的观法另有特点。据说他在研究经论时,对《般若经》第二分开始讲三种智慧的一段,很有领会。经里说,若是由"道种智"(即熟悉各种实践方法的智慧)这一基础,进一层具备"一切智"能看清一切现象共同平等的通相,更进一层具足"一切种智"能辨别一切现象全部的别相。有了这些智慧,就可以彻底消灭烦恼习气(即烦恼心思的一切残余势力),而达到佛家理想的究竟地步。在《大智度论》里,解释这一段经文并还提出三种智慧存在的时间问题,以为是可以同时兼有的。开始虽说一步步有次第,但到最后会一齐具足,而教人有下手处,说得切实些,仍有个先后次第(参照《大智度论》卷二十七)。慧文从这些经论就悟出一种禅法,在一心中间可以圆满观察多方面的道理。他更联系着《中论》的《三是偈》说,"我说即是空"的"空"是真谛,"亦为是假名"的"假"是俗谛,"亦是中道义"的"中"是中道谛。这三谛里真谛讲一切现象的通相,俗谛讲各别行法,中道谛讲一切现象各别的全部别相,这些恰恰相当于三种智慧的境界。由此构成"一心三观"的禅法,这真的是慧文无师自悟纯从领会得来的。其后,他传授这方法给慧思,再通过慧思平常对《法华经》深刻的信仰,应用到根据《法华》所修习的圆顿止观法门即"法华三昧",并还推广于一般行事,成功"法华安乐行"(这里所说安乐含有心思坚定一无沾着的意味),实践的方法便益见具体了。这一方法又经过当时有名的禅师鉴(一作监)、最等各家的指教,这几家后来都被天台宗徒列在他们的九祖

326

之内(参照《止观辅行》卷一之一)。因为各家称呼简略,所以人世难详,惟最师就是当时的昙无最,有现存传记可考。昙无最曾行化河北,又妙达《华严经》,能融会心性和心相两方面,发明诸法无碍的道理。这不用说,重要解释具足圆融的意义,对于天台宗的主要思想是很有影响的。那时候,《华严》的义理还未明白地阐发出来,只有地论师多少释通了一部分,因此,在天台宗的学说里,也可以看出有些受了地论师影响的地方。

二 慧思的实相说

天台宗的主要思想导源于一心三观,而归宿到实相,这是形成于慧思的。慧思得了慧文的传授以后,很感慨当时江南佛学界的偏重理论,蔑视禅观,于是他双开定慧两门,日间谈义理,夜间专心思惟,以为要使佛法都有作用,应该走由定发慧的路子。他这样着重智慧,就很自然地结合到实相上来,因为智慧的究竟境界是不外于实相的。梁代承圣三年(公元554年),他从河北入河南光州的大苏山,陈代光大二年(公元568年)又转到湖南南岳,一直住到太建九年(公元577年),死在那里。这辗转十几年的中间,他都提倡独到的实相说,最后,智顗得着他的真传。他那学说的要点,出于《法华经》。在经文的《方便品》里,特别提出佛的知见来做一切智慧的标准,以为佛的知见广大深远固不待说,又还成就无量未曾有法。为什么呢? 就为了它能够穷尽诸法的实相。这实相又是怎样的呢? 分析它的内容,即如是相、性、体、力、作、因、缘、果、报、本末究竟等,一共十项。这些话虽然也曾散见在其他经论里,但总没有像《法华经》这样会拢了而又扼要地提了出来。从前罗什门下通达《法华经》的,对于经文这一点似乎也被注意到,就如道生所作的《法华义疏》说,此处经文是用十一事缘解释了佛说的一切善法。"相"说法的外貌,"性"说法的内容,合内外为"体",这一切法中所含有的功能是"力",有所作为便是"作",能发生他法为"因",加以扶助为"缘",能遂所期的是"果",穷尽它的历数的是"报",善法的开始为"本",得着佛法的终极为"末",最后晓了源极为"究竟"。道生这样逐项解释,虽然也够详细,但只一系列的平铺直叙而已,并看不出其间重要意义。到了慧思,才注意这些上面的真实性,而予以恰当的评价。他以为,经文所说"相""性"等等上面都安了"如是"字祥,并不是泛泛的,它表明了相性等一一实在,而计数只有十种,又见出圆满完全的意义;因此,他在这里便决定建立所谓"十如"实相的重要论点。这事,后来智顗的著述里也有特别声明说,今经用十法摄一切法,所谓如是相等,南岳师读此文皆云如,故呼为"十如"(参照《法华玄义》卷二上)。可见这是慧思的独到见解。现在看来,这方面和当时地论师的思想多少有些关系,因为《地论》解释《华严经》处处都用十法表示圆满之意,而在《十地经论》卷三,更有"诸佛正法如是甚深,如是寂静,如是寂灭,如是空,如是无相,如是无愿,如是无染,如是无量,如是上,此诸佛法如是难得"很明白的十如文句,这自然会给予慧思的理解一种启发,而被应用到《法华经》的解释上来。另一方面,慧思这样说法也受了《大智度论》的影响。《大智度论》卷三十二说到诸法的实相即"如",分作两类,一类是各各相即别相,一类是共相即通相,像地的坚硬,水的潮湿,是各别的实相,进一步推求坚硬、潮湿等都"实不可得",是它们的共相。由此,慧思说十如的各个方面可算是别相,十者都谓之如,则是共相。结合这两类才尽实相的意义,就和《智论》的思想根本相通了。最后，慧思对十如的第十种"本末究竟等"又解作佛和凡夫同样的具足十法，所以说成究竟平等。从这上面也很好地指出了实践的根本依据。至于平等的法体是指什么呢？它应该有种总相，这很自然地会联系到当时所说"真心""如来藏"等概念上去。而这些概念意义都很含糊，还没有得着很好的辨别，所以慧思这类见解多少和后来流行的《起信论》相近。现存的慧思著述里有种《大乘止观法门》，完全依照《起信论》的说法结构而成，从它的文义上看，当然是后人托名的伪作，但是会将慧思的议论和《起信》联成一起，就思想脉络说，也并不是没有来由的。

三　智顗的实相说

　　天台宗实际建立于智顗。他于梁大同四年（公元538年）生，隋开皇十七年（公元597年）卒。少年出家以后，曾依止过真谛弟子慧旷律师。后来陈天嘉元年（公元560年）到大贤山自己研究《法华》三经（《无量义经》《法华经》《普贤观经》），有了心得，便去大苏山跟慧思学习法华三昧，得着慧思的印可。到了三十岁（陈光大元年，公元567年）学成，去金陵宏开讲论，博得一代诸大德的敬服。这时期，智顗对于禅观方面的学说组织已有了头绪，著作了《小止观》《次第禅门》等。不久，北周破佛（公元574年），当时很多佛徒逃避到金陵，智顗深生感慨，遂于陈太建七年（公元575年）同门人入天台山，住了十年，所以后人称呼他为天台大师。到了陈末，他仍旧回到金陵，讲《法华经》，大部著作：《法华文句》便是这时写出的。陈亡之后，他游化两湖，又往庐山，还回到出生地荆州，建立玉泉寺，度他的晚年，《法华玄义》、《摩诃止观》都著成于这时期。《玄义》、《止观》，连同《文句》，被看成是天台的"三大部"，《止观》一种尤有特色，智𫖮的禅观成熟思想都发表在里面，他原拟写作十章，只完其七，可惜未成全璧。最后，他重回天台山，不到两年便去世了（以上参照道宣《续高僧传·智𫖮传》）。他的门人得其真传的有灌顶（公元561—632年），智𫖮的大部著述都是由他笔记的。以后的传承是法华智威（？—公元681年）、天宫慧威（公元634—713年）、左溪玄朗（公元673—754年）。在这几代中间，因为初唐慈恩、华严各宗勃兴，天台宗势没有得到开展，直到中唐，由于荆溪湛然的努力，方才中兴起来。

智𫖮学说的重心，也是放在实相上面。因为从大乘一方面看佛说的特征只有实相，所以《大智度论》里以实相为佛说的唯一法印。智𫖮根据慧思的十如思想再加发挥，就有"一念三千"的说法。这从人本的观点出发，由凡圣境界分判成为六道、三乘和佛，一共十个阶层，谓之十界。这些并非固定不移，仍可随缘升沉或示现。像六道中低级的狱畜可以向上到达佛的地位，而佛界也可示现为六道，所以每一界都具备所余九界的可能性，这样十界互具，岂不就构成百界。再分析它们的法体，基本上不外五蕴，谓之五蕴世间。由五蕴构成有情个体，谓之有情世间，此外还有依住的山河大地等等，谓之器世间（三种世间对佛界而说，便是非漏无漏的五蕴，揽常住蕴的尊极有情和常寂光净土）。百界各各具备三种世间，即有三百之数。再按实在，每一世间法体都有十如，这样就成为三千如了。三千名目当然不能拘拘于数量，只可看作形容整体宇宙之辞。又讲到实相来，整体的宇宙相貌也就念念具备在日常心思即所谓介尔阴妄的每一念上面，所以随处都得构成观境；这是依据止观正见的境理而言，也是一种总相法门的解释。在那时候的义学家像地论师举出"法性"为万法的依持，摄论师又以"藏识"为一切种子或根源，这些总相的说法都着了迹象,出于思拟推测,智顗一概不以为然。他说,一念三千,森然具备,可以看成法界本然,无须更有依待的。在种种世间,种种界交互涉入而存在着的实际里,一切法的当体和所有性能自然都会圆满具足的,因此,一念三千的实相说也称为"性具"。另外,从一切法存在的意味说,智顗又发展了慧文的"一心三观"思想成为"圆融三谛"的观法。这偏重止观的能观方面,而它的出处仍旧是《中论》的三是颂。他以为那个颂文里就含着相即——即空、即假、即中的精神,不过分别说成三谛。因为一切法都由各种条件具备而发生,所谓"缘生",就不会有"生"的自体,而成了"空"。诸法虽空,却有显现的相貌,这成为"假"。这些都超不出法性,不待造作,法尔自然,所以又成为"中"。三层义理在任何境界上都有,由此见得相即。换句话说,随举一法,既是空,又是假,又是中。这可用圆到的看法去看。以空为例,说假,说中,都有空的意义。因为如何成假,有它的缘生,成中也属缘生,缘生即空,所以非但空为空,假和中亦复是空,于是一空一切空。同样,也可从假,从中来看一切一味。三谛相即的意义说到如此地步,可谓发挥尽致,故称圆融三谛。这两层实相说,一念三千和圆融三谛,极端主张一切法平等,都是天台止观的中心思想,也被称为止观所正观的不思议境。不思议并非神秘,不过表示这是无待的、绝对的而已(以上参照《摩诃止观》卷五上)。

四 教判

天台宗主张教观并重,这仿佛是理论实践的一致。智顗尝说,教从观起,观还从教起(见《四教义》卷一)。因此在他关于止观的著作里有"起教"篇目,而讲究教相的著作里又有"观心"论题,随处表现着教观联系的密切;只可惜文记残缺,还不能使人穷尽它的精义。现在就天台宗谈教的一方面说,他们是要在佛说全体统一的基本概念上,对于各部分加以剖析解释,以求了解真相;这也可说是要明白每一部分的佛说对于全体应有的意义。如此解释佛说的方法即是判教,当南北朝时代早已流行。因为那时从印度传来的佛学由龙树到无着,显然是一大转变。非但他们的著书立说不同,就是他们所依据的教典也有些宗旨各别,所以含有不少矛盾,在用心的学人自然会有从根本上去寻解决的要求。并且当时流行的教典像《法华》《涅槃》等等经文里,对于释迦一代言教怎样地次第开展也作了说明,就又指示学人解决佛教统一问题的途径。不过各家见解不一,就有各种的判教说法。到了天台立宗时,综计南北各家所说,凡有十种,通称"南三北七"。南方说的比较单纯,大都从顿渐不定三类分别来看。北方之说比较复杂,从主张佛说一音起到六宗止,各各不同。智𫖮对这些说法都不谓然。他另由佛教里选一中心来解释各方面内在的关系,这样构成一种有重点而又全面的组织。所谓中心即是《法华经》。在他所著《法华玄义》最后释教相的一章开始就有这样的话:"若弘余经不明教相,于义无伤;若弘《法华》不明教者,文义有缺。"而在另一著作《四教义》卷一也说:唯有《法华》和方等《大集》具有四教之文,余经不备。这都说明他以《法华》为中心来判教的理由充分。即由此而有"五时八教"的说法,简称为"四教"说。实际上他对当时南北各家异解都有所采取,也可看作是批判异解而得的结论。

现在略为解释五时八教说的内容。五时,是依《涅槃经》里佛说开展如同牛乳五味(乳、酪、生酥、熟酥、醍醐)的譬喻中建立的。在佛一代说法中,为着适应机缘的差别,或者施权,或者显实,可以粗分五个阶段:一华严时,二鹿苑时,三方等时(说《大集》《宝积》《思益》《净名》等），四般若时，五法华涅槃时，这就是五时。此外，由说法的形式和内容各有四种，合成八教。形式方面称为"化仪"，譬如医生的处方；内容方面称为"化法"，譬如处方中的药味。化仪四教，首先是顿教，大乘圆满教理直下全提。其次渐教，由小而大，次第宣扬。再次秘密教，受教的同听异闻，或顿或渐，都以为对自己所说。最后不定教，也是一齐听法，而领会不同，或于顿中得渐义，或于渐中得顿义，但都知道佛是普遍而说。实际后二教即从旧判三分法的"不定教"开了出来。秘密可说是隐覆的"不定"，而不定乃是显露的"不定"。以上四教可以和五时相配合。最初华严时为顿教，因为它一下就说佛成道时的自内所证。次三时为渐教，随着三乘根基，逐渐从小入大。在此顿渐中间，都含有秘密不定，只是末时《法华》《涅槃》超然于顿渐秘密不定之外，因它已在收获阶段，如同服药见效再用不着处方了。化法四教是藏、通、别、圆。最初藏教，依据小乘经律论三藏而立。这三藏在小乘学人看来都是金科玉律，因此成了固定内容，而局限在不究竟范围内。其次通教，这是大小乘相共而前（藏）后（别圆）相贯的，如同《般若经》中共般若之说。再次别教，但说大乘不共法，和前（藏通）后（圆）各教都有区分，如同《般若经》中不共般若之说。最后圆教，说的大乘究竟义理，圆满具足而又无碍圆融，故称为圆。以上四教再和五时配合，最初华严时当然是圆，而说意兼别，所以华严会中可有二乘在座如聋如哑。第二鹿苑时但是藏教，主要说小乘法。第三方等时因为说法通于三乘，看它所对而异，并不决定属于那一教。第四般若时，除藏教外，兼明后三教。最后法华涅槃时，专门开显圆顿义理，唯一圆教。《法华》本已究竟，但还有不能得益的，故又重之以《涅槃》，正如谷物得有早熟晚熟的区别一样。如此配合五时到了《法华》为止,叫做前番五时。假使《法华》还不了,要到《涅槃》为止,就叫后番五时。此说不单推重《法华》,也包括了当时流行的《涅槃》,从这一点,可见天台宗的判教实际丰富,和旧说大大不同。它并还有种特点,一方面说五时和化法四教各各区别,乃至年代先后都凿然可指,这是所谓别义;另方面又说五时四教并不能以时间乃至经教部类相限制。譬如以华严义门为例,不一定《华严经》里才有解说,便在其余地方也会散见。这样互相融摄,谓之通义。而从前各家立说有拘牵难通的地方,也就能由此得着相当的解决。另外,天台宗对于化法四教的判位也极其详细,特别是别圆二教,依据《璎珞本业经》所说,开出五十二位,圆教更用"六即"(理、名字、观行、相似、分真、究竟)相贯通,作为区别,于是各教分位从所断烦恼(这又按照性质分成见思、尘沙、无明三类)的程度不同,见出它们的高下浅深,并可以一一得其对照。这样的分析解说,煞费苦心,实在是空前的。

一九五五年七月三日改写完稿

334

慈 恩 宗

——唐代佛家六宗学说略述之一

一 唐初佛学和玄奘

唐初的佛学是随顺隋代组织异说的趋势更加发展了的。依着当时著名学者的取材不同以及各有侧重之点,后来就形成了种种宗派,但是都带着些调和的色彩。这里面占先而又最要的,应当推慈恩宗。此宗的开创人玄奘,是在隋唐之交饱闻了各家议论尤其是一时流行的《俱舍》、《摄论》等新说的。《俱舍》和《摄论》的译本都由南方流传而北,它们体例比较严密,义理比较繁富,可以看作一类提纲挈领的著作。《俱舍》把各种小乘学说总结了,《摄论》又把不同的大乘学说总结了。论理,依据这些便可有决定的理解,只是翻译没有完善,不免遗留着很多疑难的问题。加之,同在一无着、世亲的系统里,《摄论》说就和《地论》说极端地分歧。大乘本身尚且难得融会,更不用说它和小乘的沟通了。当时也有种种的判教说法,那是出于大乘经流行以后的事;像《涅槃经》有半满之说,《法华经》有权实之说等。但从这些上只见到各种教说的次第、性质,并理会不到它们融贯的意义。就算天台宗于此特别注意,创出五时八教的新说,但依然是形式的排列,对于各教的内在关系也不能有很合理的解释。到了唐初,一般学者就有更进一步的组织要求。像净影寺的慧远曾经作了一种尝试,却还是受着宗派的拘束,脱不掉地论师说的影响。又如著名的学者灵润,也迷惑了《起信论》和《地》《摄论》的关系,而以为是一事。至于道基、道岳、法常、辨相各家,更是偏向《摄论》一方面,不能超出谨守规模的范围。所以当时佛学思想界的状况实在是很混乱的。玄奘从这样的环境里培养出来,自然会有全体佛学统一解释的迫切要求。据后来传记所载,他受到了真谛所传《十七地论》的启示,便要去印度学习《瑜伽》。但从经录上看,真谛译出的《十七地论》只有五卷,相当于大部《瑜伽师地论》的五识身相应地和意地,并不完全,无由见出《瑜伽论》的重要。玄奘所以要去印度直接学习《瑜伽》来贯通中国所传的异说,那真正的动机还是在于受着贞观初期波颇密多罗(明友)来华传译的影响。明友是那时印度著名的那烂陀学院里养成的俊才,精通性相杂密三部学说,也就是能了解佛学的全体。这看他译出了三部的代表著作,《般若灯论》、《大乘庄严经论》、《宝星陀罗尼经》就可明了。玄奘从他的翻译和讲论里,才知道印度那烂陀讲学的盛况,才知道讲瑜伽学的有戒贤一大家,又才知道瑜伽学的大本《十七地论》是那样的渊博,无所不包,简直依着瑜伽师地实践的进程,将佛学全体赅摄净尽,像真谛所译出的只是一鳞一爪而已。但玄奘见着新译《庄严经论》那样的文义含糊,自会感觉到虽有明友的传译介绍,而由于时人学问的根底不够,绝对不能彻底领会而得着真实的。于是他下了决心,只有游学印度去求根本的解决。照这样看,在玄奘那时,中印两方的佛学都已有了转变的机运,中国的是趋向于统一,而印度的却是逐渐的分张。玄奘不自觉地要去这中间做一种辩证性的学术研究工作,他后来的成就当然有许多处和他的初愿相违。这就限定了慈恩宗学说的特质和它的命运。也有人说,玄奘传来的学说太印度化了,不适于中国的国情;或者说它太拘泥形式,未免食古不化,所以不能传之久远;这些都还是皮相之谈。

二　玄奘游印之所学

玄奘去印度先后十七年,除掉中途往来的两三年以外,其余都是游学的时间,这可说相当长久了。但玄奘的正式修学,只是在那烂陀寺戒贤门下的五年,同最后在杖林山胜军处的两年。玄奘从前寤寐求之的瑜伽学说,在戒贤那里看到了全豹,又在胜军处廓清了余疑。同时,由世亲打开了的唯识局面本来有着各家异说的,玄奘也都穷究了他们的奥蕴。戒贤是被当时人看作护法的嫡传,而胜军又是从安慧受学的(见《慈恩传》卷四)。在唐人著述中,时常拿胜军的名字和难陀并举,现存的安慧著书所说又很多与唐人所知道的难陀学说相混同,大概胜军这一家是继承难陀、安慧两系的,自然和戒贤立说有异了。胜军所拡长的《唯识抉择论》,玄奘从他学了回去那烂陀,就受戒贤的嘱咐为大家解说,可见胜军的学说是如何的别开生面;玄奘却兼收并蓄了。此外,当时大乘佛学中俨然和瑜伽对峙的中百论学说,玄奘也先后在北印度及那烂陀寺反复学习了好多遍。还有关于小乘的学说,像有部的《杂心》《婆沙》《俱舍》各论,玄奘在国内就研究有素,而于入印途中,经过有部流行的各地,随时都遇到学习的机会,不用说,所得更罄无余蕴。有部以外的大众、正量、经部等派的学说,他也旁搜博探,备闻无遗。从这些上,可见玄奘在印度所学的极其广泛,但按实他的见解,也可说完全受了护法一系的影响。他对大乘佛学的看法是以为龙树、无着的两家前后没有异辙的。这显然依着护法的议论,通过了无着学说去理解龙树,也就是将无着学看做龙树以后推进一步的发展,或者说经过了中间分歧而重新得着辩证的统一。这个证据在玄奘游学的初期,于鹫岭北听到了《广百论释》的解说就觉得很有契合而随闻随译。这是玄奘在印度时唯一的翻译,可见他对此一种学说的特别注意(参照《广百论释》末尾两个跋颂。《论释》在永徽初年又翻译了一次,大概是润饰旧稿而成,并非彻底的重译)。在《广百论释》最后"教诫弟子品"当中,有一大段对中观家的辩论,解决了有关二谛的疑难,也可说是给论敌清辨们的一个答辩。相传清辨为着主张不同要和护法面决是非,而护法避开不见。但有了《广百论释》那一段议论,无异乎护法用书面发表了自己的意见。中观家所以看瑜伽成为和他们对立的学说,其论据就在于解释二谛的不同。但中观家是用一重二谛来作权衡的,以为瑜伽说俗谛无而真谛有,中观却说的是俗有真无,根本就相违了。却不知二谛也有层次,到了见道阶段以后,在实证中间的俗谛是方便的,施设的,随顺真实的,也就是真实的具体体现。这同真实一样的有,一样的无,并不可以拘执的。由这样的理解来做沟通中百、瑜伽学说的途径,就只见其同,不见其异,更说不上是反对了。玄奘依据如此看法,后来在那烂陀寺对于师子光的破斥瑜伽,加以根本的折伏,而著作一部《会宗论》(未传译),特别发挥中百论所破除的是"遍计法"而非"依他法"的一层道理。在这种解释上,中百和瑜伽的所说的确是可以会通的。至于玄奘对小乘学说的看法,特别是对于当时得势的正量部——这是偏于机械的唯物论的一个学系,他却加以激烈的攻击,作了《制恶见论》一千六百颂,评破此部学者般若毱多(智护)的异说,而阐明了唯识的真义。此论虽然不传,但它的总结用因明立量的格式揭示于十八日无遮大会上没有人能改动一字的,现在还看得到。按实这个比量纯是在认识上立足,说明了能所两方面的相依;但又重视意识分别先后相似相续的原因,所以特别用十八界的"界"来做论题(界是原因的意义)。从这些上面,可见玄奘在印度之所学不仅仅是包罗万象而已,他还加以融会、剪裁而自成一家之言了。明白了这样性质,就易于理解玄奘回国以后传播学说的态度,这和慈恩宗的主张可说是有极大关系的。

三 玄奘的传译

慈恩宗学说的特色,首先在于所用资料的完备和精确,这不能不归功于玄奘的翻译。玄奘从印度回来以后,仅仅准备了一百天工夫,就从事他毕生的翻译事业(玄奘于贞观十九年正月抵达长安,到五月间就开始翻译了)。先后十九年中,他虽然迁居了好几次(先在弘福寺,又迁慈恩寺、西明寺,最后在玉华宫),但这一场译事始终无间地进行着。拿它的总成绩来看,共译书七十五部、一千三百三十余卷。这数量的巨大,一比较新旧译家和玄奘齐名的罗什、真谛、不空(这三人和玄奘是一向被称为中国译经四大家的)的所译的全部,还要多出六百余卷,就可了然。并且玄奘的翻译不单以量胜,又还以质胜。近年有人注意到佛家的翻译,特别推崇玄奘,称赞他译文形式上的种种优点,但是这并不足以尽其实在。他的翻译最拢胜的地方,在由于学力的深厚,和对于华梵语文的通彻,所以能够自在运用文字来融化了原本所说的义理,借以发挥他自己信奉的一家之言。换句话说,就是玄奘能很熟练而巧妙地拿一家之言来贯通原本,甚至于改动原本。这样事实在从前没有梵文原典的对照是看不出来的。所以仅从文字的形式上以文质或以直译意译等区别来看,始终不会认识玄奘翻译的真相。他译文的形式比较起罗什那样修饰自由的文体来觉得太质,却是比较法护、义净所译那样朴拙的作品又觉得很文,可见文质是难有一定标准的。同样,玄奘的翻译较之罗什的只存大意可说是直译,但比较义净那样的诘屈聱牙倒又近于意译,所以意译和直译也难作厘然的区别。其实论翻译,都要它能做到达意的地步,玄奘的译文对于这一层是成功了的。他还运用了六代以来那种偶正奇变的文体,参酌梵文钩锁连环的方式,创成一种精严凝重的风格,用来表达特别著重结构的瑜伽学说,恰恰调和。这种创作可说玄奘在印度时就已有了宿构,看他最初试译的《广百论释》可知。他回国来所组织的译场里,虽然有二十人左右的证文、缀文大德,但以玄奘的文学天才表现为出口成章落笔即是的那样翻译,实际参与其事的人能加以改动的地方是很少的。不过到了高宗永徽六年(翻译的第十一年),因为因明的译籍《理门论》引起吕才对于文字的误解,而发生了一场是非,玄奘才注意到润文的必要,请求国家派遣文学大臣来参加。从此以后,他的翻译文体上应该是有一些变化的(参照《慈恩传》卷八)。

现在再说一说玄奘的翻译和学说的关系,这可以举出两点来,其一,玄奘在去印度之前,就怀疑旧传的《俱舍》《地论》《摄论》等说的理分宗途,教有隐显,使人莫知所适,其中一定有错误。所以他回国来的翻译先后根本上解决了这些问题。最初一期的翻译由贞观十九年到永徽元年的六年间,他从瑜伽学的一本十支论书穷源尽委地彻底介绍了《地论》《摄论》说的真相。这期最重要的一大部译籍就是《瑜伽师地论》一百卷。不过玄奘所理解的瑜伽学说是经过唯识一阶段发展了的。尤其是到了戒贤以后,导入了法界范畴,发挥了转依精义,要用大乘来涵盖小乘,就不只是原来那样简单的大小次第的看法了。这样见解具体表现在《佛地经论》里面,此论即以戒贤的注解为依据（这由比较西藏的译本而知），而是玄奘所异常重视的。只看他译完了《瑜伽师地论》以后，随即翻出《佛地经论》，无异是替瑜伽学说做了一个总结，就可以知道他是怎样的用意之下来介绍瑜伽学的了。另外，玄奘对于俱舍学说牵连到有部的各种毗昙（在从前是以《杂心论》为主），那一方面的诸多问题也给以沿流溯源的解决。这是他第二期翻译，从永徽二年到显庆四年九年间的中心工作。此期大部译本是《俱舍论》和有关的一身六足以及身论《发智》的译注《大毗婆沙论》，译本的数量在四百卷以上。但是玄奘所了解的俱舍学说，也是经过后世所发展了的。他翻译《俱舍》的同时就译出敌对的《顺正理论》及《显宗论》，这说明了《俱舍》学说在《正理》《显宗》的评破下应该有多少订正的。当时作论人世亲因转入大乘，无意于此，便把这工作留给西印度学人讲究《俱舍论》的德慧师弟去做，玄奘很受了他们的影响在翻译中有好些改动。而玄奘门下的新旧两系神泰、普光和法宝等对于《俱舍》的解释会发生种种纷歧的意见，也就导源于此。从以上所说，我们可以明白了玄奘翻译对于学说的关系的一方面。其次，玄奘在翻译所用的文字上虽有充分的掌握能力，但是到了讲说宏传的时候，因为他门下多才，也同罗什那时一样地有四哲：神昉、嘉尚、普光、窥基（"窥"字是宋人加上去的，原名"基"上是何字，不详），不免受着他们理解上引申发挥的影响。尤其是翻译的后期即永徽六年以后，得着才气横溢的基师帮助，于短短的五六年间，就以翻译的资料组织学说，成了一个规模。这是以《成唯识论》的编译为中心，吸取了护法《广百论释》和戒贤等《佛地经论》的精华，而又贯穿着《辨中边论》所说的中道精神，隐然对于三论的中观另外建立了一个壁垒。这时候，玄奘的翻译因学说而来的变动原本的地方最多，就像《大般若经》那样比较抽象概括的文字，也深深地染上唯识说的色彩。这些又是玄奘翻译有关学说的另一方面，却最值得注意。慈恩宗主张的本质，必须由此去加以理会的。

四　慈恩宗义一——五种姓

在玄奘译场里有一群新罗学人，其先是神昉最杰出，后来以圆测为领导。圆测的年龄较大，长于基师将近二十岁，他曾经跟摄论师法常、僧辨学习过，很受了旧摄论说的影响，以致他亲近了玄奘之后，对于新译的学说仍用旧见解去融会贯通。因此在治学的态度上，他和单纯从新说中培养出来的基师根本不同，而两人之间逐渐形成了对立。相传玄奘为基师讲唯识、瑜伽，圆测一再偷听，玄奘就允许了基师"五姓宗法，唯汝流通"（见《宋高僧传·窥基传》）。这说明了种姓说是慈恩（基师）独得之秘，也是慈恩宗义的骨干。种姓说法的重要内容是：声闻、独觉、菩萨三乘人有具备内在的——甚至可称为先天的——原因的决定根姓，也有不决定根姓；又另一种无种姓的人，毕竟不能入道；由此在修学的开端，就应该注意培养种姓。这种思想的真实意义，我们一追寻它的历史根源，就会明白。在印度最初流行大乘学说的时期，龙树依着中观论法来解释成佛的根据，用诸法无定性的一般道理否定了固有的佛性，却承认可能的佛性。他所著的《中观论·四谛品》里有这样一种说法：若其先不是佛性，那么，就铁无金性一样（用注家青目的话），虽然精进修行菩提道，也终于不会成佛的。这显然具备了种姓说的雏形。要是注意到龙树的思想原来和《法华经》联系着，此说通于一切众生都有佛性的主张，可以不言而喻。其后流行了《涅槃经》，又把这一问题重新提了出来。那时印度的政治上是案达罗王朝灭亡之后，经过一番分裂而有笈多王朝的统一,文化的各方面都极其活泼开展,佛学里大小乘思想的冲突也很激烈,像《涅槃经》那样的大乘论调即是被小乘家认为非佛所说的。所以当时的佛性问题不是单独拿一切众生都具备着的一点来提出,而是连带着要将一阐提除外的。所谓一切众生的一切成了部分的,却非全面的。这也可以说,从佛性问题更进而建立了固定的阐提说法。实际里阐提是怎样一类人呢?他们是造了种种重业,破坏戒律,并还诽谤正法永不改悔,简直和外道无二无别的。这么样来说阐提,意之所指当然是很明白的。可是到了大乘思想得了优势以后,这种说法又逐渐缓和下来。《涅槃经》前后两部分——也就是《涅槃经》略广两本结构的中心部分,里面所表现的这种变化很为显然。略本也可说是原本的《涅槃》,特别提出一阐提决定不变的说法,到了广本也就是修正本,却说阐提断了善根仍可相续,再没有那样坚持了。不过《瑜伽》思想是继承初期《涅槃经》的决定说法的。它又连结到所依、种子等等方面,对于种姓之说纯从理论发展,而另辟了一个途径,成为厘然各别的五种种姓主张,反而和后期《涅槃经》说对立起来了。这种现象完全反映在我国的佛学思想上。当《涅槃经》译出流行之后,有了道生坚持异议的一重公案,佛性问题在我国佛学里是成为一大关键的。道生不信略本《涅槃经》一阐提决定不能成佛之说,随后得到了凉译广本《涅槃》的证明,于是学者间对于佛性也分出了一切有性和一分无性的相对主张。不久由于《地论》《摄论》思想的发展,众生成佛的内在根据被推究到理事等方面,成了本有后起等问题。及至《法华》思想在南岳以后有了宗派性的组织,由佛性牵连到大小乘种姓决定不决定以及大小乘是权是实,又都成为问题,而使当时佛性说的内容愈加丰富。最后玄奘译出有关这一方面的重要资料,从《瑜伽师地论》到

《佛地经论》,形成一贯的说法:众生的种姓决定有大小乘的分别,又还决定有无种姓的人;说到大小乘的权实来,又以三乘为实,一乘为权;再说内在的根据,又归结到本有的无漏种子上。由此一分无种姓说的极端主张乃确定不移,成为一宗的根本义。

基师发挥这样的主张,不用说再积极不过了。他在晚年讲《法华经》,和天台家有了正面的冲突,以致他对于经喻三车为实的解释,也被论敌们歪曲了来诬蔑他为三车法师。这是说他外出的时候有饮食、女眷的后乘相随,完全不守清规;其实不是这一回事(见《宋高僧传·窥基传》)。基师解说决定的无种姓,纯由足成五种种姓上着眼,详细见于所著的《唯识枢要》。他会通了各种经论,以为无种姓可分三类,除了断善根的和大悲菩萨以外,还有毕竟无姓,这是在因位和果位都无成佛可能的。断善根的无姓因位虽无成佛之义,而善根相续以后,果位仍可成佛。大悲菩萨果位虽不成佛,而因位有其可能。只是毕竟无姓不论因位果位,都和成佛无关,所以他另外是一类种姓。基师的这些见解,由他的门下慧沼更加以阐明。慧沼著述《中边慧日论》,受了佛性论的启发,区别出理佛性和行佛性来说明一切,而将议论的中心放在理与行有无必然相应的关系上,所说就更深入一层。不过实际能够证理的行一定要断却烦恼和所知的障碍,而断此二障的可能性是否生来就有,这用种子说去推究,依旧是有异议的。在印度,到了胜军重新强调种子出于新熏的主张,种姓决定的主张更属根本上发生了动摇。这样学说变化的情形,由玄奘介绍过来,基师、慧沼等不会不清楚。但是他们建立学派坚持五种姓之说,不惜趋于极端,甚至有意地模糊了学说的历史(这到后文再加说明),当然也有它的原因的。相传玄奘在印度游学的时候,早已注意到《楞伽经》里面的种姓说并无明白主张毕竟无姓的用意，所以他临回来和诸大德讨论了这一点，以为要将毕竟无姓说传到流行《涅槃》思想的中国去，大家会不相信的，便想方便地将此义略而不谈，但是受到了戒贤严厉的责备。戒贤说，边方（意指在印度北边的中国）的人懂得什么，岂可以随便为他们增减义理（见《瑜伽师地论》道伦记卷五十四）！这说明尽管有了《楞伽经》那样晚出的变化了的种姓说，而戒贤一系始终主张毕竟无姓，现在看《佛地经论》里好些地方对毕竟无姓特加解释，便可了然。所以基师、慧沼等坚持五种姓之说，也可谓禀承玄奘的意旨，而为忠实于戒贤学系的一种表现。

五　慈恩宗义二——依与转依

慈恩宗从种姓问题推究到一切法的实相——真如（这不单纯是真理，并还兼有规范的意义），称为理佛性，想用来疏通"一切众生皆有佛性"的疑难。跟着就发生了真如在实践上的意义的问题。这是要问：它对实践有怎样的功能？简单的解答是：为"依"。"依"这一概念，乃从缘起的理论发展而来。缘起的实行即是诸法互相依待，在互依的各方面中间，比较关系有亲有疏，发生功能也有强有弱，就其比较亲切、强势的方面立为诸法的"依"，而成功各种因缘最基本的条件。真如是无为法，不待造作，自存自在，它之为依，只有增上的意义。不过，着眼在认识上，尤其是瑜伽学系的实践彻头彻尾地依据于认识，真如的依义就还有所缘的一层。一切合理的实践都应当和真如相随顺、契合而开展。但因为这样关系密切，真如这概念在各家学说里占了很重要的地位，也有些人联系到《涅槃》《胜鬘》等经所说，发生模糊的看法，以为它不但是实际的依据，并且为发生诸法的根源。像梁代翻译的《胜天王般若经》就有这样的议论。玄奘晚年编译十六分的《大般若经》，也在无意中将这一部分保留下来（大概是当时未得原本，便将梁译略加修饰编入了），其实此说不是慈恩宗所认可的。

慈恩宗承认真如为实践的依据而外，又主张有染净根本的所依，即是人们的根本意识——第八种识"藏识"。这在《摄大乘论》是以"所知依"的名目提出来的。因为推寻实践中认识、实证、习惯等行为的来源，还有各种种姓区别的根据，都见得有心理的因素，可假名为内的种子。内种的依存当然在内六处，但它并非有什么实体像草木种子一般，只是一些能够发生认识等等的功能，也可看做它依存之处的差别现象。《摄大乘论》里有很好的譬喻，说内种好像布帛上染色的媒介体，原来看不出痕迹，却到染色时候便发生了效用。这样，一切内种只应该是绵延不断而又性质中庸的藏识的功能差别，和它不能截然区分。平常就从藏识持有内种的一点，看它做实践上染净转变的所依。种姓问题中行佛性之说，也是从这里引申出来的。

慈恩宗这样从两方面说"依"，虽可看做"性相别论"，却非浑然一体。因此，它和别家各种模糊的解释都有了区别。像摄论家也尝举出第九净识即无垢识来作一切法的本源，地论家又提到真如为事物现象的生因，这些未免将法（识）与法性（如）甚至能缘（识）与所缘（如）的分别都混淆了。慈恩宗一一予以明白的批判。如此刊定了依义和依之所在，再来说"转依"。这是瑜伽学系用做实践目标的专称，性质和解脱一样，但立名不同。从文献的典据里，到了《阿毗达磨经》才开始强调它。若将弥勒同无着的学说分开来看，无着更推进了一步，其关键也在于阐明转依。无着以后，一直到护法、亲光，更加向这方面开展，也就是转依的意义到护法、亲光才算发挥尽致。他们都将真如作迷悟依，藏识作染净依，而由双方适应地来解释转变，要真如由迷境转为悟境，藏识由染分变成净分，这样得着究竟解脱。慈恩宗传述这层义理，更配合了"理""事"立言，以为"理"明显得一分，"事"也就能做到清净得一分，到了理的全明，事的纯净，便是实践的终极。此说简化了转依说的内容，而给予后来内外思想以各种影响（理事两字的应用虽已早见于从前的译经，但配合性相、体用而言，是到玄奘译出《佛地经论》《成唯识论》才确定了的）。

六　慈恩宗义三——教与观

慈恩宗的立宗，有它独到的判教和观法。关于判教，从南北朝以来，一向议论纷歧，莫衷一是。到了慈恩宗，依据《解深密经》给它切实的刊定，乃有三时的说法。这以为佛的一代教化，起初说四谛，其次说无自性，最后说三自性。如此次第和佛灭以后学说开展的步骤很吻合，无妨看做那样步骤的反映。不过，在隋唐时代已经流行了《华严经》，经文明说是佛成道后三七日所出，还在四谛说之前，便和三时次第有了冲突。所以慧沼另作义类区分的解释，以义理类别作先后，像属于说四谛一类的教全放在初时，并不拘泥实际的时间，这也就说得通《华严》的早出了，三时教判除掉先后次第而外，还有了义不了义的分别。第二时与第三时同说一切法自性清净的道理，而一不了义，一了义。不了是隐密说，不究竟；了义是显豁说，究竟（此判到后来引起贤首家的争执。他们传说印度另有智光的三时说，以第二时无自性为了义，究竟，而与《深密》立异，就成了性相两家对峙的根据，但是那样说法的出处多少有些问题）。另外，慈恩宗的教判也解释了渐顿的问题。三时虽依渐次而立，但无妨说有顿超。像第三时的《华严》《法华》都属渐顿夹杂。《华严》是顿而有渐义，所以说声闻在座如痴如聋;《法华》亦复如是。这些都以教就机来作渐顿区别，并不限于一时一经，否则就难通了。慈恩宗这样说法，针对菩提流支不分顿渐的一音教与刘虬的渐次五时教而发，于天台家五时八教的判法未加详评，当然可以类推得之。

再说观法，主要的是"唯识观"。这里唯识之所指在"唯识性"——诸法本质上的唯识意义，人们去掉错误执着才会认识到的。借唯识性的认识来践证一切，达到转依目标，这就是观的效用。基师对于此点，在他所著的《唯识章》里特别作了五重出体的说明：一、遣虚存实，除去遍计执性的虚妄幻象，只取依他起性、圆成实性的真实现象和原理。二、舍滥留纯，于依他、圆成的方面又只留有关认识的心境。三、摄末归本，在心境的各种成分里又归纳到它本质的意识自体。四、隐劣显胜，于意识自体又只注重它主要功能的一部分。五、遣相证性，再就这样意识核心认识到它实际性质即唯识的意义。如此逐层刊定，指示观法的枢纽所在，可说是很切实的。至于此说的根据完全在《唯识三十颂》里，特别是解释圆成实性那一颂(第二十五颂)。颂文说："此诸法胜义，亦即是真如，常如其性故，即唯识实性。"这将唯识性点明出来，旧解即以为就现观境界而言(见安慧的《唯识三十颂释》)。不过此处说遣相证性，并不同于旧译家(真谛、菩提流支等)所言遣除一切依他起的现象，而只是伏断依他起(染分)法的知解、分别。从前陈那的《掌中论》里，曾依据《摄大乘论》所说作了一个很精采的颂："于绳作蛇解，见绳知境无，若了彼(绳)分(麻)时，知(绳知)如蛇解谬。"这就是观中伏断依他起法知解的扼要说明。依他知解既断，所缘染相自然不会当情而现。不过这还是观中境界，应该再联系到践行，用对治法门，逐渐引生、巩固了种种净法(也就是依他起法的净分),代替了染法的地位,这才得着转依的实效,而圆满唯识的观行。

七　慈恩宗对于因明的发展

跟着对法研究里论议法门的发达,因明一科便在瑜伽学系中成长起来。到了世亲以后,经过陈那的改组,护法的活用,更觉面目日新。玄奘去印度求学,恰遇到这个时会。他所精通的唯识学说,好些有关系的问题需要论证或辩难的,都和因明分不开来。他临回国,在戒日王所主持的无遮大会上立了个"真唯识量",更创造了运用因明达到极峰的记录。因此,他回来传译很早就有因明论书的译本(因明小论即《入正理论》于贞观二十一年译,大论即《正理门论》于贞观二十三年译),造成他门下热烈学习的风气。接着他又翻译了活用因明的示范著作《掌珍论》(贞观二十三年译)及《广百论释》(永徽元年译),使学者更得着实践的参考。到了永徽六年以后,因为吕才误解因明理论的缘故,玄奘在这方面的传授上更特加注意。此时恰巧基师来受学,不久即参加译事,而有《成唯识论》的杂糅;因明和唯识的配合应用,在这里又充分表现出来。相传玄奘单独为基师讲唯识,圆测去窃听,抢先著述,基师不安,玄奘对他说,测虽能替唯识论作注解,却不懂得因明;便以独传因明之秘允许基师(见《宋高僧传·基传》)。这些话虽不尽可信,但也足以想象到因明和唯识关系的密切,以及基师对于因明别有拢长之处,而因明传授成了慈恩宗的特征,更无待多说了。

现在,就从基师的重要著述《成唯识述记》及《因明入正理论大疏》里,可以见出慈恩宗所传因明对于原来说法有怎样的发展。这里且举几点:第一,因明的性质开始偏重辩论的技术,随后渐变为论证的、推理的乃至认识的学问。但慈恩宗所传的只着重于辩论、论证方面。尽管陈那最后的著作《集量论》已用知识论为主题，而玄奘舍之未译，却选择了简持立破真义的作品《正理门论》。又陈那的门下当然会涉及因明的各方面来著述发挥，而玄奘只拣取天主以立破为纲领的《入正理论》译作《理门论》的初阶。这些都表示出玄奘看因明的辩论、论证性质更加重要。《入正理论》特别对于三支比量的格式研究入微，分析三支立言的过失有三十三种之多。其中种种的相违过及相违决定过都曾一时流行奉为典要，而到后来便不采取了。但在慈恩宗对于这些却有更精细的发挥，且迈进了一步。第二，三支比量因为立言的过失纷繁，应用起来不免随处束缚而范围狭隘，其后便开出寄言简过的法门，允许在形式上预先加以区别。这不但照顾了立说的用意所在，并还可预想到辩论的应付而留下伸缩的地步。再进而依着立言所对的人、所站的地位，将"因"分别出自许、他许、共许的三类以便自由地应用。这些方法的创造虽已早见于护法、清辨的著书，但细致而又具体地加以组织乃出于唐人之手。像玄奘在印度时曾经改正了胜军成立大乘是佛说的一个比量，又自己建立了真唯识量，后来基师更破斥了新罗顺璟的唯识违决量，都可见出慈恩宗如何发展因明立量的方法。第三，关于立破的理论方面，慈恩宗在翻译的词语及解释的分析上表示很周详的用意、很精密的心思。像因的三相，原来只说因是所讨论的事物上所具备的，又在同样有所立主张的事物上也会有，而在没有那样主张的地方便没有（因）。但到了玄奘的翻译加以斟酌，特译成"遍是宗法性""同品定有性""异品遍无性"，其中"遍"字"定"字都是用来简别不明了的过失的。另外，对因分析出言、义、智三类各有生、了，而成为六因，又对宗分析出体、依的两层，乃至三支的减缺过失，也区别出言、义的不同，这些都是在理论上进一层的发挥，而值得注意的。

八 慈恩宗的盛衰

慈恩宗的开创虽可上推到玄奘（公元600—664年），但实际立宗的人是基师（公元632—682年），寻常便称他为慈恩法师。他在玄奘门下算是后进，尽管他才气横溢，著作等身（有百部疏主之称），而当时擅长瑜伽的有慧景、神泰、文备，讲究唯识有圆测、慧观，通俱舍的有普光、法宝，解因明的有靖迈、文轨，他们对于基师都是前辈，又都亲近过玄奘的讲筵，听到很多口义，而各自有其传述，因此当时议论还是很纷歧的。后来经过基师的弟子慧沼（公元650—714年）努力料简，著了《能显中边慧日论》来破斥法宝对于五种姓的反对说，另著《成唯识论了义灯》批判圆测、道证的旧疏，又作《因明入正理论义纂要》简别文轨等异义，这才使各方面的学说定于一尊，而慈恩宗势也以此时为最盛。跟着有他的弟子智周（公元668—723年）著述阐扬，对于唯识因明的学说有许多补充（他的重要著作有《成唯识论演秘》及《因明入正理论前记、后记》等），但因为弘传的地区偏在河洛一隅，于是给予他家异说竞起的机会。像在基师当时已有酝酿的华严宗说，还有比较接近一般人士的净土宗、禅宗之说，都起来与慈恩宗相争，它的宗势便骤然衰落了。

这样，慈恩宗的兴盛只短短的三数十年，对于那时佛学界虽也发生了相当影响，而他们的主张极端，特别是种姓决定、三乘是实之说（在这一方面，他们重视了种子本有说，以为是更基本的，有过于新熏，未免和学说史实不符），引起论敌的反响，更加深了一部分人对于旧说的固执。由此，他们原想融会印度晚出而精密的理论来组织一代的佛学,却没有能如愿以偿。不过,就他们所努力发挥的义理和精确传述的资料而言,在中国佛学的发展上,是有它重大的意义的。印度佛家的面目,无论是小乘或大乘,龙树、提婆,或无着、世亲,历来为翻译讲说所模糊了的,到慈恩宗才一一显露了真相。而在学习与践行方面,由于唯识、因明理论的启发,使学者知道如何的正确运用概念、思维,以及从概念认识证得实际而复反于概念的设施,这样贯通的真俗二谛的境界,学行的方法也才得着实在。要是更进一层推论,大乘佛学发达到无着世亲的一个阶段,固然为纠正当时恶取空见(这是由于误解龙树缘生无性理论而生的偏见)的自然趋势,但也和时代思潮有密切关系。那时印度笈多王朝统一了分崩的政局,随着社会经济的繁荣,文化方面有了更新、向上的要求,原来佛家过重空观的流弊所至,因任自然而偏于消极,与此思潮相反,就不得不有一大转变。像无着世亲等所主张的种姓说,即带着当时社会阶级转化情形的反映,而他们用佛家一贯反对阶级制度的主张来贯穿,基本上原有争取不定种姓由小入大成就一乘(相对的说)的用意。至于唯识观的提倡,以转依为归宿,这不只发明一切现象的实相为止,并还要转变颠倒、染污的现象都成了如理、清净,显然须从现实的革新下手。这些在当时是具备积极、进步的意义。而其精神到后来也得着随分发扬,未尽消失。慈恩宗尊崇所闻,如实传播,虽说走向极端,却依然能令人于中领会此意。我们只看,梁代时真谛初翻无着世亲之书,就招致"有乖治术"的批评,备受阻碍,不能流行,到了慈恩宗对无着世亲学尽情宣布,兴盛一时之后仍旧归于衰歇,不也可见它的本质未变,也会和当时的"治术"不协调而间接受到打击吗?那末,泛泛地说慈恩宗因各家异说的竞争以致衰落,倒又是表面的看法了。

华 严 宗

——唐代佛家六宗学说略述之二

一 华严宗思想的来源

也像天台宗将一宗的远祖归结到行事难详而学说不明的慧文禅师那样,华严宗将远祖归之于行事学说都不明了的杜顺禅师。本来从东晋元熙二年(公元 420 年)《华严经》译出了整部的经文以后,它在北方很为流行。北魏昙无最师弟就曾讲说过几十遍,并还著有文疏。后来刘谦之(公元 477 年顷)灵辨师弟(公元 520 年顷)等,都有大部注解(刘注传说有六百卷之多,灵注也有一百卷)。同时公元五〇八年顷,菩提流支等将《华严经》中心部分《十地品》的世亲释论(即《十地经论》)传译过来,理论上更有了切实根据,创宗(地论宗)分派(南北派),一时支配着北方的佛学思想。但后来发展的华严宗并非单纯地从这上面汲取源泉,另外它还有统一当时各宗各派新旧异说的企图。尤其重要的是在构成判教、观行的理论上很多采取天台、慈恩两宗收获的地方,表面上却又带着批评两家的色彩。像后世传说,华严宗实际创始者贤首曾经参加过玄奘的初期译事,因不满意新译的理论而愤然退出(见《续高僧传·法藏传》)。考之实际,玄奘逝世的时候(公元 664 年),贤首才二十二岁,过了六年而后出家受戒,如果他真参加玄奘的初期翻译,那时不过是个十来岁的青年,如何可能? 那种传说,无非是华严宗人的饰辞,用来掩盖本宗因袭慈恩家理论的形迹罢了。

杜顺(公元557—640年)原名法顺(因姓杜,改名杜顺),是个禅者,尝从因圣寺的僧珍学习,当时盛传他们有种种神异的事迹,至于所传禅法如何,不甚明了。但华严宗推崇杜顺,是说他曾经著述《法界观》和《五教止观》的缘故。换句话说,就是以华严宗的中心思想——观行方面的无尽缘起说和判教方面的五阶次第说,都归之于杜顺,表示和稍后的天台、慈恩的学说无关。但是那两种著述是否真为杜顺手笔,颇有疑问。尤其是《法界观》的本文,夹杂在贤首所著《华严发菩提心章》里面,经过清凉(澄观)圭峰(宗密)师弟二人的疏解,方才阐明出来,而以《法界观》为杜顺之作,也始于清凉的时候,这就很觉可疑了。再看它的内容,分作三重法门,第一真空(理),第二理事无碍,第三周遍含容(事事无碍),骨子里全用"理""事"为依据,而特别着重"法界"之包含一切。这样思想显然发源于《庄严经论》,而详细具备于《佛地经论》。《华严经》本以佛的境界做对象,来发挥佛境原是众生心地所具的理论。华严宗应用"理""事"乃至"清净法界"作佛境的具体说明,自然是在《庄严经论》和《佛地经论》译出以后,才有可能。那末,华严宗思想的真正来源,一部分属于慈恩宗,可无庸怀疑。不过以"法界"为一心,又牵涉到"如来藏"的功德本具和随缘不变,其中很受了《起信论》一系的思想影响。可能就从这一点上,后来便生出贤首不满意新译的传说,因为慈恩家曾经批判了《起信》的思想,而贤首却尊重《起信》,所以反过来不会满意慈恩的新说了。

关于华严宗学说开始的传承,早年日本的佛学界曾有过激烈的争辩。先是境野黄洋主张推翻旧传的华严宗世系即杜顺、智俨、贤首三代说。他以为华严宗的杜顺始祖说乃出于后人的伪托,实际最初是智正、智现、贤首三代相传。在《续高僧传》里虽然说到智俨和杜顺有师弟的关系,却无华严学说传授的明文。后人也说智俨的华严学说得之于至相寺的智正,但智正的传文里说他所传授的是智现,并无什么智俨,这或者是俨现两字声音相近而误传为一个人吧。所以华严宗开始的真正传授,应该是智正、智现、贤首三代(参看《续高僧传·智正传·杜顺传》卷十四、卷二十五)。境野以后有铃木宗忠,根据古人凤潭、觉洲两家的旧说,也否认了杜顺初祖说。那两家都是日本的华严宗学者,他们跟当时的真言宗徒辩论华严的宗旨,旁及杜顺。因为真言宗的空海用十住心的说法判教,认华严为第九极无自性心,并非至高无上。华严宗反对此说,以为此判根据清凉的著作,而清凉实际不是贤首的肖子,他对贤首的学说早已有所改变了,因此,清凉、杜顺为华严宗祖师之说也连带被否认了。铃木据此说华严宗创始者是智俨。智俨关于华严的著述有《搜玄记》等,沟通地论师的学说,并注意到光统律师文疏中的别教一乘说(这对同教一乘而言),开出了新的判教道路,所以推崇他为实际的创宗者。跟着,宇井伯寿也主张华严宗的最初传授为智正、智俨、贤首三代。但最后据常盘大定的考订,仍以杜顺为华严宗初祖,并还以《法界观》为杜顺的真正手笔(见常盘著《华严宗传统论》及《续论》)。现在看这些议论,都是还待商量不能成为定说的。

二 智俨和贤首

尽管华严宗最初的几代传承存在着一些问题,但在贤首本人却是自认所学出于智俨的。贤首曾经编了一部《华严经传记》,记载有关《华严经》的翻译、传播、讽诵、书写等等方面感应的故事,其中第三卷就有智俨的详传(《续高僧传》仅在《杜顺传》中附见智俨的事,只寥寥数句)。据他所传,智俨是天水人,公元六〇二年生,十二岁就跟神僧杜顺出家,顺嘱上座弟子达法师教他。后来遇着两个梵僧来游,又教了他的梵文。十四岁,他受了沙弥戒,时值隋末兵乱,就跟法常学习《摄论》。进受具戒以后,到处参学,遍听了《毗昙》《成实》《地持》等论,《十地》《涅槃》等经,并从静琳博学。因为所学的太广泛了,反迷失了方向。一天,他在“经藏”前立誓要专学一种,便信手去取,得着《华严经》,于是他专学这部经。当时至相寺智正恰恰在开讲《华严》,他便去旁听,并还搜集了种种注解,特别满意于光统文疏的别教一乘说和无尽缘起说。在贞观八年(公元 634 年),他又得着异僧的启发,立教分宗,著了经疏《华严经搜玄记》。但是他很虚心,不急急地求声誉,直到暮年方才发表、弘扬,不久(公元 668 年)就去世了。从这个传记上看,智俨的学说固然不是杜顺所传授,并且和智正没有密切关系,乃是很远地受了慧光(即光统)的影响。这只要看他的提示一经大纲的《华严孔目章》中间涉及五教的地方,完全依据慧光的渐顿圆三分说,开渐教为“始”“终”,又加小乘一种,这样成为五教,便可明白立说的渊源。不过五教的名目在《孔目章》里,还没有固定,有处说小、初、熟、顿、圆,有处说小、始、终、顿和一乘,有处又说小、初、终、顿、圆。可见这时还在草创,未下断语,一直等到贤首的学说大成,才有确切具体的说法。

就在智俨的传记中,贤首说只有他自己和怀齐是俨的高足,但怀齐秀而不实(大概是死了),那末,得着智俨学说的真传的仅仅是贤首一个人了。贤首所以能够恢宏师说,这和他的经历不无关系。依据后来新罗崔致远替贤首所作的详传(即《法藏和尚传》收在日本《大正大藏经》第五十卷内),贤首(公元 643—712 年)原名法藏,是西域康居外侨,所以也称做康藏法师,贤首为《华严经》中菩萨的名字,乃是武则天给他做称号的。他十七岁时,依止灵华寺智俨学华严,前后九年。俨临终,嘱付弟子道成、薄尘(都是当时参加日照三藏译场的证文大德)说,这个贤者(指法藏)很留意《华严经》,能够无师自悟,绍隆遗法,幸而假你们的余光,使他剃度。过了二年,到咸亨元年(公元 670 年)武则天舍住宅为太原寺,度僧,他才出家,受沙弥戒。他还没有进具,就得了允许登座讲经。从此时起,贤首常常参加翻译,又努力从事解说,著述。他开始遇着日照,听到印度智光有和戒贤相反的三时判教说,是以无自性为究竟理论的,觉得有了反对慈恩宗三时说的根据。继而知道日照从印度带来的梵本中,有《华严经》的《入法界品》,特为请日照译出来补足晋译《华严》的脱文。等到实叉难陀重新翻《华严经》,贤首也参与其事。后来义净和提云般若的译场,他都参加了,并且提云般若译出《法界无差别论》,还特为作疏,发挥新义。贤首平生的经历,这样和《华严经》有关系,无怪他能广事宏扬而自成一种规模了。他曾讲说经文达三十几遍,著述一百多卷。除了《探玄记》的大部(二十卷)而外,像《五教章》《华严指归》《游心法界记》《华严三昧观》《妄尽还原观》等,都是很著名的。《游心法界记》的稿本一向都被看作是杜顺的《五教止观》,以致错认五教之说也发源于杜顺,直到现代才分别清楚了。总之,智俨所创的教观新说,得到贤首详尽的发挥,才成为完整的组织,所以华严宗的实际立宗者不能不推贤首。

贤首的学说,在他死后不久,就为弟子慧苑所歪曲(像改五教为四教等等),后来虽有清凉、圭峰加以矫正,却又偏向唯心,附会禅说(圭峰议论里很推崇荷泽),渐渐失掉纯粹性。到了宋人,简直视清凉、圭峰和贤首是一般见解,强调《起信论》真如随缘的说法,而以终教为圆宗。日人凤潭、觉洲师弟曾经对此点努力辩白,极端指斥清凉等人的错误,想要恢复贤首学说的真面。但是现在细看贤首晚年的著作,像最成熟的思想表现在《妄尽还原观》一书中的,概分华严为六类,都用《起信论》相贯穿。并且贤首学说最精采的所谓"性起"说,骨子里也不外乎《起信》所讲全水为波,本末赅彻等思想,这又何怪清凉、圭峰立说会有偏差呢?贤首的著述,唐末即绝迹于国内,后人只知道清凉等学说,也不为无因。宋绍兴中,虽然从高丽取回贤首的好些著作,并还刻入《大藏经》,但流传不久,又湮没无闻,并未发生多大作用。

三　五教的判释

在中国佛学里,判教的说法是从南北朝以来就开展着的。经隋代到唐初,前后百余年间,著名的判教不下二十家。华严宗继承了这些说法,再来加以判释,按理是应该作得出一篇好总结的,但是交出来的卷子,却是显得很勉强而又软弱无力的一种"五教说"——小、始、终、顿、圆。这虽然受着智俨创作者的限制,而组织其说的贤首所用的方法和所持的态度,也是很有问题的。第一,他对于从前的各种异说采取调和的态度,没有给予彻底地批判。这或者是华严自宗所说全摄并收、圆融无碍之一例吧!贤首在他判教的基本著作《华严一乘教义分齐章》里,略述十家立教,作为龟鉴,这就是一、菩提流支的一音教;二、昙无谶的渐顿二教;三、光统的渐顿圆三教;四、大衍的因缘、假名、不真、真实四教;五、护身的因缘、假名、不真、真实、法界五教;六、耆阇(安廪)的因缘、假名、不真、真、常六教;七、南岳、天台的藏、通、别、圆四教;八、江南愍师的屈曲、平等二教;九、光宅法云的三乘、一乘四教;

十、玄奘的转、照、持三法轮三教。上面所举十家前六家比较为旧说,后四家比较为新说,大都推崇《华严经》为最尊最上,只有玄奘之说概括不了《华严》(依着贤首是这样讲)。不过重视《华严》的各家,实际上观点并不一致,贤首却不加分析,平等推崇,以为"立教诸德并是当时法将,英悟绝伦;历代明模,阶位莫测"。于是结论说:这些异说并非好奇,不过穷究三藏,就会看到种种出入的地方,不得已各人立教开宗,用意仍在会通疑滞,以见教说差别各有所宜。贤首对十家的判教既作如此调和的论调,他再来另为五教的判释,自然脱不了"契机"的一格,而不会显出什么特色来了。

其次,贤首又过分受了天台判教的影响,无法摆脱它,这也是它立说的一个弱点。在贤首以前各家的判教里,天台通过了对于当时流行的种种异说(所谓"南三、北七")的批评,而构成四教判释,本属相当有力的,但也不过用天台一家的观点而已。贤首却在此基础上略加补充,表面上添了一个顿教,其余改藏教为小,改通、别为始、终,实际并没有多大变动。这种因袭,在华严本宗并不讳言,清凉就曾说过:贤首所说大同天台,只加顿教(见《华严经疏钞序》)。但是,天台也说到顿教,而将它和渐、秘密、不定三教一同放在"化仪"之内,至于藏、通、别、圆四教则是属于"化法"的。天台这样将五时八教分成形式和内容两种不同的范畴来说,是合理的。贤首硬把它们混为一谈,使得一种分类里用上了两个标准,在逻辑上显然是犯着根本错误的。因此,到了贤首的弟子慧苑便表示不满,要更张五教,另依《宝性论》来建立四教,是不无理由的。清凉对这一层却作了很牵强的辩解说:天台四教无顿,现在别开的缘故,是显示绝言另为一类离念的根机。这就是随顺了禅宗。依我们的看法,禅宗原来是自居教外的,这里混宗与教为一，岂不和判教的本意冲突了吗？如果仅用这一点说明华严宗的五教超过了天台的判法，那理由未免太薄弱了。

最后，在五教说里也含着义理本身的种种矛盾，贤首并没有用更好的方法去克服它，只是含混地予以统一了事。因为五教的实质依着三乘而分，小教即小乘，始终顿都属于大乘，圆教则是从大乘开出来的一乘。这里还另有一种说法，始教是大乘，终顿圆都属于一乘。这叫做"后三一乘的三一判"，和上面所说"后一一乘的三一判"有所不同。可是无论如何，三乘的各各区别乃依据种姓的差别，而种姓的理论在各教里大有出入，有的认为种姓决定，有的认为不定；有的承认"无种姓"，有的又不承认。现在合拢这些不同的见解，硬加会通，只说本来具备而随机发现，却没有一个确实的解决，这也过于抽象化了。贤首的五教说包含着这些缺点，他到了晚年，似乎特别有所感觉，而发生进一层的看法。就在他的小品著作《金师子章》里，他随事指点，说出了缘起、色空、三性、无相、无生的道理，同时也说出五教的意义，以为因缘是小教，无自性空是始教，幻有宛然是终教，二相双亡是顿教，情尽体露是圆教。这种说法，显然从缘起方面展开，并还含有辩证的意义，而和他所作《游心法界记》里应用五教的联系来讲五种止观（小是法是我非，始是缘生无性，终是事理圆融，顿是言尽理显，圆是法界无碍），用意正同，都是想撇开天台判教的看法，而另作一种新的解释的。不过以圆教属华严，和佛说法的次第以及佛教流行的先后（传说《华严》为佛成道后最初的说法，而流行比较在后），都配合不拢来，倒不如天台家以《法华》《涅槃》为最后佛说，更来得自然。另外，贤首的五教判释，也有在同教一乘之外另眼看待别教一乘的用意，这当然是对天台而发，同时也料简了慈恩。推究它的根据，在于《法华经》里说临门三车和通衢牛车有别,所以谓之别教一乘。天台之称一乘,仍在三乘范围以内,只可说同教,有时也可判为终教。至于对慈恩则判属始教,连同一乘都说不上了。我们想,贤首讲到别教一乘的义理分齐,也尝应用三性和种子六义做基础,都落于慈恩立说窠臼,而又故意抑制慈恩,门户之见也太重了一点。

四　六相和十玄

在贤首的《华严一乘教义分齐章》里,举出别教一乘的四门义理,后二门是与他教不共的,即所谓"十玄无碍"和"六相圆融"。这二门的性质属于"观法",要是依从理论的次序,应当颠倒过来,先说六相,再说十玄,现在并归一节来谈。华严宗主张的观法,要随顺着普贤的境界,也就是缘起因的部分,至于诸佛自境就属于性海果的部分,离却言语心思而不能解说攀缘了。这里所谓缘起,指的是"法界缘起",它的相貌无尽圆融,在《华严经》里处处说到的各种世界、人物、行事乃至一切现象,几乎都是用来形容它的。不过经文浩瀚,又很散漫,其中条理并没有明白指点出来;直到世亲作《十地经论》,才透露一些线索。他依着初地十愿里第四大愿所说菩萨行用六种方便构成广大无量无杂的论点,阐明了通释全经各样十句的法门,而举出发凡的实例。这就是:经文开头解释由通达佛法而入佛智的一段,先有十句说明。第一句当于总相,其余九句为别相;又第一句是同相,其余是异相;又第一句为成相(这是用魏译术语,其实应作略相或合相),其余为坏相(实为广相或开相)。由此类推,经中所有十句都可用六相去解释。云华智俨更从这上面体会到华严法界缘起的相貌也不外乎这六方面,于是用来解释一切缘起的现象。贤首跟着加以发挥,在他所著的《教义章》里,举了房舍和橡瓦的譬喻,房舍是总是同是成,而橡瓦等是别是异是坏,由此见出因果同时,一多相即,自在无碍的道理。《教义章》的末尾并还有总结六相的颂文说:"一即具多名总相,多即非一是别相,多类自同成于总,各别体异现于同;一多缘起理妙成,坏住自法常不作,唯智境界非事识,以此方便会一乘。"这可看作贤首发挥六相说所得的结论。

有了六相的启发,智俨更进一步寻绎《华严经》所说缘起法相的条理,而发明了"十玄"的说法,这是在经、论里都未见有明文的。智俨原用理事(也就是体用或性相)并举贯通来成立他的理论,贤首继承了这样思想,很费斟酌,才有定论。最初,《教义章》用教义、理事、解行、因果、人法、分齐境位、师弟法智、主伴依正、随其根欲示现、逆顺体用自在等十门概括全经的义理来组织十玄,就改变了智俨所说的次第,成为同时具足相应、一多相容不同(原第七)、诸法相即自在(原第八)、因陀罗网境界(原第二)、微细相容安立(原第四)、秘密隐显俱成(原第三)、诸藏纯杂具德(原第五)、十世隔法异成(原第六)、唯心回转善成、托事显法生解。后来,贤首建立"法界观",联系到十玄,又变动了它的次序,除第一句而外,几乎全盘都改了。改后的次序是:同时、诸藏、一多、诸法、秘密、微细、帝网、托事、十世、唯心(详见《探玄记》),这觉得更合于逻辑。最后,贤首对于十玄的名称又加改动,第二诸藏纯杂具德改为广狭自在无碍,第五秘密隐显俱成改为隐密显了俱成,第十唯心回转善成改为主伴圆明具德。这是要将十玄归到事事无碍方面,而摆脱了理事交涉的痕迹,所以改了第二门的名称。另外,又要避免唯心说法的宽泛,而特别显出"自性本具"来,所以最后一门的名目也改了。这可说是贤首的定论(详见清凉

《华严经疏》)。至于十玄门的意义,可借用《华严经疏》所举的譬喻作为说明。第一同时,好像一滴海水便具备百川的滋味。第二广狭,好像一尺镜子里见到千里的景致。第三一多,好像一间屋内千盏灯光的交涉。第四诸法,好像金黄的颜色离不开金子。第五秘密,好像片月点缀天空有明也有暗。第六微细,好像琉璃瓶子透露出所盛的芥子。第七帝网,好像两面镜子对照着重重影现。第八托事,好像造象塑臂处处见得合式。第九十世,好像一夜的梦便仿佛自在地过了百年。第十主伴,好像北极星的所在被众星围绕着。这些譬喻虽属简单,但是十玄的要点也可以想象得之了。

其次,十玄的主要典据是《华严经》的《贤首品》。这一品说菩萨行的功德殊胜,实际是三昧境界,并举了佛的"海印三昧"和普贤的"华严三昧",由此华严宗的观法也就归结于这两种三昧。从这中间见到的缘起境界都是同时具足(相当于第一玄门),而又主伴圆明(相当于第十玄门)。而各各现象之间的关系又不限于数量的多少、大小、广狭,乃至性质的异同,都含有相即相入的意味。这是最适合的譬喻就是因陀罗网(帝网)。贤首有时也曾用了十方镜子的交互反映来说明它们无穷无尽的关系。如此看法,可说是以空理通于一切做根据的。事实上好像难以相容,但通过空理便见其无碍了。所以十玄的观法仍旧要有"法空观"为准备。另外,华严宗用十玄解释缘起,意在发挥"性起"的理论,以为"此心"本来具足一切功德,不假修成而随缘显现,佛和众生只有迷悟的不同,主伴的各异而已。华严宗就从这种论点和天台宗所谓"性具"立异,而中国佛学里"一切现成"的思想发展,到此也可说是登峰造极了。

五　略评

上面已经说了华严宗的思想渊源和它关于教观方面的特点，现在来略加批判。这一宗所依据的《华严经》体裁是特别的，它并不像《般若》《宝积》等大乘经典集合好多思想相近的典籍构成丛书的形式，它是由七处八会（这就晋译本的结构说）一种种积累起来，再加贯串，变为整然的结构。唐人也传说《华严经》原有极其繁广的底本，所谓上本数量难计，中国译出的只是下本十万颂的节略三万六千颂（依唐译本和西藏译本计算实有四万颂）。但从文献史上考察，此说全不可信。不用说印度现存《华严》一类的原本只见《十地经》《入法界品》《普贤行愿品》等零部，即在从前大乘各家论著里，由龙树的《大智度论》直到寂天的《集菩萨学论》所引用的《华严》一类经典也不出于这几种，足见印度原来就没有《华严经》的完本。再从中国的译经史上看，在晋代觉贤译出六十卷《华严》以前，也只有些独立的小品翻译，等到于阗一再输入大部原本，才译成整体结构的《华严经》，这说明了《华严经》可能是在西域地方从各小品集为大部的。隋代阇那崛多和唐代玄奘都传说于阗邻界的丛山中遮拘迦国收藏着各种大乘经本，《华严》即在其内（见《历代三宝记》卷十二、《西域记》卷十二），而译本经文《诸菩萨住处品》也说到中国的清凉山（山西五台山）和那罗延窟（山东牢山）。由这些线索可以证明《华严经》的编纂地点不会离中国太远，或者即在西域的遮拘迦国也未可知。现在依照这样看法来理解《华严》一经的内容，无妨说它是用《十地经》《入法界品》和中国译出很早而又相当于《如来名号品》的《兜沙经》三类主要思想做骨干，来构成一种体系的。《兜沙经》发挥大乘关于十

364

方佛法的根本思想(兜沙原名即系十方的意思),并还十十相重地显示佛土无尽佛法无尽的"大方广"境界。《华严经》就用它的思想发端,所以称做《大方广佛会经》(西藏文译本保存梵名"阿瓦坦萨甘"即是"聚会"的意思,又经文里的"华严三昧"也作"佛会三昧")。其次,《十地经》充实《般若经》所说大乘菩萨不共十地的内容,并一贯地用十数结构作圆满的说明,这样又成为全部《华严》的中心,在它的前前后后重复演绎出十住、十行、十藏、十回向、十定、十通等层次,而建立了各种品目。另外《十地经》的要点在于十地进程依着发心的辗转增胜而自成阶段,实际则系属于菩萨的愿行。菩萨之称为摩诃萨(即大士),就因为他心愿的广大,行事的广大,乃至所作事业利益众生的广大,这些也成为《华严经》的中心思想。最后,《入法界品》在龙树的《大智度论》里引用时称为《不思议解脱经》。这指佛地的境界说为不思议解脱,而由清净了的法界构成,所以能入不思议解脱法门的也就能入法界。在这一品里借善财童子作过渡人物,由代表般若思想的文殊愿行逐渐转变为代表华严思想的普贤愿行。善财所参访的诸位善知识都是对于不思议解脱或者法界已经有了部分证悟的,集合拢来自然体现了全法界清净的境界。因此内容丰富,原来作为独立的经典流行。龙树时代以后,这一经的序文才结合了十方佛土思想而另有开展,就说成祇洹佛会上十方大众云集,而得了"健拏骠诃",即"众会庄严"的名称,后来由于流通地点方言转变,又称为"健荼骠诃",即"华茎庄严"或"华严"(西藏文译本保存的原名如此)。大部《华严经》在《兜沙经》《十地经》的思想基础上,更结合了《入法界品》,发展无尽缘起理论和普贤愿行实践相一致的大乘理想,于是也就直接用一品的名目来做全经的题号了(关于这一点,可参照清凉《华严经疏》卷三)。

我们这样理解《华严经》的主要内容，并判定它的特点，就可以说华严宗依照此经建立宗义，从典据上看，是有好些地方值得商量。先谈理论。《华严经》里所有无尽无碍缘起的义理，很明显地乃从《般若》思想展开而来。它根据《般若》的"法性本净"传统看法（这也就是诸法都有获得清净效用的素质的看法），进一步阐明法界诸法由于性净而形成平等，乃至等同一体，这样得到了一多相即相入的无尽无碍等概念。贤首应用十玄门对这方面的解释，却侧重唯心而发生了偏向。他虽然最后也避免用"唯心"的名目，可是实质上以心色来分主伴还是显然有差别的（参照上文第四节）。因此，他著《华严经旨归》就强调着无尽缘起十种因仍以唯心无性为本。这和《华严》原意是不尽相符的。《华严十地品》的第六地说到观察缘起有"三界唯心"一句话，后世瑜伽一系的论著也时常用它作论据，好像唯心思想本来就发生于《华严》似的，不过依照世亲《十地经论》的解释，经文用意在对治凡愚不明白向何处去求解脱，所以特别指出解脱的关键所在，应当就"心"即人们意识的统一状态所谓"阿赖耶"的部分去着眼，这并不是说由心显现一切或随心变现那样的唯心，当然不能据此曲解《华严》思想为唯心一类的。再说践行。《华严》原用菩萨十地做中心，所谓"普贤行"就和十地联系着来具体显现。在华严宗虽然也重视普贤行，像《华严经旨归》即指出由一普贤行遍一切行，并由一行贯彻到究竟，但这些说法都很抽象，并未能切实地结合到十地而示人以规范。尽管十地之说有了世亲的注解比较实在，而由于教判的拘束，将它划入始教的范围，基本上就未能予以重视的。还有，普贤行的枢纽在于始终一贯的"愿心"，这一点在华严思想发展到四十卷《华严》的阶段最为突出，贤首创宗的时候还未及知道,便也不免忽略了。由此,在华严宗的宗义里,无尽缘起说并没有能够很好的和普贤行愿结合起来发挥这一宗的特色,华严宗徒虽然竭力阐扬法界观乃至六相十玄等等观法,但不自觉地停止在静观的阶段,实际的意味很为淡薄,说得厉害一些,仅仅构成一精致的图式而已。后世天台家很不满意地给以"有教无观"或者"有观无行"的批评(参照《佛祖统纪》卷二十九),在我们看来,这并不算是苛刻的。至于华严宗的教判也多可议之点,上文第三节已约略说到,现不再谈。

另外,我们还可以略为推论《华严》无尽缘起说的社会根源,来作华严宗思想方面的批评。在印度,华严一类经典是当公元第二世纪中顷先流行于南方的。这只要看经文的重要部分《入法界品》以福城做根据地,并提到当地的大塔,便可了然。福城即是东南印滨海的驮那羯磔迦城,大塔又就是阿摩罗跋提塔,各有实地实物可考。而从现存大塔的栏柱铭题上看,塔建于公元一三〇年以后,提到它的《入法界品》当然更要迟出了(参照高峰了洲《华严思想史》9—13 页)。那时候正是崛起于南方的案达罗王朝的盛期,在社会制度上由四种姓结合着南印土著间原有的"阇提"区别(这是从血缘上职业上划分种种氏族,不通婚媾甚至不相接触的特别制度),使阶级制度变得极其繁复,逐渐分化阶层到千种以上。佛学家的立场一向是主张消灭阶级的。他们对于四种姓以及七阶级(这是阿育王以前的北印社会的区分),曾经从人们生死的本质相同的理论基础上反对这样人为的歧视(参照《摩登迦经》《虎耳经》)。到了这一时期,阶级制度变化了,他们主张人类平等的内容自然也有些不同。《华严经》的无尽缘起思想从一方面看不妨认为反映了通过阶级所见到的一多变化相即相入的现象,同时又表示着从人类素质相同得有平等的意义。换句话说,《华严》的缘起理论不单是解释"自然"的,而着重在分析"社会"的。当然,在指导行动上,凭借这一点理论基础还嫌不够,所以后世佛学家更进而从人们对于社会共同认识的根源上,推动性质的转变,来贯彻消灭阶级间不平等的主张,这便是"转依"学说的一种来源。从龙树时代到无着、世亲时代,印度的社会制度大体维持着上述的情况,有关《华严》的思想、理论,也就依照上述的进程而发展。但是《华严经》一再传来中国经过华严宗的解释阐扬以后,所表现的思想就大大的不同。无尽缘起说既然胶着在自然现象的看法上,丧失了社会的意义,而转依离垢的践行也变成根据于一切现成的反本还源。这样变化的原因,一方面是由于华严思想原有的社会根源不存在于我国就难以索解那些思想的实质,另方面又由于受了当时盛行的《起信论》思想的影响,不期然地会和它声气相通(关于华严宗思想和《起信》的关系,已在上文第二节末段说及,可以参看)。《起信论》思想发生于周末隋初,正当佛教一再受到破坏而重行抬头的时候,佛徒和统治阶级相结合着要求巩固经济方面共同的利益(特别是有关土地的剥削),它恰给以有力的帮助。所以它的思想实质会那样肯定现实基础的价值(所谓清净本然),又那样采取保守的途径(所谓归元还净)。华严宗在这一思想的笼罩下,自然对于《华严经》原来一些进步的意义会完全忽略不管了。由此,从思想方面说,华严宗和《华严经》各有分际,是不应混同的。

一九五四年七月二十日——八月二十日改正稿

禅　　宗

——唐代佛家六宗学说略述之三

一　禅宗思想的源流

禅宗的"禅"，原是止观的意思。止观方法即禅法，随着佛家的典籍，从汉末就传来中国。最初，安世高的翻译有好些和禅法有关，只是用"对法"分析的法数作止观对象，构成"禅数"形式，始终不出小乘学说的范围。大乘禅法的流行，远在其后东晋罗什、佛陀跋陀罗的时候。他们译出《坐禅三昧经》《达摩多罗禅经》等，介绍了各种方法，尤其重要的是"念佛法门"。由观念佛的相（三十二相）、好（八十随形好）、佛的功德（百四十不共法），以至诸法实相，都从念佛法门引申而来，却没有更上一着。到了南朝刘宋求那跋陀罗翻译《楞伽经》，列举愚夫所行禅、观察义禅、攀缘如禅、如来禅四种名目，而以具备自觉圣智内容的如来禅为止观的最高层，契合于"如来藏心"（这在《楞伽经》里看成真如异门）的攀缘如禅作它的阶梯，这样直截指示佛家实践的究竟和源头，便启发了当时讲究禅法的人去另辟途径。中国禅宗的思想即导源于此。禅宗所托始的菩提达摩虽然原来指的是佛陀跋陀罗所译禅经中的达摩多罗禅师，但是开始弘扬达摩学说的慧可（公元487—593年）、僧璨（？—公元606年）师弟都称为楞伽师，都用《楞伽》的经文来做实践的印证。后来三四传的道信（公元580—651年）、弘忍（公元602—675年）师弟受到《起信论》的影响,提出了"一行三昧"之说,似乎趋向转变,更接近《般若》的思想,其实《起信论》的最后根据依旧是在魏译《楞伽》的异义上面的。只有被看做得着弘忍真传的慧能(公元638—713年)才改变主张,用《金刚般若经》为正宗。这在一方面,由于当时《楞伽经》的传习已经偏重文句的疏解,不免名相支离,失却指导实践的精神,不能不求简要的典据。另方面,也由于当时有了无着的《金刚经论》这一种新注被译家介绍过来,改变了佛家一向对于禅的看法,而将禅的意义扩大了,不一定要静坐敛心才算禅,就在平常的动作云谓里,都可以和禅打成一片。慧能禅法的新主张,不无受着这样理论影响之处。

禅宗的畅行是在弘忍以后的事。弘忍定居在黄梅双峰山东的冯墓山,聚徒讲习,门下人才很多,杰出的就有神秀(公元605—706年)、慧能、慧安(老安,公元582—709年)、智诜(公元611—702年)、玄赜等十一人。神秀谨守规模,"特奉楞伽,递为心要"。晚年和他弟子辈义福(公元658—736年)、普寂(公元651—739年)去京洛,受到统治阶级的特殊推崇。慧能在岭南宣传他的简易法门,力求和平民接近,保持禅家开宗以来的本色。不久,得着弟子怀让(公元677—744年)、行思(?—公元740年)和再传的马祖(道一,公元709—788年)、希迁(公元700—790年)的阐扬,逐渐扩大学说的影响到江西(包括现今的湖南地区在内)一带,而与在北方占有势力的神秀一系成了对峙的形势。不过当时各家还都是顺着达摩以来的世系,排列次序为六代、七代;并且神秀门下所传《古禅训》说,"宋太祖时,求那跋陀罗三藏禅师以楞伽传灯起南天竺,名曰南宗,次传菩提达摩禅师"云云(见李知非序净觉《注般若心经》),所以秀门普寂便自称为南宗(见独孤沛撰《菩提达摩南宗定是非论》），他和慧能门下未见有何争论。直到慧能死了二十年之后，他的晚年弟子神会（公元668—760年）一再在河南滑台大云寺（开元二十二年，公元734年）、洛阳荷泽寺（天宝八年，公元749年）对神秀学系大加攻击，说他们"师承是傍，法门是渐"，只有慧能得着真传，才是南宗正统，堪称为第六代（这番议论详细记载在《菩提达摩南宗定是非论》，近年敦煌卷子里一再有此论断片发现，已可辑成一完全本子）。从此，慧能的学说更流行于京洛，而神会一系也自成为荷泽宗。不过，荷泽数传以后，和神秀系的北宗（这是神会论定是非以后，时人对于神秀系简别的称呼，但在神会的议论里，好像"南能北秀"早有定评，而南北两宗之说也流行已久了）先后衰落，反是怀让、行思两家得着马祖、石头（希迁）的继承，门庭日盛。到了晚唐，南宗传播地区愈广，教授的禅师也方便各别，遂有五派区分，却都属于两家的系统。此外，还有江西牛头法融（公元594—657年）一系，也称得着道信的印证，在传承中并杂有曾从僧璨同门宝月问学的智严（法融初传弟子，公元600—677年）和得法于弘忍的法持（法融三传，公元635—702年），因此，南宗各家也很重视他们，像荷泽宗的圭峰宗密（公元780—841年）所作《禅源诸诠集都序》说禅有三宗，又作《禅门师资承袭图》叙禅法五宗，都将法融一系包括在内。不过此宗祖述三论，主张"心寂境如"，以寂静虚明为归宿，说不到自性妙用的一边，不能算禅家的正宗。

另外，南宗自叙达摩以上的传承，从神会在定是非一场议论里依据《达摩多罗禅经》，说达摩是迦叶传来的第八代以后，便将禅宗向来公认求那跋陀罗为初祖而达摩为二世之说（详见玄赜门下净觉所撰《楞伽师资记》）根本推翻了。后来荷泽宗徒编纂《坛经》,更引用《付法藏传》的世系来充实这一说法,就以达摩为二十八世(依敦煌本《坛经》,这是在《付法藏传》二十三世以后再加上《禅经》的五世而成)。当时虽略有异议(像李华撰《左溪大师碑》,又佚名作《历代法宝记》,都说二十九世),但最后仍以二十八世为通说,不过于人名、次第稍加改动罢了(这可参考《宝林传》)。和世系说相连带的,还有一"传衣"的问题。南宗主张"从上以来,六代只许一人,终无有二,纵有千万学徒,亦只许一人承后";这"譬如一四天下,唯有一转轮王,又如一世界,唯有一佛出世"。但凭何为据呢?这便要衣法并传了,但说传法是不足置信的。神会在定是非的辩论里坚持慧能是南宗正统,其理由之一,即是"代代相承以传衣为信,令弘法者得有禀承,学道者得知宗旨不错谬故"。而弘忍将袈裟付与慧能也是事实,所以唐中宗尝说,"朕每究一乘,安秀二师并推让云,南方有能禅师,密受忍大师衣法,可就彼问"(见《全唐文》第十七卷《中宗诏》)。至于后来这袈裟的传授如何,神会说得很隐约,只说将来自有分晓,这至少表明他并没有得着衣传。据现存的唐代文献看,曹溪的传衣曾经于肃宗的上元元年(公元760年)取到宫中供养,不久,于代宗永泰元年(公元765年)又送了回去(见《全唐文·代宗诏》),以后便不明了了。《历代法宝记》也说到武后迎慧能去京未成,就取了传衣供养,后来落到智诜一系手里。那完全是虚构之说。不过,南宗传衣制度,似乎就到慧能为止(见《禅门师资承袭图》),所以向后"一华五叶",无妨平等齐观,不必再有这些枝节的争端了。

二　几种禅宗要典的思想

禅宗原来是自居教外,标榜着单传心印,不立语言文字的,但到后来,流传的文字记载却特别繁杂。历代著名的各家都有语录,固然不用说了,就是最初的几代祖师,传记里虽明说没有文记,或者事实上真是没有的,而现在仍旧流传着有关他们的著述。像创宗的达摩祖师,后世认为他亲说的著述就有好几种,甚至还有人将那些编成《少室六门集》。此外,三祖僧璨有《信心铭》,六祖慧能有口述《坛经》,这些都被后人认为是禅宗要典。其间虽还有是非真伪等问题,可是既为后人所深信,又实际对禅家思想发生过影响,即无妨看为禅家尤其是南宗的根本典据,而略加解说。

关于达摩思想的著述,比较可信的是《略辨大乘入道四行观》。这书早见于道宣《续高僧传》第十六卷《菩提达摩传》,其后,净觉的《楞伽师资记》中也有同样的文章,很少经过改窜的痕迹,应该是最近原型的了。在这一篇简短的文字里,很扼要地区分入道方便为"理""行"两途。用理入来安心,作为一种把握;又用行入来发起行动,以便随时随地的践履。理入要点在于启发深信"含生同一真性,但为客尘所复,不能显了"。要是能了然明白此义,和实际道理相符,自然应付一切都有了依据,又都会恰当。这种思想基本上出于《楞伽经》所说众生都有"如来藏",但也联系着当时涅槃师"一切众生皆有佛性"之说。所谓"同一真性",无异同一佛性。启发深信有待于经教,故说"借教悟宗",也就是后人常说的用经教发明心地,只有构成信仰以后,便不再凭借言教。其次,从理入发生践行,凡有四种:对于过去,认为从前所作的恶业,应有和它相应的苦恼果报,受之不疑,这叫做"报冤行"。对于现在,种种苦乐的遭遇,纯以无我的看法处理它,并不计较得失,这叫做"随缘行"。对于未来,看三界如同火宅,意在出离,不加贪着,这叫做"无所求行"。这样构成很自然的态度,为的是明定理，为的是除妄想，而来行一切行，以至行所无事，这叫做"称法行"。

禅宗所传达摩的思想，特别重视"安心"，并取世间禅观下地法为障有如厚壁的意思（见唐译《俱舍论》卷二十四），说安心的观法也应该如壁"坚定不移"，所以称为"壁观"。至于称法而行行所无事更有一任自然无为而为的用意。我们想，这里面也许夹杂着中国玄学思想的成分。关于这一点，在托名三祖僧璨所作的《信心铭》上表现得更清楚。此铭是韵文四言句，共一百四十六句。它标举真如法界（宇宙万法的当体）不二为宗，极言一切法即一法，一法即一切法，所以"万法一如"。要求于修行者的，是"万法齐观"，而来"复其本然"；不于境界作"有"的分别，也不作"空"的分别，一切二边对待的"见"都消灭了，自然心地现出本真——这就是"不用求真，唯须息见"的工夫。见如何能息？这又应该"归根返照""放之自然"，以到达"任性合道，逍遥绝恼"的境地。所以总结说："至道无难，唯嫌简择。"这些说法，不是有些和齐物逍遥的思想相通？所以后来禅家在这种影响下，益向玄学的方面发展，就自不足为异了。

慧能的思想，现只有《坛经》可考。这部著作虽不一定全是慧能所说，并且显然编纂于神会门徒之手（此据韦处厚为马祖弟子鹅湖大义所作碑铭说洛有神会，得总持之印，竟成《坛经》传宗而知），连怀让、行思的名字，都没有列入慧能弟子辈内，但在后世南宗学徒仍公认这书的价值，实际上各家思想也和它真是脉络贯通的。不过，现行的《坛经》本子是经过宋（契嵩）、元（宗宝）人改订的，只有敦煌发现的卷子比较近真。据卷子末尾所记传授，已是慧能门下法海一系的再传，距离慧能死时至少也有四五十年了。

那时南北宗的主张早经判明，势力优劣也已决定，所以《坛经》本文里带着很浓厚的派别色采，不可不注意分析。

《坛经》的中心思想，即是单刀直入的顿教。这不用说，是针对北宗所弘的渐教而建立。但是，渐顿纯就见道的过程区别，如果推论到最后根据，似乎南北两宗并没有什么不同。所以说，"法即一种，见有迟疾，见迟即渐，见疾即顿"。并且，在南宗的法门中，也含有渐的一种，不过不采用它而已。所以又说，"我此法门，从上以来，顿渐皆以无念为宗，无相为体，无住为本"。至于法即一种的"法"，意指真如（即是不变的）本性，而属当于每一个人的自心。人心本性原来清净，具备菩提、般若之知，只缘一向迷妄颠倒，不能自悟。如得善知识启发，修习念念不着法相的"般若行"，一旦妄念俱灭（这是"无念"的极致），真智发露，自会内外明彻，识自本心，而成"般若三昧"，也就是"识心见性，自成佛道"的顿悟。从此以后，于境无染，自在解脱，虽仍不废修行，但既已悟到自性具足万德，无欠无余，所以再有修习，也于体上增不得一分，只是随事体验，充实德用而已。神会也说这种修行为顿悟渐修，譬如母顿生子，用乳渐养，智慧自然渐增。北宗为了渐悟而渐修与此完全不同。并且从《坛经》所引神秀和慧能的两个呈心偈语看，神秀所悟见的实未彻底，和那悟境相应的修，更不能与南宗相提并论了。

南宗的修证虽从无念着手，但他们的禅法重在"但行直心，不着法相"，所以成为一行（一类行相的）三昧，并不限于静坐一途，却在一切时中，行住坐卧，道法流通。而且定慧双行，如灯发光，事成一体。这就完全反对北宗的教人静坐看心、看净、不动、不起（神秀门下更将这些机械地说成"凝心入定""住心看净""起心外照""摄心内证"),以为那样将心境分成两截,再也不会契心自性而发生智慧的。我们想,南宗禅法的根本精神贯串着无相、无住,又特提般若行,在《大般若经》里发挥无相、无住意义最透彻的《金刚般若经》,恰恰给他们很好的根据。因此,慧能一再说听闻《金刚经》言下便悟;又说,"若欲入甚深法界入般若三昧者,直须修般若行,但持金刚般若经一卷,即得见性入般若三昧"。这样便将从来用《楞伽经》印心之说轻轻换过了。

此外,南宗教人,强调"自度",所谓"见自性清净,自修自作法身,自行佛行,自成佛道"。由此对于当时侧重他力的净土法门,不得不另有一种看法。他们以为西方去此不远"只为迷者说远说近","迷人念佛生彼,悟者自净其心",心净土净,当前无异西方。如此通融解释,用意深长,是很耐人寻味的。

三 禅和生活

禅家南宗的主张经过南岳、青原一二传以后,便将禅的意味渗透在学人的日常生活里,使它构成一种随缘任运的态度。严格地说来,这已不属于佛家三学的纯正类型,而它的理论根据也和教说相去渐远了。本来,南宗主张定慧等学,不分先后,是用契理的知行合一来解释定慧为一件事的两方面,又还说外离相即禅,内不乱即定,这样早已扩大了禅定的范围。到了南岳的启发马祖,更生动地用磨砖不能成镜来形容坐禅无从作佛,就不再拘泥平常所说静坐习禅那些功夫了。但是,禅家一切行为的动机,始终在向上一着,探求生死不染、去住自由的境界,并且不肯泛泛地去走迂回曲折的道路,而要直截了当把握到成佛的根源。这个根源,在他们所认识到的,即是人们的心地,也可称为本心。说心还嫌空灵,于是从心思所表现的各方面即言语举动等等来讲。像马祖门下的大珠(慧海)回答如何用功修道的问题就说,"饥来吃饭,困来即眠";而这些和常人不同之点,即在当时毫无计较,纯任本然。他们又常常说"平常心是道","拟向即乖",可见都是在日常生活上着眼的。后来更有人说这些不但是心的作用,而且是性的发现,所引的论据即异见王和波罗提尊者的问答。波罗提说见性是佛,性在作用,意指见闻觉知,这样说成性和作用无异。宋明理学家很不满意这种看法,常批评禅宗只知道心而不明白什么是性,因为泛泛的见闻觉知并没有当为不当为的意义,自然说不上是性。但在禅家认定"即心即佛",不假修成,由此本心流露无不解脱,是无妨看它作性的。所谓真正道人,"随缘消旧业,任运着衣裳",当行就行,当止就止,自然合泊而成为随缘任运的生活。

禅家这种态度的修养,是经过相当努力而有几个阶段的。粗浅些说,至少可分三层次第:最初要有迫切的寻求,其次凑泊悟解,发明心地,再次是"保任"和"行解相应"。在心地发明的时候,也有人看它作一种神秘经验,以为是属于宗教的。这如果像后世禅家专门在生死上用心,所谓"大事未明如丧考妣"的那样去寻求一个归宿处,自不免和宗教相通。至于讲到如何就能凑泊,这特别重在"返照"的功夫。像临济(义玄,马祖下三传,?—公元867年)在这一点上尝指示学者,要从"解得说听、历历孤明"的地方去返躬把握,假使求之于外,就愈来愈远而成为枝蔓了。不过,这种返照的契机并非很容易地就会遇到。从前大珠由家乡越州去江西参访马祖,马祖责备他为何不顾自家宝藏却抛家散走,他反问什么是自家宝藏,马祖说"即今问我者是",他到此才言下恍然。这可见契机的难得。到了后世,禅家接引学者每每不能明白指点,而纯任机锋领会,那就越发不易了。像有僧人问洞山(良价,石头下三传,公元807—869年)如何是佛,他答道,"麻三斤"。这当然不是叫问者在这句话上用心,只是把他的心思挡了回去,引起返照。如果真能在疑心的源头得着端的,便是成佛的本源;但这对于泛泛的根机是很不相宜的。返照的另一方面,也被看成念起即落,不容转折。百丈(怀海,马祖下一传,公元749—814年)常用"顿悟法门"教人说,先歇诸缘,休息万事,不被境惑,自是解脱。这因为本心原来没有诸缘诸念,不涉万事,所以一歇了念头,便直下本心显露,发生见用。由此,见即是性,而成为见性的状态,并非另外有见去见性的。

禅家从悟解把握到践行的本源以后,还须注意保任功夫。这由于有了彻底的、全面的理解,便能坚定地承当而应付一切行事。禅家也说这是"自肯"。像大梅(法常,公元752—839年)从马祖那里听到"即心即佛"一句话开悟之后,就另去梅山居住,马祖派人考验他说,现在马师讲的又不同了,不说即心即佛而说"非心非佛"。大梅回答说,这老汉只管用话头来惑人,任他非心非佛,我只即心即佛。马祖听到了这才承认"梅子熟了"。禅家如此一门深入而透彻全体,并不比片面固执,动辄凝滞,由此便有了"直心","一切时中视听寻常,更无委曲"。这说明禅家生活原是严肃、谨慎,并没有放任的意思。所以曹山(本寂,石头下四传,公元840—901年)答人怎样保任的问题说,要像路过蛊毒之乡,水也不得沾得一滴。用这样心情来做保任功夫,也可说禅家的修证即在于此。所谓心地的体性——"理性"虽可豁然彻悟,而习气净尽却要逐事去体验。沩山(灵祐,马祖下再传,公元771—853年)解释这一回事说,"实际理地不受一尘,万行门中不舍一法";禅家就是这样由"顿悟渐修"的途径来在保任中间完成他们的实践的。

从慧能印可南岳的"修证即不无,污染即不得"那句话里,我们可以理会到南宗的修持是认定心地的不受染污,而要使它随在都能灼然朗照。换句话说,即是要心地的理性随处体现,作为修证。那末,理性何所指呢? 这可看成佛家果位的涅槃境界提到因位来作目标而言。它的内容应该"三德"具足:在能照、能见的一方面是正智(般若),所照、所见的一方面是法身,由能所交涉所得的结果是解脱。所谓禅的生活,不外于日常行事中随时体现这样的境界。但是,关于体现的方法有两种不同的见解,后来发展为各派的家风。第一种可称为"触目而真"的见解,要从全体(理)上显现出个别(事)来。这样的境随心净即是当念光透十方而万法一如,马祖的真传宗旨正属如此。他的门下大珠解释这一点说,迷人不知法身无象,应物现形,就称"青青翠竹总是法身,郁郁黄花无非般若",在讲教的人或者以为这样说法是够透彻的了,其实还着了迹象,真要这样比拟法身般若,岂非都成了无情的草木? 所以,真正悟法的纵横自在,随处都显现法身,并不限于翠竹黄花。这一见解经过黄檗(希运,马祖下再传,? —公元 850 年)、临济师弟的尽量发挥,就有了临济一派。而沩山、仰山(慧寂,公元814—890 年)师弟用全体显现大用来作修养的宗旨,开出沩仰一派,也是依据这一种见解的。此外,另有第二种"即事而真"的见解,要从个别(事)上显现出全体(理),这可说形成于石头(希迁)的议论里。他尝读《肇论》,对于"会万物为己者其惟圣人乎"一句话很有会心,就写成一篇《参同契》。大意说,要是将理事分别开来看,执事固迷,契理也非悟;如果合拢两者来看,每一门都有一切境界在,所谓"门门一切境,回互不回互",这里面有互相含摄的地方,也有互相排斥的地方。这样看一切事象,自能圆转无碍,而人的行为也可以随缘出没了。此说再传到云岩(昙晟,公元770—829年)更提出了"宝镜三昧"的法门,意谓人观万象应该和面临宝镜一般,镜里是影子,镜外是形貌,如此形影相睹,渠(影)正是汝(形),从而说明了"由个别上能显现出全体"的境界。他的门人洞山常说"只遮个是",曹山也跟着说"即相即真",到得后来成功曹洞一派。从事象各别交涉的关系上建立偏正回互、五位功勋等等看法,就愈运用得细致了。石头的主张另经他的门下天皇(道悟,公元748—807年)传了几代,生出云门(由文偃创派)法眼(由文益创派)两派,看重在一切现成,都和即事而真的意思一脉贯通,所以他们中间的渊源很为清楚。南宋人对这一点发生异议,以为云门、法眼都出于南岳系天王道悟传承,和石头下的道悟并无关系,现在看来,这不过是门户之争(当时反对云门宗的盛行,故作此说),其实是没有根据的。

四 略评

禅宗一向是依着《楞伽经》宗通和说通相对的说法,而自居于教外别传的。但它并非和教完全绝缘,不过表示所得的传授不在言教文字上,却另有其"心印";如果借用现成的解释,便是云门所谓不从学解机智得之。更克实些说,禅宗的主旨在于"见性成佛",这个性所指的佛性原是大乘经典里一个重要论点。假使不拘拘名相,那末,大乘所讲的义理随处都和佛性相关,不过对于佛性的指示仅仅依赖言教总觉是不很够的。所以,从前有个座主去问临济,三藏十二部岂不都在那里说佛性,禅法有何希奇:临济回答说,"荒草不曾锄"。座主不满意,以为佛岂骗人,临济再反问他

"佛在什么处",他才无话可讲。由这段公案看来,可见禅家对于言教,认为一片荒芜还待开辟,并非俯拾即是的。如果像平常寻章摘句地去了解,岂但佛性无从见得,便连佛也认识不到的。那末,又怎样去开辟荒芜? 这就要有"正法眼藏"的拣别,而非用禅的指点不可了。禅家虽也曾取《楞伽经》作过印证,又曾以《金刚经》《法华经》《维摩经》作凭借,乃至后世还采用到《楞严经》《圆觉经》,似乎仍须遵从言教,但其实不尽然。他们引据经教大都断章取义,并且别为之解,绝不能用文字去拘束它。像马祖常常说《楞伽经》以佛语心为宗,因此"即心即佛"是有来历的。实则《楞伽经》篇名佛语心的心(Hrda)字是说"枢要",并非思虑之心(Citta),而禅家完全不管这些区别。所以,他们运用经教极其自由,又还反对机械的解释,以为不问根器高下,不看时节因缘,终会成为格格不入的。也即由于这样情形,我们从典据的方面说,禅宗是佛学思想在中国的一种发展,同时是一种创作。在印度的纯粹佛学里固然没有这种类型,而它的基本理论始终以《起信论》一类的"本觉"思想贯串着,又显然是凭借中国思想来丰富它的内容的。

我们更从中国佛学思想的流变上看禅家南宗的盛行,可说是反映着当时佛家由于实践的要求对一般义学和信仰的反抗趋势。禅家最初很重视《楞伽经》,传说达摩以来就是以此经相授受的。但经文经过义学家的辗转讲解,破碎支离,反而成了禅法的蔽障。在《续高僧传·慧可传》里就明白地说,"此经四世之后,变成名相,一何可悲"。四世之后正指着慧能的时代。那时南宗禅家为着摆脱这种名相纷繁的累赘,已自不能不另取文句简单的《金刚经》来作印证了。像这样地要摆脱思想上的束缚而直截发挥自己的体会,又特别强调自力(像石头致书南岳的问答,以"宁可永劫沉沦,不从诸圣解脱"为言),主张平等(乃至说狗子也有佛性),并还提倡在世事上的实践(像敦煌本《坛经》的《无相颂》说,"法元在世间,于世出世间,勿离世间上,外求出世间",后世改为"不离世间觉"云云)。这些对于当时一般佛学沉湎义解,或依赖他力,或脱离实际的思想,力求解放,是有其积极的意义的。尤其是这种思想开展于岭南一带文化比较新兴的地方,而提倡它的慧能本人,出生在没落了的士大夫阶级,从事劳力,又系文盲,他所接触到的平民阶层生活里向往自由的情绪是相当热烈的。所以,他一听到强调无住的《金刚经》就有会心,以至去黄梅参学,寻出一条思想道路来,成为南宗别派。这也可说恰恰符合了当时一部分平民思想自由的要求,因之他的主张很流行于岭南地带,现在从《坛经》的断片记载上可见其一斑。后来他的门人,神会敢于对当时和统治阶级渊源深厚的北宗挑战,力争正统,也只凭借南方有群众基础的一点。

可是,唐代遭遇了"安史之乱",统治阶级为了应付军费,多方聚敛,至德初年(公元756年)便推行纳钱度僧的制度。一时间,佛教得着很好地发展机会,特别由于神会出来主持其事,便和南宗流行的趋势相配合,在当时经济基础比较完整的南方,开辟出一个兴盛的局面。像马祖所在的南康地方,就成为"选佛场",各地学人都奔赴前去。不过那些学人奔赴的动机不一定纯正,就如丹霞(天然,公元739—824年),本是个读书的,要进京去选官,因在路上遇着些参禅的向他说,选官不如选佛,于是他决定出家。这样一个禅宗大家开头的认识还十分模糊,简直看学佛和选官同类,所为的只是争上游。那时各处的道场很多是这样地构成盛况,每个地方动辄聚集三五百人,而参学的人就以领众的多寡来评定各家造诣的高下,偏重形式,自不免有损学术的纯洁性了。所以,当时有个无著禅师回答文殊所问南方佛法的情形说,末法比丘少奉戒律,正是道着病处。马祖门下的百丈有鉴于此,特为斟酌了大小乘的戒律,创立丛林规式。他主张在普遍的律寺以外,另建"禅居",作禅宗学人的住处;那里不用佛殿,但存"法堂",由传法的长老主持教学,并还行"普请法",上下共同劳动,耕种自给,在百丈本人便是坚持"一日不作,一日不食"的。这些规矩很能收效于一时,达到整肃风气的目的,但是日久弊生,依然难免。像黄檗尝责备学徒,尽是吃酒糟汉,只图热闹,向八百一千人处去。长沙(景岑,马祖下再传)也说,若是一向举扬宗教,法堂里须草深一丈(此即后来长庆所说"尽法无民"之意)。从这些话里都透露出禅宗寺院有欠缺的一面。这由于那时出家的人很多是为了逃避赋役(据敬宗时李德裕奏疏,淮右人民一户三男的常常一人出家,一时减少了壮丁几十万),品质不齐,自然成为鱼龙杂处。而因寺院经济的畸形发达,加强剥削(武宗时,天下僧尼不足三十万,但占有良田数十万顷,作工的奴婢十五万人),便又养成游惰坐食的风气。这些情况发展到最后,终于在武宗会昌五年(公元845年)招来灭法的结局。当时废寺四万余所,反俗僧尼二十六万余人,对于整个教团的打击可说是极大的。其后不久,禁令解除,寺院逐渐恢复,就在这一契机上,禅宗分裂为几派,像沩仰、临济、曹洞,先后都建立起来。它们的共同趋势,不期然地重智轻悲,偏向接引上机,和平民的关系比较疏远,另方面影响所及,形成清谈,无补实际,于是原有的一些积极意义也就日见消失了。

一九五四年十月二十二日——十一月二十日改写稿

宋 代 佛 教

宋代佛教是说从宋太祖建隆元年到卫王祥兴二年（公元960—1279年）三百二十年间赵宋一代的佛教。

宋政权建立之后，就一反前代北周的政策，给佛教以适当保护来加强国内统治的力量。建隆元年，先普度童行八千人，停止了寺院的废毁。继而又派遣沙门行勤等一百五十七人去印度求法，使内官张从信在益州（今成都）雕刻大藏经版。这些措施促使佛教逐渐有了发展。其后各帝对佛教的政策大体不变。太宗太平兴国元年（公元976年）普度天下童行达十七万人。五年（公元980年）印度僧人法天、天息灾（后改名法贤）、施护先后来京，因而国家设立译经院，恢复了从唐代元和六年（公元811年）以来久已中断的翻译，太宗还亲自作了《新译三藏圣教序》。后来院里附带培养翻译人才，改名传法院。又为管理流通大藏经版而附设印经院。当时印度僧人来华献经者络绎不绝，从宋初到景祐初八十年间即有八十余人，内廷存新旧梵本达千数百笈，所以这一译经事业继续了百余年。真宗一代（公元998—1022年）接着维护佛教，在京城和各路设立戒坛72所，放宽了度僧名额。天禧末（公元1021年），天下僧尼近四十六万人，比较宋初增加七倍，达到宋代僧尼数额的最高峰。寺院也相应增加，近四万所，另外还有贵族私建或侵占的功德坟寺很多。这些寺院都拥有相当数量的田园、山林，得到豁免赋税和徭役的权利。于是寺院经济富裕，经营长生库和碾硙、商店等牟利事业。到神宗时(公元 1068—1085年),因年荒、河决等灾害频仍,国家需用赈款,开始发度牒征费。这一权宜之策,后来继续执行,数量渐增,反而影响税收,这些都使寺院经济与国家财政的矛盾有加无已。最后到徽宗时(公元1101—1125年),由于笃信道教,即一度命令佛教和道教合流,改寺院为道观,并使佛号、僧尼名称都道教化。这给予佛教很大的打击,虽然不久即恢复原状,但北宋统治也随即告终了。

宋代南迁之后,政府益加注意对佛教的限制。高宗时(公元1127—1162 年)即停止额外的度僧,图使僧数自然减少。但江南地区的佛教原来基础较厚,国家财政又有赖度牒征费及免役税等收入以为补充,故佛教还是能保持一定的盛况以迄于宋末。

宋代译经开始于太宗太平兴国初。当时特别设立了译经院,并制定一些规模,如译场人员设译主、证梵义、证梵文、笔受、缀文、参详、证义、润文(后更设译经使)等,组织比较完备。从太平兴国七年(公元 982 年)起,逐年都译进新经,继续到天圣五年(公元 1027 年),译出五百余卷。其后因缺乏新经梵本,译事时断时续,维持到政和初(公元 1111 年)为止。综计前后译家可考的有十五人,即法天(译经年代公元 974—1001 年)、天息灾(公元980—986 年,后改名法贤,公元 987—1000 年)、施护(公元 980—1017 年)、法护(中印人,公元 980—983 年)、法护(北印人,公元1006—1056 年)、惟净(公元 1009—?)、日称(公元 1056—1078年)、慧询(公元 1068—1077 年)、绍德(公元 1068—1077 年)、智吉祥(公元 1086—1093 年)、金总持(公元 1095—1112 年,下四人均同)天吉祥、相吉祥、律密、法称。其中惟净、慧珣、绍德都是由传法院培养出来的中国僧人,天吉祥等则帮助金总持翻译。诸人所译的总数是二百八十四部,七百五十八卷。其中以密教的典籍占最多数,论部最少。当北宋之初,印度密教发达正盛,有关的梵本流入中国的不会太少,但在天禧元年(公元 1017 年),宋代统治者注意到密典中有些不纯部分和佛教的传统相违反,因而禁止了新译《频那夜迦经》的流行,并不许续译此类经本,这就大大限制了其后的翻译,以致时常闹缺乏梵本的饥荒。此外,从宋代译经的质量上看,也不能和前代相比,特别是有关义理的论书,常因笔受者理解不透,写成艰涩难懂的译文,还时有文段错落的情形。因此尽管译本里也有中观一类的要籍(如龙树、陈那、安慧、寂天等的著作),但对当时义学界似未发生什么影响。

宋代译经多属小部,就其种数而言,几乎接近唐代所译之数,因而在大中祥符四年至八年(公元 1011—1015 年)、天圣五年(公元 1027 年)、景祐二年至四年(公元 1035—1037 年),曾经三度编撰新的经录。祥符时所编,称《大中祥符法宝总录》,二十二卷,为赵安仁,杨亿等编修。所载译籍乃从太平兴国七年到祥符四年(公元 982—1011 年)三十年中间所译,共计二百二十二部,四百十三卷(此外还收有东土著撰 11 部,160 卷)。这部目录的主要部分完全依照各次进经的年月编次,除列出经名、卷数、译人而外,还附载进经表文,这都依据当时译经院的实录,所以连带记载着有关译场的各事,如新献梵筴、校经、更动职事等等,其体裁和过去的各种经录完全不同。天圣时所编新录称《天圣释教总录》三卷(亦作三册),译经三藏惟净和译场职事僧人等同编。它系当时全部入藏经典的目录,记载着《开元录》各经、新编入藏的天台慈恩两家著述、《贞元录》各经、《祥符录》各经,再附载其后新译各经,一共六百○二帙,六千一百九十七卷。景祐时所编新录称《景祐新修法宝录》,二十一卷,吕夷简等编。体裁和《祥符录》一样。所收译籍即紧接《祥符录》,从祥符四年到景祐三年(公元1011—1036年)二十六年间译出的各种,共计二十一部,一百六十一卷,另外还收有东土撰述十六部,一百九十余卷。

从五代以来,我国木版雕刻技术有了很快的发展,因此宋代对于佛教的大藏经,很早就利用了木刻。综计宋代三百余年间官私刻藏凡有五种版本,这也算是宋代佛教的特点。第一种为官版。这从开宝四年到太平兴国八年(公元971—983年)费了十二年功夫在益州刻成,因此也称蜀版。所收的以《开元录》入藏之经为限,共五千余卷。版片运藏于汴京的印经院,当时新译各经即陆续刻版加入。后来还添刻新入藏的东土著撰以及《贞元录》各经,并全部进行了校勘,所以此版的内容时有变化,数量也逐渐增加,最后达到六百五十三帙,六千六百二十余卷。它的印本成为后来一切官私刻藏的共同准据。并曾经印赠于高丽、契丹等地,而引起它们的仿刻。第二种是在福州私刻的东禅等觉院版。此版乃为便利距汴京稍远的各寺院的需求而发起,元丰初(公元1078年)由禅院住持冲真等募刻,到崇宁二年(公元1103年)基本刻成,请得政府允许给予崇宁万寿大藏的名称。其后还补刻了一些《贞元录》经和入藏著述,到政和二年(公元1112年)结束,共得五百六十四函,五千八百余卷(南宋乾道、淳熙间又补刻十余函)。第三种是福州私刻的开元寺版。即在东禅版刻成的一年,福州人士蔡俊臣等组织了刻经会支持开元寺僧本悟等募刻。这从政和二年到绍兴二十一年(公元1112—1151年)经四十年,依照东禅版的规模刻成(南宋隆兴初曾补刻两函)。第四种是湖州思溪圆觉禅院刻版,通称思溪版。此版开刻时期约在政和末(公元 1117 年），也是受着东禅版完刻的刺激而发起的。刻费由湖州致仕的密州观察使王永从一家所出。内容依据福州版而略去一般入藏的著述，共五百四十八函，约五千六百八十七卷。此版先藏圆觉院，淳祐后移到法宝资福禅寺，因为原来的目录和版片不大符合，重行编目，还准备补刻五十一函。就因有此一种新的目录，后人遂误会另有刻版，而称之为后思溪本。第五种是平江碛砂延圣禅院版。此版是受了思溪版的影响而发起，南宋绍定初（公元 1229— ）由当地官吏赵安国独自出资刻成《大般若》等大部经典为提倡，端平元年（公元 1234 年）仿思溪版编定目录，刻至咸淳八年（公元 1272 年）以后即因兵祸渐迫而中止，后入元代才继续刻成。因此，它对原定目录的内容颇有更动，并补入元刻各书，共得五百九十一函，六千三百六十二卷。

宋代一般佛教徒着重实践的倾向甚为显著，故禅净两宗最为流行。宋初，云门和临济并盛（禅家五宗内沩仰数传以后即不明，曹洞与法眼当时也都不振）。临济正宗由风穴（汝州）延沼（公元 896—973 年）上继兴化存奖（公元 830—888 年）的系统传承而下。其后各代为首山省念（公元 926—992 年）、汾阳善昭（公元 947—1024 年）、慈明楚圆（公元 986—1039 年）。楚圆的门人黄龙（隆兴）慧南（公元 1002—1069 年）和杨歧（袁州）方会（公元 992—1049 年）分别开创了黄龙、杨歧两派（和临济等五宗合称七宗），都盛行于南方。南宋时，杨歧且进而成为临济的正统。方会再传为五祖法演（？—公元 1104 年），三传为佛果克勤（圆悟，公元 1063—1135 年）。佛果克勤曾就云门宗雪窦重显的著作《颂古百则》加以发挥，成《碧岩录》一书，为禅学名著。他门下有虎丘绍隆（公元 1077—1136 年）、大慧宗杲（公元 1089—1163 年），都在江浙一带活动。大慧提倡看话禅,其影响尤为久远。当时江浙禅寺极盛,各地巨刹有五山十刹之称,而黄龙杨歧两宗后来还远传于日本。

云门宗在宋初也很占优势。得香林澄远(?—公元 987 年)一系再传的雪窦重显(公元 980—1052 年)著《颂古百则》,大振宗风。仁宗皇祐元年(公元 1049 年)汴京创兴禅院,即是请云门五世的大觉怀琏(公元 1009—1090 年)去住持的。其另一系由缘密圆明三传的灵隐契嵩(公元 1011—1072 年),祖述《宝林传》,反对天台宗所信奉的《付法藏传》之说,而厘定禅宗的印度世系为二十八祖,著《禅宗定祖图》、《传法正宗记》及《传法正宗论》。他强调禅为教外别传,一反当时禅教一致的常见。他还针对其时辟佛的议论作了《辅教篇》等。由于他擅长文章,得着仁宗和在朝的官僚们的称赏,他的著述也被许入藏流通,这更加强了云门的宗势。但到南宋,此宗即逐渐衰微,其传承终于无考。

此外,曹洞宗仅洞山嫡传的云居道膺(?—公元 902 年)一系绵延不绝,从六世芙蓉道楷(公元 1043—1118 年)以后渐盛。再经丹霞子淳(公元 1064—1117 年)传弘智正觉(公元 1091—1156 年),提倡默照禅,与看话禅并行。又丹霞一系,在天童如净之后传入日本。

又在禅宗之外,律宗和贤首、慈恩的义学,宋代也相当流行。天台宗则更有新的发展,律宗是南山一系单传,其中心移于南方的杭州。宋初,得法宝律师传承的赞宁(公元 919—1001 年)有律虎之称,很受帝室的推崇。从法宝七传而有允堪(公元 1005—1061 年),普遍地注解了道宣的著述,达七部之多,所著解释《行事钞》的《会正记》尤其重要,因而继承他的一系有会正宗的称呼。

他的再传弟子灵芝元照(公元1048—1116年),原学天台宗,后即采取台宗之说以讲律,也注解了道宣的三大部著作。他对于《行事钞》的著书称《资持记》,就一些行仪如绕佛左右、衣制长短等都有不同的见解,于是别成资持宗。后来此宗独盛,传承不绝,并东传于日本。宋末淳祐六年(公元1246年)临安明庆闻思律师还请得道宣三大部著作及元照的记文入藏印行。

贤首宗学说在宋初流行的是宗密一系沟通《圆觉》《起信》的理论,著名人物有长水子璿(?—公元1038年)。他的师承不明,尝从琅琊慧觉(传临济宗汾阳善昭的禅法)学禅法,受到慧觉的启示,乃努力重兴华严宗,因之带有教禅一致的意味。其门下有晋水净源(公元1011—1088年),他虽然曾受学《华严经》于五台承迁和横潮明覃,但由于子璿的影响,推崇《起信》,以为从杜顺以来即或明或暗地引据《起信》而立观门,所以他在华严宗的传承上主张立马鸣为初祖,而构成北宗七祖之说。其时高丽的僧统义天(文宗的第四子,公元1051—1101年)入宋,曾就学于净源之门,后从高丽送回好多《华严经》的章疏,大大帮助了华严宗的复兴。到南宋时,净源的三传弟子有师会,注解了《一乘教义分齐章》,严格处理同教别教问题,而以恢复智俨、法藏的古义为言,他还批判了其前道亭和同时观复对于教判的说法。他的弟子希迪,颇能发挥其说。后人即并称他们为四大家。又南宋初,慧因教院的义和请准华严宗著述编入大藏,他又向高丽搜罗到智俨、法藏著述的佚本,重新雕版流通,因此华严义学在南宋一代始终活跃。

慈恩宗入宋以来的传承不明,但继承五代的风气讲《唯识》《百法》《因明》各论的相继不绝。宋初著名的有秘公、通慧、傅章、继伦等。在译场的执事也多能讲诸论。慈恩章疏四十三卷,在天圣四年(公元1026年)并编入大藏刻版。宣和初(公元1119年),真定龙兴寺守千(公元1064—1143年)为一大家,他尝校勘道伦的《瑜伽师地伦记》刊版流通。

天台宗经五代时吴越王钱弘俶向高丽求得重要著述而复兴,入宋以后的传承,从义寂(公元919—987年)、义通(公元927—988年)到慈云遵式(公元964—1032年)、四明知礼(公元960—1028年)益趋兴盛。遵式尝于乾兴元年(公元1022年)在天竺替皇室行忏,并请得天台教典入藏(天圣四年编入),一宗的势力即以四明、天竺等地为重心。与四明同时而属于义寂同门慈光志因的一系有慈光晤恩(公元912—986年)、奉先源清(公元996年顷)。源清传梵天庆昭(公元963—1017年)、孤山智圆(公元976—1022年)等,他们受了贤首、慈恩学说的影响,只信智顗《金光明经玄义》的略本为真作,而主张观心法门应该是真心观,即以心性真如为观察的对象,连带主张真心无性恶、真如随缘而起等说。这些主张都为相信《玄义》广本为真、专说妄心观的知礼所反对。知礼曾以七年的长时间和晤恩、智圆等往复辩难,意见终于不能一致,而分裂为两派,知礼等称为山家,即称晤恩等为山外。其后,知礼还阐明别教有但理(即真如)随缘,与圆教的性具随缘不同,以及色心在一念中都具有三千等说,以致引起门下仁岳(?—公元1064年)和庆昭门下永嘉继齐等的异议。最后,仁岳和知礼法孙从义(公元1042—1091年)都反对山家之说,而有后山外一派(亦称杂传派)。不过知礼门下广智(尚贤)、神照(本如)、南屏(梵臻)三家继续发挥师说,影响甚大,终至以山家之说代表天台一家,而盛行于南宋之世。广智系有善月(公元1149—1241年)、宗晓(公元1151—1214年)、志磐(公元1253年前后)。志磐以著

391

《佛祖统纪》而著名。神照系有有严（公元 1021—1101 年）、了然（公元 1077—1141 年）等。南屏系有宗印（公元 1148—1213 年）、法照（公元 1185—1273 年）、法云（公元 1088—1158 年）。法云著作《翻译名义集》。宋代天台宗义也前后好几次对日本的台宗给予以影响。

由于禅宗排斥天台法统二十四祖之说，两宗中间久已存在了一些矛盾见解。末后徽宗时（公元 1101—1125 年）沙门清觉据杭州白云庵创立新教，称白云宗，即用天台之说排斥禅宗。此宗后来虽然备受禅宗的反对，但势力仍存。

律、贤、台等宗在修习方面，本来各有其观行法门，但宋代很多宗师常联系净土信仰而提倡念佛的修行，这就帮助了一般净土宗的传播。天台宗对净土的关系尤见密切，从知礼起就很重视智颢的《观经疏》，而用本宗观佛三昧的理观方法来组织净土教，并还结念佛净社，集道俗近千人。其次遵式则重视《净土十疑论》，而采用天亲《往生论》的五念门，并参以忏愿仪式。他常常集合道俗修净业会。此外，智圆同样地阐扬《观经疏》。各人门下的传播也很广，如知礼门下的本如即继遵式之后结白莲社以弘扬净土。其次，律宗元照受遵式的影响，以观心与念佛并重，而视同定慧之学，与持戒并为实践法门，其门下用钦跟着弘传。南宋初，天台学者道因，曾一度评破其说，但其门人戒度反加以辩正。又其次，华严宗因有普贤行愿求生西方的典据，开始净源即主张修习净土，后来义和提倡华严念佛三昧，也盛赞往生法门，但未能继续发展。另外，禅宗当云门盛时，像天衣义怀、照圆宗本、长芦宗赜等，都是禅净双修，而约集莲华等会。到南宋时，临济代兴，对这方面却无何进展。

至于纯粹的净土信仰,宋初南方有省常(公元959—1020年)效法庐山莲社故事,在杭州西湖结净行社,集合僧俗千余人,提倡念佛。后来由于各宗都倾向修行净土的推动,各地结社集会益多,有些寺院还建筑了弥陀阁、十六观堂专供念佛修行的场所,就越加推广净土信仰于民间,而成为风俗。特别是一些居士也相随提倡,如冯揖之发起系念净土会,张轮之发起白莲社等,于是净土法门逐渐形成一固定宗派。在南宋四明、石芝宗晓所编《乐邦文类》里,即以莲社为专宗,和禅、教、律并称,还以善导、法照、少康、省常、宗赜上承慧远为净土教的历代祖师。其后志磐更改定为七祖(从慧远而下为善导、承远、法照、少康、延寿、省常),一直为后世所沿用。又在净土信仰发展的中间,有关净土的《往生传》类也陆续传出,如遵式、戒珠、王古乃至志磐都有这类著作,即于其中可见出净土和各宗相涉的事实,这也可说是宋代佛教的一个特点。

宋代禅教各家的理论组织都有一定的成就,它和一般思想界接触既繁,乃引起种种反响。其初,一些儒家学者仍旧用传统的伦理观点,对佛教著文排斥,如孙复的《儒辱》、石介的《怪说》、李觏的《潜书》、欧阳修的《本论》等,都是其代表之作。佛徒对于此等攻击却是用调和论来缓和。如契嵩作《辅教篇》即以佛教的五戒比附儒家的五常,又说儒佛两者都教人为善,有相资善世之用。在这种说法的影响下,儒者间也出现了调和之说。如张商英、李纲等,都以为佛与儒在教化上不可偏废。另一方面,由于禅宗的实践趋向于简易,理论典据又集中在有限的几部经论,如《华严》《楞严》《圆觉》《起信》等,一些中心概念如理事、心性等,有时也牵合到儒家的经典《中庸》来作解释,这些都使儒者在思想上,修养上更多更易地得到佛家思想的影响,终至构成一套有系统的理论来和佛教相抗衡,这便是宋代勃兴的理学。

在理学的代表人物里,或则和禅师们有关系(如周濂溪、谢上蔡之和东林常总等往还),或则对禅家思想有深刻研究(如程明道出入于老释数十年,朱晦庵喜读大慧等语录),他们受到禅宗的影响都很显然。因之为理学中心的程朱一派,对宇宙本体的方面,用无极、太极以及理气等来作解释,就和禅家经常提到的由真如生灭两门生一切法的说法相通。他们谈到人生问题,强调心性和天理,又推崇性善,以为人心本来具备伦理道德的标准,甚至借用佛教中自家宝藏的成语,这些也都和禅家的真心、性德说法有其渊源。至于在修养上,主张定性、居敬等等,也多少采用禅家的直指人心以及常惺惺的提撕精神。不过他们始终不满意于禅宗的顿悟、偏空,不能踏实穷理,又废除人事而陷于拘拘生死的自私。推究到性理方面,他们也批评了禅宗之以作用为性,而忽视了规范的天理意义。另外,陆象山一派创倡心学,以尊德性为主,和禅宗的思想更加接近,但依旧非难佛家之偏于出世。后人也看出他们这样的态度是阳儒而阴释。实际在当时,儒佛两家所维护的都偏于统治阶级的方面,他们的理论和实践会有种种相通之点,是无怪其然的。

宋代佛教的发展也影响于国外的佛教界。如高丽,从五代以来常有禅师来华受学各宗禅法,归国开山。宋元丰末(公元1085年)更有教家义天入宋,从汴京觉严寺有诚、杭州大中祥符寺净源、从谏等学华严宗、天台宗,带回去章疏三千余卷,后编录刻入续藏经。他在高丽,宏传华严宗而外,还大弘天台之教。又日本,在北宋时入宋僧人不多,知名的仅奝然、寂昭、成寻等三数人。他们多为的巡礼圣迹,到过天台、五台等地。奝然还接受了宋帝赠送日本的新刻大藏经印本,又模造旃檀佛像携归,近年在像中还发现了当时装藏的各种宝贵文物。成寻也带去宋代新译和著述的印本。这些都丰富了日本佛教文化的内容。及入南宋,中日交通骤繁,日僧入宋的极多,现在可以指数的几达百人,宋代禅宗和律宗即借以弘传于日本。如在南宋孝宗乾道中(公元1171年),先有日僧觉阿、金庆入宋参灵隐慧远禅师,归国谈禅,引起日本佛教界极大注意。其后荣西于淳熙末(公元1187年)再度入宋,学禅于天台万年寺怀敞禅师,师事五年,得了印可,回国提倡,因有临济寺的创立。荣西的再传弟子道元,随其师明全于宁宗嘉定十六年(公元1223年)入宋,历游天台、径山等处,从天童长翁如净得法而归,创曹洞宗。自后日僧来宋问禅者还很多,宋僧兰溪道隆也去日传授禅法,一时达于极盛。又日本律宗原由唐代鉴真律师传入,后渐衰微,南宋宁宗庆元五年(公元1199年),日僧俊芿入宋,从明州景福寺如庵了宏(元照直传)学律三年,又学禅,学天台,一共在宋十年,归创泉涌寺,大传律学。又有净业,于嘉定七年(公元1214年)入宋,就中峰铁翁学律,在宋十四年,归创戒光寺传律,与泉涌寺并峙。其后俊芿一系仍有入宋习律的,使宋代律学发生的影响益深。此外,宋代佛教也传播于回鹘、西夏等少数民族地区,佛经且转译为回鹘文和西夏文。

宋代的佛教文学、艺术也很有特色。当时禅宗盛行,各家都有语录,运用接近口语的文字记载,在体裁上别创新格,而影响到一般文学。特别是儒者的说理记录,也时常模仿它。还有俗讲变文一向在流行,并演变为唱曲,遭到国家法令的禁止,但俗文学中评话、小说及唱讲词本都已受其影响而益加发展了。在佛教艺术方面,塑像技巧,显著提高,而以写实见长,形像亦端严优美,能刻画性格。遗存的代表作品有麦积山石窟中供养人像、长清灵岩寺罗汉像、太湖洞庭东山紫金庵罗汉像等。石刻比较稀见,但如杭州南山区飞来峰诸刻,又四川大足宝顶摩崖各像,都极生动精致,技巧也很洗练。宋代造塔以多檐多角的为常见,仅江西一省遗构即不下十处(如浮梁西塔寺塔为宋初建筑,安远无为塔为南宋建筑等)。又仁宗皇祐初(公元1049—),开封建塔供奉阿育王寺舍利,其塔连基高二十余丈,用褐色琉璃结构,有铁塔之称,尤为特出。在绘画方面,则发挥宋画写实之长,多画观音、罗汉、高僧等像。作者有李嵩、梁楷、贾师古等。僧人以佛画著名者有牧溪、玉硐、仲仁等。

参 考 资 料

宋志磐:《佛祖统纪》。

元念常:《佛祖历代通载》。

明明河:《补续高僧传》。

元庆吉祥等:《至元法宝勘同录》(内学院略出本)。

清徐松:《宋会要辑稿》。

阎丽川:《中国美术史略》(北京,1958)。

宇井伯寿:《支那佛教史》(东京,1936)。

道端良秀:《中国佛教史》(东京,1948)。

高雄义坚:《中国佛教史论》(京都,1952)。

常盘大定:《支那佛教史迹踏查记》(再版本,东京,1942)。

久保田量远:《支那儒佛道交涉史》(东京,1943)。